Lesson

KB118904

Follow Your
Dream

Words
만점 노트

Listen and Talk

*완벽히 외운 단어는 □ 안에 √표 해 봅시다.

□□ achieve	동 달성하다, 성취하다	□□ recipe	명 요리[조리]법
□□ animal doctor	수의사 (= veterinarian, vet)	□□ sometime☆	부 언젠가
□□ chance	명 기회	□□ train	동 훈련하다, 훈련시키다
□□ ever☆	부 한 번이라도, 지금까지	□□ do volunteer work	자원봉사를 하다
□□ goal	명 목표	□□ think of	~을 생각하다, 떠올리다

Talk and Play

□□ memorable	형 기억할 만한	□□ volunteer	명 자원봉사자 동 자원봉사를 하다
□□ sign	동 서명하다	□□ worm	명 벌레

Reading

□□ afraid	형 두려워하는, 겁내는	□□ pursue☆	동 추구하다, 밀고 나가다
□□ beat	동 (심장이) 고동치다, 뛰다 (-beat-beaten)	□□ quit	동 그만두다 (-quit(ted)-quit(ted))
□□ bold	형 대담한, 용감한	□□ realize☆	동 실현하다; 깨닫다
□□ college	명 대학(교)	□□ stable	형 안정된, 안정적인
□□ courage☆	명 용기	□□ truly	부 진심으로, 정말로
□□ engineer	명 기술자, 엔지니어	□□ whether	접 ~인지 아닌지
□□ engineering	명 공학 (기술)	□□ decide on☆	~을 결정하다, 정하다
□□ follow	동 따르다	□□ for a living☆	생계 수단으로
□□ inspire☆	동 영감을 주다, 고무하다	□□ in fact	사실은
□□ lead	동 이끌다 (-led-led)	□□ in one's case	~의 경우에
□□ major☆	명 전공 동 전공하다	□□ make a decision☆	결정하다, 결심하다
□□ photographer	명 사진작가	□□ not ~ at all	전혀 ~이 아닌
□□ professional	형 전문적인, (전문) 직업의	□□ trial and error☆	시행착오

Language in Use

□□ environmental	형 환경의	□□ prefer	동 선호하다
□□ expert	명 전문가	□□ wonder	동 궁금하다, 궁금해 하다
□□ pollution	명 오염	□□ go through	~을 겪다

Think and Write & Team Project

□□ historian	명 역사학자	□□ come true	이루어지다, 실현되다
□□ hold	동 (회의·시합 등을) 열다, 개최하다	□□ search for	~을 찾다
□□ respect	동 존경하다	□□ thanks to	~ 덕분에

Review

□□ early	형 (예상보다) 빠른, 이른 부 일찍	□□ thirsty	형 목이 마른
□□ gift	명 선물	□□ feel well	건강 상태가 좋다

연습 문제

A 다음 단어의 우리말 뜻을 쓰시오.

01 beat _____

02 major _____

03 professional _____

04 courage _____

05 inspire _____

06 stable _____

07 sometime _____

08 engineering _____

09 afraid _____

10 bold _____

11 pursue _____

12 truly _____

13 environmental _____

14 expert _____

15 pollution _____

16 respect _____

17 realize _____

18 lead _____

19 volunteer _____

20 ever _____

B 다음 우리말 뜻에 알맞은 영어 단어를 쓰시오.

01 요리(조리)법 _____

02 훈련하다, 훈련시키다 _____

03 기억할 만한 _____

04 달성하다, 성취하다 _____

05 사진작가 _____

06 서명하다 _____

07 그만두다 _____

08 따르다 _____

09 기술자 _____

10 ~인지 아닌지 _____

11 궁금하다, 궁금해 하다 _____

12 열다, 개최하다 _____

13 역사학자 _____

14 목이 마른 _____

15 선호하다 _____

16 벌레 _____

17 대학(교) _____

18 기회 _____

19 목표 _____

20 수의사 _____

C 다음 영어 표현의 우리말 뜻을 쓰시오.

01 in fact _____

02 go through _____

03 in one's case _____

04 search for _____

05 thanks to _____

06 decide on _____

07 do volunteer work _____

08 make a decision _____

09 trial and error _____

10 feel well _____

D 다음 우리말 뜻에 알맞은 영어 표현을 쓰시오.

01 ~을 결정하다, 정하다 _____

02 ~을 생각하다, 떠올리다 _____

03 ~의 경우에 _____

04 전혀 ~이 아닌 _____

05 ~을 겪다 _____

06 사실은 _____

07 생계 수단으로 _____

08 ~을 찾다 _____

09 이루어지다, 실현되다 _____

10 시행착오 _____

Words Plus

만점 노트

영영풀이

☐☐ **beat**	(심장이) 고동치다, 뛰다	to make a regular sound or movement
☐☐ **bold**	대담한, 용감한	brave and not afraid
☐☐ **chance**	기회	an opportunity to do something
☐☐ **courage**	용기	the mental strength to do something dangerous or difficult
☐☐ **engineering**	공학	the job of designing and building machines or things such as roads and bridges
☐☐ **expert**	전문가	a person who is very skilled at doing something or knows a lot about a particular subject
☐☐ **goal**	목표	something that you hope to achieve in the future
☐☐ **inspire**	영감을 주다, 고무하다	to give someone the desire or courage to do something
☐☐ **lead**	이끌다	to show someone the way by going in front of him or her
☐☐ **major**	전공	the main subject that a person studies in college
☐☐ **Northern Lights**	북극광	the aurora of the northern parts of the world
☐☐ **professional**	전문적인, (전문) 직업의	doing a job as a way of earning money to live
☐☐ **pursue**	추구하다, 밀고 나가다	to work hard in order to achieve something
☐☐ **quit**	그만두다	to stop doing something
☐☐ **realize**	실현하다	to achieve something that you wanted
☐☐ **skill**	기량, 기술	an ability to do something very well because you have learned it
☐☐ **stable**	안정된, 안정적인	staying the same, without big changes or problems
☐☐ **belong to**	~에 속하다	to be owned by someone
☐☐ **make a decision**	결정하다, 결심하다	to choose what you are going to do after thinking about it

단어의 의미 관계

● 유의어
chance (기회) = opportunity
goal (목표) = aim
quit (그만두다) = stop
truly (정말로) = really
bold (용감한) = brave

● 반의어
early (이른; 일찍) ↔ late (늦은; 늦게)
stable (안정적인) ↔ unstable (불안정한)

● 명사 – 형용사
skill (기량, 기술) – skillful (숙련된, 능숙한)
profession ((전문적인) 직업) – professional (전문적인, 직업의)
environment (환경) – environmental (환경의)

다의어

● **major** 1. 몡 전공 2. 톙 주요한, 중대한
1. What was your **major** in college?
(대학에서 당신의 전공은 무엇이었나요?)
2. Smoking is one of the **major** causes of cancer.
(흡연은 암의 주요 원인 중 하나이다.)

● **realize** 1. 통 실현하다 2. 통 깨닫다, 알아차리다
1. They finally **realized** their goal of buying a summer home.
(그들은 여름 별장 구입이라는 자신들의 목표를 마침내 실현했다.)
2. I've just **realized** how much I miss him.
(나는 내가 그를 얼마나 그리워하는지 방금 깨달았다.)

Words Plus

연습 문제

A 다음 영영풀이에 해당하는 단어를 [보기]에서 찾아 쓴 후, 우리말 뜻을 쓰시오.

[보기]	major	skill	realize	courage	beat	goal	stable	lead

1 _____ : to achieve something that you wanted : _____
2 _____ : to make a regular sound or movement : _____
3 _____ : something that you hope to achieve in the future : _____
4 _____ : the main subject that a person studies in college : _____
5 _____ : staying the same, without big changes or problems : _____
6 _____ : to show someone the way by going in front of him or her : _____
7 _____ : the mental strength to do something dangerous or difficult : _____
8 _____ : an ability to do something very well because you have learned it : _____

B 다음 빈칸에 알맞은 단어를 [보기]에서 찾아 쓰시오.

[보기]	truly	pursue	wonder	afraid	inspire

1 Many children are _____ of the dark.
2 I _____ what they can do to help me.
3 I'm _____ sorry. I didn't mean to upset you.
4 We need someone who can _____ the team.
5 Everyone has the right to _____ happiness.

C 우리말과 의미가 같도록 빈칸에 알맞은 말을 쓰시오.

1 나는 누구를 초대할지 정하지 못하겠다. → I can't _____ _____ who to invite.
2 집을 소유하겠다는 Carl의 꿈이 이루어졌다. → Carl's dream of owning a house _____ _____.
3 그녀는 직업이 뭐니? → What does she do for _____ _____?
4 그는 외국에서 공부하기로 결심했다. → He made _____ ___ _____ to study abroad.
5 그것은 단지 시행착오의 과정일 뿐이다. → It is just a process of _____ _____ _____.

D 다음 짝지어진 두 단어의 관계가 같도록 빈칸에 알맞은 단어를 쓰시오.

1 goal : aim = stop : _____
2 early : late = unstable : _____
3 chance : opportunity = brave : _____
4 profession : professional = environment : _____

W Words
실전 TEST

01 다음 영영풀이에 해당하는 단어를 빈칸에 주어진 철자로 시작하여 쓰시오.

> *n.* something that you hope to achieve in the future

> If you don't work hard, you can't achieve your g_____.

02 다음 중 짝지어진 단어의 관계가 나머지와 <u>다른</u> 하나는?

① skill – skillful
② beauty – beautiful
③ profession – professional
④ photograph – photographer
⑤ environment – environmental

03 다음 문장의 빈칸에 들어갈 말로 알맞은 것은?

> He's in the hospital but in a _____ condition.

① bold   ② major   ③ stable
④ memorable   ⑤ professional

04 다음 중 밑줄 친 부분의 우리말 의미가 알맞지 <u>않은</u> 것은?

① The boy <u>is searching for</u> the missing coins.
   (~을 찾고 있다)
② She <u>went through</u> a difficult time last year.
   (~을 지나쳤다)
③ I <u>made a decision</u> to take care of the dogs.
   (결정했다)
④ He did his best to make his dream <u>come true</u>.
   (이루어지다)
⑤ <u>Thanks to</u> airplanes, it is easy to travel around
   the world. (~ 덕분에)

05 다음 빈칸에 들어갈 말이 순서대로 바르게 짝지어진 것은?

> • I am having difficulty deciding _____ a gift for my parents.
> • _____ fact, he and I have many things in common.

① in – On   ② on – In
③ in – For   ④ on – For
⑤ to – In

06 다음 중 밑줄 친 부분과 바꿔 쓸 수 있는 단어로 <u>잘못</u> 제시된 것은?

① He was too <u>afraid</u> to go up the stairs.
   → scared
② Most heroes are very strong and <u>bold</u>.
   → brave
③ Ms. Han is an <u>expert</u> in interior design.
   → engineer
④ The school will <u>hold</u> a festival next week.
   → host
⑤ I got some advice from <u>an animal doctor</u>.
   → a vet

07 주어진 우리말과 의미가 같도록 빈칸에 알맞은 말을 쓰시오.

> 사람들은 새로운 기술을 숙달하려고 할 때 종종 시행착오를 겪는다.
> → People often go through _____ _____ _____ when they try to master new skills.

핵심 노트

1 경험 묻고 답하기

> **A: Have you ever been** to Jeju-do?　　　　너는 제주도에 가 봤니?
>
> **B: Yes, I have. / No, I haven't.**　　　　응, 가 봤어. / 아니, 안 가 봤어.

상대방에게 어떤 일에 대한 경험 여부를 물을 때 「Have you (ever)+과거분사 ~?」라고 하며, ever 또는 before 등의 부사가 자주 함께 사용된다. 경험을 묻는 말에 대한 긍정의 대답은 Yes, I have.로, 부정의 대답은 No, I haven't.로 한다.

시험 포인트　　**point**

경험한 것이 구체적으로 무엇인지를 묻거나 어떤 일에 대한 경험이 있는지의 여부를 묻는 문제가 출제되므로, Have you (ever) 뒤에 이어지는 내용을 파악하고 긍정과 부정의 대답에 유의한다.

- **A:** Have you ever had Italian food before?
  (너는 전에 이탈리아 음식을 먹어 본 적이 있니?)
- **B:** Yes, I have. (응, 먹어 봤어.)

- **A:** Have you ever thought of it before? (너는 전에 그것에 대해 생각해 본 적이 있니?)
- **B:** Yes, I have. (응, 생각해 봤어.)

- **A:** Have you ever seen a panda before? (너는 전에 판다를 본 적이 있니?)
- **B:** No, I've never seen one before. (아니, 나는 전에 그것을 본 적이 없어.)

- **A:** Have you been to Busan? (너는 부산에 가 본 적이 있니?)
- **B:** No, I've never been to Busan. (아니, 나는 부산에 가 본 적이 없어.)

2 희망 표현하기

> **A: I hope you can try** it sometime.　　　　언젠가 네가 그것을 먹어 볼 수 있길 바라.
>
> **B:** OK, I will.　　　　알겠어, 그럴게.

자신이 상대방에게 희망하는 것을 말할 때 「I hope (that) you (can/will)+동사원형 ~.」으로 표현할 수 있다. sometime(언젠가), someday(언젠가), soon(곧) 등 시간을 나타내는 부사를 문장 끝에 붙여서 말할 수도 있다.

시험 포인트　　**point**

희망을 표현하는 말이 앞에 나온 대화 내용이나 상황에 적절한지 묻는 문제가 출제되므로, 대화의 주제와 전체 흐름을 파악하는 데 주력한다.

- **A:** I hope you can read the book sometime.
  (언젠가 네가 그 책을 읽어 보기를 바라.)
- **B:** OK, I will. (알겠어, 그럴게.)

- **A:** I hope you do better next time.
  (네가 다음에 더 잘하기를 바라.)
- **B:** Thank you. (고마워.)

- **A:** I hope you'll have a chance to visit there.
  (네가 그곳을 방문할 기회가 있기를 바라.)
- **B:** Yes, I really want to visit there, too. (그래, 나도 그곳을 정말 가 보고 싶어.)

만점 노트

Listen and Talk A-1
교과서 12쪽

G: ❶Have you ever had Spanish food before?

B: No, I haven't. Have you ❷tried it?

G: Yes, I have. ❸I hope you can try it ❹sometime. It's really good.

B: I will. ❺For now, I'll just buy this Spanish recipe book.

❶ 「Have you (ever)+과거분사 ~?」는 '너는 ~해 본 적이 있니?'라는 뜻으로 상대방에게 경험해 봤는지 묻는 표현이다.

❷ try: (음식을) 먹어 보다 (= eat, have)

❸ 「I hope (that) you (can/will)+동사원형 ~.」은 자신이 상대방에게 희망하는 것을 말하는 표현이다.

❹ (미래의) 언젠가

❺ 우선은, 현재로는

Q1 소년이 사려는 것은 무엇인가요?

Listen and Talk A-2
교과서 12쪽

B: ❶Have you ever visited another country?

G: No, I haven't. ❷Have you?

B: Yes, ❸I've been to France. I hope you can ❹travel to another country sometime.

G: Yes, I really want to visit Canada. Look! This book about Canada ❺looks very interesting.

❶ 상대방의 경험 여부를 묻는 표현이다.

❷ Have you ~?로 물어본 앞의 질문을 상대방에게 되물을 때 간단히 Have you?로 말한다.

❸ '~에 가 본 적이 있다'라고 말할 때 「have(has) been to+장소」로 말할 수 있다.

❹ ~로 여행하다

❺ look+형용사: ~해 보이다

Q2 Has the girl been to Canada before?

Listen and Talk A-3
교과서 12쪽

G: ❶You should read this book about the moon. It's really interesting.

B: I know. I've ❷already read it.

G: You did? ❸How about the movie? Have you also seen the movie about the book?

B: No, I haven't.

G: Well, it's ❹even better than the book. ❺I hope you can see the movie soon.

❶ You should ~.는 '너는 ~하는 게 좋겠어.'라고 의견을 말하거나 조언하는 표현이다.

❷ 이미, 벌써

❸ How about+명사(구)?: ~는 어때?

❹ 「형용사의 비교급+than」의 비교급 표현이 쓰였고, even은 '훨씬'이라는 의미로 비교급을 강조한다.

❺ 자신이 상대방에게 희망하는 것을 말하는 표현이다. soon은 '곧'이라는 뜻이다.

Q3 소녀는 소년이 무엇을 하기를 바라나요? (   )   ⓐ 영화도 보기를 바란다.   ⓑ 책을 다시 읽기를 바란다.

Listen and Talk A-4
교과서 12쪽

G: I'm going to buy this CD. I love listening to piano music.

B: ❶Me, too. I also ❷enjoy playing the piano.

G: Really? So you can play the piano?

B: Yes. How about you?

G: Well, ❸I've never learned how to play.

B: It's fun. I hope you'll have ❹a chance to learn.

❶ '나도 그래.'라는 뜻으로, 여기서는 I love listening to piano music, too.의 의미이다.

❷ enjoy+동명사: ~하는 것을 즐기다

❸ 경험한 적이 한 번도 없다고 할 때 「I've never+과거분사 ~.」로 말한다. 「how+to부정사」는 '어떻게 ~할지, ~하는 방법'이라는 뜻이다.

❹ '배울 기회'라는 뜻으로 to부정사가 앞의 a chance를 수식하는 형용사적 용법으로 쓰였다.

Q4 두 사람이 모두 좋아하는 것은 무엇인가요?

Listen and Talk C

교과서 13쪽

B: ❶I really liked your book about training dogs.

W: Thank you. Do you like dogs?

B: Yes, I do. I love ❷all kinds of animals.

W: Have you ever ❸thought of becoming an ❹animal doctor?

B: Yes, I have. ❺I really want to become an animal doctor.

W: What are you doing ❻to achieve your goal?

B: I'm ❼doing volunteer work at ❽the local animal house.

W: That's good. ❾What else are you doing?

B: I'm also watching a lot of TV shows about animals.

W: ❿You're doing great! I hope you become a good animal doctor ⓫someday.

B: Thank you.

❶ 상대방이 한 것을 칭찬할 때 I really liked your ~. 로 말할 수 있다.

❷ '모든 종류의 ~'라는 뜻으로, 뒤에 셀 수 있는 명사가 올 때는 복수형이 되어야 한다.

❸ think of는 '~을 생각하다'의 뜻이며, 전치사 뒤에 동사가 이어질 때는 동명사 형태가 되어야 한다.

❹ 수의사 (= vet)

❺ 장래 희망을 말하는 표현이다.

❻ '이루기 위해서'라는 뜻으로 목적을 나타내는 to부정사이다.

❼ do volunteer work: 자원봉사를 하다

❽ 지역 동물의 집

❾ 다른 무엇, 그 외에 또 무엇

❿ 잘하고 있다고 상대방을 칭찬하는 말이다.

⓫ (미래의) 언젠가

Q5 What does the boy want to be in the future? (   )　　ⓐ a dog trainer　ⓑ an animal doctor

Q6 남학생이 목표를 이루기 위해 하고 있는 일 <u>두 가지</u>를 찾아 밑줄을 그어 표시하세요.

Talk and Play

교과서 14쪽

A: Minho, have you ever been to Ulleungdo?

B: ❶No, I have never been to Ulleungdo.

A: Oh, I hope you can visit ❷there sometime.

❶「I have never+과거분사 ~.」는 경험한 적이 한 번도 없다고 말하는 부정 표현이다.

❷ there는 Ulleungdo를 가리킨다.

Q7 민호는 울릉도에 간 적이 있나요? (   )　　ⓐ 간 적이 있다.　ⓑ 간 적이 없다.

Review - 1

교과서 26쪽

G: ❶Mike, have you tried Bulgogi before?

B: No, I haven't.

G: How about Bibimbap? Have you tried ❷that?

B: Yes, I've eaten it ❸once. It was really delicious.

❶ 경험 여부를 묻는 「Have you+과거분사 ~ before?」 형태로, try(먹어 보다)를 사용하여 음식을 먹어 본 경험이 있는지 묻고 있다.

❷ 앞 문장에서 물어본 Bibimbap을 가리킨다.

❸ 한 번

Q8 Mike가 한 번 먹어 본 음식은 무엇인가요? (   )　　ⓐ 불고기　ⓑ 비빔밥　ⓒ 잡채

Review - 2

교과서 26쪽

G: ❶My favorite book is *Charlie and the Chocolate Factory*. Have you read it, Peter?

B: No, I haven't, but I've seen the movie. How about you, Yubin? Have you seen the movie, too?

G: Yes, I have. But I like the book more. ❷I hope you can read it sometime.

B: OK, I will.

❶ 자신이 가장 좋아하는 것을 말할 때 My favorite ~ is ....로 말할 수 있다.

❷ 자신이 상대방에게 희망하는 것을 말하는 표현이다. it은 앞서 말한 the book을 가리키고, sometime 은 '언젠가'라는 뜻이다.

Q9 Peter는 '찰리와 초콜릿 공장'을 책으로도 읽고 영화로도 보았다.　　(T / F)

• 주어진 우리말과 일치하도록 교과서 대화문을 완성하시오.

Listen and Talk A-1

G: _____ you ever _____ Spanish food _____?

B: No, I haven't. _____ you tried it?

G: Yes, I _____. I _____ you can try it sometime. It's really good.

B: I will. For now, I'll just buy this Spanish recipe book.

 교과서 12쪽

G: 너는 전에 스페인 음식을 먹어 본 적이 있니?

B: 아니, 없어. 너는 먹어 봤니?

G: 응, 먹어 봤어. 네가 언젠가 먹어 볼 수 있길 바라. 정말 맛있거든.

B: 그럴게. 우선은, 이 스페인 요리책을 사야겠어.

Listen and Talk A-2

B: _____ you _____ _____ another country?

G: No, I haven't. _____ _____?

B: Yes, I've _____ to France. I _____ _____ _____ _____ to another country sometime.

G: Yes, I really _____ _____ visit Canada. Look! This book about Canada looks very _____.

교과서 12쪽

B: 너는 다른 나라에 가 본 적이 있니?

G: 아니, 없어. 너는 가 봤니?

B: 응, 나는 프랑스에 가 봤어. 네가 언젠가 다른 나라를 여행해 볼 수 있길 바라.

G: 그래, 나는 캐나다에 정말 가 보고 싶어. 봐! 캐나다에 관한 이 책은 아주 흥미로워 보여.

Listen and Talk A-3

G: _____ _____ _____ this book about the moon. It's really interesting.

B: I know. I've _____ _____ it.

G: You did? How about the movie? _____ _____ also _____ the movie about the book?

B: _____, I haven't.

G: Well, it's even _____ _____ the book. I _____ _____ can see the movie soon.

교과서 12쪽

G: 달에 관한 이 책을 읽어 봐. 정말 흥미로워.

B: 알아. 나는 그걸 이미 읽었어.

G: 읽었다고? 영화는 어때? 그 책에 관한 영화도 본 적이 있니?

B: 아니, 없어.

G: 음, 그건 책보다 훨씬 더 좋아. 네가 곧 그 영화를 볼 수 있길 바라.

Listen and Talk A-4

G: I'm going to buy this CD. I love listening to piano music.

B: Me, too. I also enjoy _____ the piano.

G: Really? So you can play the piano?

B: Yes. How _____ _____?

G: Well, I've _____ _____ how to play.

B: It's fun. _____ _____ you'll _____ a chance to learn.

교과서 12쪽

G: 나는 이 CD를 살 거야. 피아노곡 듣는 걸 아주 좋아하거든.

B: 나도 그래. 나는 피아노 연주도 즐겨 해.

G: 정말? 그럼 너는 피아노를 칠 수 있어?

B: 응. 너는 어때?

G: 음, 나는 피아노 치는 법을 배운 적이 없어.

B: 그거 재미있어. 네가 배울 기회가 있길 바라.

Listen and Talk C

B: I _____ _____ your book about _____ dogs.

W: Thank you. Do you like dogs?

B: Yes, I do. I love all _____ _____ _____.

W: Have you ever _____ _____ _____ an animal doctor?

B: Yes, I have. I really _____ _____ _____ an animal doctor.

W: What are you doing _____ _____ your goal?

B: I'm doing _____ _____ at the local animal house.

W: That's good. What _____ are you doing?

B: I'm also watching a lot of TV shows about animals.

W: You're doing great! I _____ _____ _____ a good animal doctor someday.

B: Thank you.

Talk and Play

A: Minho, _____ _____ _____ _____ to Ulleungdo?

B: No, I have never _____ to Ulleungdo.

A: Oh, I hope you can visit there sometime.

Review - 1

G: Mike, have you tried Bulgogi _____?

B: _____, _____ _____.

G: How about Bibimbap? _____ _____ tried that?

B: Yes, I've _____ it _____. It was really delicious.

Review - 2

G: My favorite book is *Charlie and the Chocolate Factory*. _____ _____ _____ it, Peter?

B: No, I haven't, but _____ _____ the movie. How about you, Yubin? _____ _____ _____ the movie, too?

G: Yes, I have. But I like the book more. I hope you can read it sometime.

B: OK, I _____.

교과서 13쪽

B: 개를 훈련하는 것에 관한 당신의 책이 저는 정말 좋았어요.

W: 고마워요. 개를 좋아해요?

B: 네, 좋아해요. 저는 모든 종류의 동물을 매우 좋아해요.

W: 수의사가 되는 것을 생각해 본 적 있어요?

B: 네, 있어요. 저는 수의사가 정말 되고 싶어요.

W: 목표를 이루기 위해 무엇을 하고 있나요?

B: 지역 동물의 집(동물 보호소)에서 자원봉사를 하고 있어요.

W: 좋군요. 또 무엇을 하고 있나요?

B: 동물에 관한 TV 프로그램도 많이 보고 있어요.

W: 정말 잘하고 있어요! 언젠가 좋은 수의사가 되기를 바라요.

B: 고맙습니다.

교과서 14쪽

A: 민호야, 울릉도에 가 본 적이 있니?

B: 아니, 나는 울릉도에 가 본 적이 없어.

A: 아, 언젠가 네가 그곳에 가 볼 수 있기를 바라.

교과서 26쪽

G: Mike, 전에 불고기를 먹어 본 적이 있니?

B: 아니, 없어.

G: 비빔밥은? 그건 먹어 봤니?

B: 응, 한 번 먹어 봤어. 정말 맛있었어.

교과서 26쪽

G: 내가 가장 좋아하는 책은 '찰리와 초콜릿 공장'이야. 그것을 읽어 본 적이 있니, Peter?

B: 아니, 그 책을 읽은 적은 없지만 영화를 본 적은 있어. 유빈아, 너는 어때? 영화도 본 적이 있니?

G: 응, 있어. 그렇지만 나는 책을 더 좋아해. 언젠가 네가 그것을 읽어 보기를 바라.

B: 알겠어, 그렇게.

대화 순서 배열하기

1 Listen and Talk A-1

교과서 12쪽

ⓐ Yes, I have. I hope you can try it sometime. It's really good.
ⓑ Have you ever had Spanish food before?
ⓒ No, I haven't. Have you tried it?
ⓓ I will. For now, I'll just buy this Spanish recipe book.

(　　) – (　　) – (　　) – (　　)

2 Listen and Talk A-2

교과서 12쪽

ⓐ Yes, I really want to visit Canada. Look! This book about Canada looks very interesting.
ⓑ No, I haven't. Have you?
ⓒ Yes, I've been to France. I hope you can travel to another country sometime.
ⓓ Have you ever visited another country?

(　　) – (　　) – (　　) – (　　)

3 Listen and Talk A-3

교과서 12쪽

ⓐ Well, it's even better than the book. I hope you can see the movie soon.
ⓑ You did? How about the movie? Have you also seen the movie about the book?
ⓒ I know. I've already read it.
ⓓ You should read this book about the moon. It's really interesting.
ⓔ No, I haven't.

ⓓ – (　　) – (　　) – (　　) – (　　)

4 Listen and Talk A-4

교과서 12쪽

ⓐ It's fun. I hope you'll have a chance to learn.
ⓑ Well, I've never learned how to play.
ⓒ I'm going to buy this CD. I love listening to piano music.
ⓓ Really? So you can play the piano?
ⓔ Yes. How about you?
ⓕ Me, too. I also enjoy playing the piano.

ⓒ – (　　) – (　　) – (　　) – (　　) – (　　)

5 Listen and Talk C

교과서 13쪽

A: I really liked your book about training dogs.

ⓐ Yes, I have. I really want to become an animal doctor.
ⓑ I'm doing volunteer work at the local animal house.
ⓒ That's good. What else are you doing?
ⓓ You're doing great! I hope you become a good animal doctor someday.
ⓔ Yes, I do. I love all kinds of animals.
ⓕ Have you ever thought of becoming an animal doctor?
ⓖ What are you doing to achieve your goal?
ⓗ I'm also watching a lot of TV shows about animals.
ⓘ Thank you. Do you like dogs?

A: Thank you.

A – (　　) – (　　) – ⓕ – (　　) – (　　) – ⓑ – (　　) – (　　) – (　　) – A

6 Talk and Play

교과서 14쪽

ⓐ No, I have never been to Ulleungdo.
ⓑ Minho, have you ever been to Ulleungdo?
ⓒ Oh, I hope you can visit there sometime.

(　　) – (　　) – (　　)

7 Review - 1

교과서 26쪽

ⓐ No, I haven't.
ⓑ How about Bibimbap? Have you tried that?
ⓒ Mike, have you tried Bulgogi before?
ⓓ Yes, I've eaten it once. It was really delicious.

(　　) – (　　) – (　　) – ⓓ

8 Review - 2

교과서 26쪽

ⓐ Yes, I have. But I like the book more. I hope you can read it sometime.
ⓑ No, I haven't, but I've seen the movie. How about you, Yubin? Have you seen the movie, too?
ⓒ My favorite book is *Charlie and the Chocolate Factory*. Have you read it, Peter?
ⓓ OK, I will.

(　　) – (　　) – (　　) – (　　)

실전 TEST

01 다음 대화의 밑줄 친 문장에 담긴 화자의 의도로 알맞은 것은?

> A: <u>Have you ever eaten Turkish food?</u>
> B: Yes, I have. I like kebabs.

① 제안하기　　② 경험 묻기　　③ 계획 묻기
④ 동의 구하기　⑤ 좋아하는 것 묻기

[02~03] 대화의 빈칸에 들어갈 말로 알맞은 것을 고르시오.

02

> A: This is my first visit to Seoul.
> B: Oh, really? _____

① Come visit me in Seoul.
② When was your last visit?
③ I'd like to invite you to Seoul.
④ I want you to visit Seoul someday.
⑤ I hope you have a great time in Seoul.

03

> A: _____
> B: Yes, I have. I went hiking there last fall.

① Do you like Hallasan?
② Where did you go last fall?
③ Have you gone hiking before?
④ Have you ever been to Hallasan?
⑤ Where have you been in Jeju-do?

04 자연스러운 대화가 되도록 (A)~(D)를 바르게 배열하시오.

> (A) No, I haven't. Have you tried it?
> (B) I will. For now, I'll just buy this Spanish recipe book.
> (C) Have you ever had Spanish food before?
> (D) Yes, I have. I hope you can try it sometime. It's really good.

(　　) – (　　) – (　　) – (　　)

05 다음 대화의 밑줄 친 ①~⑤ 중 흐름상 어색한 것은?

> A: You should read this book about the moon. ①<u>It's really interesting.</u>
> B: I know. ②<u>I've already read it.</u>
> A: You did? How about the movie? ③<u>Have you also seen the movie about the book?</u>
> B: ④<u>Yes, I've seen it before.</u>
> A: ⑤<u>Well, it's even better than the book.</u> I hope you can see the movie soon.

06 다음 중 짝지어진 대화가 <u>어색한</u> 것은?

① A: Let's watch the movie *Frozen II*.
　B: Sorry, but I've already seen the movie twice.
② A: I've practiced hard, but I lost the game.
　B: I'm sorry to hear that. I hope you win next time.
③ A: My mom is sick in bed with a cold.
　B: That's too bad. I hope she'll get well soon.
④ A: Judy, have you ever tried Korean food?
　B: No, I haven't. I really liked Bulgogi.
⑤ A: I haven't visited the new restaurant. Have you?
　B: Yes. I've visited it several times.

07 다음 대화의 빈칸에 들어갈 말로 알맞은 것은?

> A: My favorite book is *Charlie and the Chocolate Factory*. Have you read it, Peter?
> B: No, I haven't, but I've seen the movie. How about you, Yubin? Have you seen the movie, too?
> A: Yes, I have. But I like _____ more. I hope you can read it sometime.
> B: OK, I will.

① the movie　　　　　② the book
③ Charlie　　　　　　④ the chocolate factory
⑤ the new movie

[08~10] 다음 대화를 읽고, 물음에 답하시오.

Boy: I really liked your book about training dogs.

Woman: Thank you. Do you like dogs?

Boy: Yes, I do. I love all kinds of animals. (①)

Woman: _____ ⓐ _____

Boy: Yes, I have. I really want to become an animal doctor. (②)

Woman: What are you doing to achieve your goal?

Boy: I'm doing volunteer work at the local animal house. (③)

Woman: That's good. (④)

Boy: I'm also watching a lot of TV shows about animals. (⑤)

Woman: You're doing great! I hope you become a good animal doctor someday.

Boy: Thank you.

08 위 대화의 ①~⑤ 중 주어진 문장이 들어갈 위치로 알맞은 것은?

> What else are you doing?

①   ②   ③   ④   ⑤

09 위 대화의 빈칸 ⓐ에 알맞은 문장을 주어진 단어를 바르게 배열하여 완성하시오.

> thought, becoming, have, ever, of, you

→ _____

an animal doctor?

10 위 대화를 읽고 알 수 <u>없는</u> 것은?

① 여자가 쓴 책의 주제
② 소년이 좋아하는 것
③ 소년의 장래 희망
④ 소년이 자원봉사를 하는 곳
⑤ 소년의 개 훈련 경험 유무

---

11 다음 그림을 보고, 괄호 안의 단어를 사용하여 대화를 완성하시오.

A: Amy, have _____ _____ Gimchi before? (try)

B: _____, _____ _____. I really like it.

12 다음 대화의 밑줄 친 ⓐ~ⓒ 중 흐름상 어색한 부분을 찾아 기호를 쓰고, 바르게 고쳐 다시 쓰시오.

A: I'm going to buy this CD. I love listening to piano music.

B: Me, too. ⓐI also enjoy playing the piano.

A: Really? So you can play the piano?

B: Yes. How about you?

A: Well, ⓑI've learned how to play.

B: ⓒIt's fun. I hope you'll have a chance to learn.

(   ) → _____

13 다음 글의 내용과 일치하도록 아래 대화를 완성하시오.

Jenny went to France last year. She had a great time there. However, Hajun has never been to another country. Jenny hopes Hajun can travel to another country sometime.

↓

Jenny: Have you ever visited another country?

Hajun: (1)_____, _____ _____. Have you?

Jenny: (2)_____, I've _____ _____ France. (3)_____ _____ _____ _____ travel to another country sometime.

1 접속사 whether(if)

읽기 본문 I didn't know **whether I really enjoyed it.**
└─ ~인지 아닌지

나는 내가 그것을 정말로 즐기는지는 알 수 없었다.

대표 예문 I'm not sure **whether(if) Chris will come to the meeting.**
He wants to know **whether(if) she likes flowers.**
I wonder **whether(if) Mom is home now.**
Mike is wondering **whether(if) you could help him.**

나는 Chris가 회의에 올지 잘 모른다.
그는 그녀가 꽃을 좋아하는지 알고 싶어 한다.
나는 엄마가 지금 집에 계신지 궁금하다.
Mike는 네가 그를 도와줄 수 있는지 궁금해 하고 있다.

(1) 형태: whether(if)+주어+동사

(2) 의미와 쓰임

whether(if)는 '~인지 아닌지'라는 뜻의 접속사이며 「whether(if)+주어+동사」의 어순으로 명사절을 이끈다. whether(if)가 이끄는 명사절은 주로 동사 ask, know, wonder, tell 등의 목적어 역할을 한다.

I wonder **whether(if) she gets up early.** (나는 그녀가 일찍 일어나는지 궁금하다.)
I don't know **whether(if) he will join us.** (나는 그가 우리와 함께할지 모른다.)

한 단계 **더!**

조건을 나타내는 if절에서는 미래의 의미여도 현재시제로 쓰지만, if가 명사절을 이끄는 접속사로 쓰일 때에는 명사절의 시제를 의미에 맞게 그대로 표현한다.

• I'll go there **if** she comes. (나는 그녀가 오면 그곳에 가겠다.) 〈조건의 부사절〉
  I'll go there **if** she will come. (×)
• I wonder **if** she will come. (나는 그녀가 올지 궁금하다.) 〈명사절〉

---

point
시험 포인트 ❶
의문사가 있는 의문문이 문장의 일부가 될 때는 「의문사+주어+동사」의 어순으로 쓴다. 의문사가 없는 의문문의 경우에는 접속사 whether(if)를 사용하여 「whether(if)+주어+동사」의 어순으로 쓴다.

Please tell me **how you found them.**
「의문사+주어+동사」
▶ 중 2 교과서 8과

---

point
시험 포인트 ❷
if가 '(만약) ~라면'이라는 뜻으로 조건의 부사절을 이끄는 경우와 '~인지 아닌지'라는 뜻으로 명사절을 이끄는 경우를 구별하는 문제가 출제될 수 있으므로, 어떤 의미로 쓰였는지 문맥을 파악해서 구분해야 한다.

They can catch the train **if** they leave now. 〈조건의 부사절〉 ▶ 중 2 교과서 4과

We are not sure **if** he will join our club. 〈명사절〉

QUICK CHECK

1 다음 괄호 안에서 알맞은 것을 고르시오.
(1) Do you know (if / what) she's free tomorrow?
(2) I'm wondering whether (does she like / she likes) the movie.
(3) Mike wants to know if Jane (comes / came) to the party last night.

2 주어진 두 문장을 한 문장으로 연결하시오.
(1) I wonder. + Will Kate come back on time?
→ I wonder _____ _____ _____ _____ _____ on time.
(2) I can't decide. + Should I go to the hospital?
→ I can't decide _____ _____ _____ _____ to the hospital.
(3) I don't know. + Is he famous?
→ I don't know _____ _____ _____ _____.

2 to부정사의 형용사적 용법

읽기 본문 I got a chance **to see** the Northern Lights.　　　나는 오로라를 볼 기회가 있었다.
　　　　　　　　　　　　　앞의 명사 수식

대표 예문 I have many things **to do** now.　　　나는 지금 할 일이 많다.
　　　There are many friends **to help** you.　　　너를 도와줄 친구들이 많이 있다.
　　　Can you get me something **to eat**?　　　나에게 먹을 것을 가져다주겠니?
　　　She has no time **to sleep** these days.　　　그녀는 요즘 잠을 잘 시간이 없다.

(1) 형태: 명사/대명사+to+동사원형

(2) 의미와 쓰임

to부정사가 형용사처럼 쓰여 '~할, ~하는'이라는 의미로 명사나 대명사를 뒤에서 수식한다.

I need a book **to read**. (나는 읽을 책이 필요하다.)
He had enough money **to buy** it. (그는 그것을 살 충분한 돈이 있었다.)
She has some e-mails **to write**. (그녀는 써야 할 이메일이 좀 있다.)

한 단계 더!

1. to부정사가 수식하는 명사나 대명사가 전치사의 목적어일 경우에는 to부정사 뒤에 반드시 전치사를 쓴다.

Mary decided on a hotel **to stay** in. (Mary는 머무를 호텔을 결정했다.)
John needed someone **to talk** with. (John은 대화를 나눌 누군가가 필요했다.)
There's no chair **to sit** on. (앉을 의자가 없다.)

2. -thing, -body, -one으로 끝나는 대명사를 형용사와 to부정사가 함께 수식할 때는 「대명사+형용사+to부정사」의 어순으로 쓴다.

I need **something warm to wear**. (나는 걸쳐 입을 따뜻한 무언가가 필요하다.)

QUICK CHECK

1 다음 괄호 안에서 알맞은 것을 고르시오.
(1) I have (to show some pictures / some pictures to show) you.
(2) He has a lot of things (to do / doing) today.
(3) Do you have a pen to (write / write with)?

2 다음 밑줄 친 부분을 어법에 맞게 고쳐 쓰시오.
(1) Give me something <u>eat</u>.　→ _____
(2) I bought a book <u>reading</u> at bedtime.　→ _____
(3) He got <u>to see a chance</u> the Northern Lights.　→ _____

G 연습 문제

1 접속사 whether(if)

STEP A

A 다음 괄호 안에서 알맞은 것을 고르시오.

1 He wants to know (which / if) she likes flowers.

2 The girl wonders (what / whether) Eric will like her gift.

3 I'm not sure (whether / where) Chris will come to the meeting.

B 다음 밑줄 친 부분을 어법에 맞게 고쳐 쓰시오.

1 Mike is wondering <u>if could you help</u> him. → _____

2 They don't know <u>whether will he be</u> there. → _____

3 I'll ask Dad <u>which Mom is home</u> now. → _____

C 주어진 우리말과 의미가 같도록 괄호 안의 말을 바르게 배열하여 문장을 완성하시오.

1 나는 내가 질문에 제대로 답했는지 궁금하다.

→ I wonder _____ correctly.

(if, answered, I, the question)

2 나는 내가 그 일을 정말로 즐기는지는 알 수 없었다.

→ I didn't know _____.

(the work, enjoyed, I, really, whether)

3 그는 자신의 아들이 학교에 있는지 확신하지 못한다.

→ _____

(sure, is, at school, his son, is, whether, not, he)

D 주어진 우리말과 의미가 같도록 괄호 안의 표현을 사용하여 문장을 완성하시오.

1 Mike는 자신이 여권을 가지고 있는지 확신하지 못한다. (whether, his passport)

→ Mike isn't sure _____ with him.

2 White 씨는 그녀의 케이크가 준비되었는지 궁금해 한다. (if, is, ready)

→ Ms. White wonders _____.

3 나는 내가 성공할 수 있을지 확신하지는 못했지만 시도해 보기로 결심했다. (sure, whether, succeed)

→ _____, but I decided to try.

4 너는 그것을 살 것인지 결정해야 한다. (have to, decide, whether, will)

→ _____

2 to부정사의 형용사적 용법

A 주어진 문장을 to부정사를 사용한 문장으로 바꿔 쓰시오.

1 I don't have any money that I can give you.

→ I don't have any money _____.

2 We have no time that we can waste.

→ We have no time _____.

3 Let's make something delicious that we can eat.

→ Let's make something _____.

B 다음 문장에서 어법상 틀린 부분을 찾아 바르게 고쳐 쓰시오.

1 She has many dishes washing.   _____ → _____

2 I need someone to talk.   _____ → _____

3 Here is cold something to drink.   _____ → _____

4 I have no chair to sit on it.   _____ → _____

C 주어진 우리말과 의미가 같도록 괄호 안의 표현을 사용하여 문장을 완성하시오.

1 런던에는 볼 것들이 많이 있다. (many things, see)

→ There are _____ _____ _____ _____ in London.

2 나는 지금 읽을 만한 특별한 것이 없다. (special, nothing, read)

→ I have _____ _____ _____ _____ now.

3 이것이 그 문제를 푸는 유일한 방법이다. (solve, the problem)

→ This is the only way _____ _____ _____.

4 Olivia에게는 돌봐야 할 남동생이 있다. (take care of)

→ Olivia has a little brother _____ _____ _____ _____.

D 주어진 우리말과 의미가 같도록 괄호 안의 표현을 어법에 맞게 사용하여 문장을 쓰시오.

1 너를 도와줄 친구들이 많이 있다. (there, many, help)

→ _____

2 나는 요즘 TV를 볼 시간이 전혀 없다. (have, any time, watch, these days)

→ _____

3 나는 나에게 중국어를 가르쳐 줄 누군가가 필요하다. (need, somebody, teach me)

→ _____

01 다음 빈칸에 들어갈 말로 알맞은 것은?

STEP
A

> I wonder _____ Wendy will come to my birthday party.

① as   ② that   ③ which
④ what   ⑤ whether

02 다음 우리말과 의미가 같도록 할 때, 빈칸에 들어갈 말로 알맞은 것은?

> 그는 기차에서 읽을 잡지를 한 권 샀다.
> → He bought a magazine _____ on the train.

① read   ② reads   ③ reading
④ to read   ⑤ to reading

[03~04] 주어진 두 문장을 한 문장으로 바꿔 쓸 때, 빈칸에 들어갈 말로 알맞은 것을 고르시오.

03

> I want to know. + Are you satisfied with your test result?
> → I want to know _____ with your test result.

① you are satisfied
② if are you satisfied
③ if you are satisfied
④ what you are satisfied
⑤ whether are you satisfied

04

> Chloe has a lot of work. + She has to finish the work today.
> → Chloe has _____ today.

① a lot of work finished
② a lot of work to finish
③ work to finish a lot of
④ finished a lot of work
⑤ finished to a lot of work

[05~06] 다음 중 밑줄 친 부분의 쓰임이 [보기]와 같은 것을 고르시오.

05

> [보기] She asked me <u>if</u> I was good at math.

① I will bring some cookies <u>if</u> you want.
② They will go without Jane <u>if</u> she is late.
③ I wonder <u>if</u> he still remembers my name.
④ We will arrive at six <u>if</u> our train is on time.
⑤ I will be upset <u>if</u> you don't tell me the truth.

06

> [보기] She has no time <u>to sleep</u> these days.

① Jake decided <u>to join</u> the drama club.
② Her job is <u>to design</u> wedding dresses.
③ Are you planning <u>to visit</u> the museum?
④ There are many things <u>to see</u> in London.
⑤ It is good for your health <u>to eat</u> breakfast.

07 다음 중 밑줄 친 부분이 어법상 **틀린** 것은?

① I didn't know <u>why</u> Amy was crying.
② I'll ask Mac <u>if</u> he can join the game.
③ He wants to know <u>if</u> she likes flowers.
④ They're wondering <u>which</u> the game will be canceled.
⑤ Judy isn't sure <u>whether</u> she's going in the right direction.

08 다음 문장의 빈칸에 들어갈 말로 알맞지 **않은** 것은?

I don't know _____.

① if Amy likes the movie
② if she'll be able to come tonight
③ whether does he understand me
④ if the museum opens on Mondays
⑤ whether the train stops at this station

[09~10] 다음 우리말을 영어로 바르게 옮긴 것을 고르시오.

09

너를 도와줄 많은 친구들이 있다.

① There are many friends help you.
② There are many friends to help you.
③ There are to help many friends you.
④ There are many friends helped you.
⑤ There are many friends to helping you.

10

Sue는 공항에 피자 가게가 있는지 궁금해 하고 있다.

① Sue is wondering if is there a pizza shop at the airport.
② Sue wondered whether there's a pizza shop at the airport.
③ Sue is wondering whether is there a pizza shop at the airport.
④ Sue is wondering whether there's a pizza shop at the airport.
⑤ Whether Sue is wondering there's a pizza shop at the airport.

11 다음 그림 속 상황을 바르게 나타낸 문장은?

① Harry is asking the woman she can help him.
② Harry is asking the woman if you can help me.
③ Harry is asking the woman whether you can help me.
④ Harry is asking the woman whether can she help him.
⑤ Harry is asking the woman whether she can help him.

한 단계 더!

12 다음 중 어법상 **틀린** 문장은?

① We don't have anything to eat.
② Do you have time to talk with me?
③ Jina has many pets to take care of.
④ There are to visit many museums in Paris.
⑤ She doesn't have enough money to buy the bag.

[13~14] 다음 중 밑줄 친 부분의 쓰임이 나머지와 **다른** 것을 고르시오.

13 ① I'm wondering <u>if</u> you can help me.
② We'll go hiking <u>if</u> it is fine tomorrow.
③ She's not sure <u>if</u> the baby is hungry.
④ Do you know <u>if</u> Andrew has any problems?
⑤ I want to ask <u>if</u> there is a post office near here.

14 ① It's time <u>to go</u> to bed.
② I don't have a pen <u>to write</u> with.
③ Do you need something <u>to drink</u>?
④ She is looking for a bench <u>to sit</u> on.
⑤ It was difficult for Rada <u>to walk</u> on Earth.

15 우리말을 영어로 옮긴 문장 중 어법상 **틀린** 것은?
① 그들은 살 집이 필요하다.
 → They need a house to live in.
② 우리는 초대할 손님이 몇 명 있다.
 → We have a few guests to invite.
③ 그는 주차할 곳을 찾고 있다.
 → He's looking for a place to park.
④ 그것은 대답하기 어려운 질문이었다.
 → It was a difficult to answer question.
⑤ 나는 너에게 할 중요한 말이 있다.
 → I have something important to tell you.

16 다음 문장에서 어법상 **틀린** 부분을 바르게 고쳐 쓴 것은?

> Angela wants to know whether will Steve attend the meeting tomorrow.

① wants → want
② to know → knowing
③ whether → that
④ will Steve → Steve will
⑤ tomorrow → yesterday

17 다음 중 밑줄 친 부분이 어법상 **틀린** 것은?
① I wonder <u>whether you like it.</u>
② I'll ask her <u>if the news is true.</u>
③ I'm not sure <u>if I can do the work.</u>
④ I don't know <u>if when James can join us.</u>
⑤ I can't tell you <u>whether he passed the test.</u>

18 다음 중 어법상 올바른 문장의 개수로 알맞은 것은?

> ⓐ I wonder if Helen can speak Korean.
> ⓑ She needs some flour to bake cookies.
> ⓒ Don't miss the chance to see the musical.
> ⓓ I didn't have enough time finish my project.
> ⓔ I'll ask Mason that he will go on a trip with us.

① 1개　　　② 2개　　　③ 3개
④ 4개　　　⑤ 5개

서술형

[19~20] 다음 그림을 보고, 괄호 안의 단어들을 사용하여 문장을 완성하시오.

19

→ There is _____ in the refrigerator. (nothing, eat)

고/난도 한 단계 더!

20

→ Jake has _____ in his room. (many, toys, play)

고/난도
21 다음 글의 밑줄 친 ⓐ~ⓔ 중 어법상 **틀린** 부분 두 군데를 **찾아** 바르게 **고쳐** 쓰시오.

> There are lots of things ⓐenjoy in Busan. First of all, there ⓑare several beautiful beaches. You can swim in the sea and ⓒrelax at the beach. Furthermore, there are many delicious ⓓto eat street foods. Come and ⓔenjoy yourselves!

(1) ( ) → _____

(2) ( ) → _____

22 우리말과 의미가 같도록 [보기]에서 알맞은 질문을 골라 **if** 나 **whether**를 사용하여 문장을 완성하시오.

> [보기] · Do you like hip-hop music?
> · Is there a flower shop nearby?
> · Did Harris win first prize in the singing contest?

(1) Olivia는 한 소년에게 근처에 꽃집이 있는지 묻고 있다.
→ Olivia is asking a boy _____
_____ .

(2) 그녀는 Harris가 노래 경연 대회에서 1등을 했는지 궁금해 하고 있다.
→ She is wondering _____
_____ .

(3) 나는 네가 힙합 음악을 좋아하는지 알고 싶다.
→ I want to know _____
_____ .

고/난도
23 다음 대화의 내용과 일치하도록 빈칸에 알맞은 말을 써서 문장을 완성하시오.

> Emily: Liam, can you go to the movies with me tomorrow?
> Liam: I'm sorry, but I can't.
> Emily: Why not?
> Liam: I have to clean my room, walk my dog, and finish my science homework.
> Emily: All right, then. Maybe next time.

(1) Emily wants to know _____ _____
_____ _____ _____ _____
_____ with her tomorrow.

(2) Liam can't go to the movies because he has many things _____ _____ tomorrow.

STEP
A

꿈을 찾고 실현하세요!

Find a Dream and Live It!

01 여러분, 안녕하세요.

01 Hello, everyone.

02 제 이름은 David Parker이고, 저는 사진작가입니다.

02 My name is David Parker, and I'm a photographer.
= I'm(I am)

03 오늘 저는 여러분에게 제가 어떻게 꿈을 찾고 그것을 실현했는지 이야기하려고 해요.

03 Today, I'm going to tell you how I found my dream and realized it.
간접목적어 / and로 연결된 병렬 구조
수여동사 / 직접목적어 (「의문사+주어+동사 ~」 어순의 간접의문문) / = my dream

04 제 이야기가 여러분에게 영감을 줄 수 있기를 바랍니다.

04 I hope my story can inspire you.
명사절을 이끄는 접속사 that 생략

05 저는 어렸을 때 별을 사랑했어요.

05 When I was young, I loved stars.
접속사(~할 때)+주어+동사 ~

06 또한 사진 찍는 것도 좋아했죠.

06 I also liked taking pictures.
take a picture: 사진을 찍다
like+-ing: ~하는 것을 좋아하다

07 하지만 저는 이것들이 직업으로 이어질 수 있으리라고는 전혀 생각하지 못했어요.

07 However, I never thought these things could lead to a job.
하지만, 그러나 / 명사절을 이끄는 접속사 that 생략 / ① 별을 사랑한 것 ② 사진 찍는 것을 좋아한 것 / ~으로 이어지다

08 사실 저는 아예 꿈이 없었거든요.

08 In fact, I didn't have a dream at all.
사실은 / not ~ at all: 전혀 ~하지 않는

09 대학에서 전공을 정해야 했을 때, 저는 공학을 선택했어요.

09 When I had to decide on a major in college, I chose engineering.
~해야 했다 / (숙고하여) ~을 정하다 / 명 전공 / 통 choose: 선택하다 (-chose-chosen)

10 엔지니어가 되는 것이 괜찮아 보였거든요.

10 Being an engineer looked OK.
주어 (동명사구) / 「감각동사 look+형용사」 ~하게 보이다

11 대학 졸업 후에 저는 엔지니어링 회사에 취직했어요.

11 After college, I got a job at an engineering company.
전 ~ 후에 / =

12 그것은 안정적인 직업이었지만, 저는 제가 그 일을 정말로 즐기는지는 알 수 없었어요.

12 It was a stable job, but I didn't know [whether I really enjoyed it].
명사절 / 접 ~인지 아닌지 (= if)

13 어느 겨울, 제가 아이슬란드로 휴가를 갔을 때 모든 것이 바뀌었어요.

13 Everything changed when I went on vacation to Iceland one winter.
go on vacation: 휴가를 가다

14 그곳에서 저는 오로라를 볼 기회가 있었어요.

14 There I got a chance to see the Northern Lights.
아이슬란드에서 / a chance를 수식하는 to부정사 (형용사적 용법)

15 빛들은 경이로웠고, 저는 하늘에서 춤추는 빛들의 사진을 많이 찍었어요.

15 The lights were amazing, and I took many pictures of the dancing lights in the sky.
= The Northern Lights / = the Northern Lights / 빛이 커튼 모양으로 넘실거리는 모습 (은유적 표현)

16 수년 만에 처음으로 제 심장이 빠르게 뛰고 있는 것을 느낄 수 있었어요.

16 For the first time in many years, I could feel my heart beating fast.
처음으로 / 「지각동사 feel+목적어+동사원형/현재분사(-ing)」 (목적어)가 ~하는 것을 느끼다

17 돌아온 후에 저는 아이슬란드에서 찍은 사진으로 사진 경연 대회에 참가했어요.

17 After I came back, I entered a photo contest with the pictures [I took in Iceland].
접 ~ 후에 / 선행사 / 관계대명사절 / 목적격 관계대명사 which(that) 생략

18 놀랍게도 저는 1등 상을 받았고, 이 일은 저에게 제 인생에 대해 생각해 볼 기회를 주었어요.

18 Surprisingly, I won first prize, and this gave me a chance to think about my life.
win first prize: 1등 상을 타다 / 수여동사 간·목 직·목 / 1등 상을 받은 것 / 형용사적 용법의 to부정사

19 I realized [that taking pictures made me happy].
┌ 명사절을 이끄는 접속사
주어 (동명사구) 「make＋목적어＋형용사」 (목적어)가 ~하게 만들다

20 Suddenly, I wanted to become a good photographer, so I started to learn more about photography.
┌ to부정사를 목적어로 취하는 동사
to부정사의 명사적 용법 그래서 to부정사의 명사적 용법
to부정사와 동명사 모두 목적어로 취하는 동사

21 After years of trial and error, I got better, and I began to do some part-time work as a photographer.
전 ~ 후에 「get＋비교급」 점점 더 ~해지다 to부정사의 명사적 용법
전 ~로서 (자격)

22 Then one day, I made a bold decision.
(과거의) 어느 날 make a decision: 결정하다, 결심하다
┌ 직장을 그만두고 생계를 위해 사진작가가 되기로 결심한 것

23 I quit my job and decided to take pictures for a living.
그만두었다 (과거형) to부정사의 명사적 용법
┌ to부정사를 목적어로 취하는 동사

24 I wasn't sure if I could succeed, but I decided to try.
be sure: 확신하다 └ ~인지 아닌지 (= whether) to부정사의 명사적 용법

25 I really wanted to do something [that made me happy].
선행사 주격 관계대명사 ┌ 관계대명사절

26 Now, I'm a professional photographer, and I'm happy.
형 전문적인

27 So do you want to find a dream and realize it?
to 생략

28 Here's some advice to help you.
「Here is＋단수주어」 여기 ~이 있다

29 First, follow your heart.
첫 번째로 (서수 – 순서를 매길 때 사용)

30 Think about what you like to do and what makes you happy.
└ 전치사 about의 목적어 역할 ┘

31 In my case, it was taking pictures of stars.
in one's case: ~의 경우에 주격보어 (동명사구)

32 Second, work hard.
두 번째로 부 열심히

33 Pursuing a dream is not easy.
└ 동명사구 주어 (단수 취급) ┘

34 I became a photographer through hard work.
전 ~을 통해

35 Third, be bold.
세 번째로 형 대담한

36 You need courage to make decisions [that will change your life].
선행사 주격 관계대명사 ┌ 관계대명사절

37 I was afraid but I took a chance.
be afraid: 두려워하다

38 I truly hope you can find a dream, pursue it, and live it!
접속사 that 생략 ┌ a dream └ A, B, and C ┘

19 저는 사진을 찍는 것이 저를 행복하게 한다는 것을 깨달았어요.

20 갑자기 저는 좋은 사진작가가 되고 싶었고, 그래서 사진 촬영 기술에 대해 더 배우기 시작했어요.

21 몇 년의 시행착오 끝에 저는 실력이 더 좋아졌고, 사진작가로 시간제 근무를 하기 시작했어요.

22 그러던 어느 날, 저는 대담한 결심을 했어요.

23 직장을 그만두고 생계 수단으로 사진을 찍기로 결정했죠.

24 제가 성공할 수 있을지 확신하지는 못했지만 시도해 보기로 결심했어요.

25 저는 저를 행복하게 만드는 무언가를 정말로 하고 싶었거든요.

26 지금, 저는 전문 사진작가이고 행복합니다.

27 그렇다면 여러분은 꿈을 찾고 그 꿈을 실현하고 싶은가요?

28 여기 여러분을 도와줄 몇 가지 조언이 있습니다.

29 첫째, 여러분의 마음을 따르세요.

30 여러분이 무엇을 하는 것을 좋아하는지, 그리고 여러분을 행복하게 하는 것이 무엇인지 생각해 보세요.

31 제 경우에는, 그것이 별 사진을 찍는 것이었습니다.

32 둘째, 열심히 노력하세요.

33 꿈을 추구하는 것은 쉽지 않아요.

34 저는 열심히 노력해서 사진작가가 되었습니다.

35 셋째, 대담해지세요.

36 여러분의 인생을 바꿀 결정을 하기 위해서는 용기가 필요합니다.

37 저는 두려웠지만 위험을 무릅쓰고 기회를 잡았어요.

38 저는 여러분이 꿈을 찾고, 꿈을 추구하고, 꿈을 실현할 수 있길 진심으로 바랍니다!

• 우리말과 의미가 같도록 교과서 본문의 문장을 완성하시오.

STEP A

01 Hello, _____.

02 My name is David Parker, and I'm a _____.

03 Today, I'm going to tell you how _____ _____ my dream and _____ it.

04 I _____ my story can _____ you.

05 _____ I _____ young, I loved stars.

06 I also liked _____ _____.

07 However, I never thought these things could _____ _____ a job.

08 _____ _____, I didn't have a dream _____ _____.

09 When I had to _____ _____ a major in college, I chose engineering.

10 _____ an engineer _____ OK.

11 _____ college, I _____ a job at an engineering company.

12 It was a _____ job, but I didn't know _____ I really enjoyed it.

13 Everything changed when I _____ _____ _____ to Iceland one winter.

14 There I got a chance _____ _____ the Northern Lights.

15 The lights were amazing, and I _____ many pictures _____ the _____ _____ in the sky.

16 For the first time in many years, I could _____ my heart _____ fast.

17 _____ I came back, I _____ a photo contest with the pictures I _____ in Iceland.

01 여러분, 안녕하세요.

02 제 이름은 David Parker이고, 저는 사진작가입니다.

03 오늘 저는 여러분에게 제가 어떻게 꿈을 찾고 그것을 실현했는지 이야기하려고 해요.

04 제 이야기가 여러분에게 영감을 줄 수 있기를 바랍니다.

05 저는 어렸을 때 별을 사랑했어요.

06 또한 사진 찍는 것도 좋아했죠.

07 하지만 저는 이것들이 직업으로 이어질 수 있으리라고는 전혀 생각하지 못했어요.

08 사실 저는 아예 꿈이 없었거든요.

09 대학에서 전공을 정해야 했을 때, 저는 공학을 선택했어요.

10 엔지니어가 되는 것이 괜찮아 보였거든요.

11 대학 졸업 후에 저는 엔지니어링 회사에 취직했어요.

12 그것은 안정적인 직업이었지만, 저는 제가 그 일을 정말로 즐기는지는 알 수 없었어요.

13 어느 겨울, 제가 아이슬란드로 휴가를 갔을 때 모든 것이 바뀌었어요.

14 그곳에서 저는 오로라를 볼 기회가 있었어요.

15 빛들은 경이로웠고, 저는 하늘에서 춤추는 빛들의 사진을 많이 찍었어요.

16 수년 만에 처음으로 제 심장이 빠르게 뛰고 있는 것을 느낄 수 있었어요.

17 돌아온 후에 저는 아이슬란드에서 찍은 사진으로 사진 경연 대회에 참가했어요.

18 Surprisingly, I _____ first prize, and this gave me a chance _____ _____ about my life.

19 I realized that _____ _____ made me happy.

20 Suddenly, I wanted to become a good photographer, so I started _____ _____ more about photography.

21 After years of _____ _____ _____, I got better, and I began to do some part-time work _____ a photographer.

22 Then one day, I made _____ _____ _____.

23 I quit my job and _____ _____ take pictures _____ _____ _____.

24 I wasn't sure _____ I _____ succeed, but I decided to try.

25 I really wanted to do something _____ made me happy.

26 Now, I'm a _____ photographer, and I'm happy.

27 So do you want _____ _____ a dream and _____ it?

28 Here's some _____ to help you.

29 First, _____ your heart.

30 Think _____ _____ you like to do and _____ _____ you happy.

31 _____ _____ _____, it was taking pictures of stars.

32 _____, work hard.

33 _____ _____ _____ is not easy.

34 I became a photographer _____ hard work.

35 Third, _____ _____.

36 You need _____ to make decisions that will change your life.

37 I was afraid but I _____ _____ _____.

38 I _____ _____ you can find a dream, _____ it, and live it!

18 놀랍게도 저는 1등 상을 받았고, 이 일은 저에게 제 인생에 대해 생각해 볼 기회를 주었어요.

19 저는 사진을 찍는 것이 저를 행복하게 한다는 것을 깨달았어요.

20 갑자기 저는 좋은 사진작가가 되고 싶었고, 그래서 사진 촬영 기술에 대해 더 배우기 시작했어요.

21 몇 년의 시행착오 끝에 저는 실력이 더 좋아졌고, 사진작가로 시간제 근무를 하기 시작했어요.

22 그러던 어느 날, 저는 대담한 결심을 했어요.

23 직장을 그만두고 생계 수단으로 사진을 찍기로 결정했죠.

24 제가 성공할 수 있을지 확신하지는 못했지만 시도해 보기로 결심했어요.

25 저는 저를 행복하게 만드는 무언가를 정말로 하고 싶었거든요.

26 지금, 저는 전문 사진작가이고 행복합니다.

27 그렇다면 여러분은 꿈을 찾고 그 꿈을 실현하고 싶은가요?

28 여기 여러분을 도와줄 몇 가지 조언이 있습니다.

29 첫째, 여러분의 마음을 따르세요.

30 여러분이 무엇을 하는 것을 좋아하는지, 그리고 여러분을 행복하게 하는 것이 무엇인지 생각해 보세요.

31 제 경우에는, 그것이 별 사진을 찍는 것이었습니다.

32 둘째, 열심히 노력하세요.

33 꿈을 추구하는 것은 쉽지 않아요.

34 저는 열심히 노력해서 사진작가가 되었습니다.

35 셋째, 대담해지세요.

36 여러분의 인생을 바꿀 결정을 하기 위해서는 용기가 필요합니다.

37 저는 두려웠지만 위험을 무릅쓰고 기회를 잡았어요.

38 저는 여러분이 꿈을 찾고, 꿈을 추구하고, 꿈을 실현할 수 있길 진심으로 바랍니다!

01   Hello, (you / everyone).

02   My name is David Parker, and I'm a (photographer / photograph).

03   Today, I'm going to tell you how (I found / did I find) my dream and realized it.

04   I hope my story can (bore / inspire) you.

05   (When / Whether) I was young, I loved stars.

06   I also liked (taking / catching) pictures.

07   However, I never thought these things could (get / lead to) a job.

08   In fact, I (had / didn't have) a dream at all.

09   When I had to (decide / choose) on a major in college, I chose engineering.

10   (Being / Be) an engineer looked OK.

11   After college, I (quit / got) a job at an engineering company.

12   It was a stable job, but I didn't know (whether / which) I really enjoyed it.

13   Everything changed when I went (of / on) vacation to Iceland one winter.

14   There I got a chance (to see / seeing) the Northern Lights.

15   The lights were amazing, and I took (many / much) pictures of the dancing lights in the sky.

16   (At / For) the first time in many years, I could feel my heart (to beat / beating) fast.

17   After I came back, I (entered / entered in) a photo contest with the pictures I took in Iceland.

18   (Surprisingly / Surprised), I won first prize, and this gave me a chance (think / to think) about my life.

19   I realized that taking pictures made me (happy / happily).

20   Suddenly, I wanted to become a good photographer, so I started to (learning / learn) more about photography.

21   After years of trial and error, I got (well / better), and I began to do some part-time work as a photographer.

22   Then (some / one) day, I made a bold decision.

23   I quit my job and decided to take pictures (to live with / for a living).

24   I wasn't sure (if / what) I could succeed, but I decided to try.

25   I really wanted to do something (what / that) made me happy.

26   Now, I'm a (professional / profession) photographer, and I'm happy.

27   So do you want to find a dream (but / and) realize it?

28   (Here's / Here are) some advice to help you.

29   (First / Finally), follow your heart.

30   Think about what you like to do and what (to make / makes) you happy.

31   In (my / mine) case, it was taking pictures of stars.

32   Second, work (hardly / hard).

33   Pursuing a dream (are / is) not easy.

34   I became a photographer (in / through) hard work.

35   Third, (be / being) bold.

36   You need courage to make (decides / decisions) that will change your life.

37   I was (brave / afraid) but I took a chance.

38   I truly hope you can find a dream, (pursue / pursuing) it, and live it!

틀린 문장 고치기

• 밑줄 친 부분이 내용이나 어법상 올바르면 ○에, 틀리면 ×에 동그라미 하고 틀린 부분을 바르게 고쳐 쓰시오.

STEP A

01 Hello, everyone. ○ ×

02 My name is David Parker, and I'm a photographer. ○ ×

03 Today, I'm going to tell you how did I find my dream and realized it. ○ ×

04 I hope my story can inspire you. ○ ×

05 When I was young, I love stars. ○ ×

06 I also liked take pictures. ○ ×

07 However, I never thought these things could lead to a job. ○ ×

08 In fact, I had a dream at all. ○ ×

09 When I had to decide for a major in college, I chose engineering. ○ ×

10 Being an engineer looked OK. ○ ×

11 After college, I got a job at an engineering company. ○ ×

12 It was a stable job, but I didn't know what I really enjoyed it. ○ ×

13 Everything changed when I went on vacation to Iceland one winter. ○ ×

14 There I got a chance to seeing the Northern Lights. ○ ×

15 The lights were amazing, and I took many pictures of the dancing lights in the sky. ○ ×

16 For the first time in many years, I could feel my heart to beat fast. ○ ×

17 After I came back, I entered a photo contest with the pictures I took in Iceland. ○ ×

18 Surprisingly, I won first prize, and this gave me a chance thinking about my life. ○ ×

19 I realized that take pictures made me happy. ○ ×

20 Suddenly, I wanted to become a good photographer, so I started <u>to learn</u> more about photography. ⬜ ○ ❌

21 After years of trial and error, I got better, and I began to do some part-time work <u>in</u> a photographer. ⬜ ○ ❌

22 Then one day, I <u>made a bold decision</u>. ⬜ ○ ❌

23 I quit my job and <u>decide to take</u> pictures for a living. ⬜ ○ ❌

24 I wasn't sure if <u>could I succeed</u>, but I decided to try. ⬜ ○ ❌

25 I really wanted to do something that made me <u>happily</u>. ⬜ ○ ❌

26 Now, I'm <u>a professional photographer</u>, and I'm happy. ⬜ ○ ❌

27 So do you want to find a dream and <u>realize</u> it? ⬜ ○ ❌

28 Here's <u>some advice</u> to help you. ⬜ ○ ❌

29 First, <u>follow</u> your heart. ⬜ ○ ❌

30 Think about what you like to do and <u>that</u> makes you happy. ⬜ ○ ❌

31 <u>As my case</u>, it was taking pictures of stars. ⬜ ○ ❌

32 Second, work <u>hard</u>. ⬜ ○ ❌

33 <u>Pursue</u> a dream is not easy. ⬜ ○ ❌

34 I became a photographer <u>through</u> hard work. ⬜ ○ ❌

35 Third, <u>be bold</u>. ⬜ ○ ❌

36 You need courage to make decisions <u>what</u> will change your life. ⬜ ○ ❌

37 I was afraid but I <u>take a chance</u>. ⬜ ○ ❌

38 I truly hope you can find a dream, <u>pursued it</u>, and live it! ⬜ ○ ❌

배열로 문장 완성하기

01 여러분, 안녕하세요. (everyone / hello)

>

02 제 이름은 David Parker이고, 저는 사진작가입니다. (I'm / my name is / a photographer / David Parker / and)

>

03 오늘, 저는 여러분에게 제가 어떻게 꿈을 찾고 그것을 실현했는지 이야기하려고 해요.
(realized it / today / tell you / I found / how / I'm going to / my dream / and)

>

04 제 이야기가 여러분에게 영감을 줄 수 있기를 바랍니다. (hope / I / inspire / my story / can / you)

>

05 저는 어렸을 때, 별을 사랑했어요. (stars / when / I / loved / I was young)

>

06 저는 또한 사진 찍는 것도 좋아했죠. (pictures / I / liked / taking / also)

>

07 하지만, 저는 이것들이 직업으로 이어질 수 있으리라고는 전혀 생각하지 못했어요.
(could / however / I / lead to / thought / never / these things / a job)

>

08 사실, 저는 아예 꿈이 없었거든요. (didn't / at all / in fact / I / a dream / have)

>

09 대학에서 전공을 정해야 했을 때, 저는 공학을 선택했어요. (I had to / in college / I chose engineering / decide on / when / a major)

>

10 엔지니어가 되는 것이 괜찮아 보였거든요. (an engineer / looked OK / being)

>

11 대학 졸업 후에, 저는 엔지니어링 회사에 취직했어요. (got a job / after / I / an engineering company / college / at)

>

12 그것은 안정적인 직업이었지만, 저는 제가 그 일을 정말로 즐기는지는 알 수 없었어요.
(was / I didn't know / a stable job / it / enjoyed it / but / whether / I / really)

>

13 어느 겨울, 제가 아이슬란드로 휴가를 갔을 때 모든 것이 바뀌었어요.
(on vacation / everything / to Iceland / one winter / when / changed / I / went)

>

14 그곳에서 저는 오로라를 볼 기회가 있었어요. (I / the Northern Lights / there / to see / got a chance)

>

15 빛들은 경이로웠고, 저는 하늘에서 춤추는 빛들의 사진을 많이 찍었어요.
(many pictures / were / in the sky / and / the lights / took / I / of the dancing lights / amazing)

>

16 수년 만에 처음으로, 제 심장이 빠르게 뛰고 있는 것을 느낄 수 있었어요.
(for / many years / feel / in / the first time / my heart / I / beating / could / fast)

>

17 돌아온 후에, 저는 아이슬란드에서 찍은 사진으로 사진 경연 대회에 참가했어요.
(a photo contest / after / I entered / with / I took / I came back / the pictures / in Iceland)

>

18 놀랍게도, 저는 1등 상을 받았고, 이 일은 저에게 제 인생에 대해 생각해 볼 기회를 주었어요.
(gave me / surprisingly / first prize / I / and / to think / about my life / won / this / a chance)

>

19 저는 사진을 찍는 것이 저를 행복하게 한다는 것을 깨달았어요. (realized / happy / I / pictures / that / made / taking / me)
>

20 갑자기, 저는 좋은 사진작가가 되고 싶었고, 그래서 사진 촬영 기술에 대해 더 배우기 시작했어요.
(I wanted / photography / a good photographer / to learn / suddenly / so / more / I started / about / to become)
>

21 몇 년의 시행착오 끝에, 저는 실력이 더 좋아졌고, 사진작가로 시간제 근무를 하기 시작했어요.
(as / better / after years of / I got / to do / and / trial and error / some part-time work / a photographer / I began)
>

22 그러던 어느 날, 저는 대담한 결심을 했어요. (then / a bold decision / one day / made / I)
>

23 직장을 그만두고 생계 수단으로 사진을 찍기로 결정했죠. (take pictures / I / quit / for a living / my job / decided to / and)
>

24 제가 성공할 수 있을지 확신하지는 못했지만, 시도해 보기로 결심했어요. (I decided to / I wasn't / succeed / sure / if / try / but / I could)
>

25 저는 저를 행복하게 만드는 무언가를 정말로 하고 싶었거든요. (I / happy / wanted / really / to do / made / something / me / that)
>

26 지금, 저는 전문 사진작가이고, 행복합니다. (I'm happy / now / a professional photographer / I'm / and)
>

27 그렇다면 여러분은 꿈을 찾고 그 꿈을 실현하고 싶은가요? (a dream / so / want / do you / to find / realize it / and)
>

28 여기 여러분을 도와줄 몇 가지 조언이 있습니다. (some / to help / you / here's / advice)
>

29 첫째, 여러분의 마음을 따르세요. (heart / first / follow / your)
>

30 여러분이 무엇을 하는 것을 좋아하는지 그리고 여러분을 행복하게 하는 것이 무엇인지 생각해 보세요.
(what makes you / think about / what you like / happy / to do / and)
>

31 제 경우에는, 그것이 별 사진을 찍는 것이었습니다. (it / taking pictures / my case / of stars / in / was)
>

32 둘째, 열심히 노력하세요. (hard / second / work)
>

33 꿈을 추구하는 것은 쉽지 않아요. (easy / pursuing / not / a dream / is)
>

34 저는 열심히 노력해서 사진작가가 되었습니다. (I / through / became / hard work / a photographer)
>

35 셋째, 대담해지세요. (be / third / bold)
>

36 여러분의 인생을 바꿀 결정을 하기 위해서는 용기가 필요합니다.
(decisions / need / courage / you / your life / change / to make / that / will)
>

37 저는 두려웠지만 위험을 무릅쓰고 기회를 잡았어요. (a chance / I was / I took / afraid / but)
>

38 저는 여러분이 꿈을 찾고, 꿈을 추구하고, 꿈을 실현할 수 있길 진심으로 바랍니다!
(pursue it / I / and / truly / you / hope / live it / can / a dream / find)
>

[01~04] 다음 글을 읽고, 물음에 답하시오.

Hello, everyone. My name is David Parker, and I'm a photographer. Today, I'm going to tell you ①how did I find my dream and ⓐrealized it. I hope my story can ⓑupset you.

When I was young, I loved stars. I also liked ②take pictures. ___(A)___, I never thought these things could ⓒlead to a job. In fact, I didn't have a dream at all.

___(B)___ I ③have to decide on a ⓓmajor in college, I chose engineering. ④Be an engineer looked OK. After college, I got a job at an engineering company. It was a ⓔstable job, but I didn't know ⑤because I really enjoyed it.

01 윗글의 빈칸 (A)와 (B)에 들어갈 말이 순서대로 바르게 짝지어진 것은?

① Besides – When
② However – When
③ Instead – Though
④ Furthermore – When
⑤ For example – Though

02 윗글의 밑줄 친 ①~⑤를 어법상 바르게 고친 것 중 알맞지 <u>않은</u> 것은?

① → how I found
② → taking pictures
③ → had to decide
④ → Being
⑤ → what

03 윗글의 밑줄 친 ⓐ~ⓔ 중 흐름상 알맞지 <u>않은</u> 것은?

① ⓐ   ② ⓑ   ③ ⓒ   ④ ⓓ   ⑤ ⓔ

04 윗글의 David Parker에 대한 내용과 일치하지 <u>않는</u> 것은?

① 직업은 사진작가이다.
② 어렸을 때 별과 사진 찍기를 좋아했다.
③ 어릴 적부터 꿈을 실현하기 위해 계속 노력했다.
④ 대학에서 공학을 전공했다.
⑤ 대학 졸업 후 엔지니어링 회사에서 일했다.

[05~07] 다음 글을 읽고, 물음에 답하시오.

Everything changed when I went on vacation to Iceland one winter. There ⓐ나는 볼 기회가 있었다 the Northern Lights. The lights were ___ⓑ___, and I took many pictures of the dancing lights in the sky. For the first time in many years, I could feel my heart beating fast.

05 윗글의 밑줄 친 우리말 ⓐ와 의미가 같도록 주어진 단어를 바르게 배열할 때, 다섯 번째로 올 단어로 알맞은 것은?

> a, got, to, chance, I, see

① a   ② to   ③ the
④ see   ⑤ chance

06 윗글의 흐름상 빈칸 ⓑ에 들어갈 말로 가장 알맞은 것은?

① terrible   ② boring   ③ amazing
④ annoying   ⑤ exhausting

고
난도
07 다음 중 윗글을 읽고 답할 수 있는 질문은?

① Who did the writer go on vacation with?
② How long did the writer stay in Iceland?
③ Why did the Northern Lights look like they were dancing?
④ How many pictures of the Northern Lights did the writer take?
⑤ How did the writer feel when he took pictures of the Northern Lights?

[08~12] 다음 글을 읽고, 물음에 답하시오.

___ⓐ___ I came back, I entered a photo contest with the pictures I took in Iceland. (①) Surprisingly, I won first prize, and this gave me a chance ⓑto think about my life. I realized that taking pictures made me happy. Suddenly, I wanted to become a good photographer, so I started to learn more about photography. (②) ___ⓒ___ years of trial and error, I got better, and I began to do some part-time work as a photographer. (③) I quit my job and decided to take pictures for a living. (④) I wasn't sure ___ⓓ___ I could succeed, but I decided to try. I really wanted to do something that made me happy. (⑤) Now, I'm a professional photographer, and I'm happy.

08 윗글의 ①~⑤ 중 주어진 문장이 들어갈 위치로 알맞은 것은?

> Then one day, I made a bold decision.

①   ②   ③   ④   ⑤

09 윗글의 빈칸 ⓐ와 ⓒ에 공통으로 들어갈 말로 알맞은 것은?

① As   ② When   ③ After
④ Because   ⑤ Although

10 윗글의 밑줄 친 ⓑto think와 쓰임이 같은 것은?

① I'd like to do something different.
② It's a good habit to exercise regularly.
③ Can I have something to drink, please?
④ My favorite thing is to read comic books.
⑤ Scott practiced very hard to join the soccer club.

11 윗글의 빈칸 ⓓ에 들어갈 말로 알맞은 것은?

① if   ② why   ③ what
④ which   ⑤ while

12 윗글의 'I'에 대한 내용과 일치하지 않는 것은?

① 아이슬란드에서 찍은 사진으로 사진 경연 대회에 참가했다.
② 사진 경연 대회에서 1등 상을 받고 놀랐다.
③ 회사를 그만두고 시간제 근무로 사진작가 일을 했다.
④ 사진 촬영이 자신을 행복하게 한다는 것을 깨달았다.
⑤ 전문 사진작가로 성공할 수 있을지 처음에는 확신하지 못했다.

[13~17] 다음 글을 읽고, 물음에 답하시오.

So do you want to find a dream and realize it? Here's ⓐsome advice to help you.
　First, follow your heart. Think about what you like to do and what makes you happy. ___ⓑ___, it was taking pictures of stars.
　Second, work hard. Pursuing a dream is not easy. I became a photographer through hard work.
　Third, be ___ⓒ___. You need courage to make decisions that will change your life. I was afraid but I took a chance.
　I truly hope you can find a dream, pursue it, and live it!

13 윗글의 주제로 가장 알맞은 것은?

① various decision making skills
② the importance of working hard
③ ways to become a photographer
④ how to find a dream and realize it
⑤ how to take good pictures of stars

14 윗글의 밑줄 친 ⓐsome advice에 해당하지 않는 것은?

① 자신이 무엇을 하는 것을 좋아하는지 생각하라.

② 자신을 행복하게 만드는 것을 찾아라.

③ 열심히 노력하라.

④ 꿈을 이루기 위한 좀 더 수월한 방법을 찾아라.

⑤ 용기를 내어 삶을 변화시킬 기회를 잡아라.

15 윗글의 빈칸 ⓑ에 들어갈 말로 알맞은 것은?

① However   ② Therefore

③ In my case   ④ For example

⑤ Furthermore

16 윗글의 빈칸 ⓒ에 들어갈 단어로 가장 적절한 것은?

① kind   ② bold   ③ calm

④ smart   ⑤ careful

17 윗글을 읽고 답할 수 없는 질문은?

① What is the writer's advice about?

② What made the writer happy?

③ What does the writer do for a living?

④ Why was the writer afraid before he took a chance?

⑤ According to the writer, what do people need to make decisions that can change their lives?

서술형

[18~21] 다음 글을 읽고, 물음에 답하시오.

Hello, everyone. My name is David Parker, and I'm a photographer. Today, ⓐI'm going to tell you how I found my dream and realized it. I hope my story can ___(A)___ you.

When I was young, I loved stars. I also liked taking pictures. However, I never thought these things could lead to a job. ⓑIn fact, I didn't have a dream at all.

When I had to decide on a major in college, I chose engineering. ⓒBeing an engineer looked OK. After college, I got a job at an engineering company. It was a stable job, but I didn't know whether I really enjoyed (B)it.

Everything changed when I went on vacation to Iceland one winter. ⓓThere I got a chance see the Northern Lights. The lights were ___(C)___, and I took many pictures of the dancing lights in the sky. For the first time in many years, ⓔI could feel my heart beating fast.

18 윗글의 밑줄 친 ⓐ~ⓔ 중 어법상 틀린 것을 찾아 기호를 쓰고, 바르게 고쳐 문장을 다시 쓰시오.

(　　)→ _____

19 윗글의 빈칸 (A)와 (C)에 들어갈 가장 적절한 말을 [보기]에서 골라 쓰시오.

[보기]	boring	discourage	amazing
	inspire	awful	frustrate

(A) _____

(C) _____

20 윗글의 밑줄 친 (B)it이 가리키는 것을 본문에서 찾아 6단어로 쓰시오.

→ _____

21 다음 영영풀이에 해당하는 단어를 윗글에서 찾아 쓰시오.

to achieve something that you wanted

→ _____

22 다음 글의 내용과 일치하도록 아래 인터뷰 대화를 완성하시오.

> After I came back, I entered a photo contest with the pictures I took in Iceland. Surprisingly, I won first prize, and this gave me a chance to think about my life. I realized that taking pictures made me happy.

↓

A: What did you do after you came back from Iceland?
B: (1)_____
_____
A: What was the result of the contest?
B: (2)_____
A: Oh, great. How did the result influence you?
B: (3)_____
_____

[23~24] 다음 글을 읽고, 물음에 답하시오.

> Then one day, I made ⓐa bold decision. I quit my job and decided to take pictures for a living. ⓑ내가 성공할 수 있을지는 확신하지 못했다, but I decided to try. I really wanted to do something that made me happy. Now, I'm a professional photographer, and I'm happy.

23 윗글의 밑줄 친 ⓐa bold decision이 가리키는 것을 본문에서 찾아 다음 문장을 완성하시오.

→ He _____.

24 윗글의 밑줄 친 우리말 ⓑ와 의미가 같도록 [조건]에 맞게 영어로 문장을 쓰시오.

[조건] 1. sure, if, succeed를 포함할 것 2. 7단어의 완전한 문장으로 쓸 것

→ _____

25 다음 글의 밑줄 친 ⓐ~ⓔ 중 흐름상 어색한 부분을 찾아 기호를 쓰고, 바르게 고쳐 문장을 다시 쓰시오. (단, 한 단어만 바꿀 것)

> So do you want to find a dream and realize it? ⓐHere's some advice to help you.
> First, follow your heart. ⓑThink about what you like to do and what makes you happy. ⓒIn my case, it was taking pictures of stars.
> Second, work hard. ⓓPursuing a dream is not difficult. I became a photographer through hard work.
> Third, be bold. ⓔYou need courage to make decisions that will change your life. I was afraid but I took a chance.

( ) → _____

만점 노트

Listen and Talk – D

교과서 13쪽

❶Have you ever been to Hallasan? It's ❷one of the most beautiful mountains in Korea. Last fall, I went hiking there. The air was so fresh. I hope you can go there sometime.

한라산에 가 본 적 있나요? 그곳은 한국에서 가장 아름다운 산 중 하나입니다. 지난가을 저는 그곳으로 하이킹을 갔어요. 공기가 아주 맑았죠. 언젠가 여러분이 그곳에 가 보기를 바랍니다.

❶「Have you ever been to+장소명 ~?」은 상대방에게 어떤 장소에 가 봤는지 경험 여부를 묻는 표현이다.
❷「one of the+최상급+복수명사」는 '가장 ~한 것 중 하나'라는 뜻이다.

After You Read – A

교과서 20쪽

He ❶majored in engineering and got a job at an engineering company. He went on vacation to Iceland and took pictures of the Northern Lights. He entered a photo contest with the pictures ❷he took in Iceland and won first prize. He learned more about photography ❸to become a good photographer. He quit his job and decided to take pictures for a living.

그는 공학을 전공했고 엔지니어링 회사에 취직했다. 그는 아이슬란드로 휴가를 가서 오로라 사진을 찍었다. 그는 아이슬란드에서 찍은 사진들로 사진 경연 대회에 참가해서 1등 상을 받았다. 그는 좋은 사진작가가 되기 위해 사진 촬영 기술에 대해 더 배웠다. 그는 직장을 그만두고 생계 수단으로 사진을 찍기로 결심했다.

❶ major in: ~을 전공하다
❷ 앞에 목적격 관계대명사 that(which)이 생략된 관계대명사절로, 선행사 the pictures를 수식한다.
❸ '~이 되기 위해'라는 뜻으로 '목적'을 나타내는 부사적 용법의 to부정사이다.

Around the World

교과서 21쪽

- Steve Jobs: ❶Each dream you leave behind is a part of your future that will ❷no longer exist.
- Eleanor Roosevelt: The future belongs to those ❸who believe in the beauty of their dreams.
- Walt Disney: If you can dream it, you can do it.

- Steve Jobs: 당신이 남겨 두는 꿈 하나하나는 더 이상 존재하지 않을 당신 미래의 일부입니다.
- Eleanor Roosevelt: 미래는 자신들이 꾸는 꿈의 아름다움을 믿는 사람들의 것입니다.
- Walt Disney: 꿈꿀 수 있으면, 당신은 그것을 할 수 있습니다.

❶ you leave behind는 앞에 목적격 관계대명사가 생략된 관계대명사절로, 주어이자 선행사인 Each dream을 수식한다. each가 형용사로 쓰일 때는 뒤에 단수명사가 이어지며, each가 포함된 주어는 항상 단수 취급한다.
❷ no longer: 더 이상 ~아닌(하지 않는)
❸ 주격 관계대명사 who가 이끄는 관계대명사절이 선행사 those를 수식한다.

Think and Write

교과서 24쪽

My dream is ❶to become a famous fashion designer. There are many things to do to realize my dream. First, I'll go to design school and study fashion design. Then, ❷after I graduate, I'll work at a fashion company. When I'm 30, I'll start my own brand. When I'm 35, I'll hold my first fashion show. I hope my dream will come true.

내 꿈은 유명한 패션 디자이너가 되는 것이다. 내 꿈을 실현하기 위해 할 일이 많다. 첫째로, 나는 디자인 학교에 다니며 패션 디자인을 공부할 것이다. 그러고 나서, 졸업을 한 후에 나는 패션 회사에서 일할 것이다. 30살에 나는 나만의 브랜드를 시작할 것이다. 35살에는 나의 첫 번째 패션 쇼를 열 것이다. 나는 내 꿈이 이루어지기를 희망한다.

❶ to become은 '~가 되는 것'이라는 의미로 주격보어 역할을 하는 명사적 용법의 to부정사이다.
❷ 시간의 부사절에서는 미래의 일이라도 현재시제로 미래시제를 대신해야 한다.

실전 TEST

[01~02] 다음 글을 읽고, 물음에 답하시오.

Have you ever been to Hallasan? It's one of the most beautiful mountains in Korea. Last fall, I _____ⓐ_____ hiking there. The air was so fresh. I _____ⓑ_____ you can go there sometime.

01 윗글의 밑줄 친 질문에 대한 대답으로 알맞은 것은?

① Have you tried that?
② No. I've never been there.
③ Yes. I haven't been there yet.
④ No. I hope I can go there again.
⑤ Yes. I'm going to go there someday.

02 윗글의 빈칸 ⓐ와 ⓑ에 들어갈 말이 순서대로 바르게 짝지어진 것은?

① go – hope
② went – hope
③ went – said
④ have been – hope
⑤ have gone – said

03 다음 글의 내용을 요약한 아래 문장의 빈칸에 알맞은 말을 쓰시오.

- **Steve Jobs:** Each dream you leave behind is a part of your future that will no longer exist.
- **Eleanor Roosevelt:** The future belongs to those who believe in the beauty of their dreams.
- **Walt Disney:** If you can dream it, you can do it.

↓

The three people are talking about the importance of a _____.

[04~06] 다음 글을 읽고, 물음에 답하시오.

My dream is to become a famous fashion designer. There are many things ⓐto do to realize my dream. First, I'll go to design school and study fashion design. Then, after I graduate, I'll work at a fashion company. When I'm 30, I'll start my own brand. When I'm 35, I'll hold my first fashion show. I hope _____ⓑ_____.

04 윗글의 밑줄 친 ⓐto do와 쓰임이 같은 것은?

① It's difficult to make friends.
② Let's go to the park to take a walk.
③ Do you have time to play baseball?
④ What color do you want to paint it?
⑤ We went to the library to study for the exam.

05 윗글의 흐름상 빈칸 ⓑ에 들어갈 말로 가장 알맞은 것은?

① you realize your dream
② I will be a fashion model
③ my dream will come true
④ you will have many things to do
⑤ you will become a fashion designer

06 윗글의 'I'가 꿈을 이루기 위해 계획한 것 네 가지를 우리말로 쓰시오.

(1) _____
(2) _____
(3) _____
(4) _____

Words

고득점 맞기

01 다음 영영풀이에 해당하는 단어로 알맞은 것은?

a person who is very skilled at doing something or knows a lot about a particular subject

① expert   ② historian   ③ engineer
④ volunteer   ⑤ photographer

02 다음 빈칸에 공통으로 들어갈 단어로 알맞은 것은?

· Mina's _____ is English literature.
· Their _____ products are coffee and tea.

① main   ② culture   ③ major
④ subject   ⑤ important

03 다음 중 짝지어진 단어의 관계가 서로 같지 <u>않은</u> 것은?

① goal : aim = quit : stop
② bold : brave = early : late
③ chance : opportunity = truly : really
④ skill : skillful = environment : environmental
⑤ beauty : beautiful = profession : professional

04 다음 빈칸에 들어갈 말이 순서대로 바르게 짝지어진 것은?

· The man drives a truck _____ a living.
· _____ fact, my violin is really important to me.

① to – In   ② on – In
③ on – As   ④ for – In
⑤ for – As

05 다음 중 밑줄 친 **realize**의 의미가 나머지와 <u>다른</u> 하나는?

① I <u>realized</u> something was wrong.
② It was too late when I <u>realized</u> my mistake.
③ I was too young to <u>realize</u> what had happened.
④ She suddenly <u>realized</u> who the man in the picture was.
⑤ She finally <u>realized</u> her dream of becoming a professional dancer.

06 다음 중 밑줄 친 **major**의 의미가 나머지와 <u>다른</u> 하나는?

① What was your <u>major</u> in college?
② We are faced with two <u>major</u> difficulties.
③ The scientist was a <u>major</u> influence in his life.
④ Air pollution is one of the <u>major</u> environmental problems.
⑤ Salt is the <u>major</u> cause of many health problems.

07 다음 단어의 영영풀이를 완성할 때 빈칸에 알맞은 것은?

professional: *a.* doing a particular thing
_____

① for fun   ② as a hobby
③ to earn money   ④ for other people
⑤ to change something

08 다음 짝지어진 두 단어의 관계가 같도록 빈칸에 알맞은 단어를 쓰시오.

design : designer = photograph : _____

[09~10] 밑줄 친 부분이 의미상 어색한 것을 고르시오.

09 ① I'm a professional dog trainer.
② Do you have a good recipe for Bibimbap?
③ He is interested in environmental issues.
④ We visited the nursing home to do volunteer work.
⑤ He decided to pursue his job because he was too sick.

10 ① What do you do for a living?
② I had a dream at all when I was young.
③ We need to make a decision in the next ten minutes.
④ In her case, she failed the exam because she wasn't well.
⑤ After a lot of hard work, he made the most beautiful dress.

11 다음 우리말과 의미가 같도록 빈칸에 알맞은 말을 쓰시오.

> 그 소년은 시행착오를 통해 자전거 타는 것을 배웠다.
> → The boy learned to ride a bike by _____ _____ _____.

12 다음 중 밑줄 친 단어의 의미가 같은 것끼리 짝지어진 것은?

① Her heart started to beat faster.
  Somebody was beating at the door.
② He signed his name at the end of the letter.
  Yawning is a sign of sleepiness.
③ Min scored a goal in yesterday's soccer game.
  She pursued her goal of becoming a singer.
④ How did you decide on your major in college?
  She has completed all the courses for her major.
⑤ Could you hold the door open, please?
  We're going to hold a birthday party for Mom tomorrow.

13 다음 밑줄 친 단어의 영영풀이로 알맞은 것은?

> Can you hear my heart beat?

① to stop doing something
② to hit something or someone hard
③ to defeat or do better than someone
④ to make a regular sound or movement
⑤ to give someone the desire or courage to do something

14 다음 빈칸에 들어갈 단어가 아닌 것은?

> ⓐ The bird is too weak to catch the _____.
> ⓑ My family had a _____ to visit Australia.
> ⓒ You should _____ the directions on the board.
> ⓓ Eating too much sugar can _____ to many health problems.

① lead   ② worm   ③ chance
④ follow   ⑤ pollution

15 다음 영영풀이에 해당하는 단어가 아닌 것은?

> ⓐ to achieve something that you wanted
> ⓑ to work hard in order to achieve something
> ⓒ staying the same, without big changes or problems
> ⓓ the mental strength to do something dangerous or difficult

① stable   ② pursue   ③ realize
④ respect   ⑤ courage

L&T ▶ Listen and Talk

영작하기

• 주어진 우리말과 일치하도록 교과서 대화문을 쓰시오.

Listen and Talk A-1

G: _____

B: _____

G: _____

B: _____

 해석   교과서 12쪽

G: 너는 전에 스페인 음식을 먹어 본 적이 있니?

B: 아니, 없어. 너는 먹어 봤니?

G: 응, 먹어 봤어. 네가 언젠가 먹어 볼 수 있 길 바라. 정말 맛있거든.

B: 그럴게. 우선은, 이 스페인 요리책을 사야 겠어.

Listen and Talk A-2

B: _____

G: _____

B: _____

G: _____

교과서 12쪽

B: 너는 다른 나라에 가 본 적이 있니?

G: 아니, 없어. 너는 가 봤니?

B: 응, 나는 프랑스에 가 봤어. 네가 언젠가 다 른 나라를 여행해 볼 수 있길 바라.

G: 그래, 나는 캐나다에 정말 가 보고 싶어. 봐! 캐나다에 관한 이 책은 아주 흥미로워 보여.

Listen and Talk A-3

G: _____

B: _____

G: _____

B: _____

G: _____

교과서 12쪽

G: 달에 관한 이 책을 읽어 봐. 정말 흥미로워.

B: 알아. 나는 그걸 이미 읽었어.

G: 읽었다고? 영화는 어때? 그 책에 관한 영 화도 본 적이 있니?

B: 아니, 없어.

G: 음, 그건 책보다 훨씬 더 좋아. 네가 곧 그 영화를 볼 수 있길 바라.

Listen and Talk A-4

G: _____

B: _____

G: _____

B: _____

G: _____

B: _____

교과서 12쪽

G: 나는 이 CD를 살 거야. 피아노곡 듣는 걸 아주 좋아하거든.

B: 나도 그래. 나는 피아노 연주도 즐겨 해.

G: 정말? 그럼 너는 피아노를 칠 수 있어?

B: 응. 너는 어때?

G: 음, 나는 피아노 치는 법을 배운 적이 없어.

B: 그거 재미있어. 네가 배울 기회가 있길 바라.

Listen and Talk C

B: _____

W: _____

B: _____

W: _____

B: _____

W: _____

B: _____

W: _____

B: _____

W: _____

B: _____

해석

교과서 13쪽

B: 개를 훈련하는 것에 관한 당신의 책이 저는 정말 좋았어요.

W: 고마워요. 개를 좋아해요?

B: 네, 좋아해요. 저는 모든 종류의 동물을 매우 좋아해요.

W: 수의사가 되는 것을 생각해 본 적 있어요?

B: 네, 있어요. 저는 수의사가 정말 되고 싶어요.

W: 목표를 이루기 위해 무엇을 하고 있나요?

B: 지역 동물의 집(동물 보호소)에서 자원봉사를 하고 있어요.

W: 좋군요. 또 무엇을 하고 있나요?

B: 동물에 관한 TV 프로그램도 많이 보고 있어요.

W: 정말 잘하고 있어요! 언젠가 좋은 수의사가 되기를 바라요.

B: 고맙습니다.

Talk and Play

A: _____

B: _____

A: _____

교과서 14쪽

A: 민호야, 울릉도에 가 본 적이 있니?

B: 아니, 나는 울릉도에 가 본 적이 없어.

A: 아, 언젠가 네가 그곳에 가 볼 수 있기를 바라.

Review - 1

G: _____

B: _____

G: _____

B: _____

교과서 26쪽

G: Mike, 전에 불고기를 먹어 본 적이 있니?

B: 아니, 없어.

G: 비빔밥은? 그건 먹어 봤니?

B: 응, 한 번 먹어 봤어. 정말 맛있었어.

Review - 2

G: _____

B: _____

G: _____

B: _____

교과서 26쪽

G: 내가 가장 좋아하는 책은 '찰리와 초콜릿 공장'이야. 그것을 읽어 본 적이 있니, Peter?

B: 아니, 그 책을 읽은 적은 없지만 영화를 본 적은 있어. 유빈아, 너는 어때? 영화도 본 적이 있니?

G: 응, 있어. 그렇지만 나는 책을 더 좋아해. 언젠가 네가 그것을 읽어 보기를 바라.

B: 알겠어, 그럴게.

01 다음 대화의 빈칸에 들어갈 말이 순서대로 바르게 짝지어 진 것은?

> A: Have you ever been to Hallasan?
> B: Yes. How about you?
> A: _____ there.
> B: It's a very beautiful mountain. _____ you can go there sometime.

① I've been – I hope
② I've been – I heard
③ I haven't been – I want
④ I've never been – I hope
⑤ I've never been – I want

02 다음 대화의 빈칸에 들어갈 말로 알맞은 것을 <u>모두</u> 고르면?

> A: I'm not feeling well. I think I have a cold.
> B: That's too bad. _____

① I hope I can get some rest.
② I hope you feel better soon.
③ I hope you'll become a good doctor.
④ I think you should not take medicine.
⑤ You should go see a doctor right now.

03 다음 중 짝지어진 대화가 <u>어색한</u> 것을 <u>모두</u> 고르면?

① A: Have you ever visited Santorini?
   B: Yes, I have. The island was very beautiful.
② A: I have been to New York twice.
   B: Oh, I hope you can visit there sometime.
③ A: Have you tried Bulgogi before?
   B: Yes, I've eaten it once. It was delicious.
④ A: Jimin, have you ever eaten a worm?
   B: No, I haven't. I ate some worms at a local market.
⑤ A: I've never tried Indian curry.
   B: It's really delicious. I hope you can try it sometime.

04 자연스러운 대화가 되도록 (A)~(D)를 바르게 배열하시오.

> (A) No, I haven't. Have you?
> (B) Have you ever visited another country?
> (C) Yes, I really want to visit Canada. Look! This book about Canada looks very interesting.
> (D) Yes, I've been to France. I hope you can travel to another country sometime.

(   ) – (   ) – (   ) – (   )

[05~06] 다음 대화를 읽고, 물음에 답하시오.

> Sora: Ken, I'm going to buy this CD. I love listening to piano music.
> Ken: Me, too. I also enjoy playing the piano.
> Sora: Really? So you can play the piano?
> Ken: Yes. How about you?
> Sora: Well, I've never learned how to play.
> Ken: It's fun. _____

05 위 대화의 빈칸에 들어갈 말로 알맞은 것은?

① I also hope I can play it.
② I've never played it before, either.
③ I hope you'll have a chance to learn.
④ You should listen to piano music more.
⑤ I hope you'll enjoy listening to piano music.

06 위 대화를 읽고 답할 수 <u>없는</u> 질문은?

① What will Sora buy after the conversation?
② What does Ken enjoy doing?
③ Who can play the piano?
④ Does Sora know how to play the piano?
⑤ When did Ken learn how to play the piano?

서술형

[07~08] 다음 대화를 읽고, 물음에 답하시오.

> A: Suho, you should read this book about the moon. It's really interesting.
> B: I know, Jisu. I've already read it.
> A: You did? How about the movie? Have you also seen the movie about the book?
> B: No, I haven't.
> A: Well, it's even better than the book. _____

07 위 대화의 빈칸에 들어갈 말을 [조건]에 맞게 쓰시오.

> [조건] 1. 상대방에게 희망하는 것을 나타내는 표현을 쓸 것
> 2. can, movie, soon을 사용하여 8단어로 쓸 것

→ _____

08 위 대화의 내용과 일치하도록 다음 글을 완성하시오.

> Suho has read the book about the moon, but he _____ _____ _____ _____ about the book. On the other hand, Jisu has not only _____ _____ _____ but also seen the movie.

09 다음 표를 보고, [조건]에 맞게 대화를 완성하시오.

Have you ~?	Tony	Jane
do bungee jumping	○	×
skydive	×	○

> [조건] (1), (2) 경험을 묻고 답하는 표현을 쓸 것
> (3) 상대방에게 희망하는 것을 나타내는 표현을 쓸 것

> Tony: (1)_____
> Jane: No, I haven't. Have you?
> Tony: (2)_____ It was exciting.
> Jane: Have you ever skydived?
> Tony: No, I haven't.
> Jane: (3)_____ sometime.

[10~12] 다음 대화를 읽고, 물음에 답하시오.

> Boy: I really liked your book about training dogs.
> Woman: Thank you. Do you like dogs?
> Boy: Yes, I do. I love all kinds of animals.
> Woman: 수의사가 되는 것에 대해 생각해 본 적이 있어요?
> Boy: Yes, I have. I really want to become an animal doctor.
> Woman: What are you doing to achieve your goal?
> Boy: I'm doing volunteer work at the local animal house.
> Woman: That's good. What else are you doing?
> Boy: I'm also watching a lot of TV shows about animals.
> Woman: You're doing great! I hope you become a good animal doctor someday.
> Boy: Thank you.

10 위 대화의 밑줄 친 우리말과 의미가 같도록 괄호 안의 표현을 어법에 맞게 사용하여 문장을 쓰시오. (9단어)

→ _____

(ever, become, an animal doctor)

11 According to the dialog above, what is the boy doing to be an animal doctor? Write two answers in English.

(1) _____

(2) _____

12 다음 글에서 위 대화의 내용과 일치하지 <u>않는</u> 두 부문을 두 군데 찾아 바르게 고쳐 쓰시오.

> The boy and the woman are talking about the woman's book. The boy says he wants to become a writer. The woman hopes the boy will become a good writer someday.

(1) _____ → _____

(2) _____ → _____

01 다음 문장의 빈칸에 들어갈 말로 알맞지 <u>않은</u> 것은?

I wonder _____.

① if Lisa will show up
② if it will snow tomorrow
③ that can Jessica make a kite
④ why they call Mina "Ice Princess"
⑤ whether Seho is still Jina's classmate

02 다음 우리말을 영어로 바르게 옮긴 것은?

이 일은 내게 내 인생에 대해 생각할 기회를 주었다.

① This gave me a chance think about my life.
② This chance gave me to think about my life.
③ This gave me to think a chance about my life.
④ This gave me a chance to think about my life.
⑤ This gave me a chance thinking about my life.

03 다음 괄호 안의 단어를 배열하여 우리말을 영어로 쓸 때, 5번째로 올 단어로 알맞은 것은?

나는 요즘 잘 시간이 없다.
→ _____ these days.
(time, have, sleep, I, to, no)

① to   ② I   ③ have
④ time   ⑤ sleep

04 다음 빈칸에 공통으로 들어갈 말로 알맞은 것은?

• He wants to know _____ I like him.
• Mom will raise your allowance _____ you do the dishes every day.

① since   ② if   ③ after
④ whether   ⑤ although

05 다음 중 빈칸에 if가 들어갈 수 <u>없는</u> 것은?

① He's not sure _____ he should buy it now.
② Mom asked me _____ I did my homework.
③ She wonders _____ Patrick was sick yesterday.
④ I'm angry with James _____ he broke my phone.
⑤ People want to know _____ you'll dance on stage.

06 다음 중 밑줄 친 부분의 쓰임이 [보기]와 <u>다른</u> 것을 <u>모두</u> 고르면?

[보기] There was nothing <u>to eat</u> as a snack.

① Can you get me something <u>to eat</u>?
② I had too many things <u>to do</u> at that time.
③ He stayed there for a year <u>to learn</u> French.
④ There are many books <u>to read</u> in the library.
⑤ She doesn't like <u>to show</u> her pictures to others.

고 신
난도 유형
07 다음 중 밑줄 친 if의 쓰임이 같은 것끼리 짝지어진 것은?

ⓐ I wonder <u>if</u> there is water on Mars.
ⓑ Molly wants to know <u>if</u> I can help her.
ⓒ The door will open <u>if</u> you press this button.
ⓓ He isn't sure <u>if</u> you would like to go to the concert with him.
ⓔ She won't look like a student <u>if</u> she's not wearing her school uniform.

① ⓐ, ⓑ − ⓒ, ⓓ, ⓔ
② ⓐ, ⓒ − ⓑ, ⓓ, ⓔ
③ ⓐ, ⓑ, ⓓ − ⓒ, ⓔ
④ ⓐ, ⓒ, ⓔ − ⓑ, ⓓ
⑤ ⓐ, ⓓ, ⓔ − ⓑ, ⓒ

한 단계 더!

08 다음 중 밑줄 친 부분을 어법상 바르게 고치지 <u>않은</u> 것은?

① She needs someone <u>to talk</u>.

→ to talk to

② I have <u>funny something to tell</u> you.

→ something funny to tell

③ Jason has <u>a few friends help</u> him.

→ a few friends to help

④ Mom wants a good knife <u>to cut</u>.

→ to cut with

⑤ Can you lend me a magazine <u>to read on</u>?

→ to read with

고난도 한 단계 더!

09 다음 중 어법상 올바른 문장의 개수는?

ⓐ Here are some rules to follow.

ⓑ Do you know if he is coming?

ⓒ There are a few places to visit in the city.

ⓓ Give your friends some pizza to eat with.

ⓔ I wonder whether they were worried about my health.

① 없음   ② 1개   ③ 2개   ④ 3개   ⑤ 4개

고난도 한 단계 더!

10 다음 중 어법상 틀린 문장끼리 짝지어진 것은?

ⓐ She doesn't know if my cousin is.

ⓑ I bought a shovel to dig a hole with.

ⓒ Tom has little time to exercise these days.

ⓓ The teacher will ask you that you can speak English.

ⓔ We're wondering whether she is our new math teacher.

ⓕ She is looking for nice someone to take care of her children.

① ⓐ, ⓑ   ② ⓒ, ⓔ
③ ⓐ, ⓓ, ⓕ   ④ ⓑ, ⓒ, ⓓ
⑤ ⓑ, ⓓ, ⓕ

서술형

[11~12] 다음 우리말과 의미가 같도록 괄호 안의 단어를 사용하여 문장을 완성하시오.

11

저는 이 근처에 은행이 있는지 알고 싶습니다.

→ I want to know _____

a bank around here. (there)

고난도 한 단계 더!

12

Tom의 삼촌은 살 집을 구하고 있다.

→ Tom's uncle is looking for _____

_____. (live)

13 다음 문장에서 어법상 틀린 부분을 찾아 바르게 고쳐 쓰시오.

There were no chairs sit on.

_____ → _____

14 다음 주어진 문장을 올바른 형태로 바꿔 써서 문장을 완성하시오.

(1) Is Daniel interested in Korean culture?

→ Do you know _____

_____?

(2) Did she pass her driving test?

→ I'm wondering _____

_____.

서술형

15 다음 표를 보고, 각 사람이 오늘 어떤 할 일이 있는지 to부정사를 사용하여 쓰시오.

Things to Do Today	
Ted	deliver many boxes
Jessy	do a lot of homework
Dr. Lee	treat some patients
Paul	look for some information

(1) Ted has _____ today.

(2) Jessy has _____ today.

(3) Dr. Lee has _____ today.

(4) Paul has _____ today.

17 주어진 대화를 [보기]와 같이 완성하시오.

> [보기] **A:** This red cap is for John. Does he like red?
>
> **B:** I don't know whether he likes red.

(1) **A:** I have hardly seen Linda lately. Did she go back to New York?

   B: I'm not sure _____

   _____.

(2) **A:** He sings very well. Is he popular in Korea?

   B: I don't know _____

   _____.

(3) **A:** Wait a minute. Did you turn off the oven?

   B: I don't remember _____

   _____.

고난도
16 다음 그림을 보고, [조건]에 맞게 문장을 완성하시오.

(1)  (2)

(1) Mom has _____.

(2) Eric needs _____.

> [보기] (A) wash   teach   do
>
> (B) someone   anything   some clothes

> [조건] 1. to부정사를 사용할 것
>
> 2. 그림에 맞는 표현을 [보기]의 (A)와 (B)에서 각각 하나씩 골라 사용할 것

고난도
18 다음 그림을 보고, 각 학생의 말을 이용하여 문장을 완성하시오.

(1) Somin is asking _____

   _____.

(2) Minho is wondering _____

   _____.

(3) Hana wants to know _____

   _____.

• 주어진 우리말과 일치하도록 문장을 쓰시오.

01 _____

여러분, 안녕하세요.

02 _____

제 이름은 David Parker이고, 저는 사진작가입니다.

03 _____

오늘, 저는 여러분에게 제가 어떻게 꿈을 찾고 그것을 실현했는지 이야기하려고 해요.

04 _____

제 이야기가 여러분에게 영감을 줄 수 있기를 바랍니다.

05 _____

저는 어렸을 때, 별을 사랑했어요.

06 _____

저는 또한 사진 찍는 것도 좋아했죠.

07 _____

하지만, 저는 이것들이 직업으로 이어질 수 있으리라고는 전혀 생각하지 못했어요.

08 _____

사실, 저는 아예 꿈이 없었거든요.

09 _____

대학에서 전공을 정해야 했을 때, 저는 공학을 선택했어요.

10 _____

엔지니어가 되는 것이 괜찮아 보였거든요.

11 _____

대학 졸업 후에, 저는 엔지니어링 회사에 취직했어요.

12 _____

그것은 안정적인 직업이었지만, 저는 제가 그 일을 정말로 즐기는지는 알 수 없었어요.☆

13 _____

어느 겨울 제가 아이슬란드로 휴가를 갔을 때 모든 것이 바뀌었어요.

14 _____

그곳에서 저는 오로라를 볼 기회가 있었어요.☆

15 _____

빛들은 경이로웠고, 저는 하늘에서 춤추는 빛들의 사진을 많이 찍었어요.

16 _____

수년 만에 처음으로, 제 심장이 빠르게 뛰고 있는 것을 느낄 수 있었어요.

17 _____

돌아온 후에, 저는 아이슬란드에서 찍은 사진으로 사진 경연 대회에 참가했어요.

18 _____

놀랍게도, 저는 1등 상을 받았고, 이 일은 저에게 제 인생에 대해 생각해 볼 기회를 주었어요.☆

19
_____
저는 사진을 찍는 것이 저를 행복하게 한다는 것을 깨달았어요.

20
_____
갑자기, 저는 좋은 사진작가가 되고 싶었고, 그래서 사진 촬영 기술에 대해 더 배우기 시작했어요.

21
_____
몇 년의 시행착오 끝에, 저는 실력이 더 좋아졌고, 사진작가로 시간제 근무를 하기 시작했어요.

22
_____
그러던 어느 날, 저는 대담한 결심을 했어요.

23
_____
직장을 그만두고 생계 수단으로 사진을 찍기로 결정했죠.

24
_____
제가 성공할 수 있을지 확신하지는 못했지만, 시도해 보기로 결심했어요.☆

25
_____
저는 저를 행복하게 만드는 무언가를 정말로 하고 싶었거든요.

26
_____
지금, 저는 전문 사진작가이고, 행복합니다.

27
_____
그렇다면 여러분은 꿈을 찾고 그 꿈을 실현하고 싶은가요?

28
_____
여기 여러분을 도와줄 몇 가지 조언이 있습니다.☆

29
_____
첫째, 여러분의 마음을 따르세요.

30
_____
여러분이 무엇을 하는 것을 좋아하는지 그리고 여러분을 행복하게 하는 것이 무엇인지 생각해 보세요.

31
_____
제 경우에는, 그것이 별 사진을 찍는 것이었습니다.

32
_____
둘째, 열심히 노력하세요.

33
_____
꿈을 추구하는 것은 쉽지 않아요.

34
_____
저는 열심히 노력해서 사진작가가 되었습니다.

35
_____
셋째, 대담해지세요.

36
_____
여러분의 인생을 바꿀 결정을 하기 위해서는 용기가 필요합니다.

37
_____
저는 두려웠지만 위험을 무릅쓰고 기회를 잡았어요.

38
_____
저는 여러분이 꿈을 찾고, 꿈을 추구하고, 꿈을 실현할 수 있길 진심으로 바랍니다!

01 다음 글의 빈칸에 들어갈 말로 알맞은 것은?

> Hello, everyone. My name is David Parker, and I'm a photographer. Today, I'm going to tell you how I found my dream and realized it. I hope my story can _____ you.

① follow   ② pursue   ③ inspire
④ achieve   ⑤ realize

[02~05] 다음 글을 읽고, 물음에 답하시오.

> When I was young, I loved stars. I also liked ⓐtook pictures. However, I never thought ⓑif these things could lead to a job. In fact, _____(A)_____.
>
> When I had to decide on a (B)major in college, I chose engineering. Being an engineer looked OK. After college, I got a job at an engineering company. It was a stable job, but I didn't know ⓒsince I really enjoyed it.
>
> Everything changed when I went on vacation to Iceland one winter. There I got a chance ⓓseeing the Northern Lights. The lights were amazing, and I took many pictures of the dancing lights in the sky. For the first time in many years, I could feel my heart ⓔto beat fast.

02 윗글의 밑줄 친 ⓐ~ⓔ 중 어법상 바르게 고친 것을 모두 고르면?

① ⓐ → take   ② ⓑ → what
③ ⓒ → whether   ④ ⓓ → to see
⑤ ⓔ → to beating

03 윗글의 흐름상 빈칸 (A)에 들어갈 말로 가장 알맞은 것은?

① I've achieved my dream
② I wanted to be an engineer
③ I didn't have a dream at all
④ I took many pictures of stars
⑤ I didn't think I liked engineering

04 윗글의 밑줄 친 (B)major와 의미가 같은 것은?

① The story was in all the major newspapers.
② Confidence is a major quality of leadership.
③ Heavy traffic is a major problem in many big cities.
④ It is my mother that makes all the major decisions.
⑤ Engineering is one of the most popular college majors.

05 According to the passage above, which is NOT true about the writer? Choose two.

① He liked stars very much when he was young.
② He majored in engineering in college.
③ He enjoyed his job as an engineer.
④ He went on a business trip to Iceland.
⑤ He saw the Northern Lights when he went to Iceland.

(①) After I came back, I entered a photo contest with the pictures I took in Iceland. (②) I realized that taking pictures made me happy. (③) Suddenly, I wanted to become a good photographer, so I started to learn more about photography. (④) After years of ⓐ trial and error, I got better, and I began to do some part-time work as a photographer. (⑤)

Then one day, I made a ⓑ bold decision. I ⓒ quit my job and decided to take pictures ⓓ for a living. I wasn't sure (A)if I could succeed, but I decided to try. I really wanted to do something that made me happy. Now, I'm a ⓔ professional photographer, and I'm happy.

06 윗글의 ①~⑤ 중 주어진 문장이 들어갈 위치로 알맞은 것은?

> Surprisingly, I won first prize, and this gave me a chance to think about my life.

①   ②   ③   ④   ⑤

07 윗글의 밑줄 친 ⓐ~ⓔ의 영영풀이로 알맞지 않은 것은?

① ⓐ: the trying of one thing or another until something succeeds
② ⓑ: brave and not afraid
③ ⓒ: to start doing something
④ ⓓ: in order to earn enough money to live
⑤ ⓔ: doing a job as a way of earning money to live

08 윗글의 밑줄 친 (A)if와 쓰임이 다른 것을 모두 고르면?

① We will leave if everyone is ready.
② I'd like to know if the tree is still there.
③ She asked me if I could return the book.
④ You can watch this movie if you are over 18.
⑤ I'm not sure if I will be able to attend the meeting.

09 윗글을 읽고 답할 수 없는 질문은?

① What did the writer do after he came back from Iceland?
② Why did the writer start to learn more about photography?
③ How long did the writer do the part-time job as a photographer?
④ What was the writer's bold decision?
⑤ What does the writer do for a living now?

So do you want to find a dream and realize it? Here's some advice to help you.

First, follow your heart. Think about what you like to do and what makes you happy. In my case, it was taking pictures of stars.

Second, work hard. Pursuing a dream is not easy. I became a photographer through (A) easy / hard work.

Third, be bold. You need (B) courage / respect to make decisions that will change your life. I was afraid but I took a chance.

I truly hope you can find a dream, (C) pursue / inspire it, and live it!

10 윗글의 (A)~(C)의 각 네모 안에서 의미상 알맞은 말이 바르게 짝지어진 것은?

	(A)		(B)		(C)
①	easy	⋯	courage	⋯	pursue
②	easy	⋯	respect	⋯	inspire
③	hard	⋯	courage	⋯	pursue
④	hard	⋯	respect	⋯	inspire
⑤	hard	⋯	respect	⋯	pursue

11 What is the purpose of the passage above?

① to thank   ② to inform
③ to advise   ④ to advertise
⑤ to complain

[12~13] 다음 글을 읽고, 물음에 답하시오.

When I was young, I loved stars. I also liked taking pictures. However, I never thought these things could lead to a job. In fact, I didn't have a dream at all.

(A)대학에서 전공을 정해야 했을 때, 저는 공학을 선택했어요. Being an engineer looked OK. After college, I got a job at an engineering company. It was a stable job, but I didn't know whether I really enjoyed it.

(B)어느 겨울, 제가 아이슬란드로 휴가를 갔을 때 모든 것이 바뀌었어요. There I got a chance to see the Northern Lights. The lights were amazing, and I took many pictures of the dancing lights in the sky. For the first time in many years, I could feel my heart beating fast.

12 윗글의 밑줄 친 (A)와 (B)의 우리말과 의미가 같도록 문장을 완성하시오.

(A) When I had to _____ _____ a _____ in college, I chose _____.

(B) _____ _____ when I went _____ to Iceland one winter.

13 윗글의 내용을 다음과 같이 요약할 때, 빈칸에 알맞은 말을 쓰시오.

When the writer was young, he didn't think what he liked could _____ _____ _____ _____. After college, he worked as a(n) _____, but he wasn't sure if he enjoyed his job. However, when he took _____ _____ the Northern Lights in _____, he realized what made his heart beat fast.

[14~16] 다음 글을 읽고, 물음에 답하시오.

So do you want to find a dream and realize it? Here's <u>some advice</u> to help you.

First, follow your heart. Think about what you like to do and what makes you happy. In my case, it was taking pictures of stars.

Second, work hard. Pursuing a dream is not easy. I became a photographer through hard work.

Third, be bold. You need courage to make decisions that will change your life. I was afraid but I took a chance.

I truly hope you can find a dream, pursue it, and live it!

14 윗글의 밑줄 친 <u>some advice</u> 세 가지를 본문에 제시된 순서대로 우리말로 쓰시오.

(1) _____

(2) _____

(3) _____

15 윗글의 내용과 일치하도록 빈칸에 알맞은 말을 쓰시오.

(1) The writer is talking about how to find a _____ and _____ it.

(2) The writer says it is not _____ to _____ a dream.

16 윗글의 내용과 일치하도록 주어진 질문에 대한 답을 완성하시오.

(1) What made the writer happy?
→ _____ made him happy.

(2) According to the writer, what do people need to make decisions that can change their lives?
→ He thinks people need _____
_____.

서술형 100% TEST

01 다음 영영풀이에 해당하는 단어를 [보기]에서 골라 쓰시오.

[보기] courage   pursue   realize   bold

(1) _____ : brave and not afraid

(2) _____ : to work hard in order to achieve something

(3) _____ : to achieve something that you wanted

(4) _____ : the mental strength to do something dangerous or difficult

02 우리말과 일치하도록 빈칸에 알맞은 말을 쓰시오.

(1) 나의 경우에, 그것은 별 사진을 찍는 것이었다.

→ _____ _____ _____, it was taking pictures of stars.

(2) 당신의 인생을 바꿀 결정을 내리기 위해서는 용기가 필요하다.

→ You need courage to _____ _____ _____ that will change your life.

(3) 당신은 생계 수단으로 무슨 일을 하나요?

→ What do you do _____ _____ _____ ?

03 다음 표에서 수호와 지나가 경험한 것을 보고, 대화를 완성하시오.

Name	Have you ever ~?	Yes / No
Suho	eat tacos	Yes
Jina	sleep in a tent	No

(1) A: Suho, _____ ?

B: Yes, _____ .

(2) A: Jina, _____ ?

B: No, _____ .

A: I hope _____ someday.

04 다음 그림을 보고, 괄호 안의 단어를 사용하여 경험을 묻고 답하는 대화를 완성하시오.

(1) (2)

(1) A: Lisa, _____ _____ _____ _____ another country? (ever, visit)

B: Yes, _____ _____ to China. The Great Wall was wonderful. (be)

(2) A: Tony, _____ _____ _____ Japchae before? (try)

B: Yes, _____ _____ it once. It was really delicious. (eat)

05 다음 사진 속 인물에게 해 줄 수 있는 말을 각각 [조건]에 맞게 쓰시오.

[조건] 1. I hope로 문장을 시작할 것
2. 괄호 안의 표현을 사용할 것
3. (1)은 6단어, (2)는 8단어로 쓸 것

(1)

I'm not feeling well. I think I have a cold.

→ _____

(feel better, soon)

(2)

I really want to become a singer.

→ _____

(good singer, someday)

[06~07] 다음 대화를 읽고, 물음에 답하시오.

Boy:	I really liked your book about training dogs.
Woman:	Thank you. Do you like dogs?
Boy:	Yes, I do. I love all kinds of animals.
Woman:	Have you ever thought of becoming a(n) ____ⓐ____?
Boy:	Yes, I have. I really want to become an animal doctor.
Woman:	What are you doing to achieve your goal?
Boy:	I'm doing volunteer work at the local animal house.
Woman:	That's good. What else are you doing?
Boy:	I'm also watching a lot of TV shows about animals.
Woman:	You're doing great! I hope you become a good ____ⓑ____ someday.
Boy:	Thank you.

06 위 대화의 흐름상 빈칸 ⓐ와 ⓑ에 공통으로 알맞은 말을 대화에서 찾아 쓰시오.

→ _____

신유형
07 위 대화의 내용과 일치하지 <u>않는</u> 문장을 찾아 기호를 쓰고 일치하도록 고쳐 문장을 다시 쓰시오.

ⓐ The woman wrote a book about animal doctors.
ⓑ The boy likes all kinds of animals.
ⓒ The boy wants to become an animal doctor.
ⓓ The boy is doing volunteer work to achieve his goal.

( ) → _____

08 [보기]와 같이 문장을 완성하시오.

[보기] Is she going to move to Seoul?
→ I want to know <u>if she is going to move to Seoul.</u>

(1) Will Megan come to the birthday party?
→ I'm not sure _____
_____ .

(2) Does she like Italian food?
→ I'd like to know _____
_____ .

(3) Can you help me with my homework?
→ I'm wondering _____
_____ .

09 괄호 안의 단어를 어법에 맞게 사용하여 그림 속 인물이 하는 말을 완성하시오.

(1)
I'm so bored now. I want a _____.
(book, read)

(2)
I'm thirsty. I need something _____.
(drink, cold)

한 단계 더!
10 주어진 두 문장을 한 문장으로 바꿔 쓸 때, 빈칸에 알맞은 말을 쓰시오.

(1) I'm not sure. + Does Mom have my wallet?
→ I'm not sure _____ .

(2) I'm wondering. + Can I get a refund for this shirt?
→ I'm wondering _____ .

(3) Do you know? + Where is the post office?
→ Do you know _____ ?

11 다음 중 어법상 **틀린** 문장을 <u>두 개</u> 골라 기호를 쓰고, 바르게 고쳐 문장을 다시 쓰시오.

ⓐ I have no time taking a break.
ⓑ I want to know if she likes spaghetti.
ⓒ He has a lot of interesting books to read.
ⓓ I don't know whether he will come back.
ⓔ I wonder if is this the right answer.

STEP B

(1) ( ) → _____

(2) ( ) → _____

[12~14] 다음 글을 읽고, 물음에 답하시오.

Hello, everyone. My name is David Parker, and I'm a photographer. Today, I'm going to tell you how I found my dream and realized it. I hope my story can inspire you.

When I was young, I loved stars. I also liked taking pictures. ___ⓐ___, I never thought these things could lead to a job. In fact, I didn't have a dream at all.

___ⓑ___ I had to decide on a major in college, I chose engineering. Being an engineer looked OK. After college, I got a job at an engineering company. It was a stable job, but I didn't know ___ⓒ___ I really enjoyed it.

12 윗글의 빈칸 ⓐ~ⓒ에 들어갈 말을 각각 [보기]에서 골라 쓰시오.

[보기] whether   however   when   besides

ⓐ _____

ⓑ _____

ⓒ _____

13 다음 영영풀이에 해당하는 단어를 윗글에서 찾아 쓰시오.

to give someone the desire or courage to do something

→ _____

14 윗글의 내용과 일치하도록 주어진 질문에 대한 답을 완전한 영어 문장으로 쓰시오.

(1) What is David Parker's job?

→ _____

(2) What was David Parker's major in college?

→ _____

(3) Where did David Parker work after college?

→ _____

15 다음 글의 밑줄 친 ⓐ~ⓔ 중 어법상 틀린 것을 골라 바르게 고쳐 쓰고, 틀린 이유를 쓰시오.

Everything changed ⓐ<u>when</u> I went on vacation to Iceland one winter. There I got a chance ⓑ<u>to see</u> the Northern Lights. The lights were ⓒ<u>amazing</u>, and I took many pictures of the ⓓ<u>dancing</u> lights in the sky. For the first time in many years, I could feel my heart ⓔ<u>to beat</u> fast.

(1) 틀린 부분: ( ) → _____

(2) 틀린 이유: _____

_____

[16~18] 다음 글을 읽고, 물음에 답하시오.

After I came back, I entered a photo contest with the pictures I took in Iceland. Surprisingly, I won first prize, and this gave me a chance to think about my life. @I realized that taking pictures made me bored. Suddenly, I wanted to become a good photographer, so I started to learn more about photography. After years of trial and error, I got better, and I began to do some part-time work as a photographer.

Then one day, I made a bold decision. I quit my job and decided to take pictures for a living. ⓑ나는 내가 성공할 수 있을지 확신하지 못했다, but I decided to try. I really wanted to do something that made me happy. ⓒNow, I'm a professional engineer, and I'm happy.

16 윗글의 밑줄 친 @와 ⓒ에서 흐름상 어색한 부분을 찾아 본문에 있는 단어를 사용하여 바르게 고쳐 쓰시오.

@ _____ → _____

ⓒ _____ → _____

17 윗글의 밑줄 친 우리말 ⓑ와 의미가 같도록 [조건]에 맞게 쓰시오.

[조건] 1. if를 반드시 사용할 것
　　　 2. sure와 succeed를 포함하여 7단어로 쓸 것

→ _____

18 윗글의 내용과 일치하도록 주어진 질문에 대한 답을 완성하시오.

(1) Why did the writer start to learn more about photography?
　→ Because he _____
　_____ .

(2) What was the writer's bold decision?
　→ He _____
　_____ .

[19~20] 다음 글을 읽고, 물음에 답하시오.

When I was young, I loved stars. I also liked taking pictures. However, I never thought these things could lead to a job. In fact, I didn't have a dream at all.

When I had to decide on a major in college, I chose engineering. Being an engineer looked OK. After college, I got a job at an engineering company. (A) 그것은 안정적인 직업이었지만, 나는 내가 그 일을 정말로 즐기는지는 알지 못했다.

Everything changed when I went on vacation to Iceland one winter. (B) 그곳에서 나는 오로라를 볼 기회를 얻었다. The lights were amazing, and I took many pictures of the dancing lights in the sky. For the first time in many years, I could feel my heart beating fast.

19 윗글의 밑줄 친 (A)와 (B)의 우리말과 의미가 같도록 괄호 안의 표현을 사용하여 문장을 쓰시오.

(A) _____

_____
(stable, enjoyed)

(B) _____

_____
(got a chance, the Northern Lights)

고
난도
20 윗글의 글쓴이인 David Parker에 대한 내용과 일치하도록 다음 대화를 완성하시오.

A: What did David Parker like when he was young?
B: He (1) _____ .
A: When did David Parker feel his heart beating fast?
B: He felt his heart beating fast when he (2) _____ .

01 다음 중 짝지어진 단어의 관계가 나머지와 <u>다른</u> 하나는? 3점

① try – trial
② choose – chose
③ advise – advice
④ succeed – success
⑤ decide – decision

02 다음 영영풀이에 해당하는 단어로 알맞은 것은? 2점

> to achieve something that you wanted

① lead
② pursue
③ follow
④ realize
⑤ decide

03 다음 빈칸에 공통으로 들어갈 말로 알맞은 것은? 3점

> • Sue designs clothes _____ a living.
> • I fell in love _____ the first time in my life.

① as
② on
③ for
④ in
⑤ with

04 다음 중 밑줄 친 우리말 뜻이 <u>잘못된</u> 것은? 3점

① I think you need <u>courage</u>. (용기)
② Why did you <u>quit</u> your job? (그만두다)
③ This bridge doesn't look <u>stable</u>. (안정적인)
④ Tony was a <u>professional</u> soccer player.
　 (전문적인, 직업의)
⑤ This movie was made to <u>inspire</u> children.
　 (위로하다)

05 다음 대화의 빈칸에 들어갈 말로 알맞은 것은? 3점

> A: _____
> B: No, I haven't.

① Did you have lunch?
② How have you been?
③ Do you need any help?
④ Have you ever visited Spain?
⑤ What countries have you been to?

서술형1
06 자연스러운 대화가 되도록 (A)~(D)를 바르게 배열하시오.
4점

> (A) Yes. How about you?
> (B) Well, I've never learned how to play.
> (C) Can you play the piano?
> (D) It's fun. I hope you'll have a chance to learn.

(　) – (　) – (　) – (　)

07 다음 중 짝지어진 대화가 <u>어색한</u> 것은? 3점

① A: Have we met before?
　 B: No, we haven't.
② A: Let's watch the movie together.
　 B: I'm sorry. I've already watched it.
③ A: I'm going to visit Paris this summer.
　 B: I hope you'll have a good time there.
④ A: I've never tried Indian food. Have you?
　 B: No, I haven't. I really like it.
⑤ A: You should read this book. It's really interesting.
　 B: I know. I've already read it.

[08~10] 다음 대화를 읽고, 물음에 답하시오.

Boy:	I really liked your book about training dogs.
Woman:	Thank you. Do you like dogs?
Boy:	Yes, I do. I love all kinds of animals.
Woman:	Have you ever thought of becoming an animal doctor?
Boy:	Yes, I have. I really want to become an animal doctor. (①)
Woman:	What are you doing to achieve your goal? (②)
Boy:	I'm doing volunteer work at the local animal house. (③)
Woman:	That's good. What else are you doing?
Boy:	I'm also watching a lot of TV shows about animals. (④)
Woman:	You're doing great! (⑤)
Boy:	Thank you.

08 위 대화의 ①~⑤ 중 주어진 문장이 들어갈 위치로 알맞은 것은? **3점**

> I hope you become a good animal doctor someday.

①   ②   ③   ④   ⑤

09 위 대화 속 두 사람의 관계로 알맞은 것은? **3점**

① 작가 – 독자   ② 의사 – 환자
③ 엄마 – 아들   ④ 판매자 – 고객
⑤ 수의사 – 보호자

10 위 대화를 읽고 답할 수 없는 질문은? **4점**

① Who wrote the book about training dogs?
② What does the boy want to be in the future?
③ What is the boy doing to achieve his goal?
④ Where is the boy doing volunteer work?
⑤ How many TV shows about animals does the boy watch?

11 다음 우리말과 의미가 같도록 할 때, 빈칸에 들어갈 말로 알맞은 것은? **3점**

> 나는 그가 나를 도와줄 수 있는지 궁금하다.
> → I wonder _____ he can help me.

① to   ② what   ③ how
④ when   ⑤ whether

12 다음 중 밑줄 친 부분의 쓰임이 [보기]와 같은 것은? **4점**

> [보기] I have a good idea <u>to share</u> with you.

① It may be hard <u>to eat</u> breakfast every day.
② Minho's dream is <u>to become</u> a movie director.
③ Where did I put the letter <u>to send</u> my parents?
④ Don't forget <u>to write</u> your name on your new bag.
⑤ Sue and I are going to learn <u>to play</u> the guitar this vacation.

서술형2 고난도
13 다음 대화의 밑줄 친 ⓐ~ⓒ 중 어법상 **틀린** 것의 기호를 쓰고 바르게 고쳐 쓰시오. **5점**

> A: Mom, I'm not sure ⓐ<u>what</u> ⓑ<u>I should</u> take my umbrella.
> B: I think you should. I heard ⓒ<u>that</u> there is a 60 percent chance of rain today.

(   ) → _____

[14~16] 다음 글을 읽고, 물음에 답하시오.

Hello, everyone. My name is David Parker, and I'm a photographer. Today, I'm going to tell you how I found my dream and realized it. I hope my story can inspire you.

When I was young, I loved stars. I also liked taking pictures. _____, I never thought these things could lead to a job. In fact, I didn't have a dream at all.

When I had to decide on a major in college, I chose engineering. Being an engineer looked OK. After college, I got a job at an engineering company. It was a stable job, but I didn't know whether I really enjoyed it.

(A) The lights were amazing, and I took many pictures of the dancing lights in the sky.

(B) Everything changed when I went on vacation to Iceland one winter.

(C) There I got a chance to see the Northern Lights.

For the first time in many years, I could feel my heart beating fast.

14 윗글의 빈칸에 들어갈 말로 알맞은 것은? 3점

① Finally　　　　② However
③ Therefore　　　④ For example
⑤ Moreover

서술형 3

15 윗글의 내용과 일치하도록 빈칸에 알맞은 말을 쓰시오. 6점

David Parker had no _____ when he was young. He majored in _____ and became a(n) _____ after college.

16 윗글의 흐름에 맞게 (A)~(C)를 바르게 배열한 것은? 4점

① (A) – (B) – (C)　　② (B) – (A) – (C)
③ (B) – (C) – (A)　　④ (C) – (A) – (B)
⑤ (C) – (B) – (A)

[17~19] 다음 글을 읽고, 물음에 답하시오.

After I came back, I entered a photo contest with the pictures I took in Iceland. Surprisingly, I won first prize, and this gave me a chance ⓐto think about my life. I realized that taking pictures made me happy. Suddenly, I wanted ⓑto become a good photographer, so I started ⓒto learn more about photography. After years of ___(A)___ and error, I got better, and I began ⓓto do some part-time work as a photographer.

Then one day, I made a bold decision. I quit my job and decided ⓔto take pictures for a living. I wasn't sure if I could succeed, but I decided to try. I really wanted to do (B)something that made me happy. Now, I'm a professional photographer, and I'm happy.

17 윗글의 밑줄 친 ⓐ~ⓔ 중 to부정사의 쓰임이 나머지와 다른 하나는? 4점

① ⓐ　　② ⓑ　　③ ⓒ　　④ ⓓ　　⑤ ⓔ

18 윗글의 흐름상 빈칸 (A)에 들어갈 단어로 알맞은 것은? 3점

① major　　② trial　　③ result
④ courage　　⑤ dream

서술형 4

19 윗글의 밑줄 친 (B)에 해당하는 것을 본문에서 찾아 두 단어로 쓰시오. 5점

→ _____

[20~22] 다음 글을 읽고, 물음에 답하시오.

> So do you want to find a dream and realize it?
> _____ ⓐ _____
>
> First, follow your heart. Think about what you like to do and what makes you happy. In my case, it was taking pictures of stars.
>
> Second, work hard. Pursuing a dream is not easy. I became a photographer through hard work.
>
> Third, be bold. You need courage to make decisions that will change your life. I was afraid but I took a chance.
>
> I truly hope you can find a dream, ___ⓑ___ it, and live it!

서술형 **5**

20 윗글의 빈칸 ⓐ에 들어갈 문장을 괄호 안의 단어를 바르게 배열하여 완성하시오. **6점**

→ Here's _____ .
(you, advice, to, some, help)

서술형 **6**

21 다음 영영풀이를 참고하여 윗글의 빈칸 ⓑ에 알맞은 단어를 본문에서 찾아 알맞은 형태로 쓰시오. **4점**

> to work hard in order to achieve something

→ _____

고난도

22 윗글의 주제로 가장 알맞은 것은? **4점**

① Keep following others' advice.
② Dream about what you can do.
③ Find your dream and realize it.
④ Make a decision to change your life.
⑤ Pursue a dream that is easy to achieve.

서술형 **7**

23 다음 대화의 밑줄 친 우리말과 의미가 같도록 [조건]에 맞게 문장을 쓰시오. **5점**

> A: I'm not feeling well. I think I have a cold.
> B: That's too bad. 나는 네가 곧 낫기를 바라.

> [조건] 1. hope와 get well을 반드시 사용할 것
>   2. 6단어의 완전한 문장으로 쓸 것

→ _____

서술형 **8** 고난도

24 다음 글의 빈칸에 알맞은 말을 [보기]에서 골라 어법에 맞게 쓰시오. **각 4점**

> [보기]   ask   get   save

> Last Saturday, my brother went hiking and got lost in the forest. He couldn't find a way (1)_____ out of there. There was no one (2)_____ for help, so he called me.

서술형 **9** 한 단계 더!

25 다음 대화의 빈칸에 들어갈 알맞은 말을 괄호 안의 단어를 사용하여 쓰시오. **5점**

> A: Please write down your name here.
> B: I don't have any pen _____ _____ _____ . Can I borrow yours? (write)
> A: Sure. Here it is.

01 다음 [보기]의 단어들을 대표하는 단어로 알맞은 것은? 2점

> [보기] photographer   engineer   architect

① job   ② art   ③ subject
④ major   ⑤ program

02 밑줄 친 major 중 다음 영영풀이에 해당하는 의미로 쓰인 것은?   3점

> the main subject that a college student studies

① My major worry is sleeping too much.
② She studied the same major as mine.
③ I'm going to major in computer science.
④ Stress is a major problem in our society.
⑤ Busan is one of the major cities in Korea.

03 다음 빈칸에 들어갈 말이 순서대로 바르게 짝지어진 것은?   3점

> • I like both. I can't _____ a decision.
> • My sister will _____ a piano contest next week.

① get – enter   ② give – enter
③ make – enter   ④ give – pursue
⑤ make – pursue

신유형

04 다음 빈칸에 들어갈 단어가 아닌 것은?   4점

> ⓐ Everyone tries to _____ happiness.
> ⓑ My heart began to _____ fast again.
> ⓒ Good plans can _____ to good results.
> ⓓ He was _____ enough to start his own business.

① bold   ② beat   ③ lead
④ inspire   ⑤ pursue

05 다음 대화의 빈칸에 들어갈 말로 알맞은 것은?   3점

> A: You should read this book. It's really interesting.
> B: I know. _____

① I'll lend it to you.
② I hope you read it.
③ I've already read it.
④ I've never heard of it before.
⑤ I don't think it's interesting.

06 다음 대화의 ①~⑤ 중 주어진 문장이 들어갈 위치로 알맞은 것은?   3점

> But I like the book more.

> A: My favorite book is *Charlie and the Chocolate Factory*. Have you read it, Peter? (①)
> B: No, I haven't, but I've seen the movie. (②) How about you, Yubin? (③) Have you seen the movie, too?
> A: Yes, I have. (④) I hope you can read it sometime.
> B: (⑤) OK, I will.

07 다음 대화의 밑줄 친 ①~⑤ 중 흐름상 어색한 것은?   4점

> A: ①Have you ever had Spanish food before?
> B: ②No, I haven't. ③Have you tried it?
> A: ④Yes, I have. ⑤I hope I can try it sometime. It's really good.
> B: I will. For now, I'll just buy this Spanish recipe book.

[08~10] 다음 대화를 읽고, 물음에 답하시오.

> Boy: I really liked your book about training dogs.
> Woman: Thank you. Do you like dogs?
> Boy: Yes, I do. I love all kinds of animals.
> Woman: Have you ever thought of becoming an animal doctor?
> Boy: _____ⓐ_____ I really want to become an animal doctor.
> Woman: What are you doing to achieve your goal?
> Boy: I'm doing volunteer work at the local animal house.
> Woman: That's good. What else are you doing?
> Boy: I'm also watching a lot of TV shows about animals.
> Woman: You're doing great! _____ⓑ_____ someday.
> Boy: Thank you.

08 위 대화의 흐름상 빈칸 ⓐ에 들어갈 말로 알맞은 것은? 2점

① Not yet.　　　　② Yes, I will.
③ No, I don't.　　④ Yes, I have.
⑤ No, I haven't.

서술형1
09 위 대화의 빈칸 ⓑ에 들어갈 말을 괄호 안의 표현을 바르게 배열하여 쓰시오. 5점

→ _____

(become, I, you, a good animal doctor, hope)

10 위 대화의 소년에 대한 내용으로 알맞지 않은 것은? 3점

① 개 훈련에 관한 책을 읽었다.
② 동물 중에서 개를 가장 좋아한다.
③ 수의사가 되고 싶어 한다.
④ 지역 동물 센터에서 봉사 활동을 하고 있다.
⑤ 동물에 관한 TV 프로그램을 많이 본다.

11 다음 대화의 빈칸에 들어갈 동사 **teach**의 형태로 알맞은 것은? 3점

> A: I need somebody _____ me Chinese.
> B: How about Lang Lang? He's from China.
> A: Good. I think he is perfect for me.

① teaches　　　② taught
③ to teach　　　④ can teach
⑤ will teach

12 다음 중 밑줄 친 **if**의 쓰임이 나머지와 다른 하나는? 3점

① I don't know if he will come.
② I can't tell if the rumor is true.
③ I wonder if Ben likes Korean food.
④ You can leave now if you are busy.
⑤ We're not sure if we can go on the field trip today.

13 다음 중 어법상 틀린 문장은? 4점

① Can I have a chair to sit on?
② He wants to know if she likes roses.
③ I have enough time to finish my project.
④ I don't know whether he is free this weekend.
⑤ Do you know if will they be able to come?

서술형2
14 다음 두 문장을 한 문장으로 바꿔 쓸 때, 빈칸에 알맞은 말을 쓰시오. 5점

Does she still live in Seoul? + I wonder.
→ I wonder _____

_____.

[15~17] 다음 글을 읽고, 물음에 답하시오.

> Hello, everyone. My name is David Parker, and I'm a photographer. (①) Today, I'm going to tell you how I found my dream and underline realized it. (②) I hope my story can inspire you. (③)
>
> When I was young, I loved stars. (④) I also liked taking pictures. (⑤) In fact, I didn't have a dream at all.

15 윗글의 ①~⑤ 중 주어진 문장이 들어갈 위치로 알맞은 것은?　　　　　　　　　　　　　　　　3점

> However, I never thought these things could lead to a job.

①　　　②　　　③　　　④　　　⑤

16 윗글의 밑줄 친 realize와 같은 의미로 쓰인 것은?　4점

① I realized that there was a problem.
② She began to realize she was wrong.
③ Don't you realize how important it is?
④ Jim realized his dream of buying a new car.
⑤ We didn't realize that the music was so loud.

17 윗글의 David Parker에 대해 알 수 있는 것은?　3점

① 사는 곳　　　② 나이　　　③ 가족 관계
④ 직업　　　⑤ 국적

[18~20] 다음 글을 읽고, 물음에 답하시오.

> When I had to decide on a major in college, I chose engineering. Being an engineer looked OK. After college, I got a job at an engineering company. It was a stable job, but I didn't know ⓐ.
>
> Everything changed when I went on vacation to Iceland one winter. There I got a chance ⓑ the Northern Lights. The lights were amazing, and I took many pictures of the dancing lights in the sky. For the first time in many years, I could feel my heart beating fast.

서술형3 고난도

18 다음 문장을 어법에 맞게 변형하여 윗글의 빈칸 ⓐ에 들어갈 말을 쓰시오.　5점

> Did I really enjoy it?

→ _____

19 윗글의 빈칸 ⓑ에 들어갈 동사 see의 형태로 알맞은 것은?　3점

① sees　　　　　　② saw
③ to see　　　　　④ seeing
⑤ to seeing

20 윗글의 글쓴이에 대한 내용으로 알맞지 않은 것은?　4점

① He majored in engineering.
② His job was stable and changed his life.
③ He has been to Iceland for a vacation.
④ He has seen the Northern Lights.
⑤ He took many pictures of the Northern Lights in Iceland.

[21~22] 다음 글을 읽고, 물음에 답하시오.

After I came back, I entered a photo contest with the pictures I took in Iceland. Surprisingly, I won first prize, and this gave me (A)생각해 볼 기회 about my life. I realized ___ⓐ___ taking pictures made me happy. Suddenly, I wanted to become a good photographer, so I started to learn more about photography. After years of trial and error, I got better, and I began to do some part-time work as a photographer.

Then one day, I made a bold decision. I quit my job and decided to take pictures for a living. I wasn't sure (B)내가 성공할 수 있을지, but I decided to try. I really wanted to do something ___ⓑ___ made me happy. Now, I'm a professional photographer, and I'm happy.

21 윗글의 빈칸 ⓐ와 ⓑ에 공통으로 들어갈 말로 알맞은 것은? **4점**

① that ② which ③ if
④ what ⑤ whether

[23~24] 다음 글을 읽고, 물음에 답하시오.

So do you want to find a dream and realize it? Here's some advice <u>help</u> you.

First, follow your heart. Think about what you like to do and what makes you happy. In my case, it was taking pictures of stars.

Second, work hard. Pursuing a dream is not easy. I became a photographer through hard work.

Third, be bold. You need courage to make decisions that will change your life. I was afraid but I took a chance.

I truly hope you can find a dream, pursue it, and live it!

서술형**5**

23 윗글의 밑줄 친 **help**를 어법상 올바른 형태로 쓰시오. **4점**

→ _____

서술형**6**

24 윗글의 내용과 일치하도록 다음 질문에 알맞은 답을 완전한 영어 문장으로 쓰시오. **5점**

> **Q.** What made the writer happy?

→ _____

서술형**4**

22 윗글의 밑줄 친 우리말 **(A)**가 **(B)**를 [조건]에 맞게 영어로 쓰시오. **각 4점**

> [조건] 1. 괄호 안의 표현을 어법에 맞게 사용할 것
>   2. 각각 4단어로 쓸 것

(A) _____
(think, a chance)

(B) _____
(can, succeed)

서술형**7** 곤 한 단계 더!

25 괄호 안의 단어들 사용하여 [보기]와 같이 문장을 다시 쓰시오. **각 5점**

> [보기] I have some problems. (solve)
>   → I have some problems to solve.

(1) Do you have any interesting topic? (talk)

→ _____

(2) We couldn't find anything fun. (do)

→ _____

01 다음 중 단어의 영영풀이가 알맞지 <u>않은</u> 것은? 3점

① **bold**: brave and not afraid
② **quit**: to stop doing something
③ **realize**: to achieve something that you wanted
④ **stable**: staying the same, without big changes or problems
⑤ **pursue**: to give someone the courage to do something

02 다음 빈칸에 공통으로 들어갈 말로 알맞은 것은? 2점

> • Careless driving is the _____ cause of traffic accidents.
> • How did you choose your _____ in college?

① job   ② goal   ③ major
④ living   ⑤ professional

03 다음 중 밑줄 친 부분의 우리말 뜻이 알맞지 <u>않은</u> 것은? 3점

① He writes stories <u>for a living</u>. (생계 수단으로)
② <u>In my case</u>, everything looked difficult.
   (내 경우에는)
③ Think carefully before you <u>make a decision</u>.
   (결정하다)
④ We achieved the goal through <u>trial and error</u>.
   (사소한 실수)
⑤ I visited the country <u>for the first time</u> in my life.
   (처음으로)

04 다음 대화의 빈칸에 들어갈 말로 알맞지 <u>않은</u> 것은? 3점

> A: Have you tried Bulgogi before?
> B: Yes. _____

① I really like it.
② I've eaten it once.
③ It was very delicious.
④ Have you tried it, too?
⑤ I've never tried it before.

05 다음 대화의 밑줄 친 ①~⑤ 중 흐름상 어색한 것은? 4점

> A: ①Have you ever visited another country?
> B: No, I haven't. ②Have you?
> A: Yes, ③I've gone to France. ④I hope you can travel to another country sometime.
> B: Yes, ⑤I really want to visit Canada.

①   ②   ③   ④   ⑤

서술형1

06 괄호 안의 표현을 바르게 배열하여 다음 대화의 빈칸에 들어갈 말을 쓰시오. 5점

> A: Can you play the violin?
> B: Yes. How about you?
> A: Well, I've never learned how to play.
> B: It's fun. _____

→ _____

(a chance, you'll, have, I, to learn, hope)

[07~09] 다음 대화를 읽고, 물음에 답하시오.

Boy:	I really liked your book about training dogs.
Woman:	Thank you. Do you like dogs?
Boy:	Yes, I do. I love all kinds of animals.
Woman:	_____ ⓐ _____
Boy:	Yes, I have. I really want to become an animal doctor.
Woman:	What are you doing to achieve your goal?
Boy:	I'm doing volunteer work at the local animal house.
Woman:	That's good. What else are you doing?
Boy:	I'm also watching a lot of TV shows about animals.
Woman:	You're doing great! ⓑI hope you become a good animal doctor someday.
Boy:	Thank you.

07 위 대화의 흐름상 빈칸 ⓐ에 들어갈 말로 알맞은 것은? 3점

① What is your dream?
② Have you ever met an animal trainer?
③ Do you know how to become a doctor?
④ Have you ever thought of becoming an animal doctor?
⑤ How long have you dreamed of becoming an animal doctor?

08 위 대화의 밑줄 친 ⓑ가 나타내는 의도로 알맞은 것은? 3점

① 자신의 의지 표현
② 대화의 주제 전환
③ 자신이 실현할 목표 제시
④ 상대방에 대한 고마움 표현
⑤ 상대방에 대한 자신의 희망 표현

서술형 2
09 위 대화의 내용과 일치하도록 빈칸에 알맞은 말을 쓰시오.
각 3점

To achieve his goal, the boy is (1)_____ _____ _____ at the local animal house and watching lots of (2)_____ _____ _____ _____.

10 다음 빈칸에 공통으로 들어갈 말로 알맞은 것은? 3점

- I wonder _____ he will visit me today.
- You'll find it _____ you walk down the street.

① as
② if
③ that
④ when
⑤ whether

한 단계 더!
11 다음 우리말과 의미가 같도록 할 때, 빈칸에 들어갈 말로 알맞은 것은? 3점

나는 테니스를 함께 칠 친구가 필요하다.
→ I need a friend _____.

① play tennis
② to play tennis
③ to play tennis with
④ to play with tennis
⑤ with to play tennis

고난도
12 다음 중 어법상 올바른 문장끼리 짝지어진 것은? 4점

ⓐ I need hot something to drink.
ⓑ She wondered when she arrived too early.
ⓒ If you can dream it, you can do it.
ⓓ You can bring a book to read in your free time.

① ⓐ, ⓑ
② ⓐ, ⓒ
③ ⓐ, ⓑ, ⓒ
④ ⓑ, ⓒ, ⓓ
⑤ ⓒ, ⓓ

13 밑줄 친 부분의 쓰임이 나머지와 <u>다른</u> 하나는? 3점

① I need somebody <u>to help</u> me.
② There are many things <u>to see</u> in Seoul.
③ Do you have some time <u>to talk</u> with me?
④ She decided <u>to hold</u> her own fashion show.
⑤ I don't have enough time <u>to finish</u> my report.

14 다음 글의 뒤에 이어질 내용으로 가장 알맞은 것은? **3점**

> Hello, everyone. My name is David Parker, and I'm a photographer. Today, I'm going to tell you how I found my dream and realized it. I hope my story can inspire you.

① 학생들의 꿈 이야기
② 다양한 사진 촬영 기법
③ David Parker의 어젯밤 꿈
④ David Parker가 감동 받은 이야기
⑤ David Parker가 꿈을 찾고 이룬 과정

[15~17] 다음 글을 읽고, 물음에 답하시오.

> When I was young, I loved stars. I also liked taking pictures. However, I never thought these things could lead to a job. In fact, I didn't have a dream at all.
>
> When I had to decide on a major in college, I chose engineering. ⓐBeing an engineer looked OK. After college, I got a job at an engineering company. It was a stable job, but I didn't know _____ I really enjoyed it.
>
> Everything changed when I went on vacation to Iceland one winter. There I got a chance ⓑseeing the Northern Lights. The lights were ⓒamazing, and I took many pictures of the ⓓdancing lights in the sky. For the first time in many years, I could feel my heart ⓔbeating fast.

15 윗글의 빈칸에 들어갈 말로 알맞은 것을 모두 고르면? **3점**

① if   ② which   ③ because
④ until   ⑤ whether

서술형3
16 윗글의 밑줄 친 ⓐ~ⓔ 중 어법상 틀린 것을 찾아 기호를 쓰고, 바르게 고쳐 쓰시오.   **5점**

(   ) → _____

17 윗글을 읽고 답할 수 있는 질문은?   **4점**

① Why did the writer like stars?
② When did the writer go to college?
③ With whom did the writer spend his vacation?
④ What did the writer do in Iceland during his vacation?
⑤ How long did the writer stay in Iceland?

[18~20] 다음 글을 읽고, 물음에 답하시오.

> After I came back, I entered a photo contest with the pictures I took in Iceland. Surprisingly, I won first prize, and this gave me ⓐa chance to think about my life. I realized that taking pictures made me happy. Suddenly, I wanted to become a good photographer, so I started to learn more about photography. After years of trial and error, I got better, and I began to do some part-time work as a photographer.
>
> Then one day, I made a bold decision. I quit my job and decided to take pictures ___ⓑ___ a living. I wasn't sure if I could succeed, but I decided to try. I really wanted to do something that made me happy. Now, I'm a professional photographer, and I'm happy.

고난도
18 윗글의 밑줄 친 ⓐ에 대한 계기로 알맞은 것은?   **4점**

① quitting his job
② becoming a photographer
③ doing some part-time work
④ learning more about photography
⑤ winning first prize in a photo contest

서술형4
19 윗글의 빈칸 ⓑ에 들어갈 알맞은 단어를 쓰시오.   **3점**

→ _____

20 윗글의 'I'가 한 일을 시간 순서대로 바르게 나열한 것은? 4점

> (A) I quit my job.
> (B) I won first prize.
> (C) I took pictures in Iceland.
> (D) I entered a photo contest.
> (E) I became a professional photographer.

① (B) – (A) – (C) – (D) – (E)
② (B) – (C) – (A) – (D) – (E)
③ (C) – (B) – (A) – (D) – (E)
④ (C) – (D) – (B) – (A) – (E)
⑤ (D) – (C) – (B) – (A) – (E)

[21~22] 다음 글을 읽고, 물음에 답하시오.

> So do you want to find a dream and realize it? Here's some ⓐadvice to help you.
>
> First, follow your heart. Think about what you like to do and what makes you ⓑhappy. In my case, it was _____ of stars.
>
> Second, work hard. Pursuing a dream is not easy. I became a photographer through ⓒhard work.
>
> Third, be bold. You need courage to make decisions that will change your life. I was ⓓconfident but I took a chance.
>
> I truly ⓔhope you can find a dream, pursue it, and live it!

21 윗글의 밑줄 친 ⓐ~ⓔ 중 흐름상 어색한 것은? 4점

① ⓐ　　② ⓑ　　③ ⓒ　　④ ⓓ　　⑤ ⓔ

22 윗글의 빈칸에 들어갈 말로 알맞은 것은? 4점

① writing books　　② taking pictures
③ drawing pictures　　④ giving information
⑤ finding out all kinds

서술형**5**

23 괄호 안의 단어를 어법에 맞게 사용하여 다음 대화의 빈칸에 알맞은 말을 각각 3단어로 쓰시오. 각 3점

> A: My favorite book is *Charlie and the Chocolate Factory*. (1)_____ it, Peter? (read)
> B: No, I haven't, but I've seen the movie. How about you, Yubin? (2)_____ the movie, too? (see)
> A: Yes, I have. But I like the book more.

서술형**6**

24 주어진 우리말과 의미가 같도록 괄호 안의 표현을 어법에 맞게 사용하여 문장을 완성하시오. 5점

> 내 꿈을 실현하기 위해 해야 할 많은 일들이 있다.
> → There are _____
> my dream. (many things, do, realize)

서술형**7**

25 다음 대화를 읽고, 빈칸에 알맞은 말을 쓰시오. 각 5점

> Sam: Is the meeting going to be held soon?
> Kate: Yes. Can you attend it?
> Sam: Sure.

(1) Sam is asking Kate _____
_____ .

(2) Kate is wondering _____
_____ .

[서술형 1]

01 다음 영영풀이에 해당하는 단어를 쓰시오.　2점

> *a.* very important, serious, main
> *n.* the main subject that a college student studies

→ _____

02 다음 중 밑줄 친 부분의 쓰임이 문맥상 어색한 것은?　3점

① He works at a bank for a living.
② I was late for school because of trial and error.
③ Amy put her books inside her bag to go home.
④ You have to think carefully before you make a decision.
⑤ We did volunteer work at a nursing home yesterday.

03 다음 대화의 빈칸 (A)~(C)에 들어갈 말로 알맞은 것을 [보기]에서 골라 기호를 쓰시오.　3점

> **A:** You should read this book about the moon. It's really interesting.
> **B:** I know. _____(A)_____
> **A:** You did? How about the movie?
> _____(B)_____
> **B:** No, I haven't.
> **A:** Well, it's even better than the book.
> _____(C)_____

> [보기] ⓐ I hope you can see the movie soon.
> ⓑ I've already read it.
> ⓒ Have you also seen the movie about the book?

(A) _____ (B) _____ (C) _____

04 다음 대화의 빈칸에 들어갈 말로 알맞은 것은?　3점

> **A:** Angela, what are you doing?
> **B:** I'm writing a book report about *The Old Man and the Sea*. _____
> **A:** Yes, I have. The story is really touching.

① How do you like the book?
② Have you ever read this book?
③ Do you know who wrote this book?
④ Did you finish writing the book report?
⑤ Are you interested in the story of the book?

[서술형 2]

05 다음 표의 내용에 맞게 외국에 가 본 경험에 대한 대화를 완성하시오.　4점

	Dan	Minji
visit another country	○	×

> **A:** Dan, _____ _____ _____ _____ another country?
> **B:** Yes, I have. How about you, Minji?
> **A:** I _____ _____ _____ another country before.

[서술형 3] 고난도

06 다음 글을 읽고, 지나가 Mark에게 할 말을 [조건]에 맞게 완성하시오.　5점

> Jina's friend, Mark, visited Korea for the first time. He wants to learn about Korean culture. Jina thinks it will be good for Mark to learn taekwondo.

> [조건] 1. to부정사를 반드시 포함할 것
> 　　　2. 괄호 안의 표현을 사용하여 6단어로 쓸 것

Jina: I hope you _____.

(have a chance)

[07~09] 다음 대화를 읽고, 물음에 답하시오.

Boy: I really liked your book about training dogs.
Woman: ⓐThank you. Do you like dogs?
Boy: ⓑYes, I do. I love all kinds of animals.
Woman: <u>수의사가 되는 것을 생각해 본 적 있어요?</u>
Boy: Yes, I have. I really want to become an animal doctor.
Woman: What are you doing to achieve your goal?
Boy: ⓒI'm doing volunteer work at the local animal house.
Woman: That's good. ⓓWhat else are you doing?
Boy: I'm also watching a lot of TV shows about animals.
Woman: You're doing great! ⓔI hope you become a good writer someday.
Boy: Thank you.

서술형**4**

07 위 대화의 밑줄 친 우리말과 의미가 같도록 괄호 안의 표현을 어법에 맞게 사용하여 문장을 쓰시오. 5점

→ _____

(ever, think of, become)

서술형**5**

08 위 대화의 밑줄 친 ⓐ~ⓔ 중 흐름상 어색한 것의 기호를 쓰고, 바르게 고쳐 문장을 다시 쓰시오. 5점

( ) → _____

서술형**6**

09 위 대화의 내용과 일치하도록 다음 질문에 대한 답을 완전한 영어 문장으로 쓰시오. 각 **4**점

(1) What did the woman write about?

→ _____

(2) What is the boy doing to achieve his goal?

→ _____

_____

10 우리말과 의미가 같도록 괄호 안의 단어를 배열할 때, 4번째로 올 단어로 알맞은 것은? 3점

나는 나에게 프랑스어를 가르쳐 줄 누군가가 필요하다. (need, teach, somebody, me, I, French, to)

① need ② teach ③ somebody
④ French ⑤ to

서술형**7**

11 다음 빈칸에 공통으로 들어갈 알맞은 접속사를 쓰시오. 3점

• Many people are wondering _____ the player will win the final match.
• We will cancel the tennis match _____ it rains tomorrow.

서술형**8**

12 다음 두 문장을 [조건]에 맞게 한 문장으로 바꿔 쓰시오. 5점

• Some students are wondering.
• Does the new English teacher come from Canada?

[조건] 1. some students를 주어로 할 것
2. whether를 포함할 것

→ _____

_____

서술형**9**

13 다음 글의 밑줄 친 ⓐ~ⓒ 중 어법상 틀린 부분을 찾아 바르게 고쳐 쓰시오. 4점

I ⓐhave to finish my art project by this Friday, but I'm not sure ⓑbecause I can finish it by then. I need ⓒsomeone to help me.

( ) _____ → _____

고난도 한 단계 더!

14 다음 중 어법상 올바른 문장끼리 짝지어진 것은? 3점

> ⓐ I'm not sure if the restaurant is still there.
> ⓑ Would you like cold something to drink?
> ⓒ James doesn't have any close friends to talk with.
> ⓓ Do you know whether will Jake join us tomorrow?

① ⓐ, ⓑ   ② ⓐ, ⓒ   ③ ⓑ, ⓒ
④ ⓑ, ⓓ   ⑤ ⓒ, ⓓ

서술형10   한 단계 더!

15 다음 대화의 밑줄 친 ⓐ~ⓔ 중 어법상 틀린 부분을 바르게 고쳐 쓰시오. 4점

> A: Steve, what are you doing?
> B: ⓐI'm preparing for the meeting. But I don't know ⓑif Olivia ⓒwill come to the meeting.
> A: I'm sure that she ⓓwill come.
> B: Then I need one more chair ⓔto sit.

(   ) → _____

[16~17] 다음 글을 읽고, 물음에 답하시오.

> Hello, everyone. My name is David Parker, and I'm a photographer. Today, I'm going to tell you how I ____ⓐ____ my dream and ____ⓑ____ it. I hope my story can ____ⓒ____ you.
> When I was young, I loved stars. I also liked taking pictures. However, I never thought (A)these things could ____ⓓ____ to a job. In fact, I didn't have a ____ⓔ____ at all.

16 윗글의 흐름상 빈칸 ⓐ~ⓔ에 들어갈 말로 알맞지 않은 것은? 3점

① ⓐ: found   ② ⓑ: realized
③ ⓒ: pursue   ④ ⓓ: lead
⑤ ⓔ: dream

서술형11

17 윗글의 밑줄 친 (A)these things가 가리키는 것을 25자 내외의 우리말로 쓰시오. 4점

→ _____

[18~20] 다음 글을 읽고, 물음에 답하시오.

> When I had to decide on a ①major in college, I chose engineering. Being an engineer looked OK. After college, I got a job at an engineering company. ⓐIt was a ②stable job, but I didn't know (A)while / whether I really enjoyed ⓑit.
> Everything changed when I ③went on vacation to Iceland one winter. There I got a chance (B)to see / seeing the Northern Lights. The lights were ④amazing, and I took many pictures of the dancing lights in the sky. ⑤For the first time in many years, I could feel my heart (C)to beat / beating fast.

18 윗글의 밑줄 친 ①~⑤의 우리말 뜻이 알맞지 않은 것은? 2점

① 전공   ② 가치 있는
③ 휴가를 갔다   ④ 경이로운
⑤ 처음으로

서술형12

19 윗글의 밑줄 친 ⓐ와 ⓑ의 It(it)이 가리키는 것을 본문에서 찾아 6단어로 쓰시오. 4점

→ _____

20 윗글 (A)~(C)의 각 네모 안에 주어진 말 중 어법상 알맞은 것끼리 짝지어진 것은? 3점

	(A)	(B)	(C)
①	while	seeing	to beat
②	whether	seeing	beating
③	while	to see	to beat
④	whether	to see	beating
⑤	whether	to see	to beat

[21~23] 다음 글을 읽고, 물음에 답하시오.

After I came back, I entered a photo contest with the pictures I took in Iceland. Surprisingly, I won first prize, and ⓐthis gave me a chance to think about my life. I realized that taking pictures made me happy. Suddenly, I wanted to become a good photographer, so I started to learn more about photography. After years of trial and error, I got better, and I began to do some part-time work as a photographer.

Then one day, I made a bold decision. I quit my job and decided to take pictures for a living. ⓑ나는 내가 성공할 수 있을지 확신하지 못했다, but I decided to try. I really wanted to do something that made me happy. Now, I'm a professional photographer, and I'm happy.

서술형 13

21 윗글의 밑줄 친 ⓐthis가 가리키는 것을 15자 내외의 우리말로 쓰시오. 3점

→ _____

22 윗글의 밑줄 친 우리말 ⓑ를 영어로 옮길 때 쓰이지 <u>않는</u> 것은? 4점

① if   ② can   ③ sure
④ wasn't   ⑤ succeed

서술형 14

23 윗글의 내용과 일치하도록 다음 질문에 대한 답을 완전한 영어 문장으로 쓰시오. 각 4점

(1) What did the writer start to do to be a good photographer?

→ _____

(2) What was the writer's bold decision?

→ _____

[24~25] 다음 글을 읽고, 물음에 답하시오.

So do you want to find a dream and ⓐrealize it? 여기 여러분을 도와줄 몇 가지 조언이 있다.

First, follow your heart. Think about what you like to do and what makes you happy. In my case, it was taking pictures of stars.

Second, work hard. Pursuing a dream is not easy. I became a photographer ⓑthrough hard work.

Third, be ⓒbold. You need ⓓcourage to make decisions that will change your life. I was afraid but I took a chance.

I truly hope you can find a dream, ⓔpursue it, and live it!

24 윗글의 밑줄 친 ⓐ~ⓔ의 영영풀이로 알맞지 <u>않은</u> 것은? 4점

① ⓐ: to know or understand something
② ⓑ: by means of something
③ ⓒ: brave and not afraid
④ ⓓ: the mental strength to do something dangerous or difficult
⑤ ⓔ: to work hard in order to achieve something

서술형 15

25 윗글의 밑줄 친 우리말과 의미가 같도록 다음 [조건]에 맞게 문장을 쓰시오. 5점

[조건] 1. some advice, help를 포함할 것
       2. 7단어의 완전한 문장으로 쓸 것

→ _____

● 틀린 문항을 표시해 보세요.

● 부족한 영역을 점검하고 어떻게 더 학습할지 계획을 적어 보세요.

〈제1회〉 대표 기출로 내신 적중 모의고사   총점 _____ / 100

문항	영역	문항	영역	문항	영역
01	p.8(W)	10	p.15(L&T)	19	pp.30~31(R)
02	p.10(W)	11	p.22(G)	20	p.31(R)
03	p.8(W)	12	p.23(G)	21	p.31(R)
04	p.8(W)	13	p.22(G)	22	p.31(R)
05	p.13(L&T)	14	p.30(R)	23	p.13(L&T)
06	pp.13~14(L&T)	15	p.30(R)	24	p.23(G)
07	p.13(L&T)	16	p.30(R)	25	p.23(G)
08	p.15(L&T)	17	pp.30~31(R)		
09	p.15(L&T)	18	pp.30~31(R)		

제1회 오답 공략
부족한 영역
학습 계획

〈제2회〉 대표 기출로 내신 적중 모의고사   총점 _____ / 100

문항	영역	문항	영역	문항	영역
01	p.8(W)	10	p.15(L&T)	19	p.30(R)
02	p.10(W)	11	p.23(G)	20	p.30(R)
03	p.8(W)	12	p.22(G)	21	pp.30~31(R)
04	p.8(W)	13	pp.22~23(G)	22	pp.30~31(R)
05	p.13(L&T)	14	p.22(G)	23	p.31(R)
06	p.15(L&T)	15	p.30(R)	24	p.31(R)
07	pp.13~14(L&T)	16	p.30(R)	25	p.23(G)
08	p.15(L&T)	17	p.30(R)		
09	p.15(L&T)	18	p.30(R)		

제2회 오답 공략
부족한 영역
학습 계획

〈제3회〉 대표 기출로 내신 적중 모의고사   총점 _____ / 100

문항	영역	문항	영역	문항	영역
01	p.10(W)	10	p.22(G)	19	pp.30~31(R)
02	p.10(W)	11	p.23(G)	20	pp.30~31(R)
03	p.8(W)	12	pp.22~23(G)	21	p.31(R)
04	p.13(L&T)	13	p.23(G)	22	p.31(R)
05	p.14(L&T)	14	p.30(R)	23	p.15(L&T)
06	p.13(L&T)	15	p.30(R)	24	p.23(G)
07	p.15(L&T)	16	p.30(R)	25	p.22(G)
08	p.15(L&T)	17	p.30(R)		
09	p.15(L&T)	18	pp.30~31(R)		

제3회 오답 공략
부족한 영역
학습 계획

〈제4회〉 고난도로 내신 적중 모의고사   총점 _____ / 100

문항	영역	문항	영역	문항	영역
01	p.10(W)	10	p.23(G)	19	p.30(R)
02	p.8(W)	11	p.22(G)	20	p.30(R)
03	p.14(L&T)	12	p.22(G)	21	pp.30~31(R)
04	p.13(L&T)	13	pp.22~23(G)	22	pp.30~31(R)
05	p.13(L&T)	14	pp.22~23(G)	23	pp.30~31(R)
06	p.13(L&T)	15	pp.22~23(G)	24	p.31(R)
07	p.15(L&T)	16	p.30(R)	25	p.31(R)
08	p.15(L&T)	17	p.30(R)		
09	p.15(L&T)	18	p.30(R)		

제4회 오답 공략
부족한 영역
학습 계획

Lesson 2

Food for the Heart

주요 학습 내용	의사소통 기능	음식 주문하기 1	A: What would you like to order? (무엇을 주문하시겠어요?) B: I'd like to order two hot dogs. (핫도그 두 개 주세요.)
		음식 주문하기 2	A: Is it for here or to go? (여기에서 드시겠어요, 아니면 가져가시겠어요?) B: It's for here, please. / It's to go, please. (여기에서 먹을게요. / 가져갈게요.)
	언어 형식	사역동사+목적어 +동사원형	It **makes you feel** good when you are sad, angry, or stressed out. (그것은 당신이 슬프거나 화가 나거나 또는 스트레스를 받을 때 기분을 좋게 해 준다.)
		so that	My father made me a bowl of chicken soup **so that** I could get well. (나의 아버지는 내가 나을 수 있도록 치킨 수프 한 그릇을 만들어 주셨다.)

학습 단계 PREVIEW	STEP A	Words	Listen and Talk	Grammar	Reading	기타 지문
	STEP B	Words	Listen and Talk	Grammar	Reading	서술형 100% Test
	내신 적중 모의고사	제 1 회	제 2 회	제 3 회	제 4 회	

Words

만점 노트

Listen and Talk

완벽히 외운 단어는 □ 안에 √표 해 봅시다.

□□ else	형 그 밖의 다른, 또 다른	
□□ mushroom	명 버섯	
□□ order☆	동 주문하다 명 주문	
□□ piece	명 조각	
□□ quantity	명 양, 수량 (cf. quality 질, 품질)	

□□ ready☆	형 준비된
□□ receipt☆	명 영수증
□□ taste	명 맛, 미각 동 맛이 ～하다, 맛보다
□□ total☆	명 합계, 총액 형 총, 전체의
□□ come to	(합계가) ～이 되다

Talk and Play

□□ dessert	명 후식, 디저트
□□ item	명 물품, 품목

□□ popular	형 인기 있는
□□ space	명 공간; 우주

Reading

□□ beat☆	동 휘젓다, (휘저어) 섞다
□□ cassava	명 카사바 (감자와 비슷한 뿌리 작물)
□□ chip	명 칩 (얇거나 가늘게 썰어 기름에 튀긴 요리)
□□ comfort☆	명 위로, 위안 동 위로하다, 위안하다
□□ cool	동 식다, 차가워지다; 식히다, 차게 하다
□□ crisp	형 바삭바삭한, 아삭아삭한
□□ differ☆	동 다르다
□□ disappear☆	동 사라지다
□□ dish☆	명 요리, 음식
□□ flour	명 밀가루
□□ international	형 국제적인
□□ madeleine	명 마들렌 (작은 카스텔라의 일종)
□□ melt	동 녹이다; 녹다

□□ mixture	명 혼합물, 반죽
□□ peel	명 껍질 동 (껍질을) 벗기다
□□ pour	동 (액체를) 붓다, 따르다
□□ recipe☆	명 요리법
□□ satisfy☆	동 만족시키다, 충족하다
□□ share	동 나누다, 공유하다
□□ shell	명 껍데기
□□ stomach	명 위, 복부, 배
□□ a cup of	한 잔의 ～
□□ be filled with☆	～로 가득 차 있다
□□ not only A but also B☆	A뿐만 아니라 B도
□□ similar to	～와 비슷한
□□ stressed out☆	스트레스로 지친, 스트레스가 쌓인

Language in Use

□□ audience	명 청중
□□ clearly	부 명확하게
□□ fix	동 수리하다

□□ fortunately	부 다행히, 운 좋게
□□ break down	고장 나다
□□ do one's best	최선을 다하다

Think and Write & Team Project

□□ include	동 포함하다; 포함시키다
□□ recently	부 최근에

□□ do well on	～을 잘하다
□□ feel better	기분이 나아지다

Review

□□ save	동 저축하다, (돈을) 모으다
□□ in time	시간에 맞춰

□□ wake up	깨다, 일어나다; ～을 깨우다
□□ write down	～을 적다, 기록하다

연습 문제

A 다음 단어의 우리말 뜻을 쓰시오.

01 space _____

02 melt _____

03 disappear _____

04 share _____

05 comfort _____

06 fortunately _____

07 audience _____

08 quantity _____

09 recipe _____

10 receipt _____

11 include _____

12 satisfy _____

13 recently _____

14 international _____

15 peel _____

16 mixture _____

17 item _____

18 stressed out _____

19 pour _____

20 order _____

B 다음 우리말 뜻에 알맞은 영어 단어를 쓰시오.

01 합계, 총액 _____

02 요리, 음식 _____

03 조각 _____

04 다르다 _____

05 후식, 디저트 _____

06 버섯 _____

07 인기 있는 _____

08 위, 복부, 배 _____

09 준비된 _____

10 밀가루 _____

11 맛이 ~하다, 맛보다 _____

12 바삭바삭한 _____

13 수리하다 _____

14 식히다, 차게 하다 _____

15 명확하게 _____

16 그 밖의 다른, 또 다른 _____

17 휘젓다, 섞다 _____

18 저축하다 _____

19 칩 _____

20 요리법 _____

C 다음 영어 표현의 우리말 뜻을 쓰시오.

01 feel better _____

02 do one's best _____

03 be filled with _____

04 in time _____

05 come to _____

06 do well on _____

07 write down _____

08 break down _____

D 다음 우리말 뜻에 알맞은 영어 표현을 쓰시오.

01 한 잔의 ~ _____

02 (합계가) ~이 되다 _____

03 ~와 비슷한 _____

04 스트레스로 지친 _____

05 최선을 다하다 _____

06 고장 나다 _____

07 ~로 가득 차 있다 _____

08 시간에 맞춰 _____

Words Plus
만점 노트

☐☐ **beat**	휘젓다, (휘저어) 섞다	to mix by stirring
☐☐ **chip**	칩	a thin, crisp slice of food that has been baked or fried
☐☐ **comfort**	위안, 위로	a pleasant feeling of being relaxed and free from pain
☐☐ **cool**	식다, 차가워지다	to lose heat or warmth
☐☐ **crisp**	바삭바삭한, 아삭아삭한	firm but breaking easily into pieces
☐☐ **differ**	다르다	to be different from something else
☐☐ **disappear**	사라지다	to be no longer seen
☐☐ **dish**	요리, 음식	a certain kind of prepared food
☐☐ **flour**	밀가루	a powder used for making bread and cakes
☐☐ **international**	국제적인	between or involving different countries
☐☐ **melt**	녹이다; 녹다	to change a solid substance into a liquid
☐☐ **mixture**	혼합물, 반죽	a combination of two or more different things
☐☐ **peel**	껍질	the skin of a fruit or vegetable
☐☐ **pour**	(액체를) 붓다, 따르다	to make a liquid flow from or into a container
☐☐ **quantity**	양, 수량	an amount that you can measure or count
☐☐ **receipt**	영수증	a piece of paper which shows that you have paid for something
☐☐ **recipe**	요리법	a list of ingredients and instructions for making food
☐☐ **satisfy**	만족시키다, 충족하다	to please someone by giving them what they want
☐☐ **share**	나누다, 공유하다	to have, use, or enjoy together with one or more others
☐☐ **stomach**	위, 복부, 배	the organ in the body where food is digested

---

단어의 의미 관계

- **유의어**
  fix (고치다, 수리하다) = repair
  fortunately (운 좋게) = luckily

- **반의어**
  appear (나타나다) ↔ disappear (사라지다)
  melt (녹다) ↔ freeze (얼다)

- **명사 – 형용사**

taste (맛) – tasty (맛있는)	salt (소금) – salty (짠)
snow (눈) – snowy (눈 오는)	rain (비) – rainy (비 오는)
health (건강) – healthy (건강한)	sleep (잠) – sleepy (졸린)

- **동사 – 명사**
  mix (섞다) – mixture (혼합(물))
  differ (다르다) – difference (다름, 차이)

다의어

- **cold** 1. 몡 감기 2. 혱 차가운, 추운
  1. I'm sorry to hear that you caught a bad **cold**.
     (네가 독감에 걸렸다니 안됐다.)
  2. The water was too **cold** for a swim.
     (수영하기에 그 물은 너무 차가웠다.)

- **cool** 1. 동 식다; 식히다 2. 혱 시원한
  1. Leave the cake to **cool** for an hour.
     (케이크를 1시간 동안 식게 두어라.)
  2. The evening air was **cool**. (저녁 공기가 시원했다.)

- **dish** 1. 몡 요리 2. 몡 접시, 그릇
  1. The main **dish** was great there.
     (그곳은 주 요리가 훌륭했다.)
  2. Can you wash the **dishes** for me?
     (나 대신 설거지 좀 해 주겠니?)

Words Plus
연습 문제

A 다음 영영풀이에 해당하는 단어를 [보기]에서 찾아 쓴 후, 우리말 뜻을 쓰시오.

> [보기]   flour   peel   international   comfort   recipe   cool   share   disappear

1 _____ : to be no longer seen : _____
2 _____ : to lose heat or warmth : _____
3 _____ : the skin of a fruit or vegetable : _____
4 _____ : between or involving different countries : _____
5 _____ : a powder used for making bread and cakes : _____
6 _____ : a pleasant feeling of being relaxed and free from pain : _____
7 _____ : a list of ingredients and instructions for making food : _____
8 _____ : to have, use, or enjoy together with one or more others : _____

B 다음 빈칸에 알맞은 단어를 [보기]에서 찾아 쓰시오.

> [보기]   audience   pour   beat   receipt   satisfy

1 It's impossible to _____ everyone.
2 Sit down, and I'll _____ you a drink.
3 The _____ was cheering and shouting.
4 To make an omelette, you should _____ the eggs first.
5 Make sure you are given a _____ for everything you buy.

C 우리말과 의미가 같도록 빈칸에 알맞은 말을 쓰시오.

1 이 천은 모직과 비슷하다.   → This fabric is _____ _____ wool.
2 이 케이크들은 크림으로 가득 차 있다.   → These cakes _____ _____ _____ cream.
3 너는 그것을 시간에 맞춰 끝낼 수 있겠니?   → Will you be able to finish it _____ _____?
4 나는 아이디어가 떠오르자마자 그것을 적어 둔다. → As soon as I have an idea, I _____ it _____.
5 네 세탁기가 또 고장 났니?   → Has your washing machine _____ _____ again?

D 다음 짝지어진 두 단어의 관계가 같도록 빈칸에 알맞은 단어를 쓰시오.

1 fix : repair = luckily : _____
2 melt : freeze = appear : _____
3 health : healthy = taste : _____
4 differ : difference = mix : _____

01 다음 짝지어진 단어의 관계가 같도록 빈칸에 알맞은 단어를 주어진 철자로 시작하여 쓰시오.

repair : fix = luckily : f_____

02 다음 중 단어의 성격이 나머지와 <u>다른</u> 하나는?

① salty   ② tasty   ③ sleepy
④ healthy   ⑤ quantity

03 다음 빈칸에 들어갈 말로 알맞은 것은?

The lemon sauce was a _____ of butter and lemon.

① chip   ② peel   ③ dessert
④ mixture   ⑤ stomach

04 다음 중 단어의 영영풀이가 알맞지 <u>않은</u> 것은?

① **dish**: a certain kind of prepared food
② **quantity**: how good or bad something is
③ **crisp**: firm but breaking easily into pieces
④ **satisfy**: to please someone by giving them what they want
⑤ **recipe**: a list of ingredients and instructions for making food

05 다음 중 밑줄 친 부분의 우리말 뜻이 알맞지 <u>않은</u> 것은?

① I <u>woke up</u> my sister at six. (~을 깨웠다)
② Including dessert, the bill <u>came to</u> $70.
    ((합계가) ~이 되었다)
③ She <u>did her best</u> to make us comfortable.
    (최선을 다했다)
④ The accident was <u>similar to</u> the one that happened in 1973.   (~와 비슷한)
⑤ I have too much work to do, and I'm completely <u>stressed out</u>. (강조했다)

06 다음 중 밑줄 친 cold의 의미가 [보기]와 같은 것을 <u>모두</u> 고르면?

[보기] When I have a <u>cold</u>, I usually eat a bowl of soup.

① <u>Cold</u> dishes are popular in summer.
② It is easy to catch a <u>cold</u> or the flu in winter.
③ It is very <u>cold</u> high up in the Andes Mountains.
④ The event was cancelled because of the <u>cold</u> weather.
⑤ He caught a bad <u>cold</u> because he played outside for too long.

07 주어진 우리말과 의미가 같도록 빈칸에 알맞은 말을 쓰시오.

밤에 푹 자고 나면 너는 기분이 나아질 거야.
→You'll _____ _____ after a good night's sleep.

1 음식 주문하기 1

A: **What would you like to order?** 무엇을 주문하시겠어요?

B: **I'd like to order** two hot dogs. 핫도그 두 개 주세요.

What would you like to order(have)?는 '무엇을 주문하시겠어요?'라는 뜻으로, 음식 주문을 받을 때 하는 말이다. 음식을 주문할 때는 I'd like (to order(have)) ~. 또는 I want (to order(have)) ~. 등으로 말한다.

• 음식 주문 받기

What would you like to have? (무엇을 주문하시겠어요?)

What do you want to order? (무엇을 주문하시겠어요?)

Are you ready to order? (주문하시겠어요?)

May(Can) I take your order? (주문하시겠어요?)

What would you like to drink? (음료는 무엇으로 드릴까요?)

• 음식을 주문하기

I'll have a hamburger. (햄버거 하나 주세요.)

I'd like a chicken sandwich. (치킨 샌드위치 하나 주세요.)

Can I get a hot dog and one milk, please? (핫도그 한 개와 우유 하나 주시겠어요?)

A hot dog for me and a pizza for him, please. (저는 핫도그를, 일행은 피자로 주세요.)

시험 포인트 **point**

주문한 음식이나 음료를 고르는 문제가 자주 출제되므로, 음식을 주문 받고 주문할 때 쓰는 표현과 음식 이름을 익혀 두도록 한다. 또한 주문서 내용과의 일치 여부나 지불할 총 금액을 고르는 문제도 자주 출제되므로 주의 깊게 세부 사항을 파악하도록 한다.

2 음식 주문하기 2: 포장 여부 묻고 답하기

A: Is it **for here or to go**? 여기에서 드시겠어요, 아니면 가져가시겠어요?

B: It's **for here**, please. / It's **to go**, please. 여기에서 먹을게요. / 가져갈게요.

주문한 음식을 식당에서 먹을 것인지 또는 포장해서 가져갈 것인지 물을 때 (Is it(the order)) For here or to go?라고 말한다. 식당에서 먹겠다고 답할 때는 (It's) For here, please.라고 하고, 가져가겠다고 할 때는 (It's) To go, please.라고 한다.

• 포장 여부 묻기

Is the order for here or to go? (여기에서 드시겠어요, 아니면 가져가시겠어요?)

Would you like it for here or to go? (여기에서 드시겠어요, 아니면 가져가시겠어요?)

• 포장 여부 답하기

I'd like it for here(to go), please. (여기에서 먹을게요. / 가져갈게요.)

Can I get it to go? (포장해 주시겠어요?)

I'll eat(have) it here. (여기에서 먹을게요.)

I'll take it with me. (가져갈게요.)

시험 포인트 **point**

포장 여부를 묻고 답하는 표현을 정확히 익혀 두도록 한다. 또한, 음식을 주문하고 포장 여부를 묻고 답하는 대화의 순서를 배열하는 문제가 자주 출제되므로 자연스러운 대화의 흐름을 잘 파악해 두도록 한다.

만점 노트

Listen and Talk A-1

교과서 30쪽

W: ❶Welcome to Italian Food. ❷What would you like to order?

B: ❸I want to order a mushroom pizza.

W: ❹Will that be all?

B: Yes.

W: ❺Is the order for here or to go?

B: ❻For here, please.

❶ 방문을 환영한다는 인사말이다.

❷ 음식 주문을 받을 때 사용하는 표현이다.

❸ 「I want to order+음식명.」은 음식을 주문하는 표현이다.

❹ '그게 전부인가요?'라는 뜻으로, 추가로 주문할 것이 있는지 묻는 말이다. Is that all?이나 Would you like anything else?라고도 할 수 있다.

❺ 주문한 음식을 식당에서 먹을 것인지 아니면 포장해서 가져갈 것인지 묻는 말이다.

❻ '여기에서 먹을게요.'라는 의미의 표현이다.

Q1 소년이 주문한 음식은 무엇인가요? (　　)

ⓐ 버섯 샐러드　　ⓑ 버섯 피자

Listen and Talk A-2

교과서 30쪽

W: Hello. ❶Are you ready to order?

B: Yes, please. ❷I'd like a piece of cake.

W: ❸What kind of cake would you like?

B: Chocolate cake, please.

W: ❹For here or to go?

B: ❺To go, please. Thank you.

❶ '주문하시겠어요?'라는 의미로, 음식 주문을 받을 때 사용하는 표현이다. (= May I take your order?)

❷ 「I'd like+음식명.」은 음식을 주문하는 표현이다. a piece of cake: 케이크 한 조각

❸ What kind of ~?는 '어떤 종류의 ~?'라는 의미를 나타낸다.

❹ 주문한 음식의 포장 여부를 간단히 묻는 말이다.

❺ 음식을 포장해 가겠다는 말을 나타내는 간단한 표현이다.

Q2 What did the boy order?

He ordered _____.

Listen and Talk A-3

교과서 30쪽

W: Hello. What would you like to order?

B: ❶I'd like to order Manduguk.

W: ❷Would you like anything to drink?

B: Yes, ❸one bottle of water, please.

W: Is it for here or to go?

B: It's to go, please.

❶ 「I'd like to order+음식명.」은 음식을 주문하는 표현이다.

❷ 음료 주문을 받을 때 사용하는 표현이다. What would you like to drink?라고도 말할 수 있다.

❸ '물 한 병'이라는 뜻으로, 셀 수 없는 명사 water는 a bottle of와 같은 단위를 사용하여 수량을 나타낸다.

Q3 소년은 주문한 음식을 식당에서 먹을 것이다. (T / F)

Listen and Talk A-4

교과서 30쪽

W: Hello. What would you like to order?

B: ❶I want a hot dog and one milk, please.

W: ❷Would you like anything else?

B: ❸No, thank you.

W: ❹Will it be for here or to go?

B: To go, please. Thank you.

❶ 「I want+음식명.」은 음식을 주문하는 표현이다.

❷ '더 주문하실 것이 있으세요?'라는 뜻으로, 추가로 주문할 것이 있는지 묻는 말이다.

❸ '아니요, 괜찮습니다.'라는 뜻으로 상대방의 제안에 대해 정중히 거절하는 표현이다.

❹ 음식의 포장 여부를 묻는 질문으로 (Is it(the order)) For here or to go?와 같은 의미이다.

Q4 소년이 주문하지 <u>않은</u> 것은 무엇인가요? (　　)

ⓐ 핫도그　　ⓑ 핫초코　　ⓒ 우유

Listen and Talk C

M: Welcome to Sandwich Place. What would you like to order?

G: ❶I'd like to have a hamburger, and she'll have a chicken sandwich.

M: Would you like anything ❷else?

G: ❸One salad, please.

M: OK, then will that be all?

G: No, I'd like to order two bottles of water.

M: Is it for here or to go?

G: It's for here, please.

M: ❹The total comes to 12 dollars.

G: OK. ❺Here you are.

❶ 일행인 다른 사람이 먹을 음식을 주문할 때는 She (He) will have ~.라고 말한다. (= A hamburger for me and a chicken sandwich for her, please.)

❷ 그 밖의 다른, 또 다른

❸ 음식 이름만으로 간단히 주문하는 말이다. salad는 셀 수 없는 명사지만 음식을 주문하는 상황에서는 one, two 등을 붙여서 말할 수 있다.

❹ 「The total comes to+금액.」은 '총액이(모두) ~이 다.'라는 뜻이다.

❺ '여기 있어요.'라는 뜻으로 상대방에게 무언가를 주면서 하는 말이다.

Q5 소녀가 지불할 음식값은 얼마인가요? _____

Talk and Play

A: Welcome to Dessert World. ❶May I take your order?

B: Yes, please. I'd like to order two doughnuts.

A: Would you like anything to drink?

B: Yes, ❷one orange juice, please.

A: Is it for here or to go?

B: For here, please.

❶ '주문하시겠어요?'라는 의미로, 음식 주문을 받을 때 사용하는 표현이다.

❷ '오렌지 주스 한 잔'이라는 뜻으로, orange juice는 셀 수 없는 명사지만 음식점에서 주문하는 상황에서 는 glass나 bottle 같은 단위 명사를 사용하지 않고 도 one, two 등을 바로 앞에 붙여서 수량을 나타낼 수 있다.

Q6 **What did the customer order for a drink?** He(She) ordered _____.

Review - 1

M: Hello. Are you ready to order?

G: ❶Yes, please. I'd like a chicken salad.

M: ❷Will that be all?

G: Yes.

M: ❸For here or to go?

G: To go, please.

❶ Are you ready to order?나 May(Can) I take your order?로 음식을 주문 받는 표현에는 Yes.라 고 답한 후에 음식을 주문하는 말을 이어서 한다.

❷ 추가로 주문할 것이 있는지 묻는 말이다.

❸ 음식의 포장 여부를 묻는 질문으로 Is it(the order) for here or to go?와 같은 의미이다.

Q7 **Will the girl eat the chicken salad at the restaurant?** _____

Review - 2

W: Hello. What would you like to order?

B: ❶I'd like to order a sandwich.

W: Would you like anything to drink?

B: Yes. ❷One milk, please.

W: Will that be all?

B: Yes. Thank you.

❶ 음식을 주문하는 표현으로 order 대신 have를 써서 말할 수 있다. 또한 to order를 생략하고 「I'd like+ 음식명.」으로 말할 수도 있다.

❷ milk는 셀 수 없는 명사지만 음식을 주문하는 상황에 서는 one, two 등을 붙여서 말할 수 있다.

Q8 위 대화를 읽고 알 수 <u>없는</u> 것을 고르시오. ( ) ⓐ 주문한 음식 ⓑ 음식을 먹을 장소

Listen and Talk
빈칸 채우기

• 주어진 우리말과 일치하도록 교과서 대화문을 완성하시오.

Listen and Talk A-1

W: Welcome to Italian Food. _____ would _____ _____ to order?

B: I want to order a mushroom pizza.

W: Will that _____ _____?

B: Yes.

W: Is the order for here or _____ _____?

B: For here, please.

 교과서 30쪽

W: Italian Food에 오신 것을 환영합니다. 무엇을 주문하시겠어요?

B: 버섯 피자 하나 주세요.

W: 그게 전부인가요?

B: 네.

W: 여기에서 드시겠어요, 아니면 가져가시겠어요?

B: 여기에서 먹을게요.

Listen and Talk A-2

W: Hello. Are you _____ _____ _____?

B: Yes, please. I'd like a piece of cake.

W: _____ _____ _____ cake would you like?

B: Chocolate cake, please.

W: _____ _____ or to go?

B: To go, please. Thank you.

교과서 30쪽

W: 안녕하세요. 주문하시겠어요?

B: 네. 케이크 한 조각 주세요.

W: 어떤 종류의 케이크를 드시겠어요?

B: 초콜릿 케이크로 주세요.

W: 여기에서 드시겠어요, 아니면 가져가시겠어요?

B: 가져갈게요. 고맙습니다.

Listen and Talk A-3

W: Hello. What would you _____ _____ _____?

B: I'd like to order Manduguk.

W: Would _____ _____ _____ to drink?

B: Yes, one bottle of water, please.

W: Is it _____ _____ or _____ _____?

B: It's to go, please.

교과서 30쪽

W: 안녕하세요. 무엇을 주문하시겠어요?

B: 만둣국 주세요.

W: 마실 것을 주문하시겠어요?

B: 네, 물 한 병 주세요.

W: 여기에서 드시겠어요, 아니면 가져가시겠어요?

B: 가져갈게요.

Listen and Talk A-4

W: Hello. What would you like _____ _____?

B: I _____ a hot dog and one milk, please.

W: Would you _____ _____ else?

B: No, thank you.

W: Will _____ _____ for here or to go?

B: To go, please. Thank you.

교과서 30쪽

W: 안녕하세요. 무엇을 주문하시겠어요?

B: 핫도그 한 개와 우유 하나 주세요.

W: 더 필요하신 것이 있으세요?

B: 아니요, 괜찮아요.

W: 여기에서 드시겠어요, 아니면 가져가시겠어요?

B: 가져갈게요. 고맙습니다.

Listen and Talk C

M: Welcome to Sandwich Place. ________ ________ ________ like to order?

G: I'd like to have a hamburger, and she'll ________ a chicken sandwich.

M: Would you like anything ________?

G: One salad, please.

M: OK, then ________ that ________ ________?

G: No, I'd like to order ________ ________ ________ water.

M: Is it for here or to go?

G: It's ________ ________, please.

M: The ________ ________ ________ 12 dollars.

G: OK. Here you are.

해석 교과서 31쪽

M: Sandwich Place에 오신 것을 환영합니다. 무엇을 주문하시겠어요?

G: 저는 햄버거 한 개를 주시고, 동생은 치킨 샌드위치 한 개를 주세요.

M: 더 필요한 것이 있으세요?

G: 샐러드 한 개 주세요.

M: 알겠습니다. 그러면 그게 전부인가요?

G: 아니요. 물도 두 병 주세요.

M: 여기에서 드시겠어요, 아니면 가져가시겠어요?

G: 여기에서 먹을게요.

M: 모두 12달러입니다.

G: 네. 여기 있습니다.

Talk and Play

A: Welcome to Dessert World. May I ________ ________ ________?

B: Yes, please. I'd ________ ________ order two doughnuts.

A: Would you like ________ ________ ________?

B: Yes, one orange juice, please.

A: Is ________ ________ ________ or ________ ________?

B: For here, please.

교과서 32쪽

A: Dessert World에 오신 것을 환영합니다. 주문하시겠어요?

B: 네. 도넛 두 개 주세요.

A: 마실 것을 주문하시겠어요?

B: 네, 오렌지 주스 하나 주세요.

A: 여기에서 드시겠어요, 아니면 가져가시겠어요?

B: 여기에서 먹을게요.

Review - 1

M: Hello. ________ you ________ ________ ________?

G: Yes, please. I'd like a chicken salad.

M: Will that be ________?

G: Yes.

M: For here or to go?

G: ________ ________, ________.

교과서 44쪽

M: 안녕하세요. 주문하시겠어요?

G: 네. 치킨 샐러드 하나 주세요.

M: 그게 전부인가요?

G: 네.

M: 여기에서 드시겠어요, 아니면 가져가시겠어요?

G: 가져갈게요.

Review - 2

W: Hello. What would you like to order?

B: I'd like to ________ ________ ________.

W: ________ ________ like ________ to drink?

B: Yes. One milk, please.

W: Will ________ ________ ________?

B: Yes. Thank you.

교과서 44쪽

W: 안녕하세요. 무엇을 주문하시겠어요?

B: 샌드위치 한 개 주세요.

W: 마실 것을 주문하시겠어요?

B: 네. 우유 하나 주세요.

W: 그게 전부인가요?

B: 네. 고맙습니다.

대화 순서 배열하기

1 Listen and Talk A-1

교과서 30쪽

ⓐ Will that be all?

ⓑ For here, please.

ⓒ Yes.

ⓓ Welcome to Italian Food. What would you like to order?

ⓔ Is the order for here or to go?

ⓕ I want to order a mushroom pizza.

(   ) – (   ) – (   ) – ⓒ – (   ) – (   )

2 Listen and Talk A-2

교과서 30쪽

ⓐ Chocolate cake, please.

ⓑ Yes, please. I'd like a piece of cake.

ⓒ For here or to go?

ⓓ What kind of cake would you like?

ⓔ To go, please. Thank you.

ⓕ Hello. Are you ready to order?

(   ) – (   ) – (   ) – (   ) – (   ) – ⓔ

3 Listen and Talk A-3

교과서 30쪽

ⓐ Would you like anything to drink?

ⓑ Yes, one bottle of water, please.

ⓒ Hello. What would you like to order?

ⓓ Is it for here or to go?

ⓔ I'd like to order Manduguk.

ⓕ It's to go, please.

(   ) – (   ) – (   ) – ⓑ – (   ) – (   )

4 Listen and Talk A-4

교과서 30쪽

ⓐ Would you like anything else?

ⓑ To go, please. Thank you.

ⓒ No, thank you.

ⓓ I want a hot dog and one milk, please.

ⓔ Hello. What would you like to order?

ⓕ Will it be for here or to go?

(   ) – (   ) – (   ) – (   ) – ⓕ – (   )

5 Listen and Talk C

교과서 31쪽

A: Welcome to Sandwich Place. What would you like to order?

ⓐ The total comes to 12 dollars.

ⓑ Is it for here or to go?

ⓒ It's for here, please.

ⓓ OK, then will that be all?

ⓔ I'd like to have a hamburger, and she'll have a chicken sandwich.

ⓕ Would you like anything else?

ⓖ No, I'd like to order two bottles of water.

ⓗ One salad, please.

B: OK. Here you are.

A – (   ) – (   ) – ⓗ – (   ) – (   ) – (   ) – ⓒ – (   ) – B

6 Talk and Play

교과서 32쪽

ⓐ Yes, one orange juice, please.

ⓑ For here, please.

ⓒ Is it for here or to go?

ⓓ Would you like anything to drink?

ⓔ Welcome to Dessert World. May I take your order?

ⓕ Yes, please. I'd like to order two doughnuts.

(   ) – (   ) – (   ) – (   ) – ⓒ – (   )

7 Review - 1

교과서 44쪽

ⓐ To go, please.

ⓑ Will that be all?

ⓒ For here or to go?

ⓓ Yes.

ⓔ Yes, please. I'd like a chicken salad.

ⓕ Hello. Are you ready to order?

(   ) – (   ) – (   ) – ⓓ – (   ) – (   )

8 Review - 2

교과서 44쪽

ⓐ Would you like anything to drink?

ⓑ I'd like to order a sandwich.

ⓒ Yes. One milk, please.

ⓓ Hello. What would you like to order?

ⓔ Yes. Thank you.

ⓕ Will that be all?

(   ) – (   ) – (   ) – (   ) – (   ) – ⓔ

01 다음 대화 속 두 사람의 관계로 알맞은 것은?

> A: What would you like to order?
> B: I'd like a bottle of orange juice, please.

① mother − son
② friend − friend
③ doctor − patient
④ clerk − customer
⑤ teacher − student

02 다음 대화의 빈칸에 들어갈 말로 알맞지 <u>않은</u> 것은?

> A: Welcome to Star House. May I take your order?
> B: _____

① I want a hamburger.
② I prefer chocolate cake.
③ I'd like to have a hot dog.
④ I'd like to order a sandwich.
⑤ Can I have a mushroom pizza?

03 다음 대화의 빈칸에 들어갈 말로 알맞은 것은?

> A: Are you ready to order?
> B: Yes. I'd like a piece of fruit cake, please.
> A: Would you like anything else?
> B: _____

① OK, I will.   ② One milk, please.
③ Sorry, I can't.   ④ I don't like it.
⑤ For here, please.

04 자연스러운 대화가 되도록 (A)~(D)를 바르게 배열하시오.

> A: Hello. What would you like to order?
> (A) Would you like anything else?
> (B) I want a hot dog and one milk, please.
> (C) Will it be for here or to go?
> (D) No, thank you.
> B: To go, please. Thank you.

(   ) − (   ) − (   ) − (   )

05 다음 중 짝지어진 대화가 <u>어색한</u> 것은?

① A: What would you like to have?
  B: I'd like to order Bibimbap.
② A: Is the order for here or to go?
  B: It's to go, please.
③ A: What kind of pizza would you like?
  B: I want a pizza and one tomato juice.
④ A: Are you ready to order?
  B: Yes. I'd like a ham sandwich.
⑤ A: The total comes to 10 dollars.
  B: OK. Here you are.

고
/산도
06 다음과 같은 상황에서 점원이 Judy에게 할 말로 가장 알맞은 것은?

> Judy is in a fast food restaurant. She has ordered a hamburger and French fries, but she hasn't ordered anything to drink yet.

① May I take your order?
② Can I have some water?
③ What's your favorite food?
④ Would you like anything to drink?
⑤ What kind of hamburger do you want?

[07~09] 다음 대화를 읽고, 물음에 답하시오.

A: Welcome to Sandwich Place. What would you like to order?
B: I'd like to have a hamburger, and she'll have a chicken sandwich.
A: Would you like anything else?
B: One salad, please.
A: _____ ⓐ _____
B: No, I'd like to order two bottles of water.
A: Is it for here or to go?
B: It's for here, please.
A: The total comes to 12 dollars.
B: OK. Here you are.

07 위 대화의 흐름상 빈칸 ⓐ에 들어갈 말로 알맞은 것은?

① OK, then will that be all?
② What would you like to order?
③ Sorry, we're out of salad now.
④ How much will it be all together?
⑤ Would you like anything to drink?

08 위 대화를 읽고 알 수 없는 것은?

① 주문한 음식   ② 포장 여부
③ 음식값 총액   ④ 음식점 위치
⑤ 음식점 이름

09 위 대화의 내용과 일치하는 것은?

① The customer visited the restaurant alone.
② The customer didn't order anything to drink.
③ The clerk will serve water for free.
④ The customer will eat the food at the restaurant.
⑤ The customer wants to pay by credit card.

서술형

10 괄호 안의 단어를 사용하여 다음 대화의 밑줄 친 우리말을 각각 영어로 쓰시오.

A: Hello. (1) 주문하시겠어요? (ready, order)
B: Yes. I want an apple pie and a milk, please.
A: (2) 더 필요한 것이 있으세요? (like, anything)
B: No, thanks.

(1) _____

(2) _____

11 다음 대화의 밑줄 친 ⓐ~ⓒ 중 흐름상 어색한 부분을 찾아 기호를 쓰고, 바르게 고쳐 쓰시오.

A: ⓐWhat would you like to order?
B: I want to order a mushroom pizza.
A: ⓑWill that be all?
B: Yes.
A: ⓒAre you going home?
B: To go, please. Thank you.

( ) → _____

12 다음 영수증을 보고, 대화를 완성하시오.

Receipt	
Food & Drinks	**Quantity**
hamburger	1
salad	1
orange juice	1
Total	$15

A: What would you like to order?
B: I'd like to (1)_____.
A: Would you (2)_____?
B: Yes, an orange juice, please.
A: OK, then will that be all?
B: Yes.
A: The total (3)_____.
B: OK. Here you are.

STEP A

1 사역동사＋목적어＋동사원형

읽기 본문 It **makes you feel** good when you are sad, angry, or stressed out.　그것은 슬프거나 화가 나거나 스트레스를 받
　～하게 만들다, 시키다　　　　　　　　　　　　　　　　　　　　　　　　　　　을 때 여러분을 기분 좋게 해 준다.

대표 예문 Sad movies always **make me cry**.　　　　　　　　　　　　　슬픈 영화는 언제나 나를 울게 만든다.

Mom **had my brother clean** his room.　　　　　　　엄마는 남동생에게 그의 방을 청소하게 하셨다.
　　～하게 하다, 시키다
Let him go home now.　　　　　　　　　　　　　　　　이제 그를 집에 가게 해라.
　　～하도록 허락하다, ～하게 (내버려) 두다
I **let my sister wear** my new T-shirt.　　　　　　　나는 여동생에게 나의 새 티셔츠를 입게 해 주었다.

---

(1) 형태: 사역동사(make, let, have)＋목적어＋동사원형(목적격보어)

(2) 의미와 쓰임

사역동사는 '(목적어)가 ～하게 하다'라는 의미를 갖는 동사로 5형식 문장에 쓰이며,
make, let, have가 있다. 사역동사가 쓰인 문장에서는 목적어의 상태나 행동을 보
충 설명해 주는 목적격보어로 동사원형이 쓰인다.

It **made me feel** worried. (그것은 나를 걱정스럽게 했다.)

He **let his friends use** his computer.
(그는 친구들이 자신의 컴퓨터를 사용하게 해 주었다.)

Dad **had us do** the dishes. (아빠는 우리가 설거지를 하게 시키셨다.)

한 단계 | 더!

• get과 help를 준사역동사라고 하며, get은 「get＋목적어＋to부정사」의 형태로
'(목적어)가 ～하게 하다'의 의미를 나타내고, help는 「help＋목적어＋(to＋)동사원형」
의 형태로 '(목적어)가 ～하는 것을 돕다'의 의미를 나타낸다.

She **got her husband to move** the boxes. (그녀는 남편에게 상자들을 옮기게 했다.)

I **helped him (to) buy** a gift for his mother.
(나는 그가 자신의 어머니에게 드릴 선물을 사는 것을 도왔다.)

• 동사 want, allow, ask가 5형식 문장에서 쓰일 때는 목적격보어로 to부정사를 쓴다.

Mike **asked me to bring** his books. (Mike는 나에게 자신의 책들을 가져다 달라고 부탁했다.)

시험 포인트　**point**

5형식(주어＋동사＋목적어＋목적격보어) 문장
에서 목적격보어의 형태를 묻는 문제가 자주
출제되므로, 동사에 따른 목적격보어의 형태를
확인하도록 한다.

• 주어＋call, name, make, elect 등＋목
적어＋목적격보어(명사)
We **call** such people **smombies**.
▶ 중 2 교과서 5과

• 주어＋keep, find, think, make, get
등＋목적어＋목적격보어(형용사)
They **made** me **happy**.

• 주어＋사역동사(make, let, have)＋목적
어＋목적격보어(동사원형)
It **makes** me **feel** good.

• 주어＋지각동사(see, watch, hear, feel
등)＋목적어＋목적격보어(동사원형/현재분사)
Daedalus **saw** birds **flying**.
▶ 중 2 교과서 6과

• 주어＋want, ask, tell, expect, order,
advise 등＋목적어＋목적격보어(to부정사)
I **want** you **to understand** the
meaning of "upcycling."
▶ 중 2 교과서 3과

QUICK CHECK

1 다음 괄호 안에서 알맞은 것을 고르시오.

(1) My mother made me (wash / to wash) my hands.

(2) He had (I / me) water the plants.

(3) Amy won't (let / get) him go to the party.

2 다음 문장의 밑줄 친 부분을 바르게 고쳐 쓰시오.

(1) She let her son playing outside.　→ _____

(2) I made he to set the table.　→ _____

(3) He got Jenny finish her project by tonight.　→ _____

2 so that

읽기 본문 My father made me a bowl of chicken soup **so that** I could get well. 아버지는 내가 나을 수 있도록 치킨 수프
~하도록, ~하기 위해 한 그릇을 만들어 주셨다.

대표 예문 Let me share my recipe **so that** you can make madeleines. 너희들이 마들렌을 만들 수 있도록 내 요
리법을 공유할게.

The tour guide walked slowly **so that** everybody could follow him. 여행 안내원은 모두가 자신을 따라올 수
있도록 천천히 걸었다.

Tom is studying hard **so that** he can pass the test. Tom은 시험에 통과하기 위해 열심히 공부하고 있다.

Jane is walking fast **so that** she won't be late for school. Jane은 학교에 늦지 않도록 빠르게 걷고 있다.

(1) 형태: so that+주어+동사 ~

(2) 의미와 쓰임

so that은 '~하도록, ~하기 위해'라는 뜻의 접속사로, 뒤에는 주어와 동사가 이어
진다. so that이 이끄는 절은 앞 문장에 대한 목적의 의미를 나타낸다.

Daniel talked loudly **so that** everyone could hear him well.
(Daniel은 모두가 잘 들을 수 있도록 큰 소리로 말했다.)

You have to exercise every day **so that** you can stay healthy.
(너는 건강을 유지할 수 있도록 매일 운동을 해야 한다.)

시험 포인트 ❶ point

주절과 so that절의 의미가 자연스럽게 연결
되는지 확인하는 문제가 자주 출제된다. so
that절이 주절에 대한 목적의 의미를 나타낸
다는 것에 유의한다.

시험 포인트 ❷ point

「so+형용사/부사+that」(너무/매우 ~해서 (그
결과) …하다) 구문과 so that 구문을 구분하
는 문제가 출제되기도 하므로 쓰임의 차이를
잘 알아 두도록 한다.
I was **so hungry that** I ate a whole
pizza. ▶ 중 2 교과서 6과

한 단계 더!

주절의 주어와 so that절의 주어가 같을 경우 so that절은 목적을 나타내는 to부
정사구로 바꿔 쓸 수 있다.

I always go to bed early **so that I can go jogging in the morning.**
(나는 아침에 조깅하러 가기 위해 항상 일찍 잠자리에 든다.)
→ I always go to bed early **to go jogging in the morning.**

Jane called me **so that she could talk about our project.**
(Jane은 우리의 프로젝트에 대해 이야기하기 위해 나에게 전화했다.)
→ Jane called me **to talk about our project.**

QUICK CHECK

1 다음 괄호 안에서 알맞은 것을 고르시오.

(1) Amy is saving money (because / so that) she can buy new shoes.

(2) John did his best so that his team (could / couldn't) win.

(3) She opened the window so that she (cannot / could) see the nice view.

2 다음 문장의 밑줄 친 부분을 바르게 고쳐 쓰시오.

(1) Tell me your phone number <u>such that</u> I can call you. → _____

(2) I'll drive <u>slowly</u> so that you won't be late. → _____

(3) I'll give you a key so that you <u>cannot</u> come in. → _____

연습 문제

1 사역동사＋목적어＋동사원형

STEP A

A 괄호 안의 동사를 어법에 맞게 사용하여 문장을 완성하시오.

1 He let me _____ the music. (play)

2 I had my brother _____ my printer. (repair)

3 The news made everyone _____ excited. (feel)

4 Can you help him _____ his problem? (solve)

B 두 문장의 빈칸에 공통으로 알맞은 말을 [보기]에서 골라 쓰시오.

[보기]	help	have	make	let

1 (1) Hello, _____ me introduce myself to you.

  (2) Tom, _____'s play basketball after school.

2 (1) I'll _____ Jinsu take care of my dog.

  (2) Joan will _____ me a beautiful dress for my wedding.

3 (1) Why don't you _____ him carry the heavy books?

  (2) Do you want me to _____ you with your homework?

C 주어진 우리말과 의미가 같도록 괄호 안의 단어를 어법에 맞게 사용하여 문장을 완성하시오.

1 이것이 내가 그 일을 그만두게 했다. (make, quit)

  → This _____ _____ _____ the job.

2 그녀는 그에게 문을 열어 달라고 부탁했다. (ask, open)

  → She _____ _____ _____ _____ the door.

3 내가 Jane이 너에게 그 책을 빌려주도록 할게. (have, lend)

  → I will _____ _____ _____ you the book.

4 내 남동생은 내가 자신의 새 자전거를 타게 해 주었다. (let, ride)

  → My brother _____ _____ _____ his new bike.

D 주어진 우리말과 의미가 같도록 괄호 안의 표현을 어법에 맞게 사용하여 문장을 쓰시오.

1 슬픈 영화는 언제나 나를 울게 한다. (sad movies, make, cry)

  → _____

2 그는 내가 그 의자들을 옮기는 것을 도와주었다. (help, move, the chairs)

  → _____

3 우리 누나는 내가 그녀의 컴퓨터를 사용하게 해 주지 않는다. (my sister, let, use)

  → _____

2 so that

A 다음 상자 〈A〉와 〈B〉에서 어울리는 문장을 하나씩 골라 so that을 사용하여 한 문장으로 쓰시오.

A
1 Mom will wash this dress.
2 He lowered his voice.
3 I'm saving money.
4 Write down the address.

B
· No one could hear him.
· I can travel to Europe.
· She can wear it.
· You won't forget it.

1 _____

2 _____

3 _____

4 _____

B 주어진 우리말과 의미가 같도록 괄호 안의 말을 바르게 배열하시오.

1 내가 학교에 지각하지 않도록 나를 깨워 주세요. (school, so that, won't, I, wake me up, late for, be)

→ _____

2 우리는 경기에서 이기기 위해 열심히 연습했다. (the game, we, hard, so that, practiced, win, could, we)

→ _____

3 Tim은 잘 볼 수 있도록 의자 위에 올라섰다. (see well, Tim, so that, could, stood, he, on the chair)

→ _____

C 주어진 우리말과 의미가 같도록 괄호 안의 표현과 so that을 사용하여 문장을 완성하시오.

1 그곳에 제시간에 도착할 수 있도록 일찍 떠나라. (get, on time)

→ Leave early _____.

2 나는 영어를 잘할 수 있도록 열심히 영어 공부를 한다. (speak English, well)

→ I study English hard _____.

3 그들은 자신들의 아기를 깨우지 않기 위해서 작은 소리로 이야기했다. (would, wake up)

→ They spoke quietly _____.

D 주어진 문장을 so that을 사용한 문장으로 바꿔 쓰시오.

1 He will take a taxi not to be late.

→ _____

2 I have to save money to buy a car.

→ _____

3 Tom is studying hard to pass the exam.

→ _____

[01~02] 다음 빈칸에 들어갈 말로 알맞은 것을 고르시오.

01

> Mr. Brown made the students _____ quiet in the library.

① keep   ② kept   ③ keeping
④ to keep   ⑤ be kept

한 단계 더!

02

> My teacher _____ me solve the problem by myself.

① got   ② told   ③ had
④ asked   ⑤ wanted

03 다음 우리말과 의미가 같도록 할 때, 빈칸에 들어갈 말로 알맞은 것은?

> 그녀는 건강을 유지하기 위해 매일 요가를 한다.
> → She does yoga every day _____ she can stay healthy.

① as if   ② so as to
③ so that   ④ such that
⑤ in order to

한 단계 더!

04 다음 빈칸에 들어갈 말로 알맞지 <u>않은</u> 것은?

> He _____ me finish the work.

① let   ② made   ③ had
④ got   ⑤ helped

한 단계 더!

05 다음 두 문장의 의미가 같도록 할 때, 빈칸에 들어갈 말로 알맞은 것은?

> Angela sat by the window so that she could enjoy the nice view.
> = Angela sat by the window _____ the nice view.

① enjoy   ② enjoyed   ③ enjoying
④ to enjoy   ⑤ to be enjoyed

한 단계 더!

06 다음 중 밑줄 친 부분이 어법상 틀린 것은?

① Mom made me <u>finish</u> my lunch.
② Stella had the man <u>repair</u> her car.
③ Can you help me <u>carrying</u> these boxes?
④ He got his daughter <u>to come</u> home early.
⑤ Could you let me <u>know</u> your phone number?

[07~08] 다음 우리말을 영어로 바르게 옮긴 것을 고르시오.

07

> Alice는 시험에 통과하기 위해 열심히 공부했다.

① Alice studied too hard to pass the test.
② Alice studied hard that she could pass the test.
③ Alice studied so hard that she could pass the test.
④ Alice studied hard so that she could pass the test.
⑤ Alice studied such hard that she could pass the test.

08

> 경찰은 그에게 차를 세우게 했다.

① The police made he stop his car.
② The police made stop him his car.
③ The police made him stop his car.
④ The police made to stop him his car.
⑤ The police made him to stop his car.

09 다음 문장을 아래와 같이 바꿔 쓸 때, 빈칸에 들어갈 말로 알맞은 것은?

> Dad said, "Brian, do the dishes, please."
> → Dad had Brian _____ .

① do the dishes
② did the dishes
③ does the dishes
④ to do the dishes
⑤ doing the dishes

한 단계 더!

10 다음 문장과 의미가 같은 것은?

> We left early in order to catch the first train.

① We left early and caught the first train.
② If we leave early, we can catch the first train.
③ We left so early that we could catch the first train.
④ We left early so that we could catch the first train.
⑤ We left early, but we couldn't catch the first train.

한 단계 더!

11 다음 중 어법상 올바른 문장은?

① I had my dog sitting down.
② He got me to turn off the TV.
③ Ms. Wilson made us recycling paper.
④ I won't let him to know anything about it.
⑤ Liam helped me doing the science homework.

고난도 한 단계 더!

12 다음 중 빈칸 ⓐ~ⓔ에 들어갈 말로 알맞지 않은 것은?

> • Mom got me ___ⓐ___ my bed.
> • Dad asked me ___ⓑ___ his car.
> • My sister let me ___ⓒ___ her jacket.
> • He helped the old man ___ⓓ___ the street.
> • She made her son ___ⓔ___ his teeth before going to bed.

① ⓐ: to make   ② ⓑ: to wash
③ ⓒ: wear   ④ ⓓ: to cross
⑤ ⓔ: to brush

13 다음 빈칸에 들어갈 말이 순서대로 바르게 짝지어진 것은?

> • Mom made me _____ my dog after dinner.
> • Please speak loudly _____ I can hear you.

① walk – to
② walk – so that
③ to walk – that
④ to walk – in order to
⑤ walked – so that

14 다음 문장에서 어법상 **틀린** 부분을 찾아 바르게 고친 것은?

> My dad won't let me going out alone late at night.

① won't → isn't
② let → lets
③ me → I
④ going out → go out
⑤ late → lately

15 다음 중 빈칸에 so that이 들어갈 수 **없는** 것은?

① Hurry up _____ you won't miss the school bus.
② I was late for the concert _____ I missed the train.
③ I need to buy some flour _____ I can make a cake.
④ Mom turned off the lights _____ we could sleep well.
⑤ Tom read the book many times _____ he could understand it better.

한 단계 더!

16 다음 빈칸에 공통으로 들어갈 말로 알맞은 것은?

> • His joke _____ them laugh.
> • They _____ their son a baseball player.
> • Grandma _____ us chocolate cookies.

① had
② let
③ made
④ wanted
⑤ helped

17 다음 중 빈칸에 had가 들어갈 수 **없는** 것은?

① Mom _____ him fix the fence.
② I _____ Jane clean the living room.
③ She _____ her son to prepare dinner.
④ She _____ her children go to bed early.
⑤ The teacher _____ the students solve the quiz.

고난도 한 단계 더!

18 다음 중 어법상 올바른 문장끼리 짝지어진 것은?

> ⓐ Mr. Hanks had Jack to paint the chair.
> ⓑ He didn't let us sleep during class.
> ⓒ Mom gets me to have breakfast every day.
> ⓓ My uncle went to Italy so that to study architecture.
> ⓔ I'm saving money so that I can buy a new computer.

① ⓐ, ⓑ, ⓔ
② ⓐ, ⓒ, ⓓ
③ ⓑ, ⓒ, ⓓ
④ ⓑ, ⓒ, ⓔ
⑤ ⓒ, ⓓ, ⓔ

서술형

한 단계 더!

19 다음 문장에서 어법상 **틀린** 부분을 찾아 바르게 고쳐 쓰시오.

Who can help me making a chocolate cake?

_____ → _____

고난도 한 단계 더!

20 다음 그림을 보고, 괄호 안의 단어를 어법에 맞게 사용하여 선생님이 각 학생에게 시킨 일을 나타내는 문장을 완성하시오.

(1) Mr. Kim made Judy _____.
(open)

(2) Mr. Kim asked Mia _____.
(water)

(3) Mr. Kim _____.
(had, erase)

21 다음 우리말과 의미가 같도록 **so that**과 괄호 안의 표현을 사용하여 문장을 완성하시오.

(1) Scott은 이메일을 보내기 위해 컴퓨터를 켰다.
→ Scott turned on the computer _____
_____. (send an email)

(2) 나는 샐러드를 만들기 위해 토마토를 좀 살 것이다.
→ I'll buy some tomatoes _____
_____. (make a salad)

(3) 기차를 놓치지 않도록 서두르자.
→ Let's hurry _____
_____. (miss the train)

22 〈A〉와 〈B〉에서 문장을 한 개씩 골라 [보기]와 같이 한 문장으로 완성하시오.

A
· He practiced dancing hard.
· I turned off the music.
· Go to bed early.
· She will speak clearly.

B
· The audience will understand her.
· The baby wouldn't wake up.
· He could participate in the audition.
· You can get up early in the morning.

[보기] He practiced dancing hard so that he could participate in the audition.

(1) _____
(2) _____
(3) _____

고난도

23 다음 대화의 내용과 일치하도록 빈칸에 알맞은 말을 써넣어 문장을 완성하시오.

A: Jake, how was your weekend?
B: I was very busy. My parents went to work, so I had to take care of my little brother. They also told me to wash my sneakers. How about you, Amy?
A: Well, I stayed at home all weekend to prepare for a math test.

(1) Jake's parents had Jake _____ _____
_____ _____ _____ _____ and
_____ _____ last weekend.

(2) Amy stayed at home all weekend _____
_____ _____ _____ _____ for a
math test.

R Reading

만점 노트

STEP A

우리 독자들로부터 온 편지 : 나에게 위안이 되는 음식

01 comfort food는 여러분이 슬프거나 화가 나거나 스트레스를 받을 때 기분을 좋게 해 주는 음식이다.

02 그것은 또한 여러분이 과거의 행복한 순간들을 떠올리게 할 수도 있다.

03 그것은 위뿐만 아니라 마음도 충족해 준다.

04 comfort food는 전 세계적으로 다양하다.

05 세계 여러 나라의 우리 독자들은 어떤 comfort food를 즐기는지 알아보자.

미국에 사는 Jessica

06 나의 comfort food는 치킨 수프야.

07 미국에서는 사람들이 감기에 걸렸을 때 이 수프를 먹어.

08 어린아이였을 때 나는 매우 심한 감기에 걸렸어.

09 아버지는 내가 나을 수 있도록 치킨 수프 한 그릇을 만들어 주셨어.

10 그 뜨거운 수프가 내 몸을 따뜻하게 해 주었고, 나는 서서히 몸이 나아지기 시작했어.

11 그 수프는 맛도 아주 좋았어.

12 지금도 나는 감기에 걸릴 때 치킨 수프를 먹어.

브라질에 사는 Maria

13 브라질에는 감자와 비슷한 채소인 카사바로 만든 요리가 많아.

14 나는 카사바 칩을 가장 좋아해.

15 언젠가 내가 학교에서 안 좋은 일이 있어서 스트레스를 받았을 때, 내 가장 친한 친구가 나에게 카사바 칩 한 봉지를 사 줬어.

16 그 칩을 먹기 시작했을 때 내 스트레스가 갑자기 사라졌어.

17 칩을 먹을 때 나는 바삭하는 소리는 내 기분이 더 좋아지게 만들었어.

Letters from Our Readers: My Comfort Food

01 Comfort food is food [that makes you feel good when you are sad, angry, or stressed out].
관계대명사절 / 선행사 / 주격 관계대명사 / 「감각동사 feel＋형용사」 ～하게 느끼다 / 「사역동사 make＋목적어＋동사원형(목적격보어)」 (목적어)가 ～하게 하다

02 It can also make you think of happy moments from the past.
～을 생각하다, 떠올리다 / = Comfort food / 「사역동사 make＋목적어＋동사원형」

03 It satisfies not only the stomach but also the heart.
= Comfort food / not only A but also B: A뿐만 아니라 B도 (= B as well as A)

04 Comfort foods differ around the world.
동 다르다

05 Let's see what comfort foods our international readers enjoy.
간접의문문(의문사＋주어＋동사)

Jessica from USA

06 My comfort food is chicken soup.

07 In the USA, people eat this soup when they have a cold.
= chicken soup / 접 ～할 때 / people을 가리킴

08 When I was a small child, I caught a very bad cold.
catch a cold: 감기에 걸리다

09 My father made me a bowl of chicken soup so that I could get well.
「수여동사 make＋간접목적어＋직접목적어」 (4형식) / 접 ～하도록 / = made a bowl of chicken soup for me (3형식)

10 The hot soup warmed my body, and I slowly started to feel better.
= / 동 warm: 따뜻하게 데우다 / to부정사의 명사적 용법 (목적어)

11 It was also very tasty.
형 taste＋-y → 형 tasty: 맛있는

12 Now, when I catch a cold, I eat chicken soup.

Maria from Brazil

13 In Brazil, there are many dishes [that are made with cassava, a vegetable similar to a potato].
선행사에 수를 일치시킴 / 동격을 나타냄 / 선행사 / 주격 관계대명사 / be made with: (재료)로 만들어지다

14 I love cassava chips the most.
가장 (much의 최상급)

15 Once when I had a bad day at school and felt stressed out, my best friend bought me a bag of cassava chips.
(과거의) 언젠가 / and로 연결된 병렬구조 / 「수여동사 buy＋간접목적어＋직접목적어」 (4형식) / = bought a bag of cassava chips for me (3형식)

16 When I started to eat the chips, my stress suddenly disappeared.
to부정사의 명사적 용법 (목적어) / 뷔 갑자기

17 The crisp sound of eating chips made me feel better.
「전치사＋동명사」 / 「사역동사 make＋목적어＋동사원형」

18 Now, every time I'm stressed out, I eat cassava chips.
~할 때마다 (= whenever)

19 Then I feel good again!
「feel+형용사」 ~하게 느끼다

Simon from France

20 I have many comfort foods, but I love madeleines the most.

21 A madeleine is a small cake [that looks like a sea shell].
수 일치 (단수) ── 「look like+명사(구/절)」 ~처럼 보이다
선행사   주격 관계대명사

22 People in France enjoy madeleines as an afternoon snack.
주어   동사   전 ~로서

23 My grandmother always makes madeleines for me when I visit her.
빈도부사   = makes me madeleines (4형식)
(일반동사 앞)
= Madeleines

24 They taste best when they come right out of the oven.
「taste+형용사」 ~한 맛이 나다

25 Then the kitchen is filled with a sweet smell.
명 냄새
be filled with: ~으로 가득 차 있다

26 I especially like eating her orange madeleines with a cup of tea.
like+to부정사/동명사   물질명사의 양을 나타내는 단위

27 Every time I see or smell madeleines, I think of my grandmother.
= Whenever   통 냄새를 맡다   ~을 생각하다, 떠올리다

28 Let me share my grandmother's special recipe with you so that you can
「사역동사 let+목적어+동사원형」 (목적어)가 ~하게 하다, 허락하다   접 ~하도록
make orange madeleines, too.

29 Maybe madeleines will become a comfort food for you!
부 어쩌면, 아마

30 Grandma's Special Recipe: Orange Madeleines

31 You need: 1 cup of flour, 2/3 cup of sugar, 2 eggs, some orange peel,
└물질명사(flour, sugar, butter 등)의 양을 나타내는 단위   명 껍질
1/4 cup of butter, 1/8 teaspoon of salt
~ 티스푼의
──and로 연결된 병렬구조── 통 식다, 차가워지다

32 ❶ Melt the butter and let it cool.
「사역동사 let+목적어+동사원형」

33 ❷ Put the eggs, sugar, and salt in a bowl and beat.
put A in B: A를 B에 넣다   통 휘젓다, (휘저어) 섞다

34 ❸ Add the flour to the bowl and mix.
add A to B: A를 B에 더하다

35 ❹ Add the butter and orange peel to the mixture and mix.
       ❶~❸ 단계를 거쳐 만들어진 혼합물
❶~❹ 단계를 거쳐 만들어진 혼합물

36 ❺ Pour the mixture into the madeleine pan.
pour A into B: A를 B에 붓다

37 ❻ Bake in the oven for 10 to 15 minutes.
전 ~ 동안   전 ~까지

---

18 지금도 나는 스트레스를 받을 때마다 카사바 칩을 먹어.

19 그러면 기분이 다시 좋아져!

프랑스에 사는 Simon

20 나는 comfort food가 많아, 하지만 마들렌을 가장 좋아해.

21 마들렌은 조개껍데기처럼 생긴 작은 케이크야.

22 프랑스 사람들은 오후 간식으로 마들렌을 즐겨 먹어.

23 우리 할머니는 내가 할머니 댁에 갈 때 항상 마들렌을 만들어 주셔.

24 마들렌은 오븐에서 막 나올 때 가장 맛있어.

25 그러면 부엌은 달콤한 냄새로 가득 차.

26 나는 특히 차 한 잔과 함께 할머니의 오렌지 마들렌을 먹는 것을 좋아해.

27 나는 마들렌을 보거나 냄새를 맡을 때마다 우리 할머니가 생각나.

28 너희들도 오렌지 마들렌을 만들 수 있도록 우리 할머니의 특별한 요리법을 공유할게.

29 아마 마들렌이 너희에게도 comfort food가 될 거야!

30 할머니의 특별한 요리법: 오렌지 마들렌

31 필요한 재료: 밀가루 1컵, 설탕 2/3컵, 달걀 2개, 오렌지 껍질 조금, 버터 1/4컵, 소금 1/8 티스푼

32 ❶ 버터를 녹여서 식히세요.

33 ❷ 달걀, 설탕, 소금을 그릇에 넣고 휘저으세요.

34 ❸ 그 그릇에 밀가루를 넣고 섞으세요.

35 ❹ 반죽에 버터와 오렌지 껍질을 넣고 섞으세요.

36 ❺ 반죽을 마들렌 팬에 부으세요.

37 ❻ 오븐에서 10~15분 동안 구우세요.

• 우리말과 의미가 같도록 교과서 본문의 문장을 완성하시오.

01 Comfort food is food that makes _____ _____ good when you are sad, angry, or _____ _____.

02 It can also _____ you think of happy moments from the past.

03 It satisfies _____ _____ the stomach _____ _____ the heart.

04 Comfort foods _____ around the world.

05 Let's see _____ comfort foods our international readers _____.

06 My comfort food is _____ _____.

07 In the USA, people eat this soup _____ they have a _____.

08 _____ I was a small child, I _____ a very bad cold.

09 My father _____ _____ a _____ of chicken soup _____ _____ I could get well.

10 The hot soup _____ my body, and I slowly started _____ _____ better.

11 It was also very _____.

12 Now, when I _____ _____ _____, I eat chicken soup.

13 In Brazil, there are many dishes that are _____ _____ cassava, a vegetable _____ _____ a potato.

14 I love cassava chips _____ _____.

15 Once when I had a bad day at school and felt _____ _____, my best friend _____ _____ a _____ of cassava chips.

16 When I started to eat the chips, my stress _____ _____.

17 The _____ sound of eating chips _____ _____ feel better.

18 Now, _____ _____ I'm stressed out, I eat cassava chips.

19 Then I feel _____ _____!

01 comfort food는 여러분이 슬프거나 화가 나거나 스트레스를 받을 때 기분을 좋게 해 주는 음식이다.

02 그것은 또한 여러분이 과거의 행복한 순간들을 떠올리게 할 수도 있다.

03 그것은 위뿐만 아니라 마음도 충족해 준다.

04 comfort food는 전 세계적으로 다양하다.

05 세계 여러 나라의 우리 독자들은 어떤 comfort food를 즐기는지 알아보자.

06 나의 comfort food는 치킨 수프야.

07 미국에서는 사람들이 감기에 걸렸을 때 이 수프를 먹어.

08 어린아이였을 때 나는 매우 심한 감기에 걸렸어.

09 아버지는 내가 나을 수 있도록 치킨 수프 한 그릇을 만들어 주셨어.

10 그 뜨거운 수프가 내 몸을 따뜻하게 해 주었고, 나는 서서히 몸이 나아지기 시작했어.

11 그 수프는 맛도 아주 좋았어.

12 지금도 나는 감기에 걸릴 때 치킨 수프를 먹어.

13 브라질에는 감자와 비슷한 채소인 카사바로 만든 요리가 많아.

14 나는 카사바 칩을 가장 좋아해.

15 언젠가 내가 학교에서 안 좋은 일이 있어서 스트레스를 받았을 때, 내 가장 친한 친구가 나에게 카사바 칩 한 봉지를 사 줬어.

16 그 칩을 먹기 시작했을 때 내 스트레스가 갑자기 사라졌어.

17 칩을 먹을 때 나는 바삭하는 소리는 내 기분이 더 좋아지게 만들었어.

18 지금도 나는 스트레스를 받을 때마다 카사바 칩을 먹어.

19 그러면 기분이 다시 좋아져!

20 I have many comfort foods, but I love madeleines _____ most.

21 A madeleine is a small cake that _____ _____ a sea shell.

22 People in France enjoy madeleines _____ an afternoon snack.

23 My grandmother always _____ madeleines _____ _____ when I visit her.

24 They taste best when they come _____ _____ _____ the oven.

25 Then the kitchen is _____ _____ a sweet smell.

26 I _____ like eating her orange madeleines with _____ _____ _____ tea.

27 Every time I see _____ smell madeleines, I _____ _____ my grandmother.

28 Let me _____ my grandmother's special recipe with you _____ _____ you can make orange madeleines, too.

29 Maybe madeleines _____ _____ a comfort food for you!

30 **Grandma's Special _____: Orange Madeleines**

31 **You need:** 1 _____ _____ flour, 2/3 cup of sugar, 2 eggs, some orange _____, 1/4 cup of butter, 1/8 _____ of salt

32 _____ the butter and let it _____.

33 Put the eggs, sugar, and salt _____ a bowl and _____.

34 Add the _____ _____ the bowl and mix.

35 Add the butter and orange peel _____ the _____ and mix.

36 _____ the mixture _____ the madeleine pan.

37 Bake in the oven _____ 10 _____ 15 minutes.

20 나는 comfort food가 많아, 하지만 마들렌을 가장 좋아해.

21 마들렌은 조개껍데기처럼 생긴 작은 케이크야.

22 프랑스 사람들은 오후 간식으로 마들렌을 즐겨 먹어.

23 우리 할머니는 내가 할머니 댁에 갈 때 항상 마들렌을 만들어 주셔.

24 마들렌은 오븐에서 막 나올 때 가장 맛있어.

25 그러면 부엌은 달콤한 냄새로 가득 차.

26 나는 특히 차 한 잔과 함께 할머니의 오렌지 마들렌을 먹는 것을 좋아해.

27 나는 마들렌을 보거나 냄새를 맡을 때마다 우리 할머니가 생각나.

28 너희들도 오렌지 마들렌을 만들 수 있도록 우리 할머니의 특별한 요리법을 공유할게.

29 아마 마들렌이 너희에게도 comfort food가 될 거야!

30 할머니의 특별한 요리법: 오렌지 마들렌

31 필요한 재료: 밀가루 1컵, 설탕 2/3컵, 달걀 2개, 오렌지 껍질 조금, 버터 1/4컵, 소금 1/8 티스푼

32 버터를 녹여서 식히세요.

33 달걀, 설탕, 소금을 그릇에 넣고 휘저으세요.

34 그 그릇에 밀가루를 넣고 섞으세요.

35 반죽에 버터와 오렌지 껍질을 넣고 섞으세요.

36 반죽을 마들렌 팬에 부으세요.

37 오븐에서 10~15분 동안 구우세요.

STEP A

01   Comfort food is food that makes you feel good when you are sad, angry, or (happy / stressed out).

02   It can also make you (think / to think) of happy moments from the past.

03   It satisfies (not / not only) the stomach but also the heart.

04   Comfort foods (different / differ) around the world.

05   Let's see what comfort foods (do our international readers / our international readers) enjoy.

06   My (comforter food / comfort food) is chicken soup.

07   In the USA, people eat this soup (that / when) they have a cold.

08   When I was a small child, I (caught / catch) a very bad cold.

09   My father made (a bowl of chicken soup me / me a bowl of chicken soup) so that I could get well.

10   The hot soup warmed my body, and I slowly started to feel (better / worse).

11   It was also very (taste / tasty).

12   Now, (when / what) I catch a cold, I eat chicken soup.

13   In Brazil, there are many dishes that (are made with / is made of) cassava, a vegetable similar to a potato.

14   I love cassava chips the (better / most).

15   Once when I had a bad day at school and felt stressed out, my best friend bought (me / for me) a bag of cassava chips.

16   When I started to eat the chips, my stress suddenly (appeared / disappeared).

17   The crisp sound of (eat / eating) chips made me (feel / to feel) better.

18   Now, every time I'm (stressed out / stressing out), I eat cassava chips.

19   Then I feel (more / good) again!

20   I have (much / many) comfort foods, but I love madeleines the most.

21   A madeleine is a small cake that (looks like / looks) a sea shell.

22   People in France enjoy madeleines (to / as) an afternoon snack.

23   My grandmother always makes madeleines (for / of) me when I visit her.

24   They taste (best / most) when they come right out of the oven.

25   Then the kitchen is filled (of / with) a sweet smell.

26   I especially like eating her orange madeleines with (a cup of / a slice of) tea.

27   Every time I (see / saw) or (smell / smelled) madeleines, I think of my grandmother.

28   Let me (share / to share) my grandmother's special recipe with you so (when / that) you can make orange madeleines, too.

29   Maybe madeleines will (become / feel) a comfort food for you!

30   **Grandma's Special (Recipe / Receipt): Orange Madeleines**

31   **You need:** 1 (cups of flour / cup of flour), 2/3 cup of sugar, 2 eggs, some orange peel,
               1/4 cup of butter, 1/8 teaspoon of salt

32   Melt the butter and let it (cool / cooling).

33   Put the eggs, sugar, and salt (of / in) a bowl and beat.

34   Add the flour to the bowl and (mix / to mix).

35   Add the butter and orange peel (to / of) the mixture and mix.

36   (Pour / To pour) the mixture into the madeleine pan.

37   Bake in the oven (during / for) 10 to 15 minutes.

틀린 문장 고치기

• 밑줄 친 부분이 내용이나 어법상 올바르면 ○에, 틀리면 ×에 동그라미 하고 틀린 부분을 바르게 고쳐 쓰시오.

STEP A

01 Comfort food is food that <u>makes you feel good</u> when you are sad, angry, or stressed out. ○ ×

02 It can also make you <u>thinking of</u> happy moments from the past. ○ ×

03 It satisfies not only the stomach <u>and also</u> the heart. ○ ×

04 Comfort foods <u>differ</u> around the world. ○ ×

05 Let's see <u>what comfort foods do our international readers enjoy</u>. ○ ×

06 <u>My comfort food is</u> chicken soup. ○ ×

07 In the USA, people eat this soup <u>when</u> they have a cold. ○ ×

08 <u>How</u> I was a small child, I caught a very bad cold. ○ ×

09 My father <u>made for me a bowl of chicken soup</u> so that I could get well. ○ ×

10 The hot soup <u>cooled</u> my body, and I slowly started to feel better. ○ ×

11 It was also <u>very tasty</u>. ○ ×

12 Now, when I <u>caught a cold</u>, I eat chicken soup. ○ ×

13 In Brazil, there are many dishes that <u>are made in</u> cassava, a vegetable similar to a potato. ○ ×

14 I love cassava chips the <u>most</u>. ○ ×

15 Once when I had a <u>great</u> day at school and felt stressed out, my best friend bought me a bag of cassava chips. ○ ×

16 When I started to eat the chips, my stress suddenly <u>appeared</u>. ○ ×

17 The crisp <u>sound of eat</u> chips made me feel better. ○ ×

18 Now, every time I'm stressed out, I eat <u>cassava chips</u>. ○ ×

19 Then I feel <u>good</u> again! ○ ✕

20 I have <u>many</u> comfort foods, but I love madeleines the most. ○ ✕

21 A madeleine is a small cake that <u>looks</u> a sea shell. ○ ✕

22 People in France enjoy madeleines <u>as</u> an afternoon snack. ○ ✕

23 My grandmother always makes madeleines <u>to me</u> when I visit her. ○ ✕

24 They taste best when they come <u>right out of</u> the oven. ○ ✕

25 Then the kitchen <u>is fill with</u> a sweet smell. ○ ✕

26 I especially like eating her orange madeleines with <u>a piece of</u> tea. ○ ✕

27 <u>Every time I see</u> or smell madeleines, I think of my grandmother. ○ ✕

28 Let me share my grandmother's special recipe with you <u>so which</u> you can make orange madeleines, too. ○ ✕

29 Maybe madeleines <u>will become</u> a comfort food for you! ○ ✕

30 **Grandma's <u>Special Recipe</u>: Orange Madeleines** ○ ✕

31 **You need:** 1 cup of flour, 2/3 cup of sugar, 2 eggs, some orange peel, 1/4 cup of butter, 1/8 <u>teaspoons of</u> salt ○ ✕

32 Melt the butter and let it <u>to cool</u>. ○ ✕

33 Put the eggs, sugar, and salt in a bowl and <u>beat</u>. ○ ✕

34 Add the flour <u>with the bowl</u> and mix. ○ ✕

35 Add the butter and orange peel <u>to the mixture</u> and mix. ○ ✕

36 Pour the mixture <u>into</u> the madeleine pan. ○ ✕

37 Bake in the oven for <u>10 from 15</u> minutes. ○ ✕

STEP A

01 comfort food는 여러분이 슬프거나 화가 나거나 스트레스를 받을 때 기분을 좋게 해 주는 음식이다.
(when you are / is / food that / sad, angry, or stressed out / makes you / comfort food / feel good)
>

02 그것은 또한 여러분이 과거의 행복한 순간들을 떠올리게 할 수도 있다.
(think of / can also / it / make / from the past / you / happy moments)
>

03 그것은 위뿐만 아니라 마음도 충족해 준다. (but also / the stomach / satisfies / it / not only / the heart)
>

04 comfort food는 전 세계적으로 다양하다. (around the world / differ / comfort foods)
>

05 세계 여러 나라의 우리 독자들은 어떤 comfort food를 즐기는지 알아보자.
(what / let's see / enjoy / our international readers / comfort foods)
>

06 나의 comfort food는 치킨 수프야. (comfort food / my / is / chicken soup)
>

07 미국에서는, 사람들이 감기에 걸렸을 때 이 수프를 먹어. (they / eat / have a cold / in the USA / this soup / people / when)
>

08 어린아이였을 때, 나는 매우 심한 감기에 걸렸어. (a small child / when / a very bad cold / I was / I caught)
>

09 아버지는 내가 나을 수 있도록 치킨 수프 한 그릇을 만들어 주셨어.
(a bowl of / made / get well / me / my father / so that / could / I / chicken soup)
>

10 그 뜨거운 수프가 내 몸을 따뜻하게 해 주었고, 나는 서서히 몸이 나아지기 시작했어.
(better / my body / I / the hot soup / and / slowly / started / warmed / to feel)
>

11 그것은 맛도 아주 좋았어. (also / very / It / tasty / was)
>

12 지금도, 나는 감기에 걸릴 때, 치킨 수프를 먹어. (when I / eat / now / chicken soup / catch a cold / I)
>

13 브라질에는, 감자와 비슷한 채소인 카사바로 만든 요리가 많아.
(made with cassava / similar to / in Brazil / a potato / that are / a vegetable / many dishes / there are)
>

14 나는 카사바 칩을 가장 좋아해. (love / most / cassava chips / I / the)
>

15 언젠가 내가 학교에서 안 좋은 일이 있어서 스트레스를 받았을 때, 내 가장 친한 친구가 나에게 카사바 칩 한 봉지를 사 줬어.
(a bad day / at school / once / bought me / and felt / when I had / my best friend / cassava chips / stressed out / a bag of)
>

16 그 칩을 먹기 시작했을 때, 내 스트레스가 갑자기 사라졌어.
(started / disappeared / to eat / I / the chips / my stress / when / suddenly)
>

17 칩을 먹을 때 나는 바삭하는 소리는 내 기분이 더 좋아지게 만들었어. (of eating chips / me / the crisp sound / made / better / feel)
>

18 지금도, 나는 스트레스를 받을 때마다 카사바 칩을 먹어. (eat / I'm / cassava chips / stressed out / now / every time / I)
>

19 그러면 나는 기분이 다시 좋아져! (then / again / I / good / feel)

>

20 나는 comfort food가 많아, 하지만 마들렌을 가장 좋아해.
(comfort foods / but / I have / the most / I love / many / madeleines)

>

21 마들렌은 조개껍데기처럼 생긴 작은 케이크야. (a small cake / a madeleine / looks like / that / a sea shell / is)

>

22 프랑스 사람들은 오후 간식으로 마들렌을 즐겨 먹어. (madeleines / enjoy / as / people / an afternoon snack / in France)

>

23 우리 할머니는 내가 할머니 댁에 갈 때 항상 마들렌을 만들어 주셔.
(madeleines / my grandmother / for me / when / I / always / makes / visit her)

>

24 그것들은 오븐에서 막 나올 때 가장 맛있어. (taste best / they / they come / right / the oven / when / out of)

>

25 그러면 부엌은 달콤한 냄새로 가득 차. (is / then / filled / a sweet smell / the kitchen / with)

>

26 나는 특히 차 한 잔과 함께 할머니의 오렌지 마들렌을 먹는 것을 좋아해.
(her orange madeleines / eating / with / I / a cup of tea / especially like)

>

27 나는 마들렌을 보거나 냄새를 맡을 때마다 우리 할머니가 생각나.
(I see or smell / my grandmother / I think of / every time / madeleines)

>

28 너희들도 오렌지 마들렌을 만들 수 있도록 우리 할머니의 특별한 요리법을 공유할게.
(too / share / you / with you / so that / can / orange madeleines / make / let me / my grandmother's special recipe)

>

29 아마 마들렌이 너희에게도 comfort food가 될 거야! (a comfort food / maybe / madeleines / for you / will become)

>

30 할머니의 특별한 요리법: 오렌지 마들렌 (Recipe / Orange Madeleines / Special / Grandma's)

>

31 필요한 재료: 밀가루 1컵, 설탕 2/3컵, 달걀 2개, 오렌지 껍질 조금, 버터 1/4컵, 소금 1/8 티스푼
(1 cup of / orange peel / 2/3 cup of / butter / you need / 1/4 cup of / flour / 2 eggs / 1/8 teaspoon of / sugar / some / salt)

>

32 버터를 녹여서 식히세요. (let / melt / cool / it / and / the butter)

>

33 달걀, 설탕, 소금을 그릇에 넣고 휘지으세요. (in a bowl / sugar / and beat / put / the eggs / and salt)

>

34 그 그릇에 밀가루를 넣고 섞으세요. (to the bowl / the flour / and mix / add)

>

35 반죽에 버터와 오렌지 껍질을 넣고 섞으세요. (the butter / add / and / to the mixture / orange peel / and mix)

>

36 반죽을 마들렌 팬에 부으세요. (into / pour / the madeleine pan / the mixture)

>

37 오븐에서 10~15분 동안 구우세요. (for / bake / 10 / 15 / to / minutes / in the oven)

>

[01~03] 다음 글을 읽고, 물음에 답하시오.

(A)Comfort food is food that makes you feel good when you are sad, angry, or stressed out. It can also make you ___ⓐ___ of happy moments from the past. It satisfies not only the ___ⓑ___ but also the ___ⓒ___. Comfort foods differ around the world. Let's see what comfort foods our international readers enjoy.

01 윗글의 밑줄 친 (A)Comfort food에 대한 설명으로 가장 알맞은 것은?

① 집중력을 향상시켜 주는 음식
② 그 나라를 대표하는 전통 음식
③ 전 세계 사람들이 즐겨 먹는 음식
④ 어렸을 때 유행했던 추억의 음식
⑤ 슬프거나 화날 때 기분을 좋게 해 주는 음식

02 윗글의 빈칸 ⓐ에 들어갈 동사 think의 형태로 알맞은 것은?

① think   ② thought   ③ thinking
④ to think   ⑤ to thinking

03 윗글의 흐름상 빈칸 ⓑ와 ⓒ에 들어갈 말이 순서대로 바르게 짝지어진 것은?

① eyes – mind   ② mouth – nose
③ feet – fingers   ④ tongue – brain
⑤ stomach – heart

[04~06] 다음 글을 읽고, 물음에 답하시오.

Jessica from USA

My comfort food is chicken soup. (①) In the USA, people eat this soup when they have a cold. (②) When I was a small child, I caught a very bad cold. (③) The hot soup warmed my body, and I slowly started to feel better. (④) It was also very tasty. (⑤) Now, when I catch a cold, I eat chicken soup.

04 윗글의 ①~⑤ 중 주어진 문장이 들어갈 위치로 알맞은 것은?

> My father made me a bowl of chicken soup so that I could get well.

①   ②   ③   ④   ⑤

05 윗글의 내용과 일치하지 <u>않는</u> 것은?

① Chicken soup is Jessica's comfort food.
② American people eat chicken soup when they catch a cold.
③ Jessica enjoys chicken soup especially when it is cold.
④ Jessica caught a very bad cold when she was young.
⑤ Jessica eats chicken soup when she has a cold.

06 다음 문장의 밑줄 친 <u>This</u>에 해당하는 단어를 윗글에서 찾아 쓰시오.

> <u>This</u> means a pleasant feeling of being relaxed and free from pain.

→ _____

[07~10] 다음 글을 읽고, 물음에 답하시오.

Maria from Brazil

In Brazil, there are many ⓐdishes that are made ___(A)___ cassava, a vegetable similar ___(B)___ a potato. I love cassava chips the most. Once when I ⓑhad a bad day at school and felt ⓒstressed out, my best friend bought me a bag of cassava chips. When I started to eat the chips, my stress ⓓsuddenly disappeared. The crisp sound of eating chips (C)내 기분이 더 좋아지게 했다. Now, ⓔevery time I'm stressed out, I eat cassava chips. Then I feel good again!

07 윗글의 밑줄 친 ⓐ~ⓔ의 우리말 뜻으로 알맞지 <u>않은</u> 것은?

① ⓐ: 요리들
② ⓑ: 바쁜 하루를 보냈다
③ ⓒ: 스트레스가 쌓인
④ ⓓ: 갑자기 사라졌다
⑤ ⓔ: ~할 때마다

08 윗글의 빈칸 (A)와 (B)에 들어갈 말이 순서대로 바르게 짝지어진 것은?

① in – to
② in – with
③ with – to
④ with – with
⑤ of – with

09 윗글의 밑줄 친 우리말 (C)를 영어로 바르게 옮긴 것은?

① made I feel better
② made me feel better
③ made that I felt better
④ made me to feel better
⑤ made me feeling better

10 윗글을 읽고 답할 수 <u>없는</u> 질문은?

① What is Maria's favorite cassava dish?
② Why did Maria feel stressed out at school?
③ What did Maria's best friend do when Maria was stressed out one day?
④ What does Maria do when she is stressed out?
⑤ How does Maria feel when she eats cassava chips?

[11~15] 다음 글을 읽고, 물음에 답하시오.

Simon from France

I have many comfort foods, but I love madeleines the most. A madeleine is a small cake that looks ⓐlike a sea shell. People in France enjoy madeleines as an afternoon snack. ① My grandmother always makes madeleines for me when I visit her. ② They taste best when they come right out of the oven. ③ Then the kitchen is filled with a sweet smell. ④ I especially like eating her orange madeleines with a cup of tea. ⑤ I usually drink three cups of tea a day. Every time I see or smell madeleines, I think of my grandmother.

Let me share my grandmother's special recipe with you ___ⓑ___ you can make orange madeleines, too. Maybe madeleines will become a comfort food for you!

11 윗글의 밑줄 친 ⓐlike와 쓰임이 같은 것은?

① How do you <u>like</u> this shirt?
② Would you <u>like</u> something to drink?
③ This toothpaste tastes <u>like</u> an apple.
④ Many children <u>like</u> playing with bubbles.
⑤ I don't <u>like</u> to eat a hamburger for lunch.

12 윗글의 밑줄 친 ①~⑤ 중 흐름상 어색한 것은?

①   ②   ③   ④   ⑤

13 윗글의 빈칸 ⓑ에 들어갈 말로 알맞은 것은?

① that   ② which
③ even if   ④ so that
⑤ whether

14 윗글을 읽고 마들렌에 대해 알 수 있는 것은?

① 색   ② 모양
③ 가격   ④ 만드는 방법
⑤ 인기 있는 이유

15 윗글의 내용과 일치하지 <u>않는</u> 것은?

① Simon이 가장 좋아하는 comfort food는 마들렌이다.
② 마들렌은 프랑스 사람들이 즐겨 먹는 작은 케이크이다.
③ Simon은 마들렌을 오후 간식으로 먹을 때 가장 맛있다고 생각한다.
④ Simon은 마들렌을 볼 때면 할머니가 생각난다.
⑤ Simon은 할머니의 오렌지 마들렌 요리법을 알려 줄 것이다.

[16~18] 다음 글을 읽고, 물음에 답하시오.

Grandma's Special Recipe: Orange Madeleines

You need: 1 cup of flour, 2/3 cup of sugar, 2 eggs, some orange peel, 1/4 cup of butter, 1/8 teaspoon of salt

1. Melt the butter and let it ____ⓐ____.
2. Put the eggs, sugar, and salt in a bowl and beat.
3. Add the flour to the bowl and ____ⓑ____.
4. Add the butter and orange peel to the mixture and ____ⓒ____.
5. Pour the mixture into the madeleine pan.
6. Bake in the oven for 10 to 15 minutes.

---

16 윗글의 빈칸 ⓐ에 들어갈 말로 알맞은 것은?

① cool   ② cooling   ③ to cool
④ to cooling   ⑤ be cooling

17 윗글의 흐름상 빈칸 ⓑ와 ⓒ에 공통으로 들어갈 말로 가장 알맞은 것은?

① mix   ② cut   ③ peel
④ chop   ⑤ pour

18 윗글의 마들렌 요리법에 맞게 (A)~(D)를 순서대로 배열하시오.

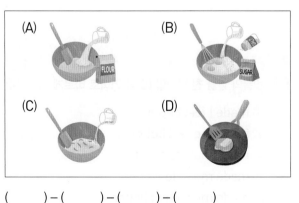

(   ) – (   ) – (   ) – (   )

고
난도
19 다음 글의 빈칸 ⓐ와 ⓑ에 들어갈 말로 가장 적절한 것을 [보기]에서 골라 알맞은 형태로 쓰시오.

> Comfort food is food that makes you feel good when you are sad, angry, or stressed out. It can also make you think of happy moments from the past. It ____ⓐ____ not only the stomach but also the heart. Comfort foods ____ⓑ____ around the world. Let's see what comfort foods our international readers enjoy.

[보기]	cool	differ	satisfy
	share	happen	disappear

ⓐ _____ ⓑ _____

20 다음 글을 읽고, 주어진 질문에 알맞은 답을 완전한 영어 문장으로 쓰시오.

> **Jessica from USA**
> My comfort food is chicken soup. In the USA, people eat this soup when they have a cold. When I was a small child, I caught a very bad cold. My father made me a bowl of chicken soup so that I could get well. The hot soup warmed my body, and I slowly started to feel better. It was also very tasty. Now, when I catch a cold, I eat chicken soup.

(1) What is Jessica's comfort food?
→ _____

(2) What do American people eat when they have a cold?
→ _____

(3) What happened when Jessica ate the chicken soup that her father made for her?
→ _____

[21~22] 다음 글을 읽고, 물음에 답하시오.

> **Simon from France**
> I have many comfort foods, but I love madeleines the most. A madeleine is a small cake ⓐthat looks like a sea shell. People in France enjoy madeleines as an afternoon snack. My grandmother always makes madeleines ⓑfor me when I visit her. They taste best when they come right out of the oven. Then the kitchen is filled with a sweet smell. I especially like ⓒeating her orange madeleines with a cup of tea. Every time I see or smell madeleines, I think of my grandmother.
> Let me ⓓto share my grandmother's special recipe with you ⓔso that you can make orange madeleines, too. Maybe madeleines will become a comfort food for you!

21 윗글의 밑줄 친 ⓐ~ⓔ 중 어법상 틀린 것을 골라 기호를 쓰고, 바르게 고쳐 쓰시오.

( ) → _____

22 윗글의 내용과 일치하도록 Simon과 미나의 대화를 완성하시오.

> Mina: What does a madeleine look like?
> Simon: It (1)_____.
> Mina: When does a madeleine taste best?
> Simon: It tastes best (2)_____
> _____.
> Mina: Who does a madeleine make you think of?
> Simon: It always makes (3)_____
> _____.

Listen and Talk D

교과서 31쪽

I like Italian food, so ❶I'd like to go to Taste of Italy. At the restaurant, I'd like to order a potato pizza. For a drink, I'd like to order an orange juice.

나는 이탈리아 음식을 좋아해서 Taste of Italy에 가고 싶어. 그 식당에서 나는 감자 피자를 주문하고 싶어. 음료는 오렌지 주스를 주문하고 싶어.

❶ I'd는 I would를 줄인 말로, 「would like to＋동사원형」은 '~하고 싶다'라는 의미를 나타내며 「want to＋동사원형」과 바꿔 쓸 수 있다.

Around the World

교과서 39쪽

1. **Mexico − Taco:** This is a kind of sandwich with a shell which ❶is made from corn.
2. **Italy − Supplì:** This is a fried rice ball which has cheese inside.
3. **Indonesia − Satay:** This stick food ❷is usually made with chicken.

1. 멕시코 − Taco: 이것은 옥수수로 만든 껍질로 싸인 일종의 샌드위치이다.
2. 이탈리아 − Supplì: 이것은 안에 치즈가 들어 있는 튀긴 주먹밥이다.
3. 인도네시아 − Satay: 이 꼬치 음식은 보통 닭고기로 만든다.

❶ be made from: (화학적 변화) ~로 만들어지다
❷ be made with: (재료) ~로 만들어지다

Language in Use

교과서 40쪽

April 13, 2020

Today ❶we had lots of rain, so we had to stay at home all day. My sister cooked Tteokbokki for lunch. It was hot but tasty. After lunch, I ❷felt very tired and sleepy, so I ❸took a nap.

2020년 4월 13일

오늘은 비가 많이 와서 우리는 하루 종일 집에 있어야 했다. 누나가 점심 식사로 떡볶이를 요리했다. 그것은 매웠지만 맛있었다. 점심 식사 후에 나는 매우 피곤하고 졸려서 낮잠을 잤다.

❶ 비가 많이 왔다는 표현으로, lots of 뒤에는 형용사 rainy가 아닌 명사 rain이 온다. lots of 뒤에는 셀 수 있는 명사의 복수형과 셀 수 없는 명사가 모두 올 수 있다.
❷ feel은 감각동사로 쓰여 '~하게 느끼다'라는 의미를 나타내며 뒤에는 주격보어로 형용사가 온다.
❸ take a nap: 낮잠을 자다

Think and Write

교과서 42쪽

My Comfort Food

My comfort food is chocolate. I usually eat it when I feel bad. ❶Recently, I didn't do well on a test and got stressed out. I went to the store and bought some chocolate. After eating the sweet chocolate, I felt better. ❷Eating chocolate makes me feel good.

나의 Comfort Food

나의 comfort food는 초콜릿이다. 나는 기분이 좋지 않을 때 보통 그것을 먹는다. 최근에 나는 시험을 잘 보지 못해서 스트레스를 받았다. 나는 가게에 가서 초콜릿을 샀다. 달콤한 초콜릿을 먹고 난 후 나는 기분이 나아졌다. 초콜릿을 먹는 것은 나를 기분 좋게 한다.

❶ recently는 '최근에'라는 의미의 부사이고, do well on은 '~을 잘하다'라는 의미이다.
❷ 「사역동사 make＋목적어＋목적격보어(동사원형)」의 형태로 쓰인 5형식 문장이며, 동명사구(Eating chocolate)가 주어이므로 동사는 단수 동사(makes)를 사용한다.

실전 TEST

[01~02] 다음 글을 읽고, 물음에 답하시오.

> I like Italian food, so I'd like to go to Taste of Italy. At the restaurant, ⓐI'd like to order a potato pizza. For a drink, ⓑI'd like to order an orange juice.

01 윗글의 밑줄 친 ⓐ와 바꿔 쓸 수 있는 것을 모두 고르면?

① I had
② I ordered
③ I'd like to have
④ I want to order
⑤ I would not order

02 윗글의 밑줄 친 ⓑ가 대답이 될 수 있는 질문으로 알맞은 것은?

① Can I get an orange juice?
② Do you have anything to eat?
③ Is the order for here or to go?
④ What kind of pizza would you like?
⑤ What would you like to order for a drink?

03 다음 글의 빈칸 ⓐ와 ⓑ에 들어갈 말이 순서대로 바르게 짝지어진 것은?

> - **Taco:** This is a kind of sandwich with a shell which is made ____ⓐ____ corn.
> - **Supplì:** This is a fried rice ball which has cheese inside.
> - **Satay:** This stick food is usually made ____ⓑ____ chicken.

① on – with
② on – in
③ from – in
④ from – with
⑤ in – with

04 다음 글의 밑줄 친 ⓐ~ⓔ 중 흐름상 어색한 것은?

> Today ⓐwe had lots of rain, so ⓑwe had to stay at home all day. ⓒMy sister cooked Tteokbokki for lunch. ⓓIt was hot but tasty. After lunch, I felt very tired and sleepy, so ⓔI went hiking.

① ⓐ
② ⓑ
③ ⓒ
④ ⓓ
⑤ ⓔ

[05~06] 다음 글을 읽고, 물음에 답하시오.

> **My Comfort Food**
> My comfort food is chocolate. I usually eat it when I feel bad. Recently, I didn't do well on a test and got stressed out. I went to the store and bought some chocolate. After eating the sweet chocolate, I felt better. Eating chocolate 나를 기분 좋게 한다.

05 윗글의 밑줄 친 우리말과 의미가 같도록 [조건]에 맞게 영어로 쓰시오.

> [조건] 1. make와 feel을 어법에 맞게 사용할 것
>   2. 4단어로 쓸 것

→ _____

06 윗글을 읽고 답할 수 <u>없는</u> 질문은?

① What is the writer's comfort food?
② What does the writer eat when he or she feels bad?
③ Why did the writer get stressed out recently?
④ How much did the writer spend buying his or her comfort food?
⑤ When did the writer feel better?

Words
고득점 맞기

01 다음 괄호 안에서 알맞은 것을 고르시오.

(1) He made me a (bowl / loaf) of potato soup.

(2) The room was (full / filled) with the smell of roses.

(3) John was (stressed out / satisfied) because of too much homework.

02 다음 영영풀이에 해당하는 단어가 순서대로 바르게 짝지어진 것은?

- a powder used for making bread and cakes
- an amount that you can measure or count

① chip – item   ② pour – mass
③ floor – quality   ④ flour – quantity
⑤ mixture – total

03 다음 우리말과 일치하도록 빈칸에 알맞은 단어를 쓰시오.

너는 베이컨이 바삭해 질 때까지 구워야 한다.

→ You have to bake the bacon until it is _____.

04 다음 빈칸에 공통으로 들어갈 말로 알맞은 것은?

- The news made my heart _____ fast.
- Korea _____ Japan in the soccer game.
- Fred _____ the eggs to make an omelette.

① won   ② beat   ③ mixed
④ washed   ⑤ defeated

05 다음 문장의 밑줄 친 부분과 바꿔 쓸 수 있는 단어를 [보기]에서 골라 쓰시오.

[보기]	set	choose	repair
	highly	lately	finally

(1) My brother helped me <u>fix</u> my bike.

→ _____

(2) Have you seen any sci-fi movies <u>recently</u>?

→ _____

06 다음 중 밑줄 친 부분의 우리말 뜻이 알맞지 <u>않은</u> 것은?

① Every morning my dog <u>wakes up</u> my family.
(~을 깨우다)
② You have to <u>write down</u> the phone numbers.
(~을 적다)
③ It is important to be <u>in time</u> for the interview.
(시간에 맞춰)
④ The song makes me <u>feel better</u> when I'm down. (최선을 다하다)
⑤ He had to go to work by bus because his car <u>broke down</u>. (고장 났다)

07 다음 빈칸에 들어갈 말이 순서대로 바르게 짝지어진 것은?

- The device looked similar _____ a basketball.
- The bill comes _____ 200 dollars including tax.
- I was worried because I didn't do well _____ my math exam.

① at – to – to   ② to – on – at
③ to – to – on   ④ on – to – on
⑤ on – on – at

08 다음 짝지어진 단어의 관계가 같도록 빈칸에 알맞은 단어를 쓰시오.

appear : disappear = freeze : _____

09 다음 중 단어의 성격이 같은 것끼리 짝지어진 것은?

① rainy – friendly – satisfy
② satisfy – sleepy – salty
③ friendly – tasty – sleepy
④ tasty – heavy – already
⑤ already – healthy – difficulty

10 다음 영영풀이에 해당하는 단어를 사용하여 문장을 완성하시오. (단, 과거시제로 쓸 것)

> *v.* to have, use, or enjoy together with one or more others

> After we cut the walnut pie, we _____ the pieces equally.

11 다음 중 밑줄 친 단어의 쓰임이 어색한 것은?

① James poured the milk into a glass.
② Fortunately, she caught the last bus.
③ My mother made kiwi juice for desert.
④ These potato chips are not crisp anymore.
⑤ Eating too much is not good for your stomach.

12 다음 단어의 영영풀이를 완성할 때 빈칸에 들어갈 말로 알맞은 것은?

> **international**: between or involving different
> _____

① jobs ② people ③ cities
④ opinions ⑤ countries

13 다음 중 밑줄 친 부분의 의미가 같은 것끼리 짝지어진 것은?

> ⓐ Bulgogi is a popular Korean dish.
> ⓑ Kate dropped a dish, and it broke.
> ⓒ There is a piece of cake on the dish.
> ⓓ I've never tried this dish before. It looks tasty.
> ⓔ The kitchen sink was filled with dirty dishes.

① ⓐ, ⓑ – ⓒ, ⓓ, ⓔ
② ⓐ, ⓓ – ⓑ, ⓒ, ⓔ
③ ⓑ, ⓔ – ⓐ, ⓒ, ⓓ
④ ⓐ, ⓒ, ⓓ – ⓑ, ⓔ
⑤ ⓑ, ⓓ, ⓔ – ⓐ, ⓒ

14 다음 밑줄 친 단어의 영영풀이로 알맞은 것은?

> If you have your receipt, you can get a refund.

① a combination of two or more different things
② a piece of paper fixed to a product, showing its price
③ a thin, crisp slice of food that has been baked or fried
④ a list of ingredients and instructions for making food
⑤ a piece of paper which shows that you have paid for something

15 다음 빈칸에 들어갈 단어가 아닌 것은?

> ⓐ The bill must _____ tax.
> ⓑ Lemon _____ can make a dirty shirt white.
> ⓒ He suddenly _____(e)d, so I couldn't talk to him.
> ⓓ The _____ was very delighted with the performance.

① differ ② peel ③ include
④ audience ⑤ disappear

영작하기

• 주어진 우리말과 일치하도록 교과서 대화문을 쓰시오.

Listen and Talk A-1

W:_____

B: _____

W:_____

B: _____

W:_____

B: _____

교과서 30쪽

해석

W: Italian Food에 오신 것을 환영합니다. 무엇을 주문하시겠어요?

B: 버섯 피자 하나 주세요.

W: 그게 전부인가요?

B: 네.

W: 여기에서 드시겠어요, 아니면 가져가시겠어요?

B: 여기에서 먹을게요.

Listen and Talk A-2

W:_____

B: _____

W:_____

B: _____

W:_____

B: _____

교과서 30쪽

W: 안녕하세요. 주문하시겠어요?

B: 네. 케이크 한 조각 주세요.

W: 어떤 종류의 케이크를 드시겠어요?

B: 초콜릿 케이크로 주세요.

W: 여기에서 드시겠어요, 아니면 가져가시겠어요?

B: 가져갈게요. 고맙습니다.

Listen and Talk A-3

W:_____

B: _____

W:_____

B: _____

W:_____

B: _____

교과서 30쪽

W: 안녕하세요. 무엇을 주문하시겠어요?

B: 만둣국 주세요.

W: 마실 것을 주문하시겠어요?

B: 네. 물 한 병 주세요.

W: 여기에서 드시겠어요, 아니면 가져가시겠어요?

B: 가져갈게요.

Listen and Talk A-4

W:_____

B: _____

W:_____

B: _____

W:_____

B: _____

교과서 30쪽

W: 안녕하세요. 무엇을 주문하시겠어요?

B: 핫도그 한 개와 우유 하나 주세요.

W: 더 필요하신 것이 있으세요?

B: 아니요, 괜찮아요.

W: 여기에서 드시겠어요, 아니면 가져가시겠어요?

B: 가져갈게요. 고맙습니다.

Listen and Talk C

M: _____

G: _____

M: _____

G: _____

M: _____

G: _____

M: _____

G: _____

M: _____

G: _____

해석

교과서 31쪽

M: Sandwich Place에 오신 것을 환영합니다. 무엇을 주문하시겠어요?

G: 저는 햄버거 한 개를 주시고, 동생은 치킨 샌드위치 한 개를 주세요.

M: 더 필요한 것이 있으세요?

G: 샐러드 한 개 주세요.

M: 알겠습니다. 그러면 그게 전부인가요?

G: 아니요, 물도 두 병 주세요.

M: 여기에서 드시겠어요, 아니면 가져가시겠어요?

G: 여기에서 먹을게요.

M: 모두 12달러입니다.

G: 네. 여기 있습니다.

Talk and Play

A: _____

B: _____

A: _____

B: _____

A: _____

B: _____

교과서 32쪽

A: Dessert World에 오신 것을 환영합니다. 주문하시겠어요?

B: 네. 도넛 두 개 주세요.

A: 마실 것을 주문하시겠어요?

B: 네, 오렌지 주스 하나 주세요.

A: 여기에서 드시겠어요, 아니면 가져가시겠어요?

B: 여기에서 먹을게요.

Review - 1

M: _____

G: _____

M: _____

G: _____

M: _____

G: _____

교과서 44쪽

M: 안녕하세요. 주문하시겠어요?

G: 네. 치킨 샐러드 하나 주세요.

M: 그게 전부인가요?

G: 네.

M: 여기에서 드시겠어요, 아니면 가져가시겠어요?

G: 가져갈게요.

Review - 2

W: _____

B: _____

W: _____

B: _____

W: _____

B: _____

교과서 44쪽

W: 안녕하세요. 무엇을 주문하시겠어요?

B: 샌드위치 한 개 주세요.

W: 마실 것을 주문하시겠어요?

B: 네. 우유 하나 주세요.

W: 그게 전부인가요?

B: 네. 고맙습니다.

STEP B

01 다음 대화의 빈칸에 들어갈 말로 알맞지 <u>않은</u> 것을 <u>모두</u> 고르면?

> A: Hello. _____
> B: I'd like to order two egg sandwiches.
> A: Would you like anything to drink?
> B: Yes. One hot chocolate, please.

① Are you ready to order?
② How did you like your food?
③ What did you have for lunch?
④ What would you like to have?
⑤ What would you like to order?

02 자연스러운 대화가 되도록 (A)~(D)를 바르게 배열하시오.

> A: Welcome to Dessert World. May I take your order?
> (A) Is it for here or to go?
> (B) Yes, please. I'd like to order two doughnuts.
> (C) Would you like anything to drink?
> (D) Yes, one orange juice, please.
> B: For here, please.

(   ) – (   ) – (   ) – (   )

03 다음 대화의 밑줄 친 ①~⑤ 중 흐름상 <u>어색한</u> 것은?

> A: Hello. ①<u>Are you ready to order?</u>
> B: Yes, please. ②<u>I'd like a piece of cake.</u>
> A: ③<u>What kind of drink would you like?</u>
> B: Chocolate cake, please.
> A: ④<u>For here or to go?</u>
> B: ⑤<u>To go, please.</u> Thank you.

①   ②   ③   ④   ⑤

04 다음 중 짝지어진 대화가 <u>어색한</u> 것을 <u>모두</u> 고르면?

① A: Will that be all?
   B: It's for here, please. Thank you.
② A: How much is it all together?
   B: The total comes to 22 dollars.
③ A: May I take your order?
   B: I'd like to pay by credit card.
④ A: Would you like anything to drink?
   B: Yes, I'll have a cup of coffee.
⑤ A: Are you ready to order?
   B: Yes. I want a hamburger and a coke.

[05~06] 다음 대화를 읽고, 물음에 답하시오.

> A: Hello. What would you like to order?
> B: I'd like to order Manduguk.
> A: <u>Would you like anything to drink?</u>
> B: Yes, one bottle of water, please.
> A: Is it for here or to go?
> B: It's to go, please.

05 위 대화의 밑줄 친 문장과 바꿔 쓸 수 있는 것은?

① How can I help you?
② How do you want it?
③ May I take your order?
④ Which drink do you like best?
⑤ Would you like anything else?

06 위 대화의 내용과 일치하는 것은?

① 식당에 온 손님끼리 나누는 대화이다.
② 손님은 만둣국을 주문하였다.
③ 손님은 마실 것을 따로 주문하지 않았다.
④ 물은 손님에게 무료로 제공되었다.
⑤ 손님은 음식을 식당에서 먹을 것이다.

124 Lesson 2 Food for the Heart

서술형

07 다음 대화의 빈칸에 들어갈 알맞은 말을 [조건]에 맞게 두 개 쓰시오.

> A: Welcome to Italian Food. _____
> B: Yes, I want to order a mushroom pizza.
> A: Will that be all?
> B: Yes.
> A: Is the order for here or to go?
> B: For here, please.

> [조건] 1. 두 문장 모두 order를 반드시 사용할 것
> 　　　 2. 두 문장 모두 5단어로 쓸 것

(1) _____

(2) _____

08 다음 주문서의 내용과 일치하도록 대화를 완성하시오.

Order Sheet

Food & Drinks	Quantity	Price
hot dog	1	$5
milk	1	$3
Total	2	$8

☐ Here　　　☑ Take-out

> A: Hello. What would you like to order?
> B: (1)_____
> A: Would you like anything else?
> B: No, thank you.
> A: For here or to go?
> B: (2)_____
> A: The total (3)_____.
> B: OK. Here you are.

[09~11] 다음 대화를 읽고, 물음에 답하시오.

> Clerk: Welcome to Sandwich Place. What would you like to order?
> Somi: I'd like to have a hamburger, and she'll have a chicken sandwich.
> Clerk: _____ (would, else, anything)
> Somi: One salad, please.
> Clerk: OK, then will that be all?
> Somi: No, I'd like to order two bottles of water.
> Clerk: Is it for here or to go?
> Somi: It's for here, please.
> Clerk: The total comes to 12 dollars.
> Somi: OK. Here you are.

09 Fill in the blank above to complete the dialog using the given words.

→ _____

10 According to the dialog above, answer the questions in complete English sentences.

(1) Where will Somi eat her food?

→ _____

(2) How much did Somi pay in total?

→ _____

11 위 대화의 내용과 일치하지 <u>않는</u> 부분을 <u>두 군데</u> 찾아 바르게 고쳐 쓰시오.

> Somi ordered a hamburger, a chicken sandwich, and one biscuit. She also ordered two cokes to drink.

(1) _____ → _____

(2) _____ → _____

G ▶ Grammar 고득점 맞기

01 다음 빈칸에 들어갈 말로 알맞지 <u>않은</u> 것은?

> They _____ him pay for the damage.

① let ② had ③ made
④ helped ⑤ wanted

02 다음 중 나머지와 의미가 <u>다른</u> 문장은?

① I practiced hard to win the race.
② I practiced hard so as to win the race.
③ I practiced hard in order to win the race.
④ I practiced so hard that I could win the race.
⑤ I practiced hard so that I could win the race.

03 Which pair of words is correct for the blanks?

> • They let Anne _____ in the street.
> • Mom got me _____ her shoulders.
> • Kelly had Tom _____ a picture of her.

① sing – massage – take
② sing – to massage – take
③ sing – to massage – to take
④ to sing – massage – to take
⑤ to sing – to massage – to take

04 다음 중 어법상 올바른 문장은?

① I let my brother wears my new cap.
② Mom had we take care of the dogs.
③ He ran fast so that he wouldn't miss the bus.
④ Pinocchio's lie made his nose getting longer.
⑤ Please speak louder because I can hear your voice.

05 다음 두 문장의 의미가 같도록 할 때, 빈칸에 들어갈 말로 알맞은 것은?

> Amy walked quietly not to wake up her sister.
> = Amy walked quietly _____.

① that she would wake up her sister
② so that she won't wake up her sister
③ that she wouldn't wake up her sister
④ so that she would wake up her sister
⑤ so that she wouldn't wake up her sister

06 다음 빈칸에 to가 들어갈 수 <u>없는</u> 것을 <u>모두</u> 고르면?

① I asked Daniel _____ move the flowerpots.
② The kids watched the balloons _____ go up in the air.
③ They all helped me _____ become class president.
④ She got her son _____ wash his hands before eating.
⑤ The coach made the players _____ run around the playground.

07 다음 우리말을 영어로 바르게 옮긴 것을 <u>모두</u> 고르면?

> 그는 긴장을 풀기 위해 따뜻한 목욕을 했다.

① He took a warm bath to relax.
② He could relax, so he took a warm bath.
③ He took a warm bath so that he could relax.
④ He took a warm bath because he could relax.
⑤ He took such a warm bath that he could relax.

08 고난도 다음 문장을 괄호 안의 단어를 사용하여 한 문장으로 바꿔 쓸 때, 4번째로 올 단어로 알맞은 것은?

> Tom said to me, "You can ride my bike."
> → _____ (let)

① to ② me ③ let
④ his ⑤ ride

고난도

09 다음 우리말과 의미가 같도록 할 때, 밑줄 친 ⓐ~ⓔ 중 어법상 **틀린** 부분을 찾아 바르게 고친 것은?

> 너는 다른 사람들이 쉽게 이해할 수 있도록 네 의견을 명확하게 표현해야 해.
> →You ⓐshould express your opinions ⓑclearly ⓒthat others ⓓcan easily ⓔunderstand them.

① ⓐ → shouldn't　　② ⓑ → so clearly

③ ⓒ → so that　　　④ ⓓ → to

⑤ ⓔ → understanding

10 다음 중 밑줄 친 **made**의 쓰임이 [보기]와 **다른** 것은?

> [보기] He made me take part in the festival.

① The dress made me look better.

② It made people stay in the store longer.

③ What made you volunteer for this work?

④ Her success made her parents feel happy.

⑤ He made his children a swing in the garden.

11 다음 중 빈칸에 **so that**이 들어갈 수 **없는** 것은?

① Bring your selfie stick _____ you can take selfies.

② She helped him _____ he could finish his homework.

③ Tom applied for a passport _____ he could travel abroad.

④ I was not sure _____ I could do well on the test.

⑤ They closed the window _____ fine dust wouldn't come in.

한 단계 더!

12 Which underlined part is NOT grammatically correct?

① Mom had me empty the wastebasket.

② The drink will help you to stay awake.

③ They got us to recycle paper and plastic.

④ My sister let me to wear her new T-shirt.

⑤ The doctor did his best to make her get well.

고난도

13 다음 중 어법상 **틀린** 문장끼리 짝지어진 것은?

> ⓐ The music made me feel sad.
> ⓑ I waved my hand so that he could see me.
> ⓒ Let me to share my secret recipe with you.
> ⓓ She went to France so that she can learn baking.
> ⓔ I'll keep the salad in the refrigerator so that it won't go bad.

① ⓐ, ⓑ　　　　　② ⓐ, ⓒ

③ ⓑ, ⓒ, ⓔ　　　④ ⓒ, ⓓ

⑤ ⓓ, ⓔ

신유형

14 다음 중 어법상 **틀린** 부분을 **모두** 찾아 바르게 고친 것은?

> ⓐ Leave early that you can arrive in time.
> ⓑ Dad gave me a key so that I could drive his car.
> ⓒ Grandpa had me to water the vegetables in his garden.
> ⓓ The restaurant didn't let people bring their pets.

① ⓐ that → so that

② ⓑ so → such

③ ⓐ that → so that, ⓒ to water → water

④ ⓒ to water → water, ⓓ bring → to bring

⑤ ⓑ so → such, ⓓ bring → to bring

고 /난도 한 단계 더!

15 식당의 주방장이 각 요리사들에게 할 일을 지시하고 있는 다음 그림을 보고, [보기]와 같이 문장을 완성하시오.

Paul, prepare pans and dishes.
(1) Lisa, wash vegetables and fruit.
(2) Jenny, peel potatoes and onions.
(3) Mike, mix flour with milk.

[보기] The chef got Paul to prepare pans and dishes.

(1) The chef had _____.

(2) The chef made _____.

(3) The chef told _____.

16 ⟨A⟩와 ⟨B⟩에서 의미가 자연스럽게 연결되는 문장을 하나 씩 골라 **so that**을 사용하여 한 문장으로 쓰시오.

A (1) I opened the window.
(2) I stayed out all night.
(3) She gave me her number.

B • I could call her.
• I could breathe in the fresh air.
• I could watch shooting stars.

(1) _____

_____

(2) _____

_____

(3) _____

17 다음 대화의 내용과 일치하도록 문장을 완성하시오.

(1)
Junsu: Mina, don't forget to return the book by Friday.
Mina: OK, I will.

→ Junsu had Mina _____

_____.

(2)
Jack: Mom, can I go camping with my friends tomorrow?
Mom: Yes, you can. But you should clean your room first.

→ Jack's mom let Jack _____

_____, but she made

_____ first.

고 /난도
18 다음 예나 가족의 올해 계획을 읽고, [조건]에 맞게 문장을 완성하시오.

New Year's Resolutions

Dad: I want to stay healthy. I will exercise every day.

Mom: I want to swim well. I will take a swimming class.

Yena: I want to buy my own computer. I will save money.

[조건] 1. so that을 사용하여 한 문장으로 완성할 것
2. so that절에는 조동사 can을 사용할 것

(1) Dad will _____.

(2) Mom will _____.

(3) Yena will _____.

• 주어진 우리말과 일치하도록 문장을 쓰시오.

01 _____

comfort food는 여러분이 슬프거나 화가 나거나 스트레스를 받을 때 기분을 좋게 해 주는 음식이다.☆

02 _____

그것은 또한 여러분이 과거의 행복한 순간들을 떠올리게 할 수도 있다.☆

03 _____

그것은 위뿐만 아니라 마음도 충족해 준다.

04 _____

comfort food는 전 세계적으로 다양하다.

05 _____

세계 여러 나라의 우리 독자들은 어떤 comfort food를 즐기는지 알아보자.

06 _____

나의 comfort food는 치킨 수프야.

07 _____

미국에서는, 사람들이 감기에 걸렸을 때 이 수프를 먹어.

08 _____

어린아이였을 때, 나는 매우 심한 감기에 걸렸어.

09 _____

아버지는 내가 나을 수 있도록 치킨 수프 한 그릇을 만들어 주셨어.☆

10 _____

그 뜨거운 수프가 내 몸을 따뜻하게 해 주었고, 나는 서서히 몸이 나아지기 시작했어.

11 _____

그 수프는 맛도 아주 좋았어.

12 _____

지금도, 나는 감기에 걸릴 때 치킨 수프를 먹어.

13 _____

브라질에는, 감자와 비슷한 채소인 카사바로 만든 요리가 많아.

14 _____

나는 카사바 칩을 가장 좋아해.

15 _____

언젠가 내가 학교에서 안 좋은 일이 있어서 스트레스를 받았을 때, 내 가장 친한 친구가 나에게 카사바 칩 한 봉지를 사 줬어.

16 _____

그 칩을 먹기 시작했을 때, 내 스트레스가 갑자기 사라졌어.

17 _____

칩을 먹을 때 나는 바삭하는 소리는 내 기분이 더 좋아지게 만들었어.☆

18 _____

지금도, 나는 스트레스를 받을 때마다 카사바 칩을 먹어.

19 _____

그러면 기분이 다시 좋아져!

20 _____

나는 comfort food가 많아, 하지만 마들렌을 가장 좋아해.

21 _____

마들렌은 조개껍데기처럼 생긴 작은 케이크야.

22 _____

프랑스 사람들은 오후 간식으로 마들렌을 즐겨 먹어.

23 _____

우리 할머니는 내가 할머니 댁에 갈 때 항상 마들렌을 만들어 주셔.

24 _____

마들렌은 오븐에서 막 나올 때 가장 맛있어.

25 _____

그러면 부엌은 달콤한 냄새로 가득 차.

26 _____

나는 특히 차 한 잔과 함께 할머니의 오렌지 마들렌을 먹는 것을 좋아해.

27 _____

나는 마들렌을 보거나 냄새를 맡을 때마다 우리 할머니가 생각나.

28 _____

너희들도 오렌지 마들렌을 만들 수 있도록 우리 할머니의 특별한 요리법을 공유할게.☆

29 _____

아마 마들렌이 너희에게도 comfort food가 될 거야!

30 _____

할머니의 특별한 요리법: 오렌지 마들렌

31 _____

필요한 재료: 밀가루 1컵, 설탕 2/3컵, 달걀 2개, 오렌지 껍질 조금, 버터 1/4컵, 소금 1/8 티스푼

32 _____

❶ 버터를 녹여서 식히세요.☆

33 _____

❷ 달걀, 설탕, 소금을 그릇에 넣고 휘저으세요.

34 _____

❸ 그 그릇에 밀가루를 넣고 섞으세요.

35 _____

❹ 반죽에 버터와 오렌지 껍질을 넣고 섞으세요.

36 _____

❺ 반죽을 마들렌 팬에 부으세요.

37 _____

❻ 오븐에서 10~15분 동안 구우세요.

Reading
고득점 맞기

[01~02] 다음 글을 읽고, 물음에 답하시오.

Comfort food is food that makes you ___ⓐ___ good when you are sad, angry, or stressed out. It can also ___ⓑ___ you think of happy moments from the past. It satisfies not only the stomach but also the heart. Comfort foods differ around the world. Let's see what comfort foods our international readers enjoy.

01 윗글의 빈칸 ⓐ와 ⓑ에 들어갈 말이 순서대로 바르게 짝지어진 것은?

① feel – get
② feel – make
③ to feel – get
④ to feel – make
⑤ feeling – get

02 윗글의 뒤에 이어질 내용으로 가장 알맞은 것은?

① what comfort food is
② a variety of healthy foods
③ the origin of comfort foods
④ Koreans' favorite comfort foods
⑤ various comfort foods around the world

[03~05] 다음 글을 읽고, 물음에 답하시오.

Jessica from USA

My comfort food is chicken soup. In the USA, people eat this soup when they have a cold. When I was a small child, I caught a very bad cold. My father ⓐ<u>made</u> me a bowl of chicken soup so that I could get (A) well / worse . The hot soup (B) cooled / warmed my body, and I slowly started to feel better. It was also very (C) tasty / salty . Now, when I catch a cold, I eat chicken soup.

03 윗글의 밑줄 친 ⓐ<u>made</u>와 쓰임이 같은 것을 모두 고르면?

① He <u>made</u> his family a special meal.
② My mother <u>made</u> me walk the dog.
③ Sally <u>made</u> her mother a traditional dress.
④ The blue walls <u>made</u> the room look larger.
⑤ Inventions <u>made</u> our lives more comfortable.

04 윗글 (A)~(C)의 각 네모 안에 주어진 말 중 문맥상 알맞은 것끼리 바르게 짝지어진 것은?

	(A)	(B)	(C)
①	well	cooled	tasty
②	well	warmed	tasty
③	well	warmed	salty
④	worse	warmed	tasty
⑤	worse	cooled	salty

05 Which is NOT true according to the passage above? Choose two.

① Jessica's comfort food is chicken soup.
② Americans eat chicken soup when they catch a cold.
③ Jessica had a bad cold in her childhood.
④ Jessica's mother made chicken soup for Jessica when she was sick.
⑤ Jessica used to eat chicken soup, but she doesn't eat it anymore.

Maria from Brazil

In Brazil, there are many dishes that ⓐare made with cassava, a vegetable similar to a potato. I love cassava chips the most. Once when I had a bad day at school and felt stressed out, my best friend bought a bag of cassava chips ⓑto me. When I started ⓒto eat the chips, _____(A)_____. The crisp sound of ⓓeating chips made me ⓔfelt better. Now, every time I'm stressed out, I eat cassava chips. Then I feel good again!

06 윗글의 밑줄 친 ⓐ~ⓔ 중 어법상 틀린 것을 찾아 바르게 고쳐 쓴 것을 모두 고르면?

① ⓐ → is
② ⓑ → for me
③ ⓒ → eat
④ ⓓ → to eat
⑤ ⓔ → feel

고난도 신유형
07 다음 영영풀이 중 해당하는 단어가 윗글에 없는 것은?

① a certain kind of prepared food
② firm but breaking easily into pieces
③ looking or being almost the same, although not exactly
④ a pleasant feeling of being relaxed and free from pain
⑤ a thin, crisp slice of food that has been baked or fried

08 Which is suitable for the blank (A) in the passage above?

① I felt more stressed out
② I became more depressed
③ I myself wanted to make them
④ my stress suddenly disappeared
⑤ I suddenly remembered my friend

Simon from France

(①) I have ⓐmany comfort foods, but I love madeleines the most. A madeleine is a small cake ⓑthat looks like a sea shell. (②) People in France enjoy madeleines as an afternoon snack. My grandmother always makes madeleines for me when I visit her. (③) Then the kitchen ⓒis filled with a sweet smell. I especially like eating her orange madeleines with a cup of tea. ⓓEvery time I see or smell madeleines, I think of my grandmother.

(④) Let me share my grandmother's special recipe with you so that you can make orange madeleines, too. ⓔMaybe madeleines will become a comfort food for you! (⑤)

09 윗글의 ①~⑤ 중 주어진 문장이 들어갈 위치로 알맞은 것은?

> They taste best when they come right out of the oven.

①　　②　　③　　④　　⑤

고난도
10 윗글의 밑줄 친 ⓐ~ⓔ와 바꿔 쓸 수 있는 말로 알맞지 않은 것은?

① ⓐ: a lot of
② ⓑ: which
③ ⓒ: is full of
④ ⓓ: However
⑤ ⓔ: Perhaps

11 Which is the question that CANNOT be answered from the passage above?

① What is Simon's favorite comfort food?
② What does a madeleine look like?
③ Why do French people enjoy madeleines?
④ What does Simon enjoy madeleines with?
⑤ Who do madeleines remind Simon of?

12 다음 글의 밑줄 친 문장과 의미가 같도록 빈칸에 알맞은 말을 쓰시오.

> Comfort food is food that makes you feel good when you are sad, angry, or stressed out. It can also make you think of happy moments from the past. It satisfies not only the stomach but also the heart. Comfort foods differ around the world. Let's see what comfort foods our international readers enjoy.

→ It satisfies the heart _____ _____ _____ the stomach.

[13~14] 다음 글을 읽고, 물음에 답하시오.

Simon from France

I have many comfort foods, but I love madeleines the most. A madeleine is a small cake that looks like a sea shell. People in France enjoy madeleines as an afternoon snack. My grandmother always makes madeleines for me when I visit her. They taste best when they come right out of the oven. Then the kitchen is filled with a sweet smell. I especially like eating her orange madeleines with a cup of tea. Every time I see or smell madeleines, I think of my grandmother. Let me share my grandmother's special recipe with you so that you can make orange madeleines, too. Maybe madeleines will become a comfort food for you!

13 윗글을 읽고 답할 수 있는 질문을 골라 기호를 쓰고, 알맞은 답을 완전한 영어 문장으로 쓰시오.

> ⓐ What do madeleines taste like?
> ⓑ When do madeleines taste best according to Simon?
> ⓒ What do you make madeleines with?

( ) → _____

14 윗글의 내용과 일치하도록 빈칸에 알맞은 말을 쓰시오.

> Simon's favorite _____ _____ is madeleines. A madeleine looks like _____ _____ _____. He enjoys eating his grandmother's orange madeleines with _____. Madeleines remind Simon of _____ _____.

15 주어진 그림을 참고하여 다음 글의 빈칸에 알맞은 말을 [보기]에서 골라 쓰시오. (단, 중복 사용 불가)

> **Grandma's Special Recipe:**
> **Orange Madeleines**
> **You need:**
> - 1 cup of flour
> - 2 eggs
> - 1/4 cup of butter
> - 2/3 cup of sugar
> - some orange peel
> - 1/8 teaspoon of salt
>
>
> 1. _____ the butter and let it cool.
> 2. _____ the eggs, sugar, and salt in a bowl and _____.
> 3. Add the flour to the bowl and mix.
> 4. Add the butter and orange peel to the mixture and mix.
> 5. _____ the mixture into the madeleine pan.
> 6. _____ in the oven for 10 to 15 minutes.

[보기] pour   beat   melt   bake   put

서술형 100% TEST

01 각 영영풀이에 해당하는 단어를 [보기]에서 골라 쓰시오.

[보기]　satisfy　recipe　melt　peel

(1) _____ : the skin of a fruit or vegetable
(2) _____ : a list of ingredients and instructions for making food
(3) _____ : to change a solid substance into a liquid
(4) _____ : to please someone by giving them what they want

02 다음 우리말과 의미가 같도록 빈칸에 알맞은 말을 쓰시오.

(1) 콘서트홀은 많은 사람들로 가득 차 있다.
　→ The concert hall _____ _____ with many people.

(2) 네 가방은 모양과 색깔이 내 것과 비슷하다.
　→ Your bag is _____ _____ mine in shape and color.

(3) 나는 스트레스를 받을 때 음악을 듣는다.
　→ When I'm _____ _____, I listen to music.

(4) 그것은 학생들뿐만 아니라 교사도 만족시켜 주었다.
　→ It satisfied _____ _____ the students _____ _____ the teacher.

03 다음 글을 읽고, (1)~(4)의 각 네모 안에서 알맞은 것을 골라 쓰시오.

Today we had lots of (1) snow / snowy , so we had to stay at home all day. My sister cooked Bibimbap for lunch. It was not only (2) taste / tasty but also (3) health / healthy . After lunch, I felt very tired and (4) sleep / sleepy .

(1) _____　(2) _____

(3) _____　(4) _____

04 다음 주문서의 내용에 맞게 음식을 주문하는 대화를 완성하시오.

Order Sheet

Food & Drinks	Quantity
hot dog	2
salad	1
coke	1
☑ for here	☐ to go

A: Hello. What would you (1)_____ _____ _____ ?
B: I'd like to (2)_____ _____ _____ _____ and _____ _____ .
A: Would you like (3)_____ _____ _____ ?
B: Yes. I'd like a coke, please.
A: Is it for here or to go?
B: (4)_____ _____ _____ , please. Thank you.

05 다음 대화의 밑줄 친 우리말과 의미가 같도록 괄호 안의 말을 사용하여 대화를 완성하시오.

A: Hello. (1)주문하시겠습니까?
B: Yes, please. I'd like a sandwich.
A: What kind of sandwich would you like?
B: An egg sandwich, please.
A: Is it for here or to go?
B: (2)가져갈게요. Thank you.

(1) _____ (ready)

(2) _____ (please)

06 다음 글을 읽고, 글쓴이가 식당에서 음식을 주문하는 대화를 완성하시오.

> It was my birthday yesterday, so I went to a new Italian restaurant with my family. At the restaurant, we ordered a cream pasta and a potato pizza. For drinks, we ordered an orange juice and a coke. The food was very delicious, and we had a joyful birthday party there.

> A: May I take your order?
> B: Yes. (1)_____
> _____
>
> A: Would you like anything else?
> B: Yes. (2)_____
> _____
>
> A: Is the order for here or to go?
> B: (3)_____

[07~08] 다음 메뉴판을 보고, 물음에 답하시오.

Food			
Hamburger	$4	Egg Sandwich	$5
Pizza	$10	Chicken Sandwich	$6
Salad	$4	Hot Dog	$3

Drinks			
Orange Juice	$2	Coffee	$3
Milk	$2	Water	$1

Clerk: Hello. What would you like to order?
Girl: I'd like to have a hamburger, and she'll have a chicken sandwich.
Clerk: Would you like anything else?
Girl: Yes, I'd like to order two bottles of water.
Clerk: Is it for here or to go?
Girl: It's for here, please.
Clerk: _____ⓐ_____
Girl: OK. Here you are.

07 위 대화의 빈칸 ⓐ에 알맞은 말을 완성하시오.

→ The total _____ _____ _____ dollars.

08 위 대화의 내용과 일치하도록 주어진 질문에 알맞은 답을 완전한 영어 문장으로 쓰시오.

(1) How many sandwiches did the girl order?
→ _____

(2) Will the girl eat her food at the restaurant?
→ _____

09 다음 그림을 보고, 각 상황을 나타내는 문장을 괄호 안의 표현과 so that을 사용하여 완성하시오.

(1)

The tour guide _____
_____.
(could, walked slowly, follow, everyone)

(2)

Tom _____.
(studied hard, pass, could)

10 다음 글의 밑줄 친 ⓐ~ⓔ 중 어법상 틀린 것을 골라 바르게 고쳐 쓰고, 틀린 이유를 쓰시오.

> ⓐComfort food is food that makes you feel good when you are sad, angry, or stressed out. ⓑIt can also make you to think of happy moments from the past. ⓒIt satisfies not only the stomach but also the heart. ⓓComfort foods differ around the world. ⓔLet's see what comfort foods our international readers enjoy.

(1) 틀린 부분: ( ) _____ → _____

(2) 틀린 이유: _____
_____

11 Beth의 부모님이 Beth에게 보낸 다음 문자 메시지를 읽고, [보기]와 같이 문장을 완성하시오.

[보기] Dad made Beth walk the dog.

(1) Mom had _____.

(2) Mom let _____.

[12~13] 다음 글을 읽고, 물음에 답하시오.

Jessica from USA

My comfort food is chicken soup. In the USA, people eat this soup when they have a cold. When I was a small child, I caught a very bad cold. 아버지는 내가 나을 수 있도록 치킨 수프 한 그릇을 만들어 주셨어. The hot soup warmed my body, and I slowly started to feel better. It was also very tasty. Now, when I catch a cold, I eat chicken soup.

12 다음 주어진 말을 바르게 배열하여 윗글의 밑줄 친 우리말과 의미가 같도록 문장을 완성하시오.

a bowl of, me, well, chicken soup, I, made, so that, get, could

→ My father _____

_____.

13 윗글의 내용과 일치하도록 다음 글을 완성하시오.

Jessica's comfort food is (1)_____.
She eats it when she (2)_____.

[14~15] 다음 글을 읽고, 물음에 답하시오.

Maria from Brazil

In Brazil, there are many dishes that are made with cassava, a vegetable similar to a potato. I love cassava chips the most. Once when I had a bad day at school and felt stressed out, <u>my best friend bought me a bag of cassava chips</u>. When I started to eat the chips, my stress suddenly disappeared. The crisp sound of eating chips made me feel better. Now, every time I'm stressed out, I eat cassava chips. Then I feel good again!

14 윗글의 밑줄 친 문장과 의미가 같도록 단어 하나를 추가하여 쓰시오.

→ _____

15 다음 중 윗글의 내용과 일치하지 <u>않는</u> 것을 찾아 기호를 쓰고, 바르게 고쳐 문장을 다시 쓰시오.

ⓐ In Brazil, cassava is used in many different foods.
ⓑ When Maria was stressed out one day, she gave her best friend a bag of cassava chips.
ⓒ Maria eats cassava chips whenever she feels stressed out.

( ) → _____

[16~18] 다음 글을 읽고, 물음에 답하시오.

Simon from France

I have many comfort foods, but I love madeleines the most. A madeleine is a small cake that looks like a sea shell.

(A) Let me ⓐ<u>sharing</u> my grandmother's special recipe with you so that you can make orange madeleines, too.

(B) They taste best when they come right out of the oven. Then the kitchen is filled with a sweet smell. I especially like ⓑ<u>eat</u> her orange madeleines with a cup of tea. Every time I see or smell madeleines, I think of my grandmother.

(C) People in France enjoy madeleines as an afternoon snack. My grandmother always makes madeleines for me when I visit her.

Maybe madeleines will become a comfort food for you!

16 윗글의 흐름에 맞게 (A)~(C)를 바르게 배열하시오.

(   ) – (   ) – (   )

17 윗글의 밑줄 친 ⓐ와 ⓑ를 어법상 올바른 형태로 고쳐 쓰시오.

ⓐ _____ ⓑ _____

^고/_{난도}
18 윗글의 내용을 요약한 다음 글의 빈칸에 알맞은 말을 쓰시오.

When Simon visits his grandmother, she always _____ _____ madeleines. Therefore, Simon thinks of _____ _____ whenever he sees or _____ madeleines.

[19~20] 다음 글을 읽고, 물음에 답하시오.

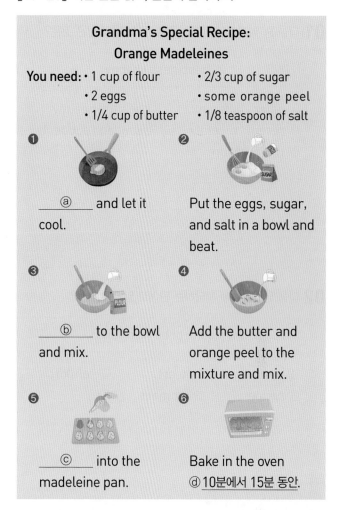

Grandma's Special Recipe: Orange Madeleines

You need:
- 1 cup of flour
- 2 eggs
- 1/4 cup of butter
- 2/3 cup of sugar
- some orange peel
- 1/8 teaspoon of salt

❶ ____ⓐ____ and let it cool.

❷ Put the eggs, sugar, and salt in a bowl and beat.

❸ ____ⓑ____ to the bowl and mix.

❹ Add the butter and orange peel to the mixture and mix.

❺ ____ⓒ____ into the madeleine pan.

❻ Bake in the oven ⓓ<u>10분에서 15분 동안</u>.

19 윗글의 그림을 보고, 빈칸 ⓐ~ⓒ에 들어갈 알맞은 말을 〈A〉와 〈B〉에 주어진 표현을 각각 한 번씩 사용하여 쓰시오.

A	**B**
· add	· the eggs
· melt	· the flour
· bake	· the butter
· pour	· the mixture

ⓐ _____

ⓑ _____

ⓒ _____

^고/_{난도}
20 윗글의 밑줄 친 우리말 ⓓ를 [조건]에 맞게 영어로 쓰시오.

[조건] 1. 전치사 2개를 사용할 것
       2. minutes를 포함하여 5단어로 쓸 것

→ _____

01 다음 중 짝지어진 단어의 관계가 [보기]와 같은 것은? 3점

> [보기]   happiness : happy

① differ : different   ② health : healthy
③ recent : recently   ④ sudden : suddenly
⑤ mix : mixture

02 다음 영영풀이에 해당하는 단어로 알맞은 것은? 2점

> a pleasant feeling of being relaxed

① peel   ② heart   ③ comfort
④ recipe   ⑤ moment

서술형 1
03 다음 빈칸에 들어갈 sleep의 알맞은 형태를 각각 쓰시오.
4점

> I'm still _____ even though I got a lot of
> _____ last night.

04 다음 중 밑줄 친 단어의 쓰임이 어색한 것은? 4점

① His opinion is similar to mine.
② I always like to eat crisp cookies.
③ She disappeared without a word.
④ The test result did not satisfy him.
⑤ You must remove the shell before you eat a
banana.

05 다음 대화의 빈칸에 들어갈 말로 알맞은 것은? 3점

> A: Hello. Are you ready to order?
> B: Yes, please. _____
> A: What kind of cake would you like?
> B: Chocolate cake, please.

① To go, please.
② No, thank you.
③ I'd like chocolate cake.
④ One bottle of water, please.
⑤ I want to order a piece of cake.

06 자연스러운 대화가 되도록 (A)~(D)를 바르게 배열한 것은?
4점

> A: Hello. What would you like to order?
> (A) Will that be all?
> (B) Yes. One milk, please.
> (C) I'd like to order a sandwich.
> (D) Would you like anything to drink?
> B: Yes. Thank you.

① (A) – (B) – (D) – (C)   ② (B) – (D) – (C) – (A)
③ (C) – (A) – (B) – (D)   ④ (C) – (D) – (B) – (A)
⑤ (D) – (B) – (A) – (C)

07 다음 대화의 빈칸에 들어갈 말로 알맞지 <u>않은</u> 것은? 3점

> A: _____
> B: Yes, I want a potato pizza.

① May I take your order?
② Are you ready to order?
③ Can I make an order now?
④ Would you like to order now?
⑤ Would you like anything else?

[08~10] 다음 대화를 읽고, 물음에 답하시오.

> A: Welcome to Sandwich Place. What would you like to order?
> B: I'd like to have a hamburger, and she'll have a chicken sandwich.
> A: Would you like anything else?
> B: One salad, please.
> A: OK, then will that be all?
> B: No, ⓐ<u>물을 두 병 주문하고 싶어요.</u>
> A: Is it _____ ⓑ _____ or to go?
> B: It's _____ ⓒ _____, please.
> A: The total comes to 12 dollars.
> B: OK. Here you are.

08 위 대화 속 손님이 주문하지 <u>않은</u> 것은?　　　3점

①
②
③
④
⑤

〔서술형 2〕

09 위 대화의 밑줄 친 우리말 ⓐ와 의미가 같도록 괄호 안의 표현을 사용하여 문장을 쓰시오.　　　5점

→ _____

(would like to, order, water)

10 위 대화의 빈칸 ⓑ와 ⓒ에 공통으로 들어갈 말로 알맞은 것은?　　　3점

① for you　　　② for here
③ to where　　　④ going out
⑤ to pay now

11 다음 그림의 상황을 나타내는 문장의 빈칸에 들어갈 말로 알맞은 것은?　　　3점

> Dad _____ me clean my room.

① had　　　② got　　　③ told
④ wanted　　　⑤ asked

12 다음 주어진 문장과 의미가 같은 것은?　　　3점

> I spoke loudly to make them hear me.

① I spoke too loudly for them to hear me.
② I spoke loudly until I made them hear me.
③ They couldn't hear me although I spoke loudly.
④ I spoke loudly so that I could make them hear me.
⑤ I spoke loudly because I could make them hear me.

13 다음 중 어법상 <u>틀린</u> 것은?　　　4점

① The book made Jenny cry.
② Dad doesn't let me going out at night.
③ I did my best so that my team could win.
④ Mom has me wash the dishes after dinner.
⑤ He started jogging every day so that he could get healthier.

[14~15] 다음 글을 읽고, 물음에 답하시오.

Comfort food is food _____ⓐ_____ when you are sad, angry, or stressed out. It can also make you think of happy moments from the past. It satisfies not only the stomach but also the heart. Comfort foods differ around the world. Let's see what comfort foods our international readers enjoy.

서술형**3**

14 윗글의 빈칸 ⓐ에 들어갈 말을 괄호 안의 단어들을 바르게 배열하여 쓰시오. 5점

→ _____

(feel, makes, that, you, good)

15 윗글의 제목으로 가장 알맞은 것은? 4점

① How to Be Happy
② What Is Comfort Food?
③ Happy Moments from the Past
④ Foods that Satisfy the Stomach
⑤ The World's Most Popular Comfort Food

[16~18] 다음 글을 읽고, 물음에 답하시오.

Jessica from USA

My comfort food is chicken soup. In the USA, people eat this soup when they have a cold. When I was a small child, I caught a very bad cold. My father made me a bowl of chicken soup ____ⓐ____ I could get well. The hot soup warmed my body, and I slowly started to feel better. ⓑIt was also very tasty. Now, when I catch a clold, I eat chicken soup.

16 윗글의 빈칸 ⓐ에 들어갈 말로 알맞은 것은? 3점

① that ② when ③ whether
④ so that ⑤ in order to

서술형**4**

17 윗글의 밑줄 친 ⓑIt이 가리키는 것을 20자 내외의 우리말로 쓰시오. 5점

→ _____

18 윗글을 읽고 답할 수 없는 질문은? 4점

① What is Jessica's comfort food?
② When do Americans eat chicken soup?
③ Who made chicken soup for Jessica?
④ How do you make chicken soup?
⑤ When does Jessica eat chicken soup?

[19~20] 다음 글을 읽고, 물음에 답하시오.

Maria from Brazil

In Brazil, there are many dishes that ⓐare made with cassava, a vegetable similar to a potato. I love cassava chips the most. Once when I had a bad day at school and felt ____(A)____, my best friend bought me ⓑa bag of cassava chips. When I started ⓒto eat the chips, my stress suddenly disappeared. The crisp sound of eating chips made me ⓓfelt better. Now, every time I'm ____(B)____, I eat cassava chips. Then I feel ⓔgood again!

19 윗글의 흐름상 빈칸 (A)와 (B)에 공통으로 들어갈 말로 알맞은 것은? 3점

① excited ② better ③ satisfied
④ comfortable ⑤ stressed out

서술형**5**

20 윗글의 밑줄 친 ⓐ~ⓔ 중 어법상 틀린 것을 찾아 바르게 고쳐 쓰시오. 5점

( ) → _____

[21~22] 다음 글을 읽고, 물음에 답하시오.

Simon from France

I have many comfort foods, but I love madeleines the (A)│more / most│. A madeleine is a small cake that looks ____ⓐ____ a sea shell. People in France enjoy madeleines as an afternoon snack. My grandmother always makes madeleines (B)│for / to│ me when I visit her. They taste best when they come right out of the oven. Then the kitchen is filled with a sweet smell. I especially ____ⓑ____ eating her orange madeleines with a cup of tea. Every time I see or smell madeleines, I think of my grandmother.

Let me share my grandmother's special recipe with you (C)│in / so│ that you can make orange madeleines, too. Maybe madeleines will become a comfort food for you!

---

21 윗글 (A)~(C)의 각 네모 안에 주어진 말 중에서 어법상 올바른 것끼리 짝지어진 것은? **4점**

	(A)	(B)	(C)
①	more	⋯ for	⋯ in
②	more	⋯ to	⋯ so
③	most	⋯ for	⋯ in
④	most	⋯ for	⋯ so
⑤	most	⋯ to	⋯ so

서술형 6

22 윗글의 빈칸 ⓐ와 ⓑ에 공통으로 들어갈 단어를 쓰시오. **4점**

→ _____

[23~24] 다음 글을 읽고, 물음에 답하시오.

Grandma's Special Recipe: Orange Madeleines

You need:
- 1 cup of flour
- 2/3 cup of sugar
- 2 eggs
- some orange peel
- 1/4 cup of butter
- 1/8 teaspoon of salt

1. Melt the butter and let it cool.
2. Put the eggs, sugar, and salt in a bowl and ____ⓐ____.
3. ____ⓑ____ the flour to the bowl and mix.
4. Add the butter and orange peel to the mixture and ____ⓒ____.
5. ____ⓓ____ the mixture into the madeleine pan.
6. ____ⓔ____ in the oven for 10 to 15 minutes.

---

23 윗글의 빈칸 ⓐ~ⓔ에 들어갈 말로 알맞지 <u>않은</u> 것은? **3점**

① ⓐ: cut   ② ⓑ: Add   ③ ⓒ: mix
④ ⓓ: Pour   ⑤ ⓔ: Bake

서술형 7

24 다음 영영풀이에 해당하는 단어를 윗글에서 찾아 쓰시오. **4점**

---

a list of ingredients and instructions for making food

→ _____

서술형 8

25 자연스러운 문장이 되도록 [보기]에서 알맞은 말을 골라 어법에 맞게 문장을 완성하시오. (단, 필요시 단어를 추가할 것) **각 4점**

[보기] • I opened the door.
• I could remember it.
• No one could read it.

---

(1) I hid the letter so that _____.

(2) I wrote down his name on my hand _____
_____.

(3) _____ my dog could come in.

01 다음 빈칸에 공통으로 들어갈 말로 알맞은 것은? 3점

> • I take a nap when I'm stressed _____.
> • Be careful when you take them _____ of the hot oven.

① of ② for ③ with
④ into ⑤ out

02 다음 중 단어의 영영풀이가 알맞지 <u>않은</u> 것은? 3점

① **cool**: to lose heat or warmth
② **disappear**: to be no longer seen
③ **peel**: the skin of a fruit or vegetable
④ **satisfy**: to please someone by giving them what they want
⑤ **international**: between or involving different schools

서술형1
03 다음 두 문장의 뜻이 같도록 빈칸에 알맞은 말을 쓰시오. 4점

> His songs are popular as well as beautiful.
> = His songs are _____ _____ beautiful _____ _____ popular.

04 다음 대화의 빈칸에 들어갈 말로 알맞은 것은? 3점

> **A:** Welcome to Burger House.
> _____
> **B:** I'd like a chicken burger.

① For here?
② How much is it in total?
③ Is this your first visit here?
④ What would you like to order?
⑤ Do you have anything to drink?

05 다음 중 짝지어진 대화가 <u>어색한</u> 것은? 3점

① **A:** Will that be all?
  B: No, thanks.
② **A:** Is the order for here or to go?
  B: For here, please.
③ **A:** May I take your order?
  B: Yes. I'd like a mushroom pizza.
④ **A:** Would you like anything to drink?
  B: An orange juice, please.
⑤ **A:** What kind of soup would you like?
  B: Onion soup, please.

서술형2 고난도
06 다음 대화의 빈칸에 공통으로 들어갈 말을 세 단어로 쓰시오. 5점

> **A:** Hello. _____ to order?
> **B:** Yes, I want Gimchi Gimbap, please.
> **A:** _____ anything else?
> **B:** No, thank you.

→ _____

[07~09] 다음 대화를 읽고, 물음에 답하시오.

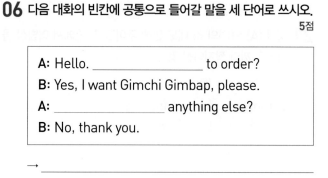

> **Man:** Welcome to Sandwich Place. _____(A)_____
> **Girl:** I'd like to have a hamburger, and she'll have a chicken sandwich.
> **Man:** _____(B)_____
> **Girl:** One salad, please.
> **Man:** _____(C)_____
> **Girl:** No, I'd like to order two bottles of water.
> **Man:** Is it for here or to go?
> **Girl:** It's for here, please.
> **Man:** The total comes to 12 dollars.
> **Girl:** OK. Here you are.

서술형3

07 위 대화의 빈칸 (A)~(C)에 들어갈 알맞은 말을 [보기]에서 골라 쓰시오. **4점**

> [보기]
> · OK, then will that be all?
> · What would you like to order?
> · Would you like anything else?

(A) _____

(B) _____

(C) _____

08 위 대화를 읽고 알 수 <u>없는</u> 것은? **3점**

① 대화 장소　　　　② 두 사람의 관계
③ 대화의 목적　　　④ 주문 상세 내역
⑤ 햄버거 가격

09 위 대화의 소녀에 관한 내용으로 알맞지 <u>않은</u> 것은? **4점**

① She made an order for two people.
② She ordered three kinds of foods.
③ She didn't order anything to drink.
④ She is going to eat her food at the restaurant.
⑤ She paid 12 dollars.

서술형4

10 다음 그림 속 여자가 남자에게 할 말을 괄호 안의 단어들을 사용하여 완성하시오. **5점**

→ Don't _____ too much!
(let, watch, them)

한 단계 더!

11 다음 두 문장의 의미가 같도록 할 때, 빈칸에 들어갈 말로 알맞은 것은? **3점**

> I walked fast to get there in time.
> = I walked fast _____ I could get there in time.

① that　　　　　　② as
③ because　　　　④ so that
⑤ in order to

12 다음 중 밑줄 친 <u>made</u>의 쓰임이 나머지와 <u>다른</u> 하나는? **3점**

① He <u>made</u> me smile again.
② Jessy <u>made</u> me a nice bag.
③ His sad story <u>made</u> me cry.
④ Who <u>made</u> you do the dishes?
⑤ Mom <u>made</u> me do my homework first.

서술형5 고난도

13 다음 글의 빈칸에 알맞은 말을 [보기]에서 골라 어법에 맞게 쓰시오. (단, 중복 사용 불가) **각 2점**

> [보기]　　let　　fix　　feel　　have

> Yesterday my bike broke down, so I couldn't ride my bike. It made me (1)_____ sad. Fortunately, my brother (2)_____ me ride his bike. While I was riding his bike, Mom (3)_____ Dad (4)_____ my bike.

[14~16] 다음 글을 읽고, 물음에 답하시오.

> ⓐComfort food is food that makes you feel good when you are sad, angry, or stressed out. It can also make you ____ⓑ____ of happy moments from the past. It satisfies not only the stomach ____ⓒ____ the heart. Comfort foods differ around the world. Let's see what comfort foods our international readers enjoy.

14 윗글의 밑줄 친 ⓐComfort food에 대한 내용으로 알맞은 것은? **4점**

① It can satisfy only the heart.
② It makes people stressed out.
③ It prevents people from getting hurt.
④ It reminds people of happy moments from the past.
⑤ Everyone around the world enjoys the same comfort food.

서술형6

15 윗글의 빈칸 ⓑ에 들어갈 동사 think의 어법상 올바른 형태를 쓰시오. **4점**

→ _____

16 윗글의 빈칸 ⓒ에 들어갈 말로 알맞은 것은? **3점**

① as well ② but for ③ and also
④ but also ⑤ and more

[17~18] 다음 글을 읽고, 물음에 답하시오.

> **Jessica from USA**
> My comfort food is chicken soup. (①) In the USA, people eat this soup when they have a cold. (②) When I was a small child, I caught a very bad cold. (③) My father made me a bowl of chicken soup so that I could get well. (④) It was also very tasty. Now, when I catch a cold, I eat chicken soup. (⑤)

17 윗글의 ①~⑤ 중 주어진 문장이 들어갈 위치로 알맞은 것은? **3점**

> The hot soup warmed my body, and I slowly started to feel better.

①   ②   ③   ④   ⑤

서술형7 고/난도

18 다음 대화를 읽고, 윗글의 내용과 일치하지 <u>않는</u> 부분을 찾아 바르게 고쳐 쓰시오. **5점**

> A: Jessica, what do you eat when you have a cold?
> B: I eat chicken soup, which is my comfort food. My father bought me a bowl of chicken soup when I had a bad cold, and it was really tasty.

_____ → _____

[19~21] 다음 글을 읽고, 물음에 답하시오.

> **Maria from Brazil**
> In Brazil, there are many dishes ____(A)____ are made with cassava, a vegetable ⓐsimilar to a potato. I love cassava chips the most. Once when I had a ⓑbad day at school and felt stressed out, my best friend bought me (B)카사바 칩 한 봉지. When I started to eat the chips, my stress suddenly ⓒappeared. The crisp sound of eating chips made me feel ⓓbetter. Now, every time I'm ⓔstressed out, I eat cassava chips. Then I feel good again!

19 윗글의 빈칸 (A)에 들어갈 말로 알맞은 것은? **3점**

① that ② what ③ where
④ so that ⑤ whether

20 윗글의 밑줄 친 ⓐ~ⓔ 중 흐름상 어색한 것은? 3점

① ⓐ　　② ⓑ　　③ ⓒ　　④ ⓓ　　⑤ ⓔ

서술형8

21 윗글의 밑줄 친 우리말 (B)를 영어로 쓰시오. (5단어) 4점

→ _____

[22~23] 다음 글을 읽고, 물음에 답하시오.

I have many comfort foods, but I love madeleines ⓐthe most. A madeleine is a small cake that ⓑlooks like a sea shell. People in France enjoy madeleines ⓒas an afternoon snack. My grandmother always makes madeleines for me when I visit (A)her. (B)They taste best when they come right out of the oven. Then the kitchen ⓓis filled with a sweet smell. I especially like eating her orange madeleines with a cup of tea. ⓔEvery time I see or smell madeleines, I think of my grandmother.

22 윗글의 밑줄 친 ⓐ~ⓔ의 우리말 뜻으로 알맞지 않은 것은? 3점

① ⓐ: 가장

② ⓑ: ~처럼 생기다

③ ⓒ: 오후 간식으로

④ ⓓ: ~으로 만들어지다

⑤ ⓔ: ~할 때마다

서술형9

23 윗글의 밑줄 친 (A)her와 (B)They가 각각 가리키는 것을 본문에서 찾아 쓰시오. 각 3점

(A) _____ (2단어)

(B) _____ (1단어)

[24~25] 다음 글을 읽고, 물음에 답하시오.

Grandma's Special ___(A)___:
Orange Madeleines

❶ Melt the butter and let it cool.

❷ Put the eggs, sugar, and salt in a bowl and beat.

❸ Add the flour to the bowl and mix.

❹ Add the butter and orange peel to the mixture and mix.

❺ Pour the mixture into the madeleine pan.

❻ Bake in the oven for 10 to 15 minutes.

24 윗글의 빈칸 (A)에 들어갈 말로 알맞은 것은? 3점

① Habit　　② Recipe　　③ Medicine

④ Ingredient　　⑤ Moment

서술형10

25 윗글의 내용과 일치하도록 다음 질문에 대한 답을 완성하시오. 각 4점

(1) What ingredients do you need to make orange madeleines?

→ We need _____.

(2) How long does it take to bake madeleines?

→ It takes _____.

01 다음 중 짝지어진 단어의 관계가 나머지와 <u>다른</u> 하나는?

3점

① salt – salty   ② luck – lucky
③ health – healthy   ④ friend – friendly
⑤ sad – sadly

고난도

02 다음 중 짝지어진 문장의 밑줄 친 단어의 의미가 같은 것은?

4점

① I'll take your <u>order</u> in a moment.
   Can you make an <u>order</u> for me?
② It was too <u>cold</u> to go out.
   Do you often catch a <u>cold</u>?
③ I could feel my heart <u>beating</u> fast.
   You need to <u>beat</u> the eggs first.
④ Can you wash the <u>dishes</u> for me?
   Many <u>dishes</u> here are made with eggs.
⑤ Your hair looks so <u>cool</u> today.
   Take the cookies out of the oven and <u>cool</u> them.

03 다음 중 밑줄 친 부분의 우리말 뜻으로 알맞지 <u>않은</u> 것은?

3점

① I hope you'll <u>get well</u> soon. (잘 지내다)
② We can <u>share</u> everything with you.
   (너와 모든 것을 공유하다)
③ His book <u>is filled with</u> interesting stories.
   (~로 가득 차 있다)
④ Don't get <u>stressed out</u> about the matter.
   (스트레스를 받는)
⑤ I invited <u>not only</u> him <u>but also</u> his family to dinner.   (그뿐만 아니라 그의 가족도)

04 다음 대화의 밑줄 친 부분과 바꿔 쓸 수 있는 것은?   3점

> A: <u>Would you like to order?</u>
> B: Yes. I'd like a hot dog, please.

① Will that be all?
② Have you ordered yet?
③ May I take your order?
④ Would you like anything to drink?
⑤ Do you have anything delicious to eat?

신유형

05 다음 글의 내용과 일치하도록 할 때, 대화의 빈칸 ⓐ와 ⓑ에 들어갈 말이 순서대로 바르게 짝지어진 것은?   4점

> I'd like to go to Taste of Italy. I'm going to eat a potato pizza at the restaurant.

↓

> A: Welcome to Taste of Italy. What would you like to order?
> B: _____ⓐ_____
> A: For here or to go?
> B: _____ⓑ_____

① I'd like a potato pizza. – It's to go.
② I had a potato pizza. – To go, please.
③ I'll make a potato pizza. – It's for here.
④ How about a potato pizza? – I don't care.
⑤ I'll have a potato pizza. – For here, please.

서술형 1

06 다음 대화의 빈칸에 알맞은 말을 괄호 안의 말을 바르게 배열하여 쓰시오.   5점

> A: Would you like to order?
> B: Yes, I'd like to order two doughnuts.
> A: _____?
>   (you, like, would, to drink, anything)
> B: Yes, one coke, please.

[07~09] 다음 대화를 읽고, 물음에 답하시오.

> **Man:** Welcome to Sandwich Place. ①What would you like to order?
> **Girl:** I'd like to have a hamburger, and she'll have a chicken sandwich.
> **Man:** ②What kind of salad do you want?
> **Girl:** One salad, please.
> **Man:** ③OK, then will that be all?
> **Girl:** No, I'd like to order two bottles of water.
> **Man:** ④Is it for here or to go?
> **Girl:** It's for here, please.
> **Man:** ⑤The total comes to 12 dollars.
> **Girl:** OK. Here you are.

07 위 대화가 일어나고 있는 장소로 알맞은 것은?　　2점

① school
② library
③ theater
④ animal clinic
⑤ restaurant

08 위 대화의 밑줄 친 ①~⑤ 중 흐름상 어색한 것은?　　3점

① ② ③ ④ ⑤

서술형2

09 다음 글에서 위 대화의 내용과 일치하지 않는 부분을 찾아 바르게 고쳐 쓰시오.　　5점

> The girl orders a hamburger, a chicken sandwich, a salad, and two bottles of water at Sandwich Place. She is going to eat her food at home.

_____ → _____

10 다음 빈칸에 들어갈 말로 알맞은 것은?　　3점

> I set an alarm clock _____ I would not be late for school tomorrow.

① since
② in case
③ even if
④ so that
⑤ whether

한 단계 더!

11 다음 빈칸에 들어갈 수 없는 것은?　　3점

> He _____ his son study more for the exam.

① saw
② got
③ had
④ helped
⑤ made

서술형3 한 단계 더!

12 다음 두 문장의 의미가 같도록 빈칸에 알맞은 말을 쓰시오.　　5점

> I have breakfast every day to stay healthy.
> = I have breakfast every day _____ _____ _____ can stay healthy.

고 난도

13 다음 중 어법상 올바른 것끼리 짝지어진 것은?　　4점

> ⓐ Let him going home now.
> ⓑ We helped the child find his way home.
> ⓒ Mr. Han told us write an essay in English.
> ⓓ Turn off the light so that everyone can sleep well.

① ⓐ, ⓒ
② ⓑ, ⓒ
③ ⓑ, ⓒ, ⓓ
④ ⓑ, ⓓ
⑤ ⓒ, ⓓ

[14~15] 다음 글을 읽고, 물음에 답하시오.

> Comfort food is food ____ⓐ____ makes you feel good ____ⓑ____ you are sad, angry, or stressed out. ①It can also make you think of happy moments from the past. ②It satisfies not only the stomach but also the heart. ③It isn't good for your health to eat fast. ④Comfort foods differ around the world. ⑤Let's see what comfort foods our international readers enjoy.

서술형 4 신유형

14 윗글의 빈칸 ⓐ, ⓑ와 아래 문장의 빈칸 ⓐ, ⓑ에 각각 공통으로 들어갈 알맞은 말을 쓰시오. 각 3점

> • Is it true ____ⓐ____ she went back to her country?
> • Do you know ____ⓑ____ these houses were built?

ⓐ _____ ⓑ _____

15 윗글의 밑줄 친 ①~⑤ 중 글의 흐름과 관계없는 문장은? 4점

① ② ③ ④ ⑤

[16~17] 다음 글을 읽고, 물음에 답하시오.

> **Jessica from USA**
> My comfort food is chicken soup. In the USA, people eat this soup ⓐwhen they have a cold. When I was a small child, I caught a very bad cold. My father made me ⓑa bowl of chicken soup ⓒso that I could get well. The hot soup warmed my body, and I slowly started ⓓto feel better. It was also very ⓔtaste. _____(A)_____

16 윗글의 밑줄 친 ⓐ~ⓔ 중 어법상 틀린 것은? 3점

① ⓐ ② ⓑ ③ ⓒ ④ ⓓ ⑤ ⓔ

서술형 5

17 윗글의 흐름상 빈칸 (A)에 알맞은 말을 괄호 안의 단어를 사용하여 완성하시오. 5점

→ Now, when I _____, I _____. (catch, eat)

[18~19] 다음 글을 읽고, 물음에 답하시오.

> **Maria from Brazil**
> In Brazil, there are many dishes that are made with cassava, a vegetable similar to a potato. I love cassava chips the most. Once when I had a bad day at school and felt stressed out, my best friend bought me a bag of cassava chips. When I started to eat the chips, my stress suddenly disappeared. The crisp sound of eating chips made me feel better. Now, ____ⓐ____, I eat cassava chips. Then I feel good again!

18 윗글의 흐름상 빈칸 ⓐ에 들어갈 말로 알맞은 것은? 4점

① when I'm hungry
② when I miss my family
③ as I have to study hard
④ every time I'm stressed out
⑤ whenever I think of my best friend

19 윗글의 내용과 일치하지 않는 것은? 4점

① Cassava is used in various Brazilian dishes.
② Cassava is similar to a potato.
③ Maria likes cassava chips very much.
④ Maria eats cassava chips so that she can think of her best friend.
⑤ The sound of eating cassava chips makes Maria feel good.

[20~22] 다음 글을 읽고, 물음에 답하시오.

Simon from France

I have many comfort foods, but I love madeleines the most. A madeleine is a small cake that looks like a sea shell. (①) People in France enjoy madeleines as an afternoon snack. (②) My grandmother always makes madeleines for me when I visit her. They taste best when they come right out of the oven. (③) I especially like eating her orange madeleines with a cup of tea. (④) Every time I see or smell madeleines, I think of my grandmother. (⑤)

(A)Let me to share my grandmother's special recipe with you so that you can make orange madeleines, too. Maybe madeleines will become a comfort food for you!

20 윗글의 ①~⑤ 중 주어진 문장이 들어갈 위치로 알맞은 것은?
3점

Then the kitchen is filled with a sweet smell.

①   ②   ③   ④   ⑤

서술형6

21 윗글의 밑줄 친 문장 (A)에서 어법상 틀린 부분을 찾아 바르게 고쳐 쓰시오.
4점

_____ → _____

서술형7

22 윗글의 내용과 일치하도록 다음 글의 빈칸에 알맞은 말을 쓰시오.
6점

Madeleines are Simon's favorite (1)_____ _____. French people enjoy them as (2)_____. Simon especially likes eating his grandmother's orange madeleines with (3)_____. Madeleines make him think of (4)_____ _____.

[23~24] 다음 글을 읽고, 물음에 답하시오.

**Grandma's Special Recipe:
Orange Madeleines**

1. Melt the butter and let it cool.
2. Put the eggs, sugar, and salt in a bowl and beat.
3. Add the flour _____ⓐ_____ the bowl and mix.
4. Add the butter and orange peel _____ⓑ_____ the mixture and mix.
5. Pour ©the mixture into the madeleine pan.
6. Bake in the oven for 10 _____ⓓ_____ 15 minutes.

23 윗글의 빈칸 ⓐ, ⓑ, ⓓ에 공통으로 들어갈 말로 알맞은 것은?
3점

① to   ② in   ③ at
④ on   ⑤ with

24 윗글의 밑줄 친 ©the mixture에 들어간 재료가 아닌 것은?
3점

① flour   ② milk   ③ salt
④ butter   ⑤ orange peel

서술형8 고난도

25 다음 메모지를 보고, [조건]에 맞게 글을 완성하시오. 각 4점

Things to Do
· feed the dog
· close the window

[조건] 1. had를 반드시 사용할 것
2. 각각 5단어로 쓸 것

My parents went on a trip yesterday. They left me a list of things to do. They (1)_____ _____. They also (2)_____ _____ so that I wouldn't catch a cold.

01 다음 빈칸에 들어갈 말이 순서대로 바르게 짝지어진 것은?

2점

> Don't eat _____ foods too often because they are not good for your _____.

① salt – health
② salty – health
③ salt – healthy
④ salty – healthy
⑤ salty – healthily

02 다음 중 밑줄 친 부분의 쓰임이 어색한 것은?

3점

① Your new bag is <u>similar to</u> mine.
② The basket <u>was filled with</u> oranges.
③ When I'm <u>stressed out</u>, I eat chocolate.
④ Angela is not only smart <u>and also</u> kind.
⑤ I hope your grandmother will <u>get well</u> soon.

03 다음 대화의 빈칸에 들어갈 말로 알맞은 것을 <u>모두</u> 고르면?

3점

> A: Hello. _____
> B: Yes, please. I'll have a hot dog and a coke.

① Can I order now?
② May I take your order?
③ Are you ready to order?
④ What would you like to drink?
⑤ Do you mind taking my order?

서술형 1

04 다음 대화의 빈칸 ⓐ~ⓒ에 공통으로 들어갈 말을 한 단어로 쓰시오.

3점

> A: Welcome to Italian Food. What would you like to ___ⓐ___?
> B: I want to ___ⓑ___ a mushroom pizza.
> A: Will that be all?
> B: Yes.
> A: Is the ___ⓒ___ for here or to go?
> B: For here, please.

→ _____

05 다음 대화의 빈칸에 들어갈 말로 알맞은 것은?

3점

> A: Hello. What would you like to have?
> B: I want a piece of cake.
> A: _____
> B: Chocolate cake, please.

① How did you like the cake?
② Do you prefer chocolate cake?
③ Do you want the cake for here?
④ What kind of cake would you like?
⑤ Would you like some more dessert?

서술형 2

06 다음과 같은 상황에서 Mark가 점원에게 할 말로 알맞은 것을 [조건]에 맞게 쓰시오.

5점

> Mark is in a fast food restaurant. He's going to order a cheeseburger and a coke.

[조건] 1. like를 사용할 것
　　　　 2. 축약형은 사용하지 말 것

→ _____

서술형 3

07 다음 주문서를 보고, 괄호 안의 단어들을 사용하여 주어진 단어 수에 맞게 대화를 완성하시오.

각 2점

Food	Quantity	Drinks	Quantity
☐ pizza	___	☑ milk	1
☑ sandwich	1	☐ coke	___
☐ hamburger	___	☐ orange juice	___

> A: Hello. (1)_____?
> 　　　　　　　　　　　　　 (like, order / 6단어)
> B: I want a sandwich.
> A: (2)_____ to drink?
> 　　　　　　　　　　　 (like, anything / 4단어)
> B: Yes, (3)_____. (please / 3단어)

[08~10] 다음 대화를 읽고, 물음에 답하시오.

> A: Welcome to Sandwich Place. What would you like to order?
> B: ⓐI'd like to have a hamburger, and she'll have a chicken sandwich.
> A: ⓑWould you like anything to drink?
> B: One salad, please.
> A: ⓒOK, then will that be all?
> B: No, I'd like to order two bottles of water.
> A: (A)여기에서 드시겠어요, 아니면 가져가시겠어요?
> B: It's for here, please.
> A: ⓓThe total comes to 12 dollars.
> B: OK. ⓔHere you are.

서술형 4 고/난도

08 위 대화의 밑줄 친 ⓐ~ⓔ 중 흐름상 어색한 문장의 기호를 쓰고 알맞게 고쳐 쓰시오. **5점**

(   )→ _____

서술형 5

09 위 대화의 밑줄 친 우리말 (A)와 의미가 같도록 [조건]에 맞게 문장을 쓰시오. **4점**

> [조건] 1. it과 or를 포함할 것
>   2. 7단어로 쓸 것

→ _____

신유형

10 다음 영수증의 밑줄 친 ①~⑤ 중 위 대화의 내용과 일치하지 <u>않는</u> 것은? **2점**

Receipt	
Food & Drinks	**Quantity**
① hamburger	1
② chicken sandwich	1
③ fried chicken	1
④ water	2
Total	⑤ **$12**

서술형 6 고/난도

11 다음 우리말과 의미가 같도록 괄호 안의 단어들을 배열하여 문장을 완성할 때, 다섯 번째로 오는 단어를 쓰시오. **5점**

> Lisa는 건강을 유지하기 위해 매일 수영을 한다.
> (swims, day, that, healthy, can, Lisa, every, so, she, stay)

→ _____

신유형 한 단계 **더!**

12 다음 문장의 빈칸에 들어갈 수 있는 동사끼리 짝지어진 것은? **3점**

> The science teacher _____ me answer the question.

ⓐ let	ⓑ got	ⓒ wanted
ⓓ allowed	ⓔ made	ⓕ had

① ⓐ, ⓑ, ⓔ   ② ⓐ, ⓔ, ⓕ
③ ⓑ, ⓒ, ⓕ   ④ ⓑ, ⓓ, ⓔ
⑤ ⓒ, ⓓ, ⓔ

서술형 7

13 다음 문장을 [조건]에 맞게 바꿔 쓰시오. **4점**

> They went out to enjoy the nice weather.
> = _____

> [조건] 1. 접속사 so that을 사용할 것
>   2. could를 포함할 것

서술형 8

14 다음 글의 밑줄 친 ⓐ~ⓓ 중 어법상 틀린 문장의 기호를 쓰고, 바르게 고쳐 문장을 다시 쓰시오. **5점**

> ⓐMy parents want me to study hard.
> ⓑMom makes me review my work every day.
> ⓒDad doesn't let me to play online games.
> ⓓI want to have more free time!

(   )→ _____

한 단계 │ 더!

15 다음 중 우리말을 영어로 바르게 옮긴 것을 <u>모두</u> 고르면?

4점

① 내가 영어 공부하는 것을 도와주겠니?

→ Will you help me to study English?

② 그녀는 학생들이 일찍 집에 가게 했다.

→ She made her students to go home early.

③ 감독은 Tom에게 팔 굽혀 펴기 200개를 하게 했다.

→ The coach had Tom done 200 push-ups.

④ 우리는 기차를 타기 위해 일찍 출발했다.

→ We left so early that we could catch the train.

⑤ 내가 네 말을 들을 수 있도록 더 크게 말해 주겠니?

→ Can you speak louder so that I can hear you?

서술형 9 고난도

16 다음 대화의 밑줄 친 ⓐ~ⓔ 중 어법상 <u>틀린</u> 것을 골라 바르게 고쳐 쓰고, 틀린 이유를 우리말로 쓰시오.

5점

> A: Hi, Mark. Let's ⓐgo shopping.
>
> B: Sorry, but I ⓑcan't.
>
> A: Why not?
>
> B: My mom won't let me ⓒgo out. She made me ⓓclean my room and ⓔto prepare for the exam tomorrow.

(1) 틀린 부분: (　　) → _____

(2) 틀린 이유: _____

[17~18] 다음 글을 읽고, 물음에 답하시오.

> Comfort food is ⓐ여러분의 기분을 좋게 만드는 음식 when you are sad, angry, or stressed out. It can also make you think of happy moments from the past. It satisfies not only the ___ⓑ___ but also the heart. Comfort foods differ around the world. Let's see what comfort foods our international readers enjoy.

서술형 10

17 윗글의 밑줄 친 우리말 ⓐ를 [조건]에 맞게 영어로 쓰시오.

5점

> [조건] 1. 관계대명사 that을 사용할 것
>
> 　　　　2. make, feel을 사용하여 6단어로 쓸 것

→ _____

서술형 11

18 윗글의 빈칸 ⓑ에 들어갈 말을 다음 영영풀이에 해당하는 단어를 주어진 철자로 시작하여 쓰시오.

3점

> the organ in the body where food is digested

→ s_____

[19~20] 다음 글을 읽고, 물음에 답하시오.

> **Jessica from USA**
>
> My comfort food is chicken soup. In the USA, people eat this soup when they have a cold.
>
> (A) My father made me a bowl of chicken soup so that I could get well.
>
> (B) The hot soup warmed my body, and I slowly started to feel better. It was also very tasty.
>
> (C) When I was a small child, I caught a very bad cold.
>
> Now, when I catch a cold, I eat chicken soup.

19 윗글의 흐름에 맞게 (A)~(C)를 바르게 배열한 것은?

3점

① (A) – (B) – (C)　　　② (A) – (C) – (B)

③ (B) – (A) – (C)　　　④ (B) – (C) – (A)

⑤ (C) – (A) – (B)

20 윗글의 Jessica에 관한 내용과 일치하는 것은?

3점

① She is from the UK.

② She is talking about her father's favorite food.

③ She made chicken soup for her father when she was young.

④ She liked her father's chicken soup when she had a cold.

⑤ She eats chicken soup when she feels great.

[21~22] 다음 글을 읽고, 물음에 답하시오.

Maria from Brazil

In Brazil, there are many dishes that ⓐare made with cassava, a vegetable similar to a potato. I love cassava chips ⓑthe most. Once when I had a bad day at school and felt stressed out, my best friend bought me a bag of cassava chips. When I started to eat the chips, my stress suddenly ⓒdisappeared. The crisp sound of eating chips made me ⓓfeeling better. Now, every time I'm stressed out, I eat cassava chips. Then I feel ⓔgood again!

서술형 **12**

21 윗글의 밑줄 친 ⓐ~ⓔ 중 어법상 틀린 것을 찾아 기호를 쓰고 바르게 고쳐 쓰시오. **4점**

(   ) → _____

서술형 **13**

22 According to the passage above, when did Maria get a bag of cassava chips from her best friend? Answer in English. **5점**

→ _____

[23~24] 다음 글을 읽고, 물음에 답하시오.

Simon from France

I have many comfort foods, but I love madeleines the most. A madeleine is a small cake that looks ___ⓐ___ a sea shell. People in France enjoy madeleines as an afternoon snack. My grandmother always makes madeleines for me when I visit her. They taste best when they come right out of the oven. Then the kitchen is filled ___ⓑ___ a sweet smell. I especially like eating her orange madeleines ___ⓒ___ a cup of tea. Every time I see or smell madeleines, I think ___ⓓ___ my grandmother.

Let me share my grandmother's special recipe ___ⓔ___ you so that you can make orange madeleines, too. Maybe madeleines will become a comfort food for you!

23 윗글에 나타난 마들렌에 관한 내용으로 알맞지 <u>않은</u> 것은? **3점**

① Simon의 comfort food 중 하나이다.
② 조개껍데기 모양이다.
③ 프랑스인들의 오후 간식이다.
④ 반드시 차와 함께 먹어야 한다.
⑤ Simon에게 할머니를 떠올리게 한다.

신유형

24 윗글의 빈칸 ⓐ~ⓔ에 들어갈 말이 같은 것끼리 짝지어진 것은? **4점**

① ⓐ, ⓑ, ⓒ   ② ⓐ, ⓒ, ⓓ   ③ ⓑ, ⓒ, ⓓ
④ ⓑ, ⓒ, ⓔ   ⑤ ⓒ, ⓓ, ⓔ

서술형 **14**

25 다음 글을 읽고, 〈A〉와 〈B〉에서 알맞은 말을 하나씩 골라 ❸~❻번 순서를 설명하는 문장을 완성하시오. **각 2점**

**Grandma's Special Recipe:
Orange Madeleines**

❶ Melt the butter and let it cool.
❷ Put the eggs, sugar, and salt in a bowl and beat.
❸ (1) _____
_____ and mix.
❹ (2) _____
_____ and mix.
❺ (3) _____
_____
❻ (4) _____
_____

A	B
· add the flour	· to the mixture
· bake in the oven	· for 10 to 15 minutes
· pour the mixture	· to the bowl
· add the butter and orange peel	· into the madeleine pan

오답 공략

● 틀린 문항을 표시해 보세요.

〈제1회〉 대표 기출로 내신 적중 모의고사   총점 _____ / 100

문항	영역	문항	영역	문항	영역
01	p.84(W)	10	p.89(L&T)	19	pp.104~105(R)
02	p.84(W)	11	p.96(G)	20	pp.104~105(R)
03	p.84(W)	12	p.97(G)	21	p.105(R)
04	p.82(W)	13	pp.96~97(G)	22	p.105(R)
05	p.87(L&T)	14	p.104(R)	23	p.105(R)
06	pp.88~89(L&T)	15	p.104(R)	24	p.105(R)
07	p.87(L&T)	16	p.104(R)	25	p.97(G)
08	p.89(L&T)	17	p.104(R)		
09	p.89(L&T)	18	p.104(R)		

〈제2회〉 대표 기출로 내신 적중 모의고사   총점 _____ / 100

문항	영역	문항	영역	문항	영역
01	p.82(W)	10	p.96(G)	19	pp.104~105(R)
02	p.84(W)	11	p.97(G)	20	pp.104~105(R)
03	p.82(W)	12	p.96(G)	21	pp.104~105(R)
04	p.87(L&T)	13	p.96(G)	22	p.105(R)
05	p.87(L&T)	14	p.104(R)	23	p.105(R)
06	p.87(L&T)	15	p.104(R)	24	p.105(R)
07	p.89(L&T)	16	p.104(R)	25	p.105(R)
08	p.89(L&T)	17	p.104(R)		
09	p.89(L&T)	18	p.104(R)		

〈제3회〉 대표 기출로 내신 적중 모의고사   총점 _____ / 100

문항	영역	문항	영역	문항	영역
01	p.84(W)	10	p.97(G)	19	pp.104~105(R)
02	p.84(W)	11	p.96(G)	20	p.105(R)
03	p.82(W)	12	p.97(G)	21	p.105(R)
04	p.87(L&T)	13	pp.96~97(G)	22	p.105(R)
05	p.87(L&T)	14	p.104(R)	23	p.105(R)
06	p.87(L&T)	15	p.104(R)	24	p.105(R)
07	p.89(L&T)	16	p.104(R)	25	p.96(G)
08	p.89(L&T)	17	p.104(R)		
09	p.89(L&T)	18	pp.104~105(R)		

〈제4회〉 고난도로 내신 적중 모의고사   총점 _____ / 100

문항	영역	문항	영역	문항	영역
01	p.84(W)	10	p.89(L&T)	19	p.104(R)
02	p.82(W)	11	p.97(G)	20	p.104(R)
03	p.87(L&T)	12	p.96(G)	21	pp.104~105(R)
04	p.88(L&T)	13	p.97(G)	22	pp.104~105(R)
05	p.87(L&T)	14	p.96(G)	23	p.105(R)
06	p.87(L&T)	15	pp.96~97(G)	24	p.105(R)
07	p.87(L&T)	16	p.96(G)	25	p.105(R)
08	p.89(L&T)	17	p.104(R)		
09	p.89(L&T)	18	p.104(R)		

● 부족한 영역을 점검하고 어떻게 더 학습할지 계획을 적어 보세요.

제1회 오답 공략
부족한 영역
학습 계획

제2회 오답 공략
부족한 영역
학습 계획

제3회 오답 공략
부족한 영역
학습 계획

제4회 오답 공략
부족한 영역
학습 계획

Stories of English Words and Expressions

의사소통 기능	설명 요청하기	A: What does that mean? (그게 무슨 뜻이니?) B: It means "It's raining a lot." (그것은 '비가 아주 많이 내려.'라는 뜻이야.)
	반복 설명 요청하기	Can you say that again? (다시 한번 말해 줄래?)
언어 형식	관계대명사의 계속적 용법	The word *shampoo* comes from the Hindi word *chāmpo*, **which** means "to press." (shampoo라는 단어는 힌디어 단어인 chāmpo에서 왔는데, 그것은 '누르다'라는 의미이다.)
	가주어 It과 진주어 that절	**It** is interesting **that** the idea of using the word *robot* didn't come from Karel Čapek himself. (robot이라는 단어를 사용하려는 생각이 Karel Čapek 자신에게서 나오지 않은 것은 흥미롭다.)

주요
학습 내용

STEP **A**	Words	Listen and Talk	Grammar	Reading	기타 지문
STEP **B**	Words	Listen and Talk	Grammar	Reading	서술형 100% Test
내신 적중 모의고사	제 1 회	제 2 회	제 3 회	제 4 회	

학습 단계
PREVIEW

Words

만점 노트

Listen and Talk

□□ cross	동 교차하다, 서로 겹치게 놓다	□□ be in hot water	곤경에 빠져 있다
□□ expression	명 표현 (어구)	□□ keep in touch	연락하다, 연락하고 지내다
□□ mean☆	동 의미하다	□□ pay for	~값을 지불하다
□□ medicine	명 약	□□ pull one's leg	놀리다, 농담하다
□□ pleasure	명 기쁨, 즐거움	□□ rain cats and dogs	비가 억수같이 쏟아지다
□□ weather	명 날씨	□□ watch out	(위험하니까) 조심해라

Reading

□□ anger	동 화나게 하다	□□ origin☆	명 기원, 근원
□□ area	명 지역, 구역	□□ originally	부 원래, 본래
□□ cause	동 야기하다, 초래하다	□□ place	동 두다, 놓다
□□ century	명 세기, 100년	□□ play	명 희곡, 연극
□□ civilization	명 문명	□□ present☆	형 현재의
□□ clear	형 명확한, 분명한	□□ press	동 누르다
□□ contact☆	명 접촉, 연락	□□ produce	동 생산하다
□□ create	동 창조하다, 만들다	□□ science fiction	공상 과학 소설 (= SF)
□□ creation	명 창조	□□ slave	명 노예
□□ experience	동 경험하다	□□ slice	명 (음식을 얇게 썬) 조각
□□ explorer	명 탐험가	□□ soap	명 비누
□□ factory	명 공장	□□ sometime	부 (과거의) 언젠가, 어떤 때; (미래의) 언젠가
□□ flood	명 홍수		
□□ hurricane	명 허리케인	□□ suggest☆	동 제안하다
□□ introduce	동 소개하다	□□ trader	명 무역상, 상인
□□ invent	동 발명하다	□□ originate from☆	~에서 유래하다, 비롯되다
□□ massage	명 마사지, 안마	□□ pass through☆	~을 통과하다, 지나가다
□□ myth	명 신화	□□ pick up☆	(정보를) 듣게[알게] 되다, 익히다

Language in Use

□□ chef	명 요리사	□□ traditional	형 전통적인
□□ nationality	명 국적	□□ traveler	명 여행객
□□ president	명 회장; 대통령	□□ tunnel	명 터널

Think and Write

| □□ meat | 명 고기 | □□ call A after B | B의 이름을 따서 A라고 부르다 |

Review

| □□ creative | 형 창의적인, 창조적인 | □□ inventor | 명 발명가 |

Words

연습 문제

A 다음 단어의 우리말 뜻을 쓰시오.

01 suggest _____

02 century _____

03 anger _____

04 place _____

05 originally _____

06 nationality _____

07 science fiction _____

08 flood _____

09 medicine _____

10 slave _____

11 cause _____

12 introduce _____

13 produce _____

14 civilization _____

15 origin _____

16 explorer _____

17 creative _____

18 invent _____

19 trader _____

20 contact _____

B 다음 우리말 뜻에 알맞은 영어 단어를 쓰시오.

01 교차하다 _____

02 경험하다 _____

03 요리사 _____

04 터널 _____

05 신화 _____

06 기쁨, 즐거움 _____

07 현재의 _____

08 허리케인 _____

09 (음식을 얇게 썬) 조각 _____

10 전통적인 _____

11 창조하다, 만들다 _____

12 표현 (어구) _____

13 희곡, 연극 _____

14 누르다 _____

15 마사지, 안마 _____

16 비누 _____

17 지역, 구역 _____

18 의미하다 _____

19 발명가 _____

20 창조 _____

C 다음 영어 표현의 우리말 뜻을 쓰시오.

01 watch out _____

02 pick up _____

03 originate from _____

04 keep in touch _____

05 pull one's leg _____

06 pass through _____

07 pay for _____

08 call A after B _____

09 be in hot water _____

10 rain cats and dogs _____

D 다음 우리말 뜻에 알맞은 영어 표현을 쓰시오.

01 ~에서 유래하다, 비롯되다 _____

02 연락하다, 연락하고 지내다 _____

03 곤경에 빠져 있다 _____

04 ~을 통과하다, 지나가다 _____

05 비가 억수같이 쏟아지다 _____

06 B의 이름을 따서 A라고 부르다 _____

07 (정보를) 듣게(알게) 되다, 익히다 _____

08 놀리다, 농담하다 _____

09 ~값을 지불하다 _____

10 (위험하니까) 조심해라 _____

Words Plus
만점 노트

영영풀이

□□ anger	화나게 하다	to make someone angry
□□ British	영국(인)의	belonging or relating to the United Kingdom, or to its people or culture
□□ century	세기, 100년	a period of one hundred years
□□ clear	명확한, 분명한	easy to understand, hear, or see
□□ contact	접촉, 연락	the action of communicating or meeting
□□ flood	홍수	a lot of water that covers land that is usually dry
□□ hurricane	허리케인	an extremely violent wind or storm
□□ invent	발명하다	to think of or create something completely new
□□ origin	기원, 근원	the start of something
□□ pass through	~을 통과하다, 지나가다	to go or travel through a place, only stopping for a short time
□□ place	두다, 놓다	to put in a certain spot or position
□□ play	희곡, 연극	a story that actors perform in a theater
□□ present	현재의	happening or existing now
□□ produce	생산하다	to make or manufacture
□□ shampoo	샴푸	a liquid soap used for washing your hair
□□ slave	노예	someone who is owned by another person and is forced to work
□□ slice	(음식을 얇게 썬) 조각	a flat piece of food that you have cut from a whole thing
□□ suggest	제안하다	to tell someone you think he or she should do something
□□ trader	무역상, 상인	a person who buys and sells things

단어의 의미 관계

- **유의어**
  originate from (~에서 유래하다) = come from
  place (두다, 놓다) = put

- **국가명 – 국적**
  China (중국) – Chinese (중국(인)의)
  France (프랑스) – French (프랑스(인)의)
  Germany (독일) – German (독일(인)의)
  Spain (스페인) – Spanish (스페인(사람)의)

- **동사 – 명사**
  create (창조하다) – creation (창조)
  express (표현하다) – expression (표현)
  please (기쁘게 하다) – pleasure (기쁨, 즐거움)
  produce (생산하다) – production (생산)
  introduce (소개하다) – introduction (소개)
  suggest (제안하다) – suggestion (제안)
  invent (발명하다) – invention (발명, 발명품)

다의어

- **place** 1. ⑧ 두다, 놓다 2. ⑨ 장소, 곳
  1. She **placed** the letter in front of me.
     (그녀는 내 앞에 그 편지를 놓았다.)
  2. He couldn't find a **place** to park.
     (그는 주차할 곳을 찾을 수 없었다.)

- **play** 1. ⑨ 연극, 희곡 2. ⑧ 놀다
  1. The **play** opens next Friday.
     (그 연극은 다음 금요일에 막을 올린다.)
  2. I want to **play** in the snow. (나는 눈 속에서 놀고 싶다.)

- **present** 1. ⑱ 현재의 2. ⑨ 선물 3. ⑧ 수여하다
  1. What do you think about the **present** situation?
     (너는 현재 상황에 대해 어떻게 생각하니?)
  2. Jane hurried to open the **present** from her friends.
     (Jane은 서둘러서 친구들의 선물을 열었다.)
  3. She was **presented** an award for good citizenship.
     (그녀는 훌륭한 시민 상을 수상했다.)

Words Plus
연습 문제

A 다음 영영풀이에 해당하는 단어를 [보기]에서 골라 쓴 후, 우리말 뜻을 쓰시오.

[보기]	origin	trader	present	century	anger	flood	hurricane	place

1 _____ : the start of something : _____

2 _____ : to make someone angry : _____

3 _____ : happening or existing now : _____

4 _____ : a period of one hundred years : _____

5 _____ : a person who buys and sells things : _____

6 _____ : to put in a certain spot or position : _____

7 _____ : an extremely violent wind or storm : _____

8 _____ : a lot of water that covers land that is usually dry : _____

B 다음 빈칸에 알맞은 단어를 [보기]에서 골라 쓰시오.

[보기]	produce	originally	suggested	press	caused

1 _____ the button to start the machine.

2 They tried to find out what _____ the fire.

3 The factory can _____ a thousand cars a day.

4 I _____ that we should meet, and they agreed.

5 The robot was _____ designed to walk up and down the stairs.

C 우리말과 의미가 같도록 빈칸에 알맞은 말을 쓰시오.

1 그녀는 할머니의 이름을 따서 불렸다.　　→ She was _____ _____ her grandmother.

2 몇몇 단어는 프랑스어에서 유래했다.　　→ Some of the words _____ _____ French.

3 조심해! 차가 오고 있어!　　→ _____ _____! There's a car coming!

4 Jen과 나는 대학을 졸업한 후 연락을 전혀 하지 않았다.

　　→ Jen and I never _____ _____ _____ after college.

5 그녀는 베를린에 머무르는 동안 독일어 표현 몇 가지를 익혔다

　　→ She _____ _____ a few German expressions while she was staying in Berlin.

D 다음 짝지어진 두 표현의 관계가 같도록 빈칸에 알맞은 표현을 쓰시오.

1 place : put = come from : _____

2 produce : production = create : _____

3 Germany : German = France : _____

4 introduce : introduction = please : _____

5 suggest : suggestion = express : _____

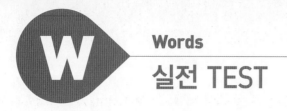

Words

실전 TEST

01 다음 중 짝지어진 단어의 관계가 [보기]와 같은 것은?

> [보기] invent – invention

① origin – original
② create – creation
③ Germany – German
④ national – nationality
⑤ tradition – traditional

02 다음 영영풀이에 해당하는 단어로 알맞은 것은?

> the action of communicating or meeting

① slave ② contact ③ medicine
④ expression ⑤ nationality

03 다음 밑줄 친 부분과 바꿔 쓸 수 있는 것은?

> My sister was in hot water because she lost her wallet.

① got some rest ② took a bath
③ got some help ④ was in trouble
⑤ couldn't agree more

04 다음 중 밑줄 친 부분의 우리말 뜻이 알맞지 않은 것은?

① How much did you pay for the tickets?
　　　　　　(~값을 지불하다)
② Some travelers pass through the desert.
　　　　　　(~을 통과해 지나가다)
③ She picked up her soccer skills from her older brother. (~을 익혔다)
④ They called their first daughter after her grandmother. (~ 뒤에서 …라고 불렀다)
⑤ Watch out for that last step! It's much higher than the others. (조심해라)

05 다음 중 밑줄 친 present의 의미가 [보기]와 같은 것은?

> [보기] I hope our present situation will get better.

① May I open the present now?
② Tom is not satisfied with his present job.
③ She thanked me for the birthday present.
④ They will present prizes to all the winners.
⑤ What is the best present you've ever received from your parents?

06 주어진 우리말과 의미가 같도록 빈칸에 알맞은 말을 쓰시오.

> 우리가 이 기름을 만드는 데 사용하는 올리브는 그리스에서 유래한다.

→ The olives that we use to create this oil
　_____ _____ Greece.

07 다음 중 밑줄 친 단어의 쓰임이 어색한 것은?

① Would you like another slice of ham?
② He got a small part in the school play.
③ The book explains the origin of words.
④ Jessica placed a cup of tea on the table.
⑤ The traders produced the word to Britain in the 18th century.

1 설명 요청하기

> **A: What does** that **mean**?
>
> **B: It means** "I don't feel well."

> 그게 무슨 뜻이니?
>
> '나는 몸이 좋지 않아.'라는 뜻이야.

What does that mean?은 '그게 무슨 뜻이니?'라는 의미로, 상대방이 한 말의 의미가 무엇인지 묻는 말이다. What do you mean (by that)? 또는 What is the meaning of that? 등으로도 말할 수 있으며, that은 상대방이 한 말을 가리킨다. 무슨 의미인지 대답할 때는 It(That) means ~.라고 한다.

- **설명 요청하기**

  What does that mean? (그게 무슨 뜻인가요?)

  What do you mean by that? (그게 무슨 뜻인가요?)

  What is the meaning of that? (그것의 의미가 무엇인가요?)

  What does "Break a leg" mean? ('Break a leg'가 무슨 뜻이죠?)

  What do you mean by "Break a leg?" ('Break a leg'가 무슨 뜻이죠?)

  What exactly do you mean? (그게 정확히 무슨 뜻인가요?)

- **의미 말하기**

  It means "I'm in trouble." (그건 '나는 곤경에 처해 있어.'라는 뜻이에요.)

  "Break a leg" means "Good luck." ('Break a leg'는 '행운을 빌어.'라는 뜻이에요.)

2 반복 설명 요청하기

> **A: Can you say that again?**
>
> **B: I said, "This juice is on me."**

> 다시 한번 말해 주겠니?
>
> "이 주스는 내게 있어."라고 말했어.

Can you (please) say that again?은 '다시 한번 말해 주겠니?'라는 뜻으로, 상대방이 한 말을 잘 듣지 못했거나 이해하지 못했을 때 다시 말해 달라고 요청하는 표현이다. Excuse me?, Sorry? 등으로도 말할 수 있다. 이에 답할 때는 I said ~.로 말할 수 있으며, said 다음에 자신이 했던 말을 반복한다.

Can you (please) say that again? (다시 한번 말씀해 주시겠어요?)

Excuse me? (뭐라고 하셨나요?)

Sorry? (뭐라고요?)

Pardon (me)? (뭐라고 하셨나요?)

I beg your pardon? (뭐라고 하셨나요?)

Could you repeat that, please? (다시 한번 말씀해 주시겠어요?)

Listen and Talk A-1

교과서 48쪽

G: Look. It's raining cats and dogs.

B: Raining cats and dogs? ❶What does that mean?

G: ❷It means "It's raining a lot."

B: Oh. ❸Don't worry. I have an umbrella ❹in my backpack.

❶ '그게 무슨 뜻이니?'라는 의미로, 상대방이 한 말의 의미가 무엇인지 묻는 말이다. that은 앞에서 소녀가 말한 It's raining cats and dogs.를 가리킨다.

❷ 의미를 묻는 말에 답할 때는 It means ~.로 말한다.

❸ 걱정하지 마.

❹ 내 배낭 안에

Q1 'It's raining cats and dogs.'는 무슨 뜻인가요?

Listen and Talk A-2

교과서 48쪽

G: ❶This juice is on me, Suho.

B: ❷Excuse me? ❸Can you say that again?

G: I said, "This juice is on me." It means "I'll ❹pay for the juice."

B: Oh. Thanks a lot.

G: You're welcome.

❶ *A* is on *B*.: A는 B가 산다.

❷ '뭐라고 했니?'라는 뜻으로, 상대방의 말을 잘 듣지 못했거나 이해하지 못했을 때 사용하는 말이다.

❸ 상대방의 말을 잘 알아듣지 못해 다시 말해 달라고 요청하는 표현이다.

❹ ~값을 지불하다

Q2 Why did Suho thank the girl? (　　) 　　The girl (ⓐ bought / ⓑ made) him the juice.

Listen and Talk A-3

교과서 48쪽

B: Everything ❶looks delicious.

G: Yes. ❷Would you like some of my spaghetti?

B: ❸No, thanks. ❹Spaghetti is not my cup of tea.

G: Not your cup of tea? What does that mean?

B: It means "I don't like something."

G: Oh, I see. You don't like spaghetti.

❶ look+형용사: ~하게 보이다

❷ Would you like ~?는 Do you want ~?와 같은 의미로, 여기서는 스파게티를 먹어 보라고 권유하는 표현이다.

❸ 권유받은 것을 사양하는 표현이다.

❹ not one's cup of tea는 '기호(취미)에 맞는 사물(사람)이 아닌'을 의미한다.

Q3 Does the boy like spaghetti? (　　) 　　ⓐ Yes, he does.　ⓑ No, he doesn't.

Listen and Talk A-4

교과서 48쪽

G: I ❶feel under the weather.

B: Excuse me, but can you please say that again?

G: I said, "I feel under the weather." It means "I don't ❷feel well." I think I ❸have a cold.

B: Oh. ❹Why don't you buy some medicine before you ❺get on the plane? You can get medicine at the store ❻over there.

G: I guess I should.

❶ 기분이나 몸이 좋지 않음을 나타내는 표현이다.

❷ 건강 상태가 좋다

❸ 감기에 걸리다

❹ 「Why don't you+동사원형 ~?」은 '~하는 게 어때?'라는 의미로 제안하는 표현이다.

❺ (탈것에) 타다, 탑승하다

❻ 저쪽에

Q4 대화를 마친 후 소녀는 무엇을 할까요? (　　) 　　ⓐ 일기 예보 확인　ⓑ 약 구입

Listen and Talk C

교과서 49쪽

G: ❶Thank you for everything, Jiho. I had a great time in Korea.

B: ❷My pleasure. Please come visit me again, Lucy.

G: ❸I'd love to, but before I do, I'd like to invite you to visit me in London.

B: Thanks. Anyway, ❹it's too bad that you can't come to my soccer game tomorrow.

G: ❹I'm sorry that I can't ❺stay longer. ❻I'll keep my fingers crossed for you.

B: Excuse me, but can you please say that again?

G: I said, "I'll keep my fingers crossed for you." It means "❼I wish you good luck."

B: Oh. Thanks. Have a nice trip.

G: Thanks. I'll ❽keep in touch.

❶ ~에 대해 감사하다

❷ 고맙다는 상대방의 말에 '(도움이 되어) 나도 기뻐요.'라는 의미로 답하는 말이다.

❸ I'd는 I would의 줄임말이고, would love(like) to는 '~하고 싶다'라는 의미이다.

❹ It's too bad that ~.과 I'm sorry that ~.은 유감을 나타내는 표현이다.

❺ 더 오래 머물다

❻ 손가락을 교차해 십자가를 만들어 소원을 빈 것에서 유래한 표현으로, 상대방에게 행운을 비는 표현이다.

❼ 상대방에게 행운을 빌어 줄 때 사용하는 표현이다. (= Good luck.)

❽ 연락하고 지내다

Q5 Where does Lucy want to invite Jiho? (   )　　ⓐ Korea　ⓑ London

Talk and Play

교과서 50쪽

A: It's raining cats and dogs.

B: ❶Can you please say that again?

A: I said, "It's raining cats and dogs."

B: ❷What does that mean?

A: It means "It's raining ❸a lot."

❶ 상대방의 말을 잘 알아듣지 못했거나 이해하지 못해 다시 말해 달라고 요청하는 표현이다.

❷ 상대방이 한 말의 의미가 무엇인지 묻는 표현이다.

❸ 많이 (= heavily)

Q6 ❶과 같은 의미로 쓰이는 표현이 아닌 것은? (   )　ⓐ Sorry?　ⓑ Excuse me?　ⓒ Are you OK?

Review - 1

교과서 62쪽

G: I'll keep my fingers crossed for you.

B: ❶I'm sorry, but can you please say that again?

G: I said, "I'll keep my fingers crossed for you." It means "I wish you good luck."

❶ 반복 설명을 요청할 때 함께 사용할 수 있는 말로, Excuse me로 바꿔 말할 수 있다. (I'm) Sorry?라고만 말해도 '뭐라고 하셨나요?'라는 의미를 나타낼 수 있다.

Q7 The girl wished the boy good luck.　　　　(T / F)

Review - 2

교과서 62쪽

W: I feel under the weather.

M: ❶Excuse me, but can you please say that again?

W: I said, "I feel under the weather."

M: What does that mean?

W: It means "I don't feel well." I think I have a cold.

M: Oh. Why don't you buy some medicine? You can get medicine at the store over there.

W: ❷OK, I will.

❶ 다시 한번 말해 달라고 요청할 때 함께 사용하는 표현으로, I'm sorry로 바꿔 말할 수 있다. Excuse me?라고만 말해도 반복 설명을 요청하는 의미를 나타낼 수 있다.

❷ 약을 좀 사는 게 어떻겠냐는 상대방의 제안에 그렇게 하겠다고 답하는 표현이다.

L&T Listen and Talk

빈칸 채우기

• 주어진 우리말과 일치하도록 교과서 대화문을 완성하시오.

Listen and Talk A-1

G: Look. It's _____ cats and dogs.

B: Raining cats and dogs? What does _____ _____?

G: _____ _____ "It's raining a lot."

B: Oh. Don't worry. I have an umbrella in my backpack.

교과서 48쪽

 해석

G: 봐. 고양이와 개처럼 비가 내려.

B: 고양이와 개처럼 비가 내린다고? 그게 무슨 뜻이야?

G: '비가 많이 내려.'라는 뜻이야.

B: 아. 걱정 마. 내 배낭에 우산이 있어.

Listen and Talk A-2

G: This juice _____ _____ _____, Suho.

B: Excuse me? _____ _____ _____ that again?

G: I said, "This juice is on me." It _____ "I'll pay for the juice."

B: Oh. Thanks a lot.

G: You're welcome.

교과서 48쪽

G: 수호야, 이 주스는 내게 있어.

B: 뭐라고? 다시 한번 말해 줄래?

G: "이 주스는 내게 있어."라고 말했어. 그건 '내가 주스를 살게.'라는 뜻이야.

B: 아. 정말 고마워.

G: 천만에.

Listen and Talk A-3

B: Everything looks delicious.

G: Yes. _____ _____ _____ some of my spaghetti?

B: _____, _____. Spaghetti is not my cup of tea.

G: Not your cup of tea? _____ _____ that mean?

B: It means "I don't like something."

G: Oh, I see. You don't like spaghetti.

교과서 48쪽

B: 모든 게 맛있어 보여.

G: 그래. 내 스파게티 좀 먹을래?

B: 아니, 괜찮아. 스파게티는 내 차 한 잔이 아니야.

G: 네 차 한 잔이 아니라고? 그게 무슨 뜻이야?

B: '나는 무언가를 좋아하지 않아.'라는 뜻이야.

G: 아, 알겠어. 넌 스파게티를 좋아하지 않는구나.

Listen and Talk A-4

G: I feel _____ _____ _____.

B: Excuse me, but _____ _____ _____ say that again?

G: _____ _____, "I feel under the weather." It means "I don't feel well." I think I have a cold.

B: Oh. Why _____ _____ _____ some medicine before you get on the plane? You can get medicine at the store _____ _____.

G: I guess I should.

교과서 48쪽

G: 나는 날씨 아래에 있는 기분이야.

B: 미안하지만, 다시 한번 말해 줄래?

G: "나는 날씨 아래에 있는 기분이야."라고 말했어. 그건 '나는 몸이 좋지 않아.'라는 뜻이야. 나 감기에 걸린 것 같아.

B: 아. 비행기에 타기 전에 약을 좀 사지 그래? 저쪽에 있는 가게에서 약을 살 수 있어.

G: 그래야겠어.

Listen and Talk C

G: Thank you for everything, Jiho. I had a great time in Korea.

B: _____ _____. Please come visit me again, Lucy.

G: I'd love to, but before I do, I'd _____ _____ _____ you to visit me in London.

B: Thanks. Anyway, it's _____ _____ _____ you can't come to my soccer game tomorrow.

G: I'm sorry that I can't stay longer. I'll keep my _____ _____ for you.

B: Excuse me, but _____ _____ _____ _____ that again?

G: I said, "I'll keep my fingers crossed for you." It means "I wish you _____ _____."

B: Oh. Thanks. Have a nice trip.

G: Thanks. I'll _____ _____ _____.

Talk and Play

A: It's raining _____ _____ _____.

B: Can you _____ _____ _____ _____?

A: I said, "It's raining cats and dogs."

B: _____ _____ _____ mean?

A: It means "It's raining a lot."

Review - 1

G: I'll _____ my fingers _____ _____ you.

B: I'm _____, but can you please _____ _____ _____?

G: I said, "I'll keep my fingers crossed for you." It means "I _____ _____ good luck."

Review - 2

W: I feel _____ _____ _____.

M: Excuse me, but can you please say that again?

W: I said, "I feel under the weather."

M: _____ _____ _____ _____?

W: It means "I don't feel well." I think I _____ _____ _____.

M: Oh. Why don't you buy some medicine? You can get medicine at the store over there.

W: OK, I will.

 해석

교과서 49쪽

G: 지호야, 모든 게 고마웠어. 한국에서 정말 좋은 시간을 보냈어.

B: 천만에. 다음에 다시 방문해 줘, Lucy.

G: 그러고 싶지만, 그 전에 네가 런던에 있는 나를 방문하도록 초대하고 싶어.

B: 고마워. 그런데, 내일 내 축구 경기에 네가 올 수 없어서 정말 안타깝다.

G: 나도 더 오래 머무를 수 없어서 유감이야. 너를 위해 내 손가락을 교차할게.

B: 미안하지만, 다시 한번 말해 줄래?

G: "너를 위해 내 손가락을 교차할게."라고 말했어. 그건 '행운을 빌게.'라는 뜻이야.

B: 아. 고마워. 즐거운 여행이 되길 바라.

G: 고마워. 연락할게.

교과서 50쪽

A: 고양이와 개처럼 비가 내려.

B: 다시 한번 말해 줄래?

A: "고양이와 개처럼 비가 내려."라고 말했어.

B: 그게 무슨 뜻이야?

A: '비가 많이 내려.'라는 뜻이야.

교과서 62쪽

G: 너를 위해 내 손가락을 교차할게.

B: 미안하지만, 다시 한번 말해 줄래?

G: "너를 위해 내 손가락을 교차할게."라고 했어. 그것은 '행운을 빌게.'라는 뜻이야.

교과서 62쪽

W: 나는 날씨 아래에 있는 기분이야.

M: 미안하지만, 다시 한번 말해 줄래?

W: "나는 날씨 아래에 있는 기분이야."라고 말했어.

M: 그게 무슨 뜻이야?

W: '나는 몸이 좋지 않아.'라는 뜻이야. 나 감기에 걸린 것 같아.

M: 아. 약을 좀 사는 게 어때? 저쪽에 있는 가게에서 약을 살 수 있어.

W: 그래, 그럴게.

대화 순서 배열하기

1 Listen and Talk A-1   교과서 48쪽

ⓐ It means "It's raining a lot."
ⓑ Raining cats and dogs? What does that mean?
ⓒ Look. It's raining cats and dogs.
ⓓ Oh. Don't worry. I have an umbrella in my backpack.

(   ) – (   ) – (   ) – (   )

2 Listen and Talk A-2   교과서 48쪽

ⓐ I said, "This juice is on me." It means "I'll pay for the juice."
ⓑ You're welcome.
ⓒ Oh. Thanks a lot.
ⓓ Excuse me? Can you say that again?
ⓔ This juice is on me, Suho.

(   ) – (   ) – (   ) – ⓒ – (   )

3 Listen and Talk A-3   교과서 48쪽

ⓐ Oh, I see. You don't like spaghetti.
ⓑ Yes. Would you like some of my spaghetti?
ⓒ It means "I don't like something."
ⓓ Everything looks delicious.
ⓔ Not your cup of tea? What does that mean?
ⓕ No, thanks. Spaghetti is not my cup of tea.

ⓓ – (   ) – ⓕ – (   ) – (   ) – (   )

4 Listen and Talk A-4   교과서 48쪽

ⓐ I said, "I feel under the weather." It means "I don't feel well." I think I have a cold.
ⓑ I feel under the weather.
ⓒ Oh. Why don't you buy some medicine before you get on the plane? You can get medicine at the store over there.
ⓓ Excuse me, but can you please say that again?
ⓔ I guess I should.

(   ) – (   ) – (   ) – (   ) – (   )

5 Listen and Talk C

교과서 49쪽

A: Thank you for everything, Jiho. I had a great time in Korea.

ⓐ I said, "I'll keep my fingers crossed for you." It means "I wish you good luck."

ⓑ My pleasure. Please come visit me again, Lucy.

ⓒ I'm sorry that I can't stay longer. I'll keep my fingers crossed for you.

ⓓ Oh. Thanks. Have a nice trip.

ⓔ I'd love to, but before I do, I'd like to invite you to visit me in London.

ⓕ Excuse me, but can you please say that again?

ⓖ Thanks. I'll keep in touch.

ⓗ Thanks. Anyway, it's too bad that you can't come to my soccer game tomorrow.

A – (   ) – ⓔ – (   ) – ⓒ – (   ) – (   ) – ⓓ – (   )

6 Talk and Play

교과서 50쪽

ⓐ What does that mean?

ⓑ It's raining cats and dogs.

ⓒ I said, "It's raining cats and dogs."

ⓓ Can you please say that again?

ⓔ It means "It's raining a lot."

(   ) – (   ) – (   ) – (   ) – (   )

7 Review - 1

교과서 62쪽

ⓐ I'll keep my fingers crossed for you.

ⓑ I said, "I'll keep my fingers crossed for you." It means "I wish you good luck."

ⓒ I'm sorry, but can you please say that again?

(   ) – (   ) – (   )

8 Review - 2

교과서 62쪽

ⓐ What does that mean?

ⓑ Excuse me, but can you please say that again?

ⓒ Oh. Why don't you buy some medicine? You can get medicine at the store over there.

ⓓ It means "I don't feel well." I think I have a cold.

ⓔ I feel under the weather.

ⓕ I said, "I feel under the weather."

ⓖ OK, I will.

(   ) – (   ) – ⓕ – (   ) – (   ) – ⓒ – (   )

01 다음 대화의 빈칸에 들어갈 말로 알맞지 <u>않은</u> 것은?

> A: Don't make a long face.
> B: _____
> A: I said, "Don't make a long face."

① Sorry?　　　　② Pardon?
③ Excuse me?　　④ Are you sure?
⑤ Can you say that again?

[02~03] 대화의 빈칸에 들어갈 말로 알맞은 것을 고르시오.

02
> A: I have a tennis match tomorrow.
> B: Break a leg.
> A: _____
> B: It means "Good luck."

① I didn't mean it.
② What happened to you?
③ How did you hurt your leg?
④ I'm really sorry to hear that.
⑤ What is the meaning of that?

03
> A: Everything looks delicious.
> B: Yes. Would you like some of my spaghetti?
> A: No, thanks. Spaghetti is not my cup of tea.
> B: Not your cup of tea? What do you mean by that?
> A: It means "_____"
> B: Oh, I see. You don't like spaghetti.

① I'm not hungry.
② I can't find a cup.
③ I want a cup of tea.
④ I don't like something.
⑤ I don't mind whichever you like.

04 다음 대화의 밑줄 친 부분과 바꿔 쓸 수 있는 것은?

> A: Which bus do I take to get to the City Hall?
> B: You should take the bus number 117 or 212.
> A: <u>Can you please say that again?</u>
> B: Take the bus number 117 or 212.

① Could you go with me?
② May I ask you a question?
③ Can you help me, please?
④ Will you show me the way?
⑤ Could you repeat that, please?

05 자연스러운 대화가 되도록 (A)~(E)를 바르게 배열하시오.

> (A) Oh. Thanks a lot.
> (B) I said, "This juice is on me." It means "I'll pay for the juice."
> (C) You're welcome.
> (D) This juice is on me, Suho.
> (E) Excuse me? Can you say that again?

(　　) – (　　) – (　　) – (　　) – (　　)

[06~07] 다음 대화를 읽고, 물음에 답하시오.

> Girl: I feel under the weather.
> Boy: ①<u>Excuse me</u>, but can you please say that again?
> Girl: I said, ②<u>"How's the weather?"</u> It means "I don't feel well." ③<u>I think I have a cold.</u>
> Boy: Oh. Why don't you buy some medicine before you get on the plane? ④<u>You can get medicine at the store over there.</u>
> Girl: ⑤<u>I guess I should.</u>

06 위 대화의 밑줄 친 ①~⑤ 중 흐름상 어색한 것은?

①　　　　②　　　　③　　　　④　　　　⑤

07 위 대화에서 소년이 소녀에게 한 권유로 알맞은 것은?

① 휴식   ② 여행 취소   ③ 약 구입

④ 비행기 탑승   ⑤ 일기 예보 확인

[08~10] 다음 대화를 읽고, 물음에 답하시오.

A: Thank you for everything, Jiho. I had a great time in Korea.

B: (ⓐ) Please come visit me again, Lucy.

A: I'd love to, but before I do, I'd like to invite you to visit me in London.

B: (ⓑ) Anyway, it's too bad that you can't come to my soccer game tomorrow.

A: (ⓒ) I'll keep my fingers crossed for you.

B: (ⓓ)

A: I said, "I'll keep my fingers crossed for you." It ___(A)___ "I wish you good luck."

B: Oh. Thanks. Have a nice trip.

A: Thanks. (ⓔ)

08 위 대화의 ⓐ~ⓔ에 들어갈 말로 알맞지 <u>않은</u> 것은?

① ⓐ: My pleasure.

② ⓑ: Thanks.

③ ⓒ: I'm sorry that I can't stay longer.

④ ⓓ: How can you keep your fingers crossed?

⑤ ⓔ: I'll keep in touch.

09 위 대화의 빈칸 (A)에 알맞은 말을 한 단어로 쓰시오.

→ _____

10 위 대화를 통해 알 수 <u>없는</u> 것은?

① Lucy visited Jiho in Korea.

② Lucy lives in London.

③ Jiho will visit London next year.

④ Jiho has a soccer game tomorrow.

⑤ Lucy can't go to see Jiho's soccer game.

서술형

11 다음 대화의 흐름에 맞게 빈칸에 알맞은 말을 쓰시오.

A: Can you carry the box for me?

B: Sure. It's a piece of cake.

A: Can you please say _____ _____?

B: I _____, "It's a piece of cake." It _____ "It's easy."

12 다음 대화의 밑줄 친 우리말을 괄호 안의 단어를 사용하여 네 단어로 쓰시오.

A: Don't make a long face.

B: <u>그게 무슨 뜻이야?</u> (that)

A: It means "Don't feel sad."

→ _____

13 다음 대화의 밑줄 친 ⓐ~ⓒ 중 흐름상 <u>어색한</u> 부분을 찾아 기호를 쓰고, 바르게 고쳐 문장을 다시 쓰시오.

A: I'm really full. ⓐ<u>I pigged out.</u>

B: ⓑ<u>Excuse me, but what does that mean?</u>

A: I said, "I pigged out."

B: ⓒ<u>What do you mean by that?</u>

A: It means "I ate a lot."

B: Oh, I see.

(   ) → _____

1 관계대명사의 계속적 용법

읽기 본문   The word *shampoo* comes from the Hindi word *chāmpo*, **which** means "to press."
shampoo라는 단어는 힌디어 단어인 chāmpo에서 왔는데, 그것은 '누르다'라는 의미이다.

대표 예문   This book is about King Sejong, **who** invented Hangeul.   이 책은 세종대왕에 관한 것인데, 그는 한글을 발명했다.

My friend Linda, **who** is a chef, lives in London.   내 친구 Linda는 요리사인데, 그녀는 런던에 산다.

This is Gimchi, **which** is a traditional Korean food.   이것은 김치인데, 한국의 전통 음식이다.

I am reading a book about Paris, **which** I visited two years ago.
나는 파리에 관한 책을 읽고 있는데, 나는 그곳을 2년 전에 방문했다.

(1) 형태: 선행사＋콤마(,)＋who(m)/which

(2) 의미와 쓰임: 계속적 용법으로 쓰이는 관계대명사 앞에는 콤마(,)를 쓰며, 관계대명사절은 선행사에 대한 부연 설명을 해 준다. 해석은 앞에서부터 차례로 하며, 계속적 용법의 관계대명사는 「접속사＋대명사」로 바꿔 쓸 수 있다.

I like Jenny, **who** speaks French well.
(나는 Jenny를 좋아하는데, 그녀는 프랑스어를 잘한다.)
= I like Jenny, <u>and she</u> speaks French well.

관계대명사 that은 계속적 용법으로 사용되지 않으며, 계속적 용법으로 쓰인 목적격 관계대명사는 생략할 수 없다.

I bought a new laptop, **which** hasn't arrived yet.
(나는 새 노트북을 샀는데, 그것은 아직 도착하지 않았다.)
I bought a new laptop, <u>that</u> hasn't arrived yet. (×)
Erica gave me advice, **which** I didn't accept. 〈생략 불가〉
(Erica가 내게 충고를 해 주었는데, 나는 그것을 받아들이지 않았다.)

한 단계 | 더!

계속적 용법의 관계대명사 which는 앞 문장 전체를 선행사로 받아 부가적인 정보를 제공할 때에도 사용된다.
<u>He told a lie</u>, **which** made me angry. (그는 거짓말을 했고, 그것이 나를 화나게 했다.)

QUICK CHECK

1 다음 괄호 안에서 알맞은 것을 고르시오.
(1) I bought her a scarf, (who / which) has stripes.
(2) My friend Jim, (that / who) studied hard, passed the test.
(3) Susan is a cute baby, (whom / which) I'm taking care of.

2 다음 문장의 밑줄 친 부분을 바르게 고쳐 쓰시오.
(1) Tom lent me a book, <u>who</u> is about the Earth.   → _____
(2) The woman, <u>whom</u> lives next door, is a lawyer.   → _____
(3) I want to read *The Last Leaf*, <u>that</u> was written by O. Henry.   → _____

2 가주어 It과 진주어 that절

읽기 본문 **It** is interesting **that** the idea of using the word *robot* didn't come from Karel Čapek himself.
robot이라는 단어를 사용하려는 생각이 Karel Čapek 자신에게서 나오지 않은 것은 흥미롭다.

대표 예문 **It** is interesting **that** some animals can use tools.
일부 동물들이 도구를 사용할 수 있다는 것은 흥미롭다.

It is strange **that** you are waiting for her.
네가 그녀를 기다리고 있는 것은 이상하다.

It is true **that** he was the first president of the club.
그가 그 동아리의 초대 회장이었다는 것은 사실이다.

It is not surprising **that** she spent all of her money on shopping.
그녀가 자신의 돈을 모두 쇼핑하는 데 썼다는 것은 놀랍지 않다.

(1) 형태: It ~ that+주어+동사

(2) 의미와 쓰임

접속사 that이 이끄는 명사절이 문장의 주어로 쓰인 경우에 that절을 문장의 뒤로 보내고, 주어 자리에 형식적인 주어 it을 써서 It ~ that ... 형태로 나타낼 수 있다. 이 때 it은 가주어이고 that절이 진주어이며, 가주어 it은 '그것'이라고 해석하지 않는다.

That Mary baked this cake is surprising.

It is surprising **that Mary baked this cake.**
가주어   진주어
(Mary가 이 케이크를 구웠다는 것은 놀랍다.)

> **시험 포인트 ❶** point
> 문장에 쓰인 it의 쓰임을 확인하는 문제가 자주 출제되므로 it이 가주어, 비인칭 주어, 대명사 등 다양한 역할을 하는 것에 유의한다.

> **시험 포인트 ❷** point
> **It(가주어) ~ to부정사(진주어)**
> to부정사구가 문장의 주어로 쓰인 경우에도 진주어인 to부정사구를 문장의 뒤로 보내고 주어 자리에 가주어 it을 쓸 수 있다.
> **It's good to eat a lot of vegetables.**
> ▶ 중 2 교과서 7과

한 단계 | 더!

강조의 It is/was ~ that ... 구문

It is/was와 that 사이에 강조하고자 하는 주어, 목적어, 부사(구) 등을 넣어 「It is/was+강조할 내용+that ~」으로 나타낼 수 있다.

It was Eric **that** drew the house. 〈주어 Eric 강조〉
(그 집을 그린 사람은 바로 Eric이었다.)

It was the house **that** Eric drew. 〈목적어 the house 강조〉
(Eric이 그린 것은 바로 그 집이었다.)

QUICK CHECK

1 다음 괄호 안에서 알맞은 것을 고르시오.

(1) It is strange (that / when) he lied to me.

(2) (It / What) is certain that Mike doesn't like swimming.

(3) It was impossible that (to attend / I could attend) the meeting in time.

2 다음 문장의 밑줄 친 부분을 바르게 고쳐 쓰시오.

(1) It is exciting <u>which</u> we can watch the game together.   → _____

(2) It is important <u>you keep</u> your teeth clean.   → _____

(3) <u>This is surprising</u> that he won the piano contest.   → _____

Grammar
연습 문제

1 관계대명사의 계속적 용법

A 빈칸에 알맞은 관계대명사를 [보기]에서 골라 쓰시오. (단, 중복 사용 가능)

[보기]	who	which	that	whom

1 Tom loves Tteokbokki, _____ is his comfort food.

2 In the library, I met two girls, _____ are Eric's twin sisters.

3 Jim married Claire, _____ his parents really like.

4 Laura said she was very sick, _____ was not true.

B 주어진 두 문장을 계속적 용법의 관계대명사를 사용하여 한 문장으로 쓰시오.

1 He bought a new car. It was very expensive.

→ _____

2 This is Linda. I told you about her last week.

→ _____

3 That woman will teach us English. She is from London.

→ _____

4 Charlie became a teacher. That surprised his friends.

→ _____

C 다음 밑줄 친 부분에서 어법상 틀린 것을 찾아 바르게 고쳐 쓰시오.

1 I have a dog, <u>that likes sweets too much</u>. → _____

2 Mr. Clinton, <u>which owns many companies</u>, is very rich. → _____

3 We went to a new restaurant, <u>where served great food</u>. → _____

4 My teacher praised me, <u>who made me feel great</u>. → _____

D 주어진 우리말과 의미가 같도록 계속적 용법의 관계대명사와 괄호 안의 표현을 사용하여 문장을 쓰시오.

1 우리 아빠가 의자를 하나 만드셨는데, 그것은 다음 날 망가졌다. (my dad, a chair, broke, the next day)

→ _____

2 나는 루브르 박물관에 가고 싶은데, 그것은 파리에 있다. (visit, the Louvre, in Paris)

→ _____

3 나는 Amy로부터 그 책을 빌렸는데, 그녀는 그것을 여러 번 읽었다. (borrowed, from, has read, many times)

→ _____

2 가주어 It과 진주어 that절

A 다음 괄호 안에서 알맞은 것을 고르시오.

1 It is true (before / that) time is money.

2 (It / That) is certain that your baby is hungry.

3 It is good (that / what) he finally stopped smoking.

4 It is lucky (so that / that) we got tickets for the concert.

5 It is surprising (why / that) you spent all your money on shopping.

B 주어진 두 문장을 가주어 it을 사용하여 한 문장으로 쓰시오.

1 He is over ninety. Is it true?

→ _____

2 She became a comedian. That is amazing.

→ _____

3 Susan doesn't remember me. That is strange.

→ _____

C 주어진 우리말과 의미가 같도록 괄호 안의 단어를 바르게 배열하시오.

1 문어가 매우 똑똑한 것은 사실이다. (are, it, true, octopuses, smart, that, very, is)

→ _____

2 우리가 그것을 재활용할 수 있다는 것은 좋은 생각이다. (idea, recycle, it, can, we, that, a, is, it, good)

→ _____

3 네가 꿈을 가지고 있다는 것이 중요하다. (important, a, dream, it, have, that, is, you)

→ _____

D 주어진 우리말과 의미가 같도록 It ~ that 구문과 괄호 안의 표현을 사용하여 문장을 쓰시오.

1 그가 그 돈을 모두 잃었다는 것은 분명하다. (clear, has lost, all the money)

→ _____

2 네가 항상 늦는 것이 문제이다. (a problem, always, late)

→ _____

3 그녀가 고기를 전혀 먹지 않는다는 것은 사실이 아니다. (true, never, meat)

→ _____

4 일부 동물들이 도구를 사용할 수 있다는 것은 흥미롭다. (interesting, some, use tools)

→ _____

[01~02] 다음 빈칸에 들어갈 말로 알맞은 것을 고르시오.

01
We stayed at a hotel, _____ had an amazing view.

① who   ② that   ③ what
④ which   ⑤ where

02
It is shocking _____ Mr. White will move to another school.

① who   ② that   ③ what
④ which   ⑤ whether

03 다음 우리말과 의미가 같도록 할 때, 빈칸에 들어갈 말로 알맞은 것은?

Smith 씨에게는 아들이 둘 있는데, 그들은 농구 선수이다.
→ Mr. Smith has two sons, _____ basketball players.

① who is   ② who are
③ that is   ④ that are
⑤ they are

04 다음 우리말과 의미가 같도록 할 때, 빈칸에 들어갈 말이 순서대로 바르게 짝지어진 것은?

Jane이 그 피자를 만들었다니 놀랍다.
→ _____ is surprising _____ Jane made the pizza.

① It – what   ② It – that
③ This – what   ④ This – that
⑤ That – which

05 다음 두 문장의 의미가 같도록 할 때, 빈칸에 들어갈 말로 알맞은 것은?

My grandmother bought me a new jacket, which was too small for me.
= My grandmother bought me a new jacket, _____ was too small for me.

① but it   ② for it   ③ that
④ and who   ⑤ because it

한 단계 │ 더!
06 다음 빈칸에 들어갈 말이 순서대로 바르게 짝지어진 것은?

• Mark, _____ I met yesterday, is kind and handsome.
• I broke Mom's favorite vase, _____ made her upset.

① who – that   ② that – that
③ whom – that   ④ whom – which
⑤ that – which

[07~08] 다음 우리말을 영어로 바르게 옮긴 것을 고르시오.

07

Tom이 새 시계를 샀는데, 그것은 지금 작동하지 않는다.

① Tom bought a new watch, that is not working now.
② A new watch, that Tom bought, is not working now.
③ Tom bought a new watch, which is not working now.
④ Tom bought a new watch which was not working now.
⑤ A new watch which Tom bought was not working now.

08

Grace가 아직 도착하지 않은 것이 이상하다.

① Grace hasn't arrived yet is strange.
② That Grace hasn't arrived yet strange.
③ It is strange if Grace hasn't arrived yet.
④ Grace, who hasn't arrived yet, is strange.
⑤ It is strange that Grace hasn't arrived yet.

09 다음 중 밑줄 친 부분이 어법상 틀린 것은?

① I love my grandmother, who is over ninety.
② Do you know the boy who is playing tennis?
③ We visited the temple, that was built in 1500.
④ The T-shirt that Angela is wearing is very expensive.
⑤ Jake was late for school again, which made his teacher angry.

10 다음 두 문장을 한 문장으로 바꿔 쓸 때, 빈칸에 들어갈 말로 알맞은 것은?

My aunt Linda lives in Paris. She is a famous chef.
→ My aunt Linda, _____.

① that is a famous chef, lives in Paris
② that lives in Paris, is a famous chef
③ who is a famous chef, lives in Paris
④ lives in Paris, who is a famous chef
⑤ which is a famous chef, lives in Paris

고난도
11 다음 중 밑줄 친 It의 쓰임이 나머지와 다른 하나는?

① It is not easy to make good friends.
② It was so windy that we couldn't play outside.
③ It is necessary that we respect other people's opinions.
④ It is not surprising that Jimin got a perfect score on the test.
⑤ It is interesting that some monkeys floss their teeth with human hair.

12 다음 중 밑줄 친 that의 쓰임이 [보기]와 같은 것은?

[보기] It is impossible that we finish the project by tomorrow.

① It is the scarf that I told you about.
② Is that the cap you recently bought?
③ These are the cookies that I made last night.
④ Is it true that Justin will come back next month?
⑤ The *Mona Lisa* is the picture that was painted by Leonardo da Vinci.

한 단계 더!

13 다음 문장에서 어법상 **틀린** 부분을 바르게 고쳐 쓴 것은?

> Jake came back home late last night, that made his parents worried.

① late → lately
② last night → at last night
③ that → which
④ made → was made
⑤ worried → worrying

14 다음 중 어법상 올바른 문장은?

① It's not true that Mark stole the bike.
② This bag, my grandma made, is very useful.
③ We went to the Science Park, that is downtown.
④ It is amazing which Henry can speak five languages.
⑤ I respect Albert Schweitzer, whom received the Nobel Peace Prize.

고난도 한 단계 더!

15 다음 중 어법상 **틀린** 문장의 개수는?

> ⓐ Ms. Parker, who is Christina's mom, is my English teacher.
> ⓑ It is exciting that we'll visit Paris together.
> ⓒ It is important which we keep exercising regularly.
> ⓓ Steve passed the test, that made his parents happy.

① 없음   ② 1개   ③ 2개
④ 3개   ⑤ 4개

서술형

[16~17] 주어진 두 문장을 한 문장으로 바꿔 쓸 때, 빈칸에 알맞은 말을 쓰시오.

한 단계 더!

16

> Jake won first prize in the dancing contest. That surprised us.

→ Jake won first prize in the dancing contest, _____ surprised us.

17

> We're going to be on TV this Saturday. Isn't that amazing?

→ Isn't _____ _____ _____ we're going to be on TV this Saturday?

18 다음 글의 빈칸 ⓐ와 ⓑ에 알맞은 말을 각각 한 단어로 쓰시오.

> Today I read a book about King Sejong. He created Hangeul, ____ⓐ____ is one of the most scientific writing systems in the world. It is true ____ⓑ____ he was very creative.

ⓐ _____   ⓑ _____

19 다음 우리말과 의미가 같도록 괄호 안의 표현을 어법에 맞게 사용하여 문장을 완성하시오.

이 피자는 우리 아빠가 만드셨는데, 정말 맛있다.

→ This pizza, _____.

(my dad, taste, really good)

20 다음 그림을 보고, [보기]에서 알맞은 표현을 골라 관계대명사를 사용하여 문장을 완성하시오.

> [보기] · my mom baked
> · invented the light bulb
> · is a traditional Korean food
> · is studying photography in Rome

(1)  These cookies, _____ _____, are tasty.

(2)  I visited my uncle, _____ _____.

(3)  This book is about Edison, _____.

(4)  This is Bibimbap, _____ _____.

21 주어진 문장을 괄호 안의 단어를 사용하여 [보기]와 같이 It으로 시작하는 문장으로 바꿔 쓰시오.

> [보기] Romeo loves Juliet. (true)
> → It is true that Romeo loves Juliet.

(1) We haven't heard from James. (strange)

→ _____

(2) Roy and Neil are twins. (surprising)

→ _____

(3) Anthony joined the dancing club. (interesting)

→ _____

22 다음 우리말과 의미가 같도록 관계대명사와 괄호 안의 표현을 사용하여 문장을 완성하시오.

(1) Scott은 반장인데, 나의 가장 친한 친구이다.
→ Scott, _____, is my best friend. (class president)

(2) 그 도서관은 우리 집 근처에 있는데, 많은 책을 소장하고 있다.
→ The library, _____, has a lot of books. (near my house)

(3) 나는 '해바라기'를 좋아하는데, Vincent van Gogh가 그렸다.
→ I like *Sunflowers*, _____ _____. (was painted)

(4) 나는 에펠탑에 관한 영화를 봤는데, 그것은 Gustave Eiffel이 디자인했다.
→ I saw a movie about the Eiffel Tower, _____ _____. (designed)

23 다음 중 어법상 틀린 문장 두 개를 찾아 그 기호를 쓰고, 바르게 고쳐 문장을 다시 쓰시오.

> ⓐ It is clear that Peter broke the vase.
> ⓑ Ted, who lives next door to me, is very kind.
> ⓒ This is strange that my laptop doesn't work.
> ⓓ Dad gave me a book, whom I lost right away.
> ⓔ Mike went back to his country, which made me sad.

(1) (   ) → _____

(2) (   ) → _____

외국어에서 유래된 영어 단어

English Words of Foreign Origin

01 영어는 다른 문화나 언어에서 단어를 종종 빌려 왔다.

01 English has often borrowed words from other cultures or languages.
현재완료(have(has)+과거분사)
종종 (빈도부사) └ borrow A from B: B로부터 A를 빌리다

02 여기 재미있는 이야기를 가진 몇 개의 예가 있다.

02 Here are some examples with interesting stories.
Here is(are)+주어: 여기 ~이 있다

샴푸

shampoo

03 shampoo라는 단어는 힌디어 단어인 chāmpo에서 왔는데, 그것은 '누르다'라는 의미이다.

03 The word *shampoo* comes from the Hindi word *chāmpo*,
계속적 용법의 관계대명사 come from: ~에서 오다, 유래하다
which means "to press."
(= and it)

04 인도에서 그 단어는 머리 마사지를 가리키는 데 쓰였다.

04 In India, the word was used for a head massage.
= chāmpo be used for: ~에 사용되다

05 인도에 있던 영국 무역상들이 머리 마사지를 곁들인 목욕을 경험하고, 18세기에 그것을 영국에 소개했다.

05 British traders in India experienced a bath with a head massage and
and로 연결된 병렬 구조 ──── 등위접속사
introduced it to Britain in the 18th century.
in the+서수+century: ~세기에

06 shampoo라는 단어의 의미는 그 단어가 1762년쯤 영어에 처음 들어온 이후 몇 번 바뀌었다.

06 The meaning of the word *shampoo* changed a few times after it first
몇 번 ┌접 ~ 후에
명 뜻, 의미
entered English around 1762.
전 ~경에, ~ 무렵에

07 19세기에 shampoo는 '머리 감기'라는 현재의 의미를 갖게 되었다.

07 In the 19th century, *shampoo* got its present meaning of "washing the
형 현재의
hair."

08 그 후 얼마 지나지 않아, 그 단어는 머리에 사용하는 특별한 비누를 가리키는 데에도 쓰이기 시작했다.

08 Shortly after that, the word began to be also used for a special soap for
┌부 곧, 얼마 지나지 않아 수동태
전 ~ 후에 = shampoo to부정사의 명사적 용법
the hair.

로봇

robot

09 robot이라는 단어는 희곡 'R.U.R.'에서 왔는데, 그 희곡은 1920년에 체코의 작가 Karel Čapek이 썼다.

09 The word *robot* comes from the play *R.U.R.*,
명 희곡
선행사
which was written in 1920 by a Czech writer Karel Čapek.
수동태
계속적 용법의 관계대명사 (= and it) 형 체코의, 체코 사람(말)의

10 그 희곡에서 로봇은 인간처럼 생긴 기계이다.

10 In the play, robots are machines [that look like humans].
┌look like+명사(구): ~처럼 보이다
선행사 주격 관계대명사

11 그것은 인간을 위해 일하도록 설계되고, 공장에서 생산된다.

11 They are designed to work for humans and are produced in a factory.
= Robots 동사 1 (수동태) 동사 2 (수동태)

12 robot이라는 단어를 사용하려는 생각이 Karel Čapek 자신에게서 나온 게 아니었다는 것은 흥미롭다.

12 It is interesting [that the idea of using the word *robot* didn't come from
진주어 (명사절) ┌동격의 of
가주어 =
Karel Čapek himself].
= Karel Čapek (강조 용법의 재귀대명사)

13 그는 원래 자신의 희곡에 등장하는 그 기계들을 '일'을 의미하는 라틴어 단어에서 온 labori라고 불렀다.

13 He originally called the machines in his play *labori* from the Latin word
call A B: A를 B라고 부르다 A B
for "work."

14 However, his brother suggested *roboti*, which means "slave workers" in
하지만, 그러나   계속적 용법의 관계대명사 (= and it)
Czech.

15 Karel Čapek liked the idea and decided to use the word *roboti*.
           ┌to부정사를 목적어로 취하는 동사
        roboti라는 이름을 제안한 형의 생각 └to부정사의 명사적 용법

16 In 1938, the play was made into a science fiction show
        = R.U.R.   be made into: ~로 만들어지다
on television in Britain.

hurricane

17 The word *hurricane* comes from the Spanish word

huracán, which originates from the name of a Mayan god.
계속적 용법의 관계대명사 └ = comes from   형 마야의
(= and it)

18 In the Mayan creation myth, Huracán is the weather god of wind, storm,
                           ┌ 관계대명사절
and fire, and he is one of the three gods [who created humans].
    = Huracán   선행사   주격 관계대명사 (= that)

19 However, the first humans angered the gods, so Huracán caused a
              anger 동 화나게 하다   = the three gods   cause 동 야기하다
great flood.

20 The first Spanish contact with the Mayan civilization was in 1517.
      주어   동사

21   who = that┐ 관계대명사절
Spanish explorers [who were passing through the Caribbean] experienced
선행사 (주어)   주격 관계대명사   pass through: ~을 통과하다, 지나가다   동사 1
a hurricane and picked up the word for it from the people in the area.
등위접속사   동사 2   = a hurricane

22   ┌── 수 일치 ──┐
In English, one of the early uses of *hurricane* was in a play by
        one of the+복수명사: ~ 중 하나 (단수 취급)   동사   명 희곡
Shakespeare in 1608.

hamburger

23 The word *hamburger* originally comes from
               부 원래, 본래
Hamburg, Germany's second-largest city.
   └── 동격 ──┘

24 *Hamburger* means "people or things from Hamburg" in German.
                          전 ~ 출신의

25 The origin of the first hamburger is not clear.
     명 기원, 유래   형 분명한
                     진주어 (명사절)

26 However, it is believed [that the hamburger was invented in a small town
        가주어   명사절을 이끄는 접속사   수동태
in Texas, USA, sometime between 1885 and 1904].
도시명 (작은 단위), 국가명 (큰 단위)   between A and B: A와 B 사이에

27 A cook placed a Hamburg-style steak between two slices of bread, and
     명 요리사   ┌call A B: A를 B라고 부르다   빵 두 조각 (물질명사의 수량 표현)
people started to call such food a hamburger.
                  └ = a Hamburg-style steak between two slices of bread를 가리킴
       └to부정사와 동명사를 모두 목적어로 취하는 동사

14 하지만 그의 형이 roboti를 제안했는데, 그것은 체코어로 '노예 근로자들'을 의미한다.

15 Karel Čapek은 그 아이디어가 마음에 들어 roboti라는 단어를 사용하기로 결정했다.

16 1938년에 그 희곡은 영국 TV에서 공상과학물로 만들어졌다.

허리케인

17 hurricane이라는 단어는 스페인어 단어인 huracán에서 왔는데, 그것은 마야 신의 이름에서 유래한다.

18 마야의 창조 신화에서 Huracán은 바람, 폭풍우, 그리고 불을 다스리는 날씨의 신이며, 그는 인간을 창조한 세 명의 신들 중 한 명이다.

19 하지만 최초의 인간들이 그 신들을 화나게 했고, 그래서 Huracán은 거대한 홍수를 일으켰다.

20 스페인이 마야 문명과 처음 했던 접촉은 1517년이었다.

21 카리브제도를 통해 지나가던 스페인 탐험가들이 허리케인을 겪었고, 그 지역 사람들로부터 그것을 가리키는 단어를 익히게 되었다.

22 영어에서는 hurricane이 초기에 사용된 예 중 하나가 1608년에 셰익스피어가 쓴 희곡에서였다.

햄버거

23 hamburger라는 단어는 원래 독일에서 두 번째로 큰 도시인 함부르크에서 왔다.

24 hamburger는 독일어로 '함부르크 출신의 사람 또는 사물'을 의미한다.

25 최초의 햄버거의 기원은 분명하지 않다.

26 하지만 햄버거는 1885년에서 1904년 사이의 언젠가 미국의 텍사스에 있는 작은 마을에서 발명되었다고 여겨진다.

27 한 요리사가 빵 두 조각 사이에 함부르크 스타일의 스테이크를 넣었고, 사람들은 그런 음식을 햄버거라고 부르기 시작했다.

빈칸 채우기

• 우리말과 의미가 같도록 교과서 본문의 문장을 완성하시오.

01 English _____ often _____ words _____ other cultures or languages.

02 _____ _____ some examples with interesting stories.

03 The word *shampoo* _____ _____ the Hindi word *chāmpo*, _____ means "to press."

04 In India, the word was _____ _____ a head massage.

05 British traders in India experienced a bath with a head massage and _____ it _____ Britain _____ _____ 18th century.

06 The meaning of the word *shampoo* changed a few times _____ it first _____ English _____ 1762.

07 In the 19th century, *shampoo* got its _____ _____ _____ "washing the hair."

08 _____ after that, the word began to _____ also _____ _____ a special soap for the hair.

09 The word *robot* comes from the _____ *R.U.R.*, _____ _____ _____ in 1920 by a Czech writer Karel Čapek.

10 In the play, robots are machines that _____ _____ humans.

11 They _____ _____ to work for humans and _____ _____ in a factory.

12 _____ is interesting _____ the idea of _____ the word *robot* didn't come from Karel Čapek _____.

13 He _____ _____ the machines in his play *labori* from the Latin word for "work."

14 However, his brother suggested *roboti*, _____ _____ "slave workers" _____ Czech.

---

01 영어는 다른 문화나 언어에서 단어를 종종 빌려 왔다.

02 여기 재미있는 이야기를 가진 몇 개의 예가 있다.

03 shampoo라는 단어는 힌디어 단어인 chāmpo에서 왔는데, 그것은 '누르다'라는 의미이다.

04 인도에서 그 단어는 머리 마사지를 가리키는 데 쓰였다.

05 인도에 있던 영국 무역상들은 머리 마사지를 곁들인 목욕을 경험하고, 18세기에 그것을 영국에 소개했다.

06 shampoo라는 단어의 의미는 그 단어가 1762년쯤 영어에 처음 들어온 이후 몇 번 바뀌었다.

07 19세기에 shampoo는 '머리 감기'라는 현재의 의미를 갖게 되었다.

08 그 후 얼마 지나지 않아, 그 단어는 머리에 사용하는 특별한 비누를 가리키는 데에도 쓰이기 시작했다.

09 robot이라는 단어는 희곡 'R.U.R.'에서 왔는데, 그 희곡은 1920년에 체코의 작가 Karel Čapek이 썼다.

10 그 희곡에서 로봇은 인간처럼 생긴 기계이다.

11 그것은 인간을 위해 일하도록 설계되고, 공장에서 생산된다.

12 robot이라는 단어를 사용하려는 생각이 Karel Čapek 자신에게서 나온 게 아니었다는 것은 흥미롭다.

13 그는 원래 자신의 희곡에 등장하는 그 기계들을 '일'을 의미하는 라틴어 단어에서 온 labori라고 불렀다.

14 하지만 그의 형이 roboti를 제안했는데, 그것은 체코어로 '노예 근로자들'을 의미한다.

15 Karel Čapek liked the idea and _____ _____ use the word *roboti*.

15 Karel Čapek은 그 아이디어가 마음에 들어 roboti라는 단어를 사용하기로 결정했다.

16 In 1938, the play _____ _____ _____ a science fiction show on television in Britain.

16 1938년에 그 희곡은 영국 TV에서 공상 과학물로 만들어졌다.

17 The word *hurricane* comes from the Spanish word *huracán*, _____ _____ _____ the name of a Mayan god.

17 hurricane이라는 단어는 스페인어 단어인 huracán에서 왔는데, 그것은 마야 신의 이름에서 유래한다.

18 In the Mayan _____ myth, Huracán is the weather god of wind, storm, and fire, and he is _____ _____ _____ three gods who _____ humans.

18 마야의 창조 신화에서 Huracán은 바람, 폭풍우, 그리고 불을 다스리는 날씨의 신이며, 그는 인간을 창조한 세 명의 신들 중 한 명이다.

19 However, the first humans _____ the gods, so Huracán _____ a great flood.

19 하지만 최초의 인간들이 그 신들을 화나게 했고, 그래서 Huracán은 거대한 홍수를 일으켰다.

20 The first Spanish _____ _____ the Mayan _____ was in 1517.

20 스페인이 마야 문명과 처음 했던 접촉은 1517년이었다.

21 Spanish explorers who were _____ _____ the Caribbean experienced a hurricane and _____ _____ the word for it from the people in the area.

21 카리브제도를 통과해 지나가던 스페인 탐험가들이 허리케인을 겪었고, 그 지역 사람들로부터 그것을 가리키는 단어를 익히게 되었다.

22 In English, _____ _____ _____ early uses of *hurricane* was in a play by Shakespeare in 1608.

22 영어에서는 hurricane이 초기에 사용된 예 중 하나가 1608년에 셰익스피어가 쓴 희곡에서였다.

23 The word *hamburger* originally comes _____ Hamburg, Germany's _____-_____ city.

23 hamburger라는 단어는 원래 독일에서 두 번째로 큰 도시인 함부르크에서 왔다.

24 *Hamburger* means "people or things _____ Hamburg" _____ _____.

24 hamburger는 독일어로 '함부르크 출신의 사람 또는 사물'을 의미한다.

25 The _____ _____ the first hamburger is not clear.

25 최초의 햄버거의 기원은 분명하지 않다.

26 However, _____ is believed _____ the hamburger was invented in a small town in Texas, USA, _____ _____ 1885 _____ 1904.

26 하지만 햄버거는 1885년에서 1904년 사이의 언젠가 미국의 텍사스에 있는 작은 마을에서 발명되었다고 여겨진다.

27 A cook placed a Hamburg-style steak between _____ _____ _____ bread, and people started to call _____ food a hamburger.

27 한 요리사가 빵 두 조각 사이에 함부르크 스타일의 스테이크를 넣었고, 사람들은 그런 음식을 햄버거라고 부르기 시작했다.

STEP A

01 English has often (borrowed / lent) words from other cultures or languages.

02 Here (is / are) some examples with interesting stories.

03 The word *shampoo* comes from the Hindi word *chāmpo*, (which / that) means "to press."

04 In India, the word was used (to / for) a head massage.

05 British traders in India experienced a bath with a head massage and (produced / introduced) it to Britain in the 18th century.

06 The (means / meaning) of the word *shampoo* changed a few times after it first entered English around 1762.

07 In the 19th century, *shampoo* got its present meaning of "(washing / massaging) the hair."

08 (Short after / Shortly after) that, the word began to be also used (of / for) a special soap for the hair.

09 The word *robot* comes from the play *R.U.R.*, which (wrote / was written) in 1920 (by / from) a Czech writer Karel Čapek.

10 In the play, robots are machines that (look / look like) humans.

11 They are designed to work for humans and (produce / are produced) in a factory.

12 It is interesting that the idea of (using / to use) the word *robot* didn't come from Karel Čapek (itself / himself).

13 He (original / originally) called the machines in his play *labori* from the Latin word for "work."

14 (However / Therefore), his brother suggested *roboti*, (which / who) means "slave workers" in Czech.

15 Karel Čapek liked the idea and decided (using / to use) the word *roboti*.

16 In 1938, the play (made / was made) into a science fiction show on television in Britain.

17 The word *hurricane* comes from the Spanish word *huracán*, which originates (for / from) the name of a Mayan god.

18 In the Mayan creation myth, Huracán is the weather god of wind, storm, and fire, and he is (one of / many of) the three gods who created humans.

19 However, the first humans (angry / angered) the gods, so Huracán caused a great flood.

20 The first Spanish (contact / creation) with the Mayan civilization (was / were) in 1517.

21 Spanish explorers who were passing (away / through) the Caribbean experienced a hurricane and picked up the word for it from the people in the area.

22 In English, one of the early (use / uses) of *hurricane* (was / were) in a play by Shakespeare in 1608.

23 The word *hamburger* originally comes (to / from) Hamburg, Germany's second-largest city.

24 *Hamburger* means "people or things from Hamburg" (in / from) German.

25 The origin of the first hamburger is not (clear / clearly).

26 However, it is believed that the hamburger (was invented / invented) in a small town in Texas, USA, sometime between 1885 and 1904.

27 A cook placed a Hamburg-style steak between two slices of bread, and people started to call (such a hamburger food / such food a hamburger).

Reading

틀린 문장 고치기

• 밑줄 친 부분이 내용이나 어법상 올바르면 ○에, 틀리면 ×에 동그라미 하고 틀린 부분을 바르게 고쳐 쓰시오.

STEP A

01 English has often borrowed words <u>to</u> other cultures or languages.   ○ ×

02 <u>Here are some examples</u> with interesting stories.   ○ ×

03 The word *shampoo* <u>comes to</u> the Hindi word *chāmpo*, which means "to press."   ○ ×

04 In India, the word <u>was used to</u> a head massage.   ○ ×

05 British traders in India experienced a bath with a head massage and <u>introduced it on</u> Britain in the 18th century.   ○ ×

06 The meaning of the word *shampoo* changed a few times after it first entered English <u>around 1762.</u>   ○ ×

07 In the 19th century, *shampoo* <u>got its present meaning</u> of "washing the hair."   ○ ×

08 Shortly after that, the word began to be also used for a special soap for the <u>hands</u>.   ○ ×

09 The word *robot* comes from the play *R.U.R.*, <u>which written</u> in 1920 by a Czech writer Karel Čapek.   ○ ×

10 In the play, robots are machines <u>that</u> look like humans.   ○ ×

11 They <u>designed</u> to work for humans and are produced in a factory.   ○ ×

12 <u>It is interesting that</u> the idea of using the word *robot* didn't come from Karel Čapek himself.   ○ ×

13 He originally called the machines in his play *labori* <u>from the Latin word</u> for "work."   ○ ×

14 However, his brother suggested *roboti*, which means "slave workers" <u>for Czech</u>.   ○ ×

15   Karel Čapek liked the idea and <u>decided using</u> the word *roboti*.   ○ ×

16   In 1938, the play <u>was made into</u> a science fiction show on television in Britain.   ○ ×

17   The word *hurricane* comes from the Spanish word *huracán*, <u>who</u> originates from the name of a Mayan god.   ○ ×

18   In the Mayan creation myth, Huracán is the weather god of wind, storm, and fire, and he is <u>one of the three gods</u> who created humans.   ○ ×

19   However, the first humans angered the gods, <u>because</u> Huracán caused a great flood.   ○ ×

20   The first Spanish contact with the Mayan civilization <u>was in 1517</u>.   ○ ×

21   Spanish explorers who were passing through the Caribbean experienced a hurricane and <u>picked out</u> the word for it from the people in the area.   ○ ×

22   In English, <u>many of the</u> early uses of *hurricane* was in a play by Shakespeare in 1608.   ○ ×

23   The word *hamburger* originally comes from Hamburg, <u>German's</u> second-largest city.   ○ ×

24   *Hamburger* means "people or things <u>from Hamburg</u>" in German.   ○ ×

25   The origin of the first hamburger is <u>not clear</u>.   ○ ×

26   However, <u>it believed that</u> the hamburger was invented in a small town in Texas, USA, sometime between 1885 and 1904.   ○ ×

27   A cook placed a Hamburg-style steak between <u>two slices of bread</u>, and people started to call such food a hamburger.   ○ ×

Reading

배열로 문장 완성하기

01 영어는 다른 문화나 언어에서 단어를 종종 빌려 왔다.
(often borrowed / has / English / from other cultures / words / or languages)

>

02 여기 재미있는 이야기를 가진 몇 개의 예가 있다. (with / some examples / here / interesting stories / are)

>

03 shampoo라는 단어는 힌디어 단어인 chāmpo에서 왔는데, 그것은 '누르다'라는 의미이다.
(comes from / which means / the word / "to press" / *shampoo* / the Hindi word *chāmpo*)

>

04 인도에서, 그 단어는 머리 마사지를 가리키는 데 쓰였다. (was / a head massage / the word / used for / in India)

>

05 인도에 있던 영국 무역상들은 머리 마사지를 곁들인 목욕을 경험하고 18세기에 그것을 영국에 소개했다.
(in India / and introduced it / experienced / with a head massage / a bath / to Britain / in the 18th century / British traders)

>

06 shampoo라는 단어의 의미는 그 단어가 1762년쯤 영어에 처음 들어온 이후 몇 번 바뀌었다.
(*shampoo* / first entered / changed / it / English / a few times after / the meaning / around 1762 / of the word)

>

07 19세기에, shampoo는 '머리 감기'라는 현재의 의미를 갖게 되었다.
(got / present / "washing the hair" / in the 19th century / *shampoo* / meaning of / its)

>

08 그 후 얼마 지나지 않아, 그 단어는 머리에 사용하는 특별한 비누를 가리키는 데에도 쓰이기 시작했다.
(the word / a special soap / began to be / shortly / for the hair / also used for / after that)

>

09 robot이라는 단어는 희곡 'R.U.R.'에서 왔는데, 그 희곡은 1920년에 체코의 작가 Karel Čapek이 썼다.
(by a Czech writer / comes from / was written / the word *robot* / in 1920 / which / Karel Čapek / the play *R.U.R.*)

>

10 그 희곡에서, 로봇은 인간처럼 생긴 기계이다. (that / robots / humans / look like / in the play / are machines)

>

11 그것은 인간을 위해 일하도록 설계되고 공장에서 생산된다.
(to work / they / for humans / are produced / are designed / and / in a factory)

>

12 robot이라는 단어를 사용하려는 생각이 Karel Čapek 자신에게서 나온 게 아니었다는 것은 흥미롭다.
(the idea of / it is interesting / using the word / himself / *robot* / didn't come from / that / Karel Čapek)

>

13 그는 원래 자신의 희곡에 등장하는 그 기계들을 '일'을 의미하는 라틴어 단어에서 온 labori라고 불렀다.
(*labori* / he / from the Latin word / called the machines / originally / in his play / for "work")

>

14 하지만, 그의 형이 roboti를 제안했는데, 그것은 체코어로 '노예 근로자들'을 의미한다.
(which means / his brother / "slave workers" / in Czech / however / suggested *roboti*)

>

15 Karel Čapek은 그 아이디어가 마음에 들어 roboti라는 단어를 사용하기로 결정했다.
(use / the idea / decided to / the word *roboti* / and / Karel Čapek / liked)

>

16 1938년에, 그 희곡은 영국 TV에서 공상 과학물로 만들어졌다.
(in 1938 / on television / the play / a science fiction show / in Britain / was made into)

>

17 hurricane이라는 단어는 스페인어 단어인 huracán에서 왔는데, 그것은 마야 신의 이름에서 유래한다.
(a Mayan god / originates from / the word *hurricane* / the name of / the Spanish word *huracán* / comes from / which)

>

18 마야의 창조 신화에서, Huracán은 바람, 폭풍우, 그리고 불을 다스리는 날씨의 신이며, 그는 인간을 창조한 세 명의 신들 중 한 명이다.
(one of the three gods / the weather god of / Huracán is / and he is / who / wind, storm, and fire / in the Mayan creation myth / created humans)

>

19 하지만, 최초의 인간들이 그 신들을 화나게 했고, 그래서 Huracán은 거대한 홍수를 일으켰다.
(angered / Huracán / caused / so / a great flood / the gods / however / the first humans)

>

20 스페인이 마야 문명과 처음 했던 접촉은 1517년이었다.
(the Mayan civilization / the first Spanish / was / contact with / in 1517)

>

21 카리브제도를 통과해 지나가던 스페인 탐험가들이 허리케인을 겪었고 그 지역 사람들로부터 그것을 가리키는 단어를 익히게 되었다.
(passing through / the word for it / the Caribbean / from the people / were / experienced a hurricane / in the area / who / Spanish explorers / and picked up)

>

22 영어에서는, hurricane이 초기에 사용된 예 중 하나가 1608년에 셰익스피어가 쓴 희곡에서였다.
(was / one of the early / in a play / in English / by Shakespeare / uses of *hurricane* / in 1608)

>

23 hamburger라는 단어는 원래 독일에서 두 번째로 큰 도시인 함부르크에서 왔다.
(originally / Hamburg / comes from / the word *hamburger* / Germany's second-largest city)

>

24 hamburger는 독일어로 '함부르크 출신의 사람 또는 사물'을 의미한다.
("people or things from Hamburg" / means / in German / *Hamburger*)

>

25 최초의 햄버거의 기원은 분명하지 않다. (hamburger / the first / is / the origin of / not clear)

>

26 하지만, 햄버거는 1885년에서 1904년 사이의 언젠가 미국의 텍사스에 있는 작은 마을에서 발명되었다고 여겨진다.
(that the hamburger / however / it is believed / between 1885 and 1904 / sometime / was invented / in Texas, USA / in a small town)

>

27 한 요리사가 빵 두 조각 사이에 함부르크 스타일의 스테이크를 넣었고, 사람들은 그런 음식을 햄버거라고 부르기 시작했다.
(a Hamburg-style steak / a cook / between / to call / placed / such food / and people started / a hamburger / two slices of bread)

>

STEP
A

[01~03] 다음 글을 읽고, 물음에 답하시오.

The word *shampoo* comes from the Hindi word *chāmpo*, which means "to press." In India, the word was used ___ⓐ___ a head massage. British traders in India experienced a bath with a head massage and ___(A)___ it to Britain in the 18th century. The meaning of the word *shampoo* changed a few times after it first entered English around 1762. In the 19th century, *shampoo* got its present ___(B)___ of "washing the hair." Shortly after that, the word began to be also used ___ⓑ___ a special soap for the hair.

01 윗글의 빈칸 ⓐ와 ⓑ에 공통으로 들어갈 전치사로 알맞은 것은?

① to　　　　② of　　　　③ in
④ for　　　　⑤ from

02 윗글의 흐름상 빈칸 (A)와 (B)에 들어갈 알맞은 말이 바르게 짝지어진 것은?

① produced – origin
② produced – meaning
③ introduced – origin
④ introduced – meaning
⑤ created – meaning

03 윗글의 제목으로 가장 적절한 것은?

① How to Massage Your Head
② India: The Center of Trade
③ The Origin of the Word *Shampoo*
④ Various Effects of a Head Massage
⑤ The Relationship between Britain and India

[04~08] 다음 글을 읽고, 물음에 답하시오.

The word *robot* comes from the play *R.U.R.*, which was written in 1920 by a Czech writer Karel Čapek. In the play, robots are machines that look like humans. They are designed to work for humans and are produced in a factory.

(A)It is interesting that the idea of ___ⓐ___ the word *robot* didn't come from Karel Čapek himself. He originally called the machines in his play *labori* from the Latin word for "work." ___ⓑ___, his brother suggested *roboti*, (B)그것은 체코어로 '노예 근로자들'을 의미한다. Karel Čapek liked the idea and decided ___ⓒ___ the word *roboti*. In 1938, the play was made into a science fiction show on television in Britain.

04 윗글의 밑줄 친 (A)It과 쓰임이 같은 것은?

① It is definitely not my fault.
② It was very dark at that time.
③ It is the best gift that I've ever gotten.
④ It is going to snow a lot this weekend.
⑤ It is strange that you are still waiting for her.

05 윗글의 빈칸 ⓐ와 ⓒ에 들어갈 동사 use의 형태가 순서대로 바르게 짝지어진 것은?

① use – to use　　② using – using
③ using – to use　　④ to use – using
⑤ to use – to use

06 윗글의 빈칸 ⓑ에 들어갈 말로 알맞은 것은?

① Finally　　　　② However
③ Therefore　　　④ In addition
⑤ For example

07 윗글의 밑줄 친 우리말 (B)를 영어로 바르게 옮긴 것은?

① it means "slave workers" in Czech
② that mean "slave workers" in Czech
③ that means "slave workers" in Czech
④ which mean "slave workers" in Czech
⑤ which means "slave workers" in Czech

08 윗글의 내용과 일치하지 않는 것은?

① robot이라는 단어는 희곡 'R.U.R.'에서 왔다.
② 체코의 작가 Karel Čapek이 희곡 'R.U.R.'을 썼다.
③ 희곡 'R.U.R.'에서 robot은 인간처럼 생긴 기계이다.
④ Karel Čapek이 robot이라는 단어를 생각해 냈다.
⑤ 1938년에 희곡 'R.U.R.'은 TV 프로그램으로 만들어졌다.

[09~11] 다음 글을 읽고, 물음에 답하시오.

The word *hurricane* ⓐcomes from the Spanish word *huracán*, ___(A)___ originates from the name of a Mayan god. In the Mayan creation myth, Huracán is the weather god of wind, storm, and fire, and he is one of the three gods who ⓑcreated humans. However, the first humans angered the gods, so Huracán ⓒcaused a great flood.

The first Spanish contact with the Mayan civilization was in 1517. Spanish explorers ___(B)___ were passing through the Caribbean ⓓexperienced a hurricane and ⓔcreated the word for it from the people in the area. In English, one of the early uses of *hurricane* was in a play by Shakespeare in 1608.

09 윗글의 밑줄 친 ⓐ~ⓔ 중 흐름상 어색한 것은?

① ⓐ ② ⓑ ③ ⓒ ④ ⓓ ⑤ ⓔ

10 윗글의 빈칸 (A)와 (B)에 들어갈 말이 순서대로 바르게 짝 지어진 것은?

① that – who ② that – that
③ which – who ④ which – whom
⑤ who – whom

11 윗글을 읽고 답할 수 <u>없는</u> 질문은?

① What Spanish word does the word *hurricane* come from?
② Who is Huracán in the Mayan creation myth?
③ When was the first Spanish contact with the Mayan civilization?
④ What did the Spanish explorers experience when they were passing through the Caribbean?
⑤ Who used the word *hurricane* for the first time in English?

[12~16] 다음 글을 읽고, 물음에 답하시오.

The word *hamburger* originally comes from Hamburg, Germany's second-largest city. *Hamburger* means "people or things from Hamburg" in German.
(A) A cook placed a Hamburg-style steak ___ⓐ___ two slices of bread, and people started to call such food a hamburger.
(B) The origin of the first hamburger is not ⓑclear.
(C) However, it is believed that the hamburger was invented in a small town in Texas, USA, sometime ___ⓒ___ 1885 and 1904.

12 윗글의 흐름에 맞게 (A)~(C)를 바르게 배열한 것은?

① (A) – (C) – (B) ② (B) – (A) – (C)
③ (B) – (C) – (A) ④ (C) – (A) – (B)
⑤ (C) – (B) – (A)

STEP A

13 윗글의 빈칸 ⓐ와 ⓒ에 공통으로 들어갈 말로 알맞은 것은?

① both ② either ③ around

④ between ⑤ such as

14 윗글의 밑줄 친 ⓑclear와 의미가 같은 것은?

① Olivia has clear skin.

② The water in the lake was very clear.

③ The clear weather will continue for a while.

④ You should clear all the papers on the desk.

⑤ It's clear that Mark has done nothing wrong.

15 다음 영영풀이에 해당하는 단어를 윗글에서 찾아 쓰시오.

the beginning, cause, or source of something

→ _____

16 윗글의 내용과 일치하는 것은?

① 함부르크는 독일에서 가장 큰 도시이다.

② Hamburger는 독일에서 태어나거나 자란 사람을 가리키는 말이다.

③ 최초의 햄버거에 대한 기원은 기록으로 남아 있다.

④ 햄버거는 미국의 한 작은 마을에서 처음 발명되었다고 여겨진다.

⑤ 스테이크를 먹기 전에 내놓는 식전 빵을 햄버거라고 부르기 시작했다.

서술형

[17~18] 다음 글을 읽고, 물음에 답하시오.

The word *shampoo* comes from the Hindi word *chāmpo*, which means "to press." In India, the word was used for a head massage. British traders in India experienced a bath with a head massage and introduced it to Britain in the 18th century.

The meaning of the word *shampoo* changed a few times after it first entered English around 1762. In the 19th century, *shampoo* got its present meaning of "washing the hair." Shortly after that, the word began to be also used for a special soap for the hair.

17 윗글에서 shampoo라는 단어의 현재 의미 두 가지를 찾아 각각 영어로 쓰시오.

(1) _____ (3단어)

(2) _____ (6단어)

고난도 신유형

18 윗글의 내용과 일치하지 <u>않는</u> 문장을 골라 기호를 쓰고, 내용과 일치하도록 고쳐 문장을 다시 쓰시오.

ⓐ The word *shampoo* originates from a Hindi word that means "to press."

ⓑ The word *shampoo* first entered English in the 18th century.

ⓒ The meaning of the word *shampoo* never changed after it first entered English.

( ) → _____

_____

[19~21] 다음 글을 읽고, 물음에 답하시오.

The word *hurricane* comes from the Spanish word *huracán*, (A)그리고 그것은 마야 신의 이름에서 유래한다. In the Mayan creation myth, Huracán is the weather god of wind, storm, and fire, and he is one of the three ⓐgods who created humans. However, the first humans angered the gods, so Huracán caused a great flood.

The first Spanish contact with the Mayan civilization ⓑwas in 1517. Spanish explorers who ⓒwere passing through the Caribbean experienced a hurricane and ⓓpicked up the word for it from the people in the area. In English, one of the early uses of hurricane ⓔwere in a play by Shakespeare in 1608.

19 다음 주어진 표현과 관계대명사를 사용하여 윗글의 밑줄 친 우리말 (A)를 영어로 옮기시오.

> a Mayan god, originates, the name, of, from

→ _____

20 윗글의 밑줄 친 ⓐ~ⓔ 중 어법상 틀린 것의 기호를 쓰고 바르게 고쳐 쓰시오.

(　　) → _____

21 윗글의 내용과 일치하도록 질문에 대한 답을 완성하시오.

(1) What Spanish word does *hurricane* come from?
　→ It _____.

(2) What did Huracán do when the first humans angered the gods?
　→ He _____.

22 다음 글의 밑줄 친 <u>such food</u>가 어떤 음식인지 우리말로 쓰시오.

The origin of the first hamburger is not clear. However, it is believed that the hamburger was invented in a small town in Texas, USA, sometime between 1885 and 1904. A cook placed a Hamburg-style steak between two slices of bread, and people started to call <u>such food</u> a hamburger.

→ _____

[23~24] 다음 글을 읽고, 물음에 답하시오.

ⓐThat the idea of using the word *robot* didn't come from Karel Čapek himself is interesting. He originally called the machines in his play *labori* from the Latin word for "work." However, his brother suggested *roboti*, which means "slave workers" in Czech. Karel Čapek liked the idea and decided to use the word *roboti*. In 1938, the play was made into a science fiction show on television in Britain.

23 윗글의 밑줄 친 문장 ⓐ를 가주어 it을 사용하여 다시 쓰시오.

→ _____
_____

24 윗글의 내용과 일치하도록 각 단어에 대한 설명을 완성하시오.

(1) **labori**: the _____ word for "_____"

(2) **roboti**: the _____ word for "_____"

Listen and Talk – D

교과서 49쪽

Do you know ❶what the expression "I feel under the weather" means? It means "I don't ❷feel well." You can say this ❸when you are sick.

'I feel under the weather.'라는 표현이 무슨 뜻인지 아니? '나는 몸이 좋지 않아.'라는 뜻이야. 아플 때 이 표현을 말할 수 있어.

❶ 의문문이 다른 문장의 일부로 쓰일 때 「의문사＋주어＋동사」 어순의 간접의문문으로 쓴다. 여기에서는 동사 know의 목적어로 쓰였다.

❷ 감각동사 feel은 「feel＋형용사」(~하게 느끼다)의 형태로 쓰인다. well은 여기에서 '건강한, 건강이 좋은'이라는 뜻의 형용사로 쓰였다.

❸ when은 '~할 때'라는 뜻의 접속사로 쓰였다.

Around the World

교과서 57쪽

1. Many English words about law ❶come from French. Examples include words ❷like *judge* and *justice*.

2. ❸There are many English words about music ❹that come from Italian. ❺For example, *piano* and *violin* come from Italian.

3. Many English words for vegetables come from Spanish. For example, *tomato* comes from *tomate* and *potato* comes from *patata* in Spanish.

1. 법에 관한 많은 영어 단어들이 프랑스어에서 유래되었다. 그 예로는 judge(판사)와 justice(정의) 같은 단어들이 있다.

2. 이탈리아어에서 유래된 음악과 관련된 영어 단어들이 많다. 예를 들어, piano(피아노)와 violin(바이올린)은 이탈리아어에서 유래되었다.

3. 채소를 나타내는 많은 영어 단어들이 스페인어에서 유래되었다. 예를 들어, tomato(토마토)는 스페인어 tomate에서 유래되었고, potato(감자)는 patata에서 유래되었다.

❶ come from: ~에서 오다, 유래하다 (= originate from)

❷ '~ 같은'이라는 의미의 전치사로 쓰였다.

❸ There is(are)＋명사(주어) ~.: ~이 있다. (be동사 뒤의 명사의 수에 be동사를 일치시킨다.)

❹ 선행사 many English words about music을 수식하는 관계대명사절을 이끄는 주격 관계대명사이며, 관계대명사 which로 바꿔 쓸 수 있다.

❺ '예를 들면'이라는 의미의 연결어로, 뒤에 이탈리아어에서 유래된 음악과 관련된 영어 단어들의 예시가 이어진다.

Think and Write

교과서 60쪽

The Origin of the Word *Sandwich*

The word *sandwich* comes from John Montagu, ❶who was the 4th Earl of Sandwich. He ❷enjoyed eating meat between ❸two slices of bread because he could play a card game ❹while he was eating. People thought ❺that it was a great idea and ❻began to call such food a sandwich after him.

Sandwich라는 단어의 유래

sandwich라는 단어는 John Montagu로부터 유래되었는데, 그는 Sandwich 백작 4세였다. 그는 먹는 동안에도 카드 게임을 할 수 있었기 때문에 빵 두 조각 사이에 고기를 끼워서 먹는 것을 즐겼다. 사람들은 그것을 좋은 생각이라고 여겼고, 그의 이름을 따서 그런 음식을 샌드위치라고 부르기 시작했다.

❶ John Montagu에 대한 부연 설명을 하는 관계대명사절을 이끄는 계속적 용법의 관계대명사이다.

❷ enjoy는 동명사를 목적어로 취하는 동사이다.

❸ slice는 물질명사 bread의 수를 세는 단위로, two slices of bread는 '빵 두 조각'이라는 뜻이다.

❹ while은 '~ 동안'이라는 의미를 나타내는 접속사로 쓰였다.

❺ that은 thought의 목적어로 쓰이는 명사절을 이끄는 접속사이며, 생략할 수 있다.

❻ begin은 to부정사와 동명사를 모두 목적어로 취하는 동사이다. (= began calling)

실전 TEST

[01~02] 다음 글을 읽고, 물음에 답하시오.

> Do you know what the expression "I feel under the weather" ____ⓐ____? It ____ⓑ____ "ⓒI don't feel well." You can say this when you are sick.

01 윗글의 빈칸 ⓐ와 ⓑ에 공통으로 들어갈 말로 알맞은 것은?

① speaks ② goes ③ makes
④ means ⑤ follows

02 윗글의 밑줄 친 ⓒ를 우리말로 옮기시오.

→ _____

[03~04] 다음 글을 읽고, 물음에 답하시오.

> 1. Many English words about ____ⓐ____ come from French. Examples include words like *judge* and *justice*.
>
> 2. There are many English words about ____ⓑ____ that come from Italian. For example, *piano* and *violin* come from Italian.
>
> 3. Many English words for ____ⓒ____ come from Spanish. For example, *tomato* comes from *tomate* and *potato* comes from *patata* in Spanish.

03 윗글의 빈칸 ⓐ~ⓒ에 들어갈 말이 순서대로 바르게 짝지어진 것은?

① politics – music – fruit
② law – instruments – fish
③ law – music – vegetables
④ history – music – vegetables
⑤ history – instruments – food

04 윗글의 내용과 일치하지 <u>않는</u> 것은?

① 여러 나라의 단어가 영어에 유입되었다.
② judge와 justice는 프랑스어에서 왔다.
③ 음악 관련 영어 단어에는 이탈리아어에서 온 단어들이 많다.
④ violin은 이탈리아어에서 유래되었다.
⑤ tomate는 스페인어 tomato에서 유래되었다.

[05~06] 다음 글을 읽고, 물음에 답하시오.

> **The Origin of the Word *Sandwich***
> The word *sandwich* comes from John Montagu, who was the 4th Earl of Sandwich. He enjoyed eating meat between two slices of bread because he could play a card game while he was eating. People thought that ⓐit was a great idea and began to call such food a sandwich after him.

05 윗글의 밑줄 친 ⓐit이 가리키는 것을 우리말로 쓰시오.

→ _____
_____

^고/_{난도}
06 윗글을 다음과 같이 요약할 때, 빈칸에 알맞은 말을 쓰시오.

> The sandwich, _____ was named after the 4th Earl of Sandwich, is a food with meat _____ _____ _____ of bread.

Words
고득점 맞기

01 Which word has the following definition?

> to think of or create something completely new

① press ② invent ③ originate
④ suggest ⑤ introduce

02 다음 중 짝지어진 단어의 관계가 같지 <u>않은</u> 것은?

① travel : traveler = invent : inventor
② please : pleasure = decide : decision
③ France : French = Germany : German
④ agree : agreement = create : creative
⑤ beauty : beautiful = tradition : traditional

03 다음 빈칸에 공통으로 들어갈 말로 알맞은 것은?

> • My parents let us _____ outside.
> • *Romeo and Juliet* is my favorite _____, which was written by Shakespeare.

① play ② book ③ place
④ contact ⑤ produce

04 다음 중 성격이 같은 단어끼리 짝지어지지 <u>않은</u> 것은?

① Italian – Korean – Spain
② inventor – trader – creator
③ create – suggest – produce
④ scientific – traditional – original
⑤ expression – definition – civilization

05 다음 밑줄 친 부분과 바꿔 쓸 수 있는 것은?

> Is it true that pasta <u>originated from</u> China?

① came from ② looked for
③ passed through ④ took part in
⑤ ran away from

06 다음 우리말과 의미가 같도록 빈칸에 알맞은 말을 쓰시오.

> 그는 할아버지로부터 농사일을 익혔다.
> → He _____ _____ farming from his grandfather.

07 다음 영영풀이에 해당하는 단어를 주어진 철자로 시작하여 빈칸에 쓰시오.

> *n.* the start of something

> The o_____ of the word *robot* is still not clear.

08 다음 빈칸에 들어갈 말이 순서대로 바르게 짝지어진 것은?

> • Watch _____! There's a car coming!
> • How much did you pay _____ the laptop?
> • Let's keep _____ touch while you're away.

① in – for – in ② off – to – for
③ off – for – in ④ out – to – for
⑤ out – for – in

09 다음 중 밑줄 친 <u>present</u>의 의미가 [보기]와 같은 것을 <u>모두</u> 고르면?

> [보기] I don't have her <u>present</u> address.

① They <u>presented</u> a medal to the winner.
② This concert ticket is a <u>present</u> for you.
③ Jimmy is satisfied with his <u>present</u> job.
④ This is the <u>present</u> that I bought for my sister.
⑤ The <u>present</u> owner of the house is Ms. Baker.

10 다음 중 밑줄 친 부분의 우리말 뜻이 알맞지 <u>않은</u> 것은?

① He put <u>a slice of</u> tomato in my sandwich.
(~ 한 조각)
② My classmates <u>call</u> me Walking Dictionary.
(~라고 부른다)
③ Light and air <u>pass through</u> the window easily.
(통과하여 지나간다)
④ Let's have lunch together <u>sometime</u> next week.
(가끔씩)
⑤ We <u>cross</u> our fingers when we wish someone good luck. (교차한다)

11 다음 ⓐ~ⓓ의 영영풀이에 해당하는 단어가 <u>아닌</u> 것은?

> ⓐ to make somebody angry
> ⓑ happening or existing now
> ⓒ a liquid soap used for washing your hair
> ⓓ to tell someone you think he or she should do something

① present   ② anger   ③ suggest
④ produce   ⑤ shampoo

12 Choose the person who correctly uses the given word.

> traditional

① **Mike**: <u>Traditional</u> sun can make shadows.
② **Jane**: K-pop is <u>traditional</u> around the world.
③ **Tom**: Hanok is a <u>traditional</u> Korean house.
④ **Mina**: Nicole isn't <u>traditional</u> to other people.
⑤ **Giho**: The song is <u>traditional</u> in Korea these days.

13 다음 중 밑줄 친 부분의 쓰임이 의미상 어색한 것은?

① Jason <u>introduced</u> himself to us.
② He <u>produced</u> many artworks during his life.
③ I hope to go fishing with my family <u>sometime</u>.
④ Look up the <u>contact</u> of "recycling" in the dictionary.
⑤ During the 20th <u>century</u>, it became popular throughout Europe.

14 다음 빈칸에 들어갈 단어의 영영풀이로 알맞은 것은?

> Please _____ two sheets of paper and scissors on the table.

① to make or manufacture
② to put in a certain spot or position
③ to think that something is true or possible
④ a house or apartment where someone lives
⑤ where something is, or where something happens

15 다음 빈칸에 들어갈 말이 <u>아닌</u> 것은?

> ⓐ I'll take some _____ for a cold.
> ⓑ I _____ you should get some rest.
> ⓒ You need to _____ this button to open the door.
> ⓓ My shoulders hurt. Would you please _____ them?

① press   ② cause   ③ suggest
④ massage   ⑤ medicine

• 주어진 우리말과 일치하도록 교과서 대화문을 쓰시오.

Listen and Talk A-1

G: _____

B: _____

G: _____

B: _____

 해석

교과서 48쪽

G: 봐. 고양이와 개처럼 비가 내려.

B: 고양이와 개처럼 비가 내린다고? 그게 무슨 뜻이야?

G: '비가 많이 내려.'라는 뜻이야.

B: 아. 걱정 마. 내 배낭에 우산이 있어.

Listen and Talk A-2

G: _____

B: _____

G: _____

B: _____

G: _____

교과서 48쪽

G: 수호야, 이 주스는 내게 있어.

B: 뭐라고? 다시 한번 말해 줄래?

G: "이 주스는 내게 있어."라고 말했어. 그건 '내가 주스를 살게.'라는 뜻이야.

B: 아. 정말 고마워.

G: 천만에.

Listen and Talk A-3

B: _____

G: _____

B: _____

G: _____

B: _____

G: _____

교과서 48쪽

B: 모든 게 맛있어 보여.

G: 그래. 내 스파게티 좀 먹을래?

B: 아니, 괜찮아. 스파게티는 내 차 한 잔이 아니야.

G: 네 차 한 잔이 아니라고? 그게 무슨 뜻이야?

B: '나는 무언가를 좋아하지 않아.'라는 뜻이야.

G: 아, 알겠어. 넌 스파게티를 좋아하지 않는구나.

Listen and Talk A-4

G: _____

B: _____

G: _____

B: _____

G: _____

교과서 48쪽

G: 나는 날씨 아래에 있는 기분이야.

B: 미안하지만, 다시 한번 말해 줄래?

G: "나는 날씨 아래에 있는 기분이야."라고 말했어. 그건 '나는 몸이 좋지 않아.'라는 뜻이야. 나 감기에 걸린 것 같아.

B: 아. 비행기에 타기 전에 약을 좀 사지 그래? 저쪽에 있는 가게에서 약을 살 수 있어.

G: 그래야겠어.

Listen and Talk C

G: _____

B: _____

G: _____

B: _____

G: _____

B: _____

G: _____

B: _____

G: _____

해석   교과서 49쪽

G: 지호야, 모든 게 고마웠어. 한국에서 정말 좋은 시간을 보냈어.

B: 천만에. 다음에 다시 방문해 줘, Lucy.

G: 그러고 싶지만, 그 전에 네가 런던에 있는 나를 방문하도록 초대하고 싶어.

B: 고마워. 그런데, 내일 내 축구 경기에 네가 올 수 없어서 정말 안타깝다.

G: 나도 더 오래 머무를 수 없어서 유감이야. 너를 위해 내 손가락을 교차할게.

B: 미안하지만, 다시 한번 말해 줄래?

G: "너를 위해 내 손가락을 교차할게."라고 말했어. 그건 '행운을 빌게.'라는 뜻이야.

B: 아. 고마워. 즐거운 여행이 되길 바라.

G: 고마워. 연락할게.

Talk and Play

A: _____

B: _____

A: _____

B: _____

A: _____

교과서 50쪽

A: 고양이와 개처럼 비가 내려.

B: 다시 한번 말해 줄래?

A: "고양이와 개처럼 비가 내려."라고 말했어.

B: 그게 무슨 뜻이야?

A: '비가 많이 내려.'라는 뜻이야.

Review - 1

G: _____

B: _____

G: _____

교과서 62쪽

G: 너를 위해 내 손가락을 교차할게.

B: 미안하지만, 다시 한번 말해 줄래?

G: "너를 위해 내 손가락을 교차할게."라고 했어. 그것은 '행운을 빌게.'라는 뜻이야.

Review - 2

W: _____

M: _____

W: _____

M: _____

W: _____

M: _____

W: _____

교과서 62쪽

W: 나는 날씨 아래에 있는 기분이야.

M: 미안하지만, 다시 한번 말해 줄래?

W: "나는 날씨 아래에 있는 기분이야."라고 말했어.

M: 그게 무슨 뜻이야?

W: '나는 몸이 좋지 않아.'라는 뜻이야. 나 감기에 걸린 것 같아.

M: 아. 약을 좀 사는 게 어때? 저쪽에 있는 가게에서 약을 살 수 있어.

W: 그래, 그럴게.

01 다음 대화의 밑줄 친 ①~⑤ 중 흐름상 어색한 것은?

> A: Look. ① It's raining cats and dogs.
> B: ② Raining cats and dogs? ③ What does that mean?
> A: ④ It means "It's raining a lot."
> B: Oh. Don't worry. ⑤ I didn't bring my umbrella.

02 Which CANNOT replace the underlined sentence?

> A: We see eye to eye.
> B: Can you please say that again?
> A: I said, "We see eye to eye."
> B: What does that mean?
> A: It means "You and I agree."

① Excuse me?
② Pardon me?
③ I'm sorry to hear that.
④ Could you repeat that, please?
⑤ What did you say? I didn't hear you.

[03~04] 다음 대화를 읽고, 물음에 답하시오.

> **Boy:** Everything looks delicious. (①)
> **Girl:** Yes. Would you like some of my spaghetti? (②)
> **Boy:** No, thanks. Spaghetti is not my cup of tea. (③)
> **Girl:** Not your cup of tea? (④)
> **Boy:** It means "I don't like something." (⑤)
> **Girl:** Oh, I see. You don't like spaghetti.

03 위 대화의 ①~⑤ 중 다음 문장이 들어갈 위치로 알맞은 것은?

> What does that mean?

①   ②   ③   ④   ⑤

04 위 대화를 읽고 답할 수 있는 질문 두 개를 고르면?

① Does the girl like tea?
② What is the boy's favorite food?
③ What does the boy want to drink?
④ Does the boy want to eat some of the girl's spaghetti?
⑤ What does "not one's cup of tea" mean?

05 Which one is NOT a natural dialog?

① A: Don't make a long face.
　 B: Excuse me? Can you say that again?
② A: Break a leg? What does that mean?
　 B: I said, "Break a leg."
③ A: Could you repeat that, please?
　 B: Sure. Go straight one block and turn right.
④ A: Pardon me? I didn't hear you.
　 B: I said, "We pigged out." It means "We ate a lot."
⑤ A: I'm in hot water.
　 B: Can you please say that again?
　 A: I said, "I'm in hot water."

06 다음 대화의 흐름에 맞게 (A)~(E)를 바르게 배열하시오.

> A: I feel under the weather.
> B: Excuse me, but can you please say that again?
> (A) Oh. Why don't you buy some medicine? You can get medicine at the store over there.
> (B) I said, "I feel under the weather."
> (C) OK, I will.
> (D) What does that mean?
> (E) It means "I don't feel well." I think I have a cold.

(　) – (　) – (　) – (　) – (　)

서술형

[07~08] 다음 대화를 읽고, 물음에 답하시오.

Amy: This juice is on me, Suho.
Suho: Excuse me? Can you say that again?
Amy: I said, "＿＿＿＿＿＿＿＿＿＿＿＿" It means "I'll pay for the juice."
Suho: Oh. Thanks a lot.
Amy: You're welcome.

07 위 대화의 빈칸에 알맞은 말을 다섯 단어의 완전한 문장으로 쓰시오.

→ ＿＿＿＿＿＿＿＿＿＿＿＿＿＿＿＿

08 위 대화가 끝난 후 Amy가 할 일을 대화 속 표현을 사용하여 여섯 단어의 완전한 문장으로 쓰시오.

→ ＿＿＿＿＿＿＿＿＿＿＿＿＿＿＿＿

09 다음 대화의 흐름상 빈칸에 알맞은 말을 [조건]에 맞게 쓰시오.

A: It's raining cats and dogs.
B: (1)＿＿＿＿＿＿＿＿＿＿＿＿＿
　　　　　　　　　　　　　　　　(can, say)
A: I said, "It's raining cats and dogs."
B: (2)＿＿＿＿＿＿＿＿＿＿＿＿＿
　　　　　　　　　　　　　　　　(that, mean)
A: It means "It's raining a lot."

[조건] 1. 괄호 안의 단어를 사용하여 의문문으로 쓸 것
　　　 2. (1)은 5단어, (2)는 4단어로 쓸 것

[10~12] 다음 대화를 읽고, 물음에 답하시오.

A: Thank you for everything, Jiho. I had a great time in Korea.
B: My pleasure. Please come visit me again, Lucy.
A: I'd love to, but before I do, I'd like to invite you to visit me in London.
B: Thanks. Anyway, it's too bad that you can't come to my soccer game tomorrow.
A: I'm sorry that I can't stay longer. I'll keep my fingers crossed for you.
B: Excuse me, but ⓐcan you say that again?
A: I said, "I'll keep my fingers crossed for you." It means "I wish you good luck."
B: Oh. Thanks. Have a nice trip.
A: Thanks. I'll keep in touch.

10 위 대화의 내용과 일치하도록 빈칸에 알맞은 말을 쓰시오.

The expression "I'll keep my fingers crossed for you" means "＿＿＿＿＿＿＿ ＿＿＿＿＿" You can say this when you wish someone ＿＿＿＿＿.

11 위 대화의 밑줄 친 ⓐ와 바꿔 쓸 수 있는 말을 쓰시오.

→ ＿＿＿＿＿＿＿＿＿＿＿＿＿＿＿＿

12 위 대화의 내용과 일치하도록 다음 질문에 대한 답을 완전한 영어 문장으로 쓰시오.

(1) Where does Lucy invite Jiho to visit her?
　 → ＿＿＿＿＿＿＿＿＿＿＿＿＿＿＿

(2) Why does Lucy say sorry to Jiho?
　 → ＿＿＿＿＿＿＿＿＿＿＿＿＿＿＿

01 다음 빈칸에 들어갈 말이 순서대로 바르게 짝지어진 것은?

> • I saw Daniel, _____ was playing the guitar.
> • Nick appeared at the party, _____ made everyone happy.
> • This is Hanbok, _____ is the traditional clothing of Korea.

① that – which – that
② which – that – that
③ who – that – which
④ that – which – who
⑤ who – which – which

02 Which is correct for the blanks in common?

> • It is surprising _____ the island will disappear soon.
> • A participant is a person _____ takes part in an event.

① who   ② that   ③ what
④ whom   ⑤ which

03 다음 중 밑줄 친 who의 쓰임이 [보기]와 다른 것을 모두 고르면?

> [보기] Ron, who comes from Italy, is a vet.

① We found out who the man was.
② Rapunzel didn't know who was telling the truth.
③ Lisa is taking care of her sister, who is five years old.
④ Mr. Son, who is a Korean soccer player, is in England now.
⑤ My uncle, who works for a computer company, helped me fix my computer.

04 다음 우리말을 영어로 바르게 옮긴 것은?

> 우리가 더 큰 집이 필요하다는 것은 사실이다.

① We need a larger house is true.
② It is true that we need a larger house.
③ That we need a larger house it is true.
④ It is true which we need a larger house.
⑤ That is true what we need a larger house.

고난도 한 단계 더!

05 다음 중 빈칸에 that이 들어갈 수 없는 것은?

① It is true _____ fast food is not healthy.
② Don't believe everything _____ you read.
③ It was some money _____ Paul lent David.
④ I had an excellent idea, _____ was to paint on the walls.
⑤ There are some important facts _____ many people don't know.

고난도

06 다음 두 문장을 한 문장으로 바르게 나타낸 것은?

> The old man is a famous actor. You saw him yesterday.

① The old man is a famous actor, you saw yesterday.
② The old man, that you saw yesterday, is a famous actor.
③ You saw the old man yesterday, that is a famous actor.
④ You saw him, the old man is a famous actor, yesterday.
⑤ The old man, whom you saw yesterday, is a famous actor.

한 단계 더!

07 Which underlined <u>It</u> has a different usage from the rest?

① <u>It</u> is dangerous to ride a bike here.
② <u>It</u> was so cold that we didn't go out.
③ <u>It</u> is important that the result isn't bad.
④ <u>It</u> is true that the Earth goes around the sun.
⑤ <u>It</u> is surprising that students who eat breakfast do better at school.

08 다음 중 빈칸에 들어갈 말이 같은 것끼리 바르게 짝지어진 것은?

ⓐ Nancy won first prize, _____ surprised everyone.
ⓑ She's a photographer, _____ usually takes pictures of stars.
ⓒ I'm annoyed with my neighbor, _____ sang loudly last night.
ⓓ Jason likes to walk along the Thames, _____ runs through London.

① ⓐ, ⓑ - ⓒ, ⓓ   ② ⓐ - ⓑ, ⓒ, ⓓ
③ ⓐ, ⓒ - ⓑ, ⓓ   ④ ⓐ, ⓓ - ⓑ, ⓒ
⑤ ⓐ, ⓑ, ⓒ - ⓓ

09 다음 중 어법상 틀린 문장끼리 바르게 짝지어진 것은?

ⓐ My dad bought a new car, which has five seats.
ⓑ It makes me sad that I have to leave the school.
ⓒ The musical, that I watched yesterday, was terrible.
ⓓ Is it true that he caught a thief at the convenience store?
ⓔ It isn't strange which the movie received the award for Best Picture.

① ⓐ, ⓒ   ② ⓒ, ⓔ   ③ ⓓ, ⓔ
④ ⓐ, ⓑ, ⓓ   ⑤ ⓑ, ⓒ, ⓓ

서술형

[10~11] 다음 두 문장을 관계대명사를 이용하여 한 문장으로 바꿔 쓸 때, 빈칸에 알맞은 말을 쓰시오.

10
Sunflowers was painted by van Gogh. He is my favorite painter.

→ Sunflowers was painted by van Gogh, _____
_____.

11
The park is empty now. It used to be full of people.

→ The park, _____,
is empty now.

12 다음 우리말과 의미가 같도록 빈칸에 알맞은 말을 쓰시오.

그가 아프리카의 가난한 아이들을 위해 몇몇 학교를 설립했다는 것은 놀랍다.

→ _____ _____ amazing _____ he founded some schools for poor children in Africa.

13 다음 글의 밑줄 친 ⓐ~ⓔ 중 어법상 틀린 부분을 찾아 기호를 쓰고 바르게 고쳐 쓰시오.

Today I read a book about King Sejong, ⓐ<u>who</u> created Hangeul. Hangeul is one of ⓑ<u>the most scientific</u> writing ⓒ<u>systems</u> in the world. ⓓ<u>It</u> is true ⓔ<u>which</u> he was very creative.

(   ) → _____

서술형

14 다음 빈칸에 알맞은 말을 [보기]에서 골라 [조건]에 맞게 쓰시오.

> [보기] · It upset her boss.
> · It disappointed his mom a lot.
> · She lives in Paris.

> [조건] 1. 앞의 내용과 자연스럽게 연결되는 문장을 고를 것
> 2. 계속적 용법의 관계대명사를 사용할 것

(1) She was late for the meeting, _____

_____.

(2) The package is from my aunt, _____

_____.

(3) He didn't do well on the math test, _____

_____.

15 다음 우리말과 의미가 같도록 [조건]에 맞게 문장을 쓰시오.

> [조건] 1. 가주어와 접속사 that을 사용할 것
> 2. 괄호 안의 표현을 사용할 것

(1) 내가 Jessica를 믿은 것은 어리석었다.

→ _____

(stupid, believed)

(2) 그 개가 그림을 그릴 수 있다는 것은 사실이 아니다.

→ _____

(true, draw a picture)

(3) 우리가 학교에서 역사를 배우는 것은 중요하다.

→ _____

(important, history, at school)

16 다음 글의 밑줄 친 ⓐ~ⓔ 중 어법상 틀린 것을 찾아 기호를 쓰고, 바르게 고쳐 문장을 다시 쓰시오.

> The word *sandwich* comes from John Montagu, ⓐthat was the 4th Earl of Sandwich. He enjoyed ⓑeating meat between two slices of bread because he ⓒcould play a card game while he was eating. People thought ⓓthat it was a great idea and began ⓔto call such food a sandwich after him.

( ) → _____

_____

17 다음 표에 주어진 내용과 [보기]의 단어를 사용하여 [예시]와 같이 문장을 쓰시오.

Fun Facts about Animals	Your Thought
[예시] Cows have best friends.	interesting
(1) Koalas sleep about 20 hours a day.	
(2) Dolphins have names for each other.	
(3) Some monkeys make snowballs for fun.	

> [보기] funny interesting amazing surprising

[예시] It is interesting that cows have best friends.

(1) _____

(2) _____

(3) _____

Reading
영작하기

Answers: 본문 pp. 178~179 참고

• 주어진 우리말과 일치하도록 문장을 쓰시오.

01 _____

영어는 다른 문화나 언어에서 단어를 종종 빌려 왔다.

02 _____

여기 재미있는 이야기를 가진 몇 개의 예가 있다.

03 _____

shampoo라는 단어는 힌디어 단어인 chāmpo에서 왔는데, 그것은 '누르다'라는 의미이다.☆

04 _____

인도에서, 그 단어는 머리 마사지를 가리키는 데 쓰였다.

05 _____

인도에 있던 영국 무역상들이 머리 마사지를 곁들인 목욕을 경험하고 18세기에 그것을 영국에 소개했다.

06 _____

shampoo라는 단어의 의미는 그 단어가 1762년쯤 영어에 처음 들어온 이후 몇 번 바뀌었다.

07 _____

19세기에, shampoo는 '머리 감기'라는 현재의 의미를 갖게 되었다.

08 _____

그 후 얼마 지나지 않아, 그 단어는 머리에 사용하는 특별한 비누를 가리키는 데에도 쓰이기 시작했다.

09 _____

robot이라는 단어는 희곡 'R.U.R.'에서 왔는데, 그 희곡은 1920년에 체코의 작가 Karel Čapek이 썼다.☆

10 _____

그 희곡에서, 로봇은 인간처럼 생긴 기계이다.

11 _____

그것은 인간을 위해 일하도록 설계되고 공장에서 생산된다.

12 _____

robot이라는 단어를 사용하려는 생각이 Karel Čapek 자신에게서 나온 게 아니었다는 것은 흥미롭다.☆

13 _____

그는 원래 자신의 희곡에 등장하는 그 기계들을 '일'을 의미하는 라틴어 단어에서 온 labori라고 불렀다.

14 _____

하지만, 그의 형이 roboti를 제안했는데, 그것은 체코어로 '노예 근로자들'을 의미한다.☆

15 _____

Karel Čapek은 그 아이디어가 마음에 들어 roboti라는 단어를 사용하기로 결정했다.

16 _____

1938년에, 그 희곡은 영국 TV에서 공상 과학물로 만들어졌다.

17 _____

hurricane이라는 단어는 스페인어 단어인 huracán에서 왔는데, 그것은 마야 신의 이름에서 유래한다.☆

18 _____

마야의 창조 신화에서, Huracán은 바람, 폭풍우, 그리고 불을 다스리는 날씨의 신이며, 그는 인간을 창조한 세 명의 신들 중 한 명이다.

STEP B

19 _____

하지만, 최초의 인간들이 그 신들을 화나게 했고, 그래서 Huracán은 거대한 홍수를 일으켰다.

20 _____

스페인이 마야 문명과 처음 했던 접촉은 1517년이었다.

21 _____

카리브제도를 통과해 지나가던 스페인 탐험가들이 허리케인을 겪었고, 그 지역 사람들로부터 그것을 가리키는 단어를 익히게 되었다.

22 _____

영어에서는, hurricane이 초기에 사용된 예 중 하나가 1608년에 셰익스피어가 쓴 희곡에서였다.

23 _____

hamburger라는 단어는 원래 독일에서 두 번째로 큰 도시인 함부르크에서 왔다.

24 _____

Hamburger는 독일어로 '함부르크 출신의 사람 또는 사물'을 의미한다.

25 _____

최초의 햄버거의 기원은 분명하지 않다.

26 _____

하지만, 햄버거는 1885년에서 1904년 사이의 언젠가 미국의 텍사스에 있는 작은 마을에서 발명되었다고 여겨진다.☆

27 _____

한 요리사가 빵 두 조각 사이에 함부르크 스타일의 스테이크를 넣었고, 사람들은 그런 음식을 햄버거라고 부르기 시작했다.

고득점 맞기

[01~02] 다음 글을 읽고, 물음에 답하시오.

The word *shampoo* comes from the Hindi word *chāmpo*, which means "to press." In India, the word was used for a head massage. British traders in India experienced a bath with a head massage and introduced it to Britain in the 18th century. The meaning of the word *shampoo* changed a few times after it first entered English around 1762. In the 19th century, *shampoo* got ⓐits present meaning of "washing the hair." Shortly after that, the word began to be also used for a special soap for the hair.

01 윗글의 밑줄 친 ⓐits present meaning에 해당하는 것을 **두 개** 고르면?

① to press
② a head massage
③ washing the hair
④ a special soap for the hair
⑤ to take a bath with a head massage

02 According to the passage above, which is NOT true about the word *shampoo*? Choose two.

① It originates from the Hindi word *chāmpo*.
② British traders introduced it to India.
③ It entered English in the 18th century.
④ It got its meaning of "washing the hair" in the 19th century.
⑤ Its meaning didn't change after it first entered English.

[03~05] 다음 글을 읽고, 물음에 답하시오.

The word *robot* comes from the play *R.U.R.*, _____ⓐ_____ was written in 1920 by a Czech writer Karel Čapek. In the play, robots are machines _____ⓑ_____ look like humans. They are designed to work for humans and are produced in a factory. It is interesting that the idea of using the word *robot* didn't come from Karel Čapek himself. He originally called the machines in his play *labori* from the Latin word for "work." However, his brother suggested *roboti*, _____ⓒ_____ means "slave workers" in Czech. Karel Čapek liked (A)the idea and decided to use the word *roboti*. In 1938, the play was made into a science fiction show on television in Britain.

03 윗글의 빈칸 ⓐ~ⓒ에 들어갈 알맞은 말이 순서대로 바르게 짝지어진 것은?

① that – who – which
② that – that – which
③ which – who – that
④ which – that – which
⑤ which – which – that

04 What does the underlined (A)the idea mean?

① 로봇이 일을 하는 것
② 공장에서 로봇을 생산하는 것
③ 로봇들을 labori라고 부르는 것
④ 'R.U.R.'을 공상 과학물로 만드는 것
⑤ 'R.U.R.'에 나오는 기계들을 roboti라고 부르는 것

05 윗글을 읽고 답할 수 <u>없는</u> 질문은?

① What do robots do in the play *R.U.R.*?
② What do robots in the play *R.U.R.* look like?
③ What did Karel Čapek's brother do for a living?
④ What does *roboti* mean in Czech?
⑤ What was the play *R.U.R.* made into on TV?

[06~09] 다음 글을 읽고, 물음에 답하시오.

The word *hurricane* comes from the Spanish word *huracán*, (A)[that / which] originates from the name of a Mayan god. (①) In the Mayan creation myth, Huracán is the weather god of wind, storm, and fire, and he is one of the three (B)[god / gods] who created humans. (②) The first Spanish contact with the Mayan civilization was in 1517. (③) Spanish explorers (C)[who / which] were passing through the Caribbean experienced a hurricane and picked up the word for it from the people in the area. (④) In English, one of the early uses of *hurricane* (D)[was / were] in a play by Shakespeare in 1608. (⑤)

06 윗글의 ①~⑤ 중 주어진 문장이 들어갈 위치로 알맞은 것은?

> However, the first humans angered the gods, so Huracán caused a great flood.

①   ②   ③   ④   ⑤

07 윗글 (A)~(D)의 각 네모 안에 주어진 말 중 어법상 알맞은 것끼리 짝지어진 것은?

	(A)	(B)	(C)	(D)
①	that	god	who	was
②	that	gods	which	were
③	which	gods	who	was
④	which	gods	which	was
⑤	which	god	who	were

08 다음 영영풀이에 해당하는 단어를 윗글에서 찾아 쓰시오.

> the action of communicating or meeting

→ _____

09 윗글의 내용과 일치하는 것을 두 개 고르면?

① The origin of the word *hurricane* is from the word *huracán*.
② Huracán is a human who was created by Mayan gods.
③ Huracán made the Mayan gods angry.
④ Spanish explorers made the first contact with the Mayan civilization in 1517.
⑤ Shakespeare never used the word *hurricane* in his plays.

[10~11] 다음 글을 읽고, 물음에 답하시오.

The word *hamburger* originally comes from Hamburg, ___ⓐ___ 's second-largest city. *Hamburger* means "people or things from Hamburg" in ___ⓑ___. The origin of the first hamburger is not clear. However, ©(that, the, it, invented, was, believed, hamburger, is) in a small town in Texas, USA, sometime between 1885 and 1904. A cook placed a Hamburg-style steak between two slices of bread, and people started to call such food a hamburger.

10 윗글의 빈칸 ⓐ와 ⓑ에 들어갈 말이 순서대로 바르게 짝지어진 것은?

① German – German   ② Germany – German
③ German – Germany   ④ German – Germans
⑤ Germany – Germany

11 다음 우리말과 의미가 같도록 윗글의 괄호 ©의 단어들을 바르게 배열할 때, 네 번째로 올 단어로 알맞은 것은?

> 햄버거가 발명되었다고 여겨진다

① the   ② was   ③ that
④ invented   ⑤ believed

[12~13] 다음 글을 읽고, 물음에 답하시오.

The word *robot* comes from the play *R.U.R.*, which was written in 1920 by a Czech writer Karel Čapek. In the play, robots are machines that look like humans. They are designed to work for humans and are produced in a factory.

(A)robot이라는 단어를 사용하려는 생각이 Karel Čapek 자신에게서 나온 게 아니었다는 것은 흥미롭다. He originally called the machines in his play *labori* from the Latin word for "work." However, his brother suggested *roboti*, which means "slave workers" in Czech. Karel Čapek liked the idea and decided to use the word *roboti*. In 1938, the play was made into a science fiction show on television in Britain.

12 윗글의 밑줄 친 우리말 (A)와 의미가 같도록 다음 문장을 완성하시오.

→ _____ _____ interesting _____ the idea of using the word *robot* didn't come from Karel Čapek _____.

13 윗글의 내용과 일치하지 <u>않는</u> 것을 다음 ⓐ~ⓓ에서 **두 개** 찾아 기호를 쓰고, 윗글의 내용과 일치하도록 고쳐 문장을 다시 쓰시오. (단, 각각 한 단어만 바꿀 것)

ⓐ Robots in the play *R.U.R.* are machines that work for humans.

ⓑ At first, Karel Čapek called the machines in his play *roboti*.

ⓒ *Roboti* means "work" in Czech.

ⓓ The play *R.U.R.* was made into a TV show in Britain.

(1) ( ) → _____

(2) ( ) → _____

[14~15] 다음 글을 읽고, 물음에 답하시오.

The word *hurricane* comes from the Spanish word *huracán*, which originates from the name of a Mayan god. In the Mayan creation myth, Huracán is the weather god of wind, storm, and fire, and he is one of the three gods who created humans. However, the first humans angered the gods, so Huracán caused a great flood.

The first Spanish contact with the Mayan civilization was in 1517. Spanish explorers who were passing through the Caribbean experienced a hurricane and picked up the word for it from the people in the area. In English, one of the early uses of *hurricane* was in a play by Shakespeare in 1608.

14 Complete the title of the passage above according to the condition.

[조건] 한 단어는 윗글에 사용된 단어를 알맞은 형태로 바꿔서 쓸 것

The _____ of the Word _____

15 윗글의 내용과 일치하도록 다음 질문에 대한 답을 완전한 영어 문장으로 쓰시오.

(1) What does the Spanish word *huracán* come from?

→ _____

(2) Why did Huracán cause a great flood?

→ _____

(3) When was the word *hurricane* used by Shakespeare?

→ _____

서술형 100% TEST

01 다음 영영풀이에 해당하는 단어를 [보기]에서 골라 쓰시오.

> [보기] trader   play   contact   century

(1) _____ : a period of one hundred years

(2) _____ : a person who buys and sells things

(3) _____ : a story that actors perform in a theater

(4) _____ : the action of communicating or meeting

02 다음 우리말과 의미가 같도록 빈칸에 알맞은 말을 쓰시오.

(1) chef라는 단어는 프랑스어에서 유래한다.

→ The word *chef* _____ _____ French.

(2) 아이들은 주변 사람들로부터 말을 익힌다.

→ Kids _____ _____ words from people around them.

(3) 많은 자동차들이 새 터널을 통과해 지나간다.

→ A lot of cars _____ _____ the new tunnel.

03 다음 빈칸에 알맞은 단어를 [보기]에서 골라 쓰시오.

> [보기] slave   factory   civilization   meaning

(1) My grandfather works in a _____ that produces toys.

(2) We looked up the _____ of the word in the dictionary.

(3) _____s were treated badly in the 18th century in the USA.

(4) The Romans were very important in the history of Western _____.

04 다음 대화의 밑줄 친 부분과 바꿔 쓸 수 있는 문장을 <u>두 개</u> 쓰시오.

> A: It's raining cats and dogs.
> B: Sorry?
> A: I said, "It's raining cats and dogs."

(1) _____

(2) _____

[05~06] 다음 그림을 보고, [조건]에 맞게 대화를 완성하시오.

> [조건] 1. (1)은 4단어로 쓸 것
>   2. (2)는 [보기]에서 알맞은 단어를 골라 쓸 것

> [보기]   agree   disagree   call   pay

05

A: I'll keep in touch.

B: Can you (1) _____ ?

A: I said, "I'll keep in touch." It means "I'll (2) _____ you or write you."

06

Interesting movie!

A: We see eye to eye.

B: Excuse me? (1) _____ ?

A: It means "We (2) _____ with each other."

[07~08] 다음 대화를 읽고, 물음에 답하시오.

> A: Thank you for everything, Jiho. I had a great time in Korea.
>
> B: My pleasure. Please come visit me again, Lucy.
>
> A: I'd love to, but before I do, I'd like to invite you to visit me in London.
>
> B: Thanks. Anyway, it's too bad that you can't come to my soccer game tomorrow.
>
> A: I'm sorry that I can't stay longer. I'll keep my fingers crossed for you.
>
> B: Excuse me, but can you please say that again?
>
> A: I said, "I'll keep my fingers crossed for you." It means "I wish you good luck."
>
> B: Oh. Thanks. Have a nice trip.
>
> A: Thanks. I'll keep in touch.

07 위 대화의 내용과 일치하도록 다음 문자 메시지를 완성하시오.

> Have a nice trip, Lucy.
>
> **Lucy**
> Thank you, Jiho. I really had a great time here. I'm sorry that I can't _____ _____ _____ _____ _____ tomorrow. I'll _____ _____ _____ _____ for you. I'll keep _____ _____!

08 다음 ⓐ~ⓓ 중 위 대화의 내용과 일치하지 <u>않는</u> 것을 찾아 기호를 쓰고, 내용과 일치하도록 고쳐 문장을 다시 쓰시오.

> ⓐ Lucy enjoyed her time in Korea.
> ⓑ Lucy wants to invite Jiho to visit her in London.
> ⓒ Jiho has a soccer game tomorrow.
> ⓓ Jiho is wishing Lucy good luck.

(   ) → _____

09 다음 문장을 괄호 안의 단어와 접속사 that을 사용하여 가주어 It으로 시작하는 문장으로 바꿔 쓰시오.

(1) He won first prize in the speech contest. (true)

→ _____

(2) We are going to the ski camp together. (exciting)

→ _____

(3) She spent all of her money on clothes. (surprising)

→ _____

(4) The little boy can play the guitar so well. (amazing)

→ _____

10 다음 두 문장을 계속적 용법의 관계대명사를 사용하여 한 문장으로 쓰시오.

(1) My aunt is very famous all around the world. She is a movie star.

→ _____

(2) I saw a documentary film. It was about the environment.

→ _____

(3) They are staying at a hotel. It has a nice view.

→ _____

(4) My best friend is Ryan. He is the leader of the school's soccer team.

→ _____

11 다음 글에서 어법상 틀린 부분 두 군데를 찾아 바르게 고쳐 쓰시오.

> Today I read a book about Antonio Gaudi. He built Güell Park, that is one of the most famous tourist attractions in Spain. It is true which he was very creative.

(1) _____ → _____

(2) _____ → _____

[12~14] 다음 글을 읽고, 물음에 답하시오.

> (A)The word *shampoo* comes from the Hindi word *chāmpo*, which means "to press." In India, the word was used for a head massage. British traders in India experienced a bath with a head massage and introduced it ___ⓐ___ Britain in the 18th century. The meaning of the word *shampoo* changed a few times after it first entered English around 1762. ___ⓑ___ the 19th century, *shampoo* got its present meaning of "washing the hair." Shortly after that, the word began to be also used ___ⓒ___ a special soap for the hair.

12 윗글의 밑줄 친 문장 (A)와 같은 뜻이 되도록 빈칸에 알맞은 말을 쓰시오.

> The word *shampoo* comes from the Hindi word *chāmpo*, _____ _____ means "to press."

13 윗글의 빈칸 ⓐ, ⓑ, ⓒ에 알맞은 전치사를 각각 쓰시오.

ⓐ _____ ⓑ _____ ⓒ _____

14 윗글의 내용과 일치하도록 다음 표를 영어로 써서 완성하시오.

the word *shampoo*	
(1) **Origin**	the _____ word _____
(2) **Present Meanings in English**	ⓐ _____ ⓑ _____

[15~16] 다음 글을 읽고, 물음에 답하시오.

> The word *hamburger* originally comes from Hamburg, Germany's second-largest city. Hamburger means "people or things from Hamburg" in German. The origin of the first hamburger is not clear. However, it ⓐbelieve that the hamburger ⓑinvent in a small town in Texas, USA, sometime between 1885 and 1904. A cook placed a Hamburg-style steak between two slices of bread, and people started to call such food a hamburger.

15 다음 우리말을 참고하여 윗글의 밑줄 친 동사 ⓐ와 ⓑ를 올바른 형태로 쓰시오.

> 하지만 햄버거는 1885년에서 1904년 사이의 언젠가 미국의 텍사스에 있는 작은 마을에서 발명되었다고 여겨진다.

ⓐ _____

ⓑ _____

16 윗글의 내용과 일치하도록 다음 빈칸에 알맞은 말을 쓰시오.

> A hamburger is a food that has a _____ _____ of bread. The word *hamburger* originates from _____, _____ is the second-largest city in _____.

[17~18] 다음 글을 읽고, 물음에 답하시오.

The word *hurricane* comes from the Spanish word huracán, which originates from the name of a Mayan god. In the Mayan creation myth, Huracán is the weather god of wind, storm, and fire, and (A)그는 인간을 창조한 세 명의 신 중 하나이다. However, the first humans angered the gods, so Huracán caused a great flood.

The first Spanish contact with the Mayan civilization was in 1517. (B)카리브제도를 통과해 지나가고 있던 스페인 탐험가들이 허리케인을 겪었다 and picked up the word for it from the people in the area. In English, one of the early uses of hurricane was in a play by Shakespeare in 1608.

17 윗글의 밑줄 친 우리말 (A)와 (B)를 괄호 안의 단어와 관계대명사를 사용하여 영어로 쓰시오. (단, 필요시 단어의 형태를 바꿀 것)

(A) _____

_____
(one, god, create, humans)

(B) _____

_____
(explorers, pass through, the Caribbean, experience, a)

18 윗글의 내용과 일치하도록 아래 문장에서 틀린 내용을 찾아 바르게 고쳐 쓰시오.

(1) The word *hurricane* originates from the name of a Spanish god.

_____ → _____

(2) Huracán caused a great flood because of the other two gods.

_____ → _____

(3) Shakespeare picked up the word *hurricane* in 1608.

_____ → _____

[19~20] 다음 글을 읽고, 물음에 답하시오.

The word *robot* comes from the play *R.U.R.*, which ⓐwas written in 1920 by a Czech writer Karel Čapek. In the play, robots are machines that ⓑlook like humans. They ⓒdesign to work for humans and are produced in a factory.

It is interesting that the idea of using the word *robot* didn't come from Karel Čapek himself. He originally called the machines in his play *labori* from the Latin word for "work." However, his brother suggested *roboti*, ⓓwhich means "slave workers" in Czech. Karel Čapek liked the idea and decided ⓔto use the word *roboti*. In 1938, the play was made into a science fiction show on television in Britain.

19 윗글의 밑줄 친 ⓐ~ⓔ 중 어법상 틀린 부분을 찾아 바르게 고치고 틀린 이유를 쓰시오.

(1) 틀린 부분: ( ) → _____

(2) 틀린 이유: _____

_____

20 윗글을 다음과 같이 요약할 때, 내용과 일치하지 않는 부분을 두 군데 찾아 바르게 고쳐 쓰시오.

The word *robot* comes from the play *R.U.R.* Robots in the play are machines that look similar to humans and work for humans. Karel Čapek first thought of using the word *roboti* for the machines, and it means "slave workers" in Czech. *R.U.R.* was made into a documentary film in 1938.

(1) _____ → _____

(2) _____ → _____

01 다음 중 짝지어진 단어의 관계가 나머지와 <u>다른</u> 하나는? 3점

① trade – trader
② cook – cooker
③ work – worker
④ invent – inventor
⑤ explore – explorer

02 다음 영영풀이에 해당하는 단어로 알맞은 것은? 2점

> the start of something

① god
② origin
③ myth
④ present
⑤ civilization

03 다음 중 밑줄 친 단어의 쓰임이 <u>잘못된</u> 것은? 3점

① Kate's husband is <u>Italian</u>.
② The boy has a <u>British</u> accent.
③ <u>Chinese</u> people like the color red.
④ His soccer team's coach is from <u>German</u>.
⑤ My <u>Spanish</u> friends will visit me next year.

04 다음 대화의 빈칸에 들어갈 말로 알맞은 것은? 4점

> A: Where did you _____ the information?
> B: From this book.

① pick up
② come from
③ look like
④ pass through
⑤ originate from

[05~06] 다음 대화의 빈칸에 들어갈 말로 알맞은 것을 고르시오.
각 3점

05

> A: Look. It's raining cats and dogs.
> B: Raining cats and dogs? _____
> A: It means "It's raining a lot."

① What should we do?
② What does that mean?
③ Do you have cats and dogs?
④ Where are the cats and dogs?
⑤ How do you know its meaning?

06

> A: I feel under the weather.
> B: Excuse me, but can you please say that again?
> A: I said, "I feel under the weather." It means "_____" I think I have a cold.
> B: Oh. Why don't you buy some medicine before you get on the plane?

① I feel good.
② I don't feel well.
③ It's not raining now.
④ The weather is so nice.
⑤ I have an important appointment.

서술형**1**

07 자연스러운 대화가 되도록 (A)~(D)를 바르게 배열하시오.
4점

> (A) Excuse me? Can you say that again?
> (B) Oh. Thanks a lot.
> (C) This juice is on me, Suho.
> (D) I said, "This juice is on me." It means "I'll pay for the juice."

(   ) – (   ) – (   ) – (   )

[08~10] 다음 대화를 읽고, 물음에 답하시오.

A: Thank you for everything, Jiho. I had a great time in Korea.

B: @My pleasure. Please come visit me again, Lucy.

A: ⓑI'd love to, but before I do, I'd like to invite you to visit me in London.

B: Thanks. Anyway, it's too bad that you can't come to my soccer game tomorrow.

A: I'm sorry that I can't stay longer. I'll keep my fingers crossed for you.

B: Excuse me, but _____(A)_____?

A: I said, "I'll keep my fingers crossed for you." It means "ⓒI wish you good luck."

B: Oh. Thanks. ⓓHave a nice trip.

A: Thanks. ⓔI'll keep in touch.

08 위 대화의 밑줄 친 @~ⓔ 중 우리말 뜻이 잘못된 것은?

3점

① @: 천만에.

② ⓑ: 그러고 싶어.

③ ⓒ: 행운을 빌어.

④ ⓓ: 즐거운 여행이 되길 바라.

⑤ ⓔ: 건강히 잘 지낼게.

09 위 대화의 빈칸 (A)에 들어갈 말로 알맞지 않은 것은? 3점

① what did you say

② can you repeat that

③ can you say that again

④ what makes you think so

⑤ would you say that one more time

10 위 대화의 내용과 일치하는 것은? 4점

① Jiho is about to leave Korea.

② Lucy wants to visit London.

③ Lucy will watch Jiho play soccer tomorrow.

④ Lucy wishes Jiho good luck.

⑤ Lucy will go on a trip to Korea.

11 다음 두 문장을 한 문장으로 바꿔 쓸 때, 빈칸에 들어갈 말로 알맞은 것은? 3점

I bought a nice jacket. It has many pockets.

→ I bought a nice jacket, _____ has many pockets.

① who ② what ③ that

④ which ⑤ where

12 다음 중 밑줄 친 that의 쓰임이 [보기]와 같은 것은? 4점

[보기] It's strange that he doesn't eat much.

① The problem wasn't that difficult.

② Do you know who that person is?

③ This is something that everyone needs.

④ This is the robot that my brother made.

⑤ It is unbelievable that your dog can sing a song.

서술형2

13 다음 두 문장의 의미가 같도록 빈칸에 알맞은 말을 쓰시오.

5점

That we achieved our goal is important.

= It _____.

[14~16] 다음 글을 읽고, 물음에 답하시오.

The word *shampoo* comes from the Hindi word *chāmpo*, _____ⓐ_____ means "to press." In India, the word was used for a head massage. British traders in India experienced a bath with a head massage and introduced it to Britain in the 18th century.

(A) In the 19th century, *shampoo* got its present meaning of "washing the hair."

(B) The meaning of the word *shampoo* changed a few times after it first entered English around 1762.

(C) Shortly after that, the word began to be also used for a special soap for the hair.

14 윗글의 빈칸 ⓐ에 들어갈 말로 알맞은 것은?　　3점

① that ② who ③ what
④ which ⑤ whose

15 윗글의 흐름에 맞게 (A)~(C)를 바르게 배열한 것은?　4점

① (A) – (B) – (C) ② (B) – (A) – (C)
③ (B) – (C) – (A) ④ (C) – (A) – (B)
⑤ (C) – (B) – (A)

16 윗글의 내용과 일치하지 <u>않는</u> 것은?　　3점

① shampoo라는 단어의 유래에 관한 글이다.
② chāmpo는 '누르다'를 의미하는 힌디어 단어이다.
③ 영국 무역상들이 인도에서 머리 마사지를 경험했다.
④ shampoo라는 단어는 19세기에 영어에 처음 들어왔다.
⑤ shampoo는 오늘날 머리를 감을 때 쓰는 비누를 뜻하기도 한다.

[17~19] 다음 글을 읽고, 물음에 답하시오.

The word *robot* comes from the play *R.U.R.*, which was written in 1920 by a Czech writer Karel Čapek. In the play, robots are machines _____ⓐ_____ look like humans. They are designed to work for humans and are produced in a factory.

(①) It is interesting _____ⓑ_____ the idea of using the word *robot* didn't come from Karel Čapek himself. (②) He originally called the machines in his play *labori* from the Latin word for "work." (③) Karel Čapek liked the idea and decided to use the word *roboti*. (④) In 1938, the play was made into a science fiction show on television in Britain. (⑤)

서술형 3

17 윗글의 빈칸 ⓐ와 ⓑ에 공통으로 알맞은 말을 한 단어로 쓰시오.　　5점

→ _____

18 윗글의 ①~⑤ 중 주어진 문장이 들어갈 위치로 알맞은 것은?　　3점

However, his brother suggested *roboti*, which means "slave workers" in Czech.

① ② ③ ④ ⑤

서술형 4

19 주어진 두 단어에 관해 윗글의 내용과 일치하도록 다음 표를 완성하시오.　　각 2점

	labori	*roboti*
whose idea	(1)_____	Karel Čapek's brother
language	(2)_____	Czech
meaning	(3)_____	slave workers

[20~22] 다음 글을 읽고, 물음에 답하시오.

The word *hurricane* comes from the Spanish word *huracán*, which originates (A) for / from the name of a Mayan god. In the Mayan creation myth, ⓐ Huracán is the weather god of wind, storm, and fire, and he is one of the three gods who created humans. However, the first humans angered the gods, so Huracán caused a great flood.

The first Spanish contact with the Mayan civilization was in 1517. Spanish explorers who were passing (B) out / through the Caribbean experienced a hurricane and picked (C) up / with the word for it from the people in the area. In English, one of the early uses of *hurricane* was in a play by Shakespeare in 1608.

20 윗글의 (A)~(C)의 각 네모 안에 주어진 말 중 내용상 올바른 것끼리 짝지어진 것은? 4점

	(A)	(B)	(C)
①	for	out	up
②	for	through	with
③	from	out	up
④	from	through	up
⑤	from	through	with

21 윗글의 밑줄 친 ⓐ Huracán에 관한 내용으로 알맞은 것은? 4점

① He is from Spain.
② He was named after the word *hurricane*.
③ He is the god of water, earth, and fire.
④ He is one of the creators of humans.
⑤ He made the first humans angry.

서술형5
22 다음 영영풀이에 해당하는 단어를 윗글에서 찾아 쓰시오. 5점

a large amount of water that covers an area that is usually dry

→ _____

[23~24] 다음 글을 읽고, 물음에 답하시오.

ⓐ The word *hamburger* originally comes from Hamburg, Germany's second-largest city. *Hamburger* means "people or things from Hamburg" in German.

The origin of the first hamburger is not clear. However, it is believed that the hamburger was invented in a small town in Texas, USA, sometime between 1885 and 1904. A cook placed a Hamburg-style steak between two slices of bread, and people started to ⓑ그러한 음식을 햄버거라고 부른다.

서술형6
23 윗글의 밑줄 친 문장 ⓐ와 의미가 통하도록 빈칸에 알맞은 말을 쓰시오. 5점

→ The word *hamburger* originates from Hamburg, _____ _____ the second-largest city in Germany.

서술형7
24 윗글의 밑줄 친 우리말 ⓑ와 의미가 같도록 [조건]에 맞게 영어로 쓰시오. 6점

[조건] 1. call, such를 반드시 사용할 것
2. 5단어로 쓸 것

→ _____

서술형8
25 다음 문장을 가주어 It과 괄호 안의 단어를 사용한 문장으로 바꿔 쓰시오. 각 4점

(1) They can't be here in time. (certain)

→ _____

(2) They still keep in touch with each other.

(amazing)

→ _____

01 다음 짝지어진 단어의 관계가 같도록 할 때 형태가 <u>잘못된</u> 것은? 2점

① China – Chinese
② Russia – Russian
③ Italy – Italish
④ Canada – Canadian
⑤ Spain – Spanish

02 다음 대화의 빈칸에 들어갈 말로 알맞은 것은? 2점

> A: Dave, where are you?
> B: Pass _____ the gate and turn left.
>   Then, you can see me.

① on
② into
③ from
④ under
⑤ through

03 다음 빈칸에 공통으로 들어갈 말로 알맞은 것은? 3점

> • Are you satisfied with your _____ job?
> • What would be a good wedding _____ for her?

① soap
② contact
③ century
④ meaning
⑤ present

04 다음 중 밑줄 친 단어의 우리말 뜻이 알맞지 <u>않은</u> 것은? 3점

① He was a famous tea <u>trader</u>. (무역상)
② The <u>flood</u> made us lose our houses. (홍수)
③ <u>Press</u> this button if you need help. (눌러라)
④ I want to <u>suggest</u> a different idea. (생산하다)
⑤ I don't make much <u>contact</u> with my old friends.
(연락)

05 다음 대화의 밑줄 친 부분과 바꿔 쓸 수 <u>없는</u> 것은? 3점

> A: Break a leg.
> B: <u>Can you say that again?</u>
> A: I said, "Break a leg."

① I'm sorry?
② Pardon me?
③ What did you say?
④ Do you know what I mean?
⑤ Can you repeat that, please?

06 다음 대화의 빈칸에 들어갈 말로 알맞은 것은? 3점

> A: Do you know what the expression "I feel under the weather" means?
> B: No. Can you tell me the meaning?
> A: It means "I don't feel well." You can say this when you are _____.

① healthy
② sick
③ happy
④ surprised
⑤ excited

고
난도
07 다음 중 짝지어진 대화가 <u>어색한</u> 것은? 4점

① A: This tea is on me.
  B: Thanks.
② A: I'm in hot water.
  B: What's the matter?
③ A: I pigged out.
  B: I'm hungry, too. Let's have lunch.
④ A: It's raining cats and dogs.
  B: Don't worry. I have an umbrella.
⑤ A: I think the test was a piece of cake.
  B: Really? It wasn't easy for me.

[08~10] 다음 대화를 읽고, 물음에 답하시오.

> A: Thank you for everything, Jiho. I had a great time in Korea.
>
> B: My pleasure. Please come visit me again, Lucy.
>
> A: I'd love to, but before I do, I'd like to invite you to visit me in London.
>
> B: Thanks. Anyway, it's too bad that you can't come to my soccer game tomorrow. (①)
>
> A: I'm sorry that I can't stay longer. (②)
> _____(A)_____
>
> B: Excuse me, but can you please say that again?
>
> A: I said, "I'll keep my fingers crossed for you." (③)
>
> B: Oh. Thanks. (④) Have a nice trip.
>
> A: Thanks. I'll keep in touch. (⑤)

서술형 1

08 위 대화의 빈칸 (A)에 들어갈 알맞은 말을 쓰시오. 5점

→ _____

09 위 대화의 ①~⑤ 중 주어진 문장이 들어갈 위치로 알맞은 것은? 3점

> It means "I wish you good luck."

①   ②   ③   ④   ⑤

10 위 대화를 읽고 알 수 <u>없는</u> 것은? 3점

① Lucy는 한국에서 즐거운 시간을 보냈다.
② Lucy는 한국을 떠날 것이다.
③ Lucy는 한국 방문이 처음이다.
④ 지호는 내일 축구 시합이 있다.
⑤ Lucy는 지호에게 행운을 빌어 주었다.

11 다음 빈칸에 들어갈 말이 순서대로 바르게 짝지어진 것은? 3점

> _____ is true _____ they got married last week.

① It – that   ② It – if   ③ It – which
④ That – that   ⑤ That – which

12 다음 중 빈칸에 들어갈 알맞은 말이 나머지와 <u>다른</u> 하나는? 4점

① We had Bulgogi, _____ is my favorite food.
② Tom, _____ is a famous artist, is my best friend.
③ I missed the bus, _____ made me late for school again.
④ The movie *Frozen*, _____ I saw yesterday, is very interesting.
⑤ Linda wants to visit the Louvre, _____ has about four hundred thousand works of art.

13 다음 중 어법상 올바른 문장은? 4점

① It true that they lost the game.
② The coffee, that I made, is too strong.
③ It's impossible which we finish the work today.
④ Mr. Kang, whom I respect so much, is an animal doctor.
⑤ Isn't it amazing which he still remembers my name?

[14~16] 다음 글을 읽고, 물음에 답하시오.

The word *shampoo* comes from the Hindi word *chāmpo*, @which means "to press." In India, the word ⓑused for a head massage. _____(A)_____ traders in India experienced a bath with a head massage and ©introduced it to _____(B)_____ in the 18th century.

The meaning of the word *shampoo* changed a few times after it first entered English around 1762. In the 19th century, *shampoo* got its present meaning of "washing the hair." ⓓShortly after that, the word began ⓔto be also used for a special soap for the hair.

14 윗글의 밑줄 친 @~ⓔ 중 어법상 틀린 것은? **4점**

① @ ② ⓑ ③ © ④ ⓓ ⑤ ⓔ

15 윗글의 빈칸 (A)와 (B)에 들어갈 말이 순서대로 바르게 짝 지어진 것은? **3점**

① British – British ② Britain – British
③ British – Britain ④ Britain – Britain
⑤ British – English

서술형2 고난도
16 윗글을 다음과 같이 요약할 때, 윗글의 내용과 일치하지 않는 부분을 찾아 바르게 고쳐 쓰시오. **6점**

The word *shampoo* first entered English in the 18th century, and its meaning changed just once. Nowadays it means "a special soap for the hair" as well as "washing the hair."

_____ → _____

[17~19] 다음 글을 읽고, 물음에 답하시오.

The word *robot* comes from the play *R.U.R.*, _____@_____ was written in 1920 by a Czech writer Karel Čapek. In the play, robots are machines that look like humans. They are designed to work for humans and are produced in a factory.

It is interesting that (A)the idea of using the word *robot* didn't come from Karel Čapek himself. He originally called the machines in his play *labori* from the Latin word for "work." However, his brother suggested *roboti*, _____ⓑ_____ means "slave workers" in Czech. Karel Čapek liked (B)the idea and decided to use the word _____©_____. In 1938, the play was made into a science fiction show on television in Britain.

서술형3
17 윗글의 빈칸 @와 ⓑ에 공통으로 들어갈 말을 한 단어로 쓰시오. **4점**

→ _____

18 윗글의 빈칸 ©에 들어갈 말로 알맞은 것은? **3점**

① *labori* ② *roboti* ③ *worker*
④ *slave* ⑤ *machine*

서술형4
19 윗글의 밑줄 친 (A)와 (B)의 the idea가 가리키는 것을 각각 우리말로 쓰시오. **각 3점**

(A) _____

(B) _____

[20~22] 다음 글을 읽고, 물음에 답하시오.

The word *hurricane* comes from the Spanish word *huracán*, ___ⓐ___ originates from the name of a Mayan god. In the Mayan creation myth, Huracán is the weather god of wind, storm, and fire, and he is one of the three gods who created humans. However, the first humans angered the gods, so Huracán caused a great flood.

The first Spanish contact with the Mayan civilization was in 1517. Spanish explorers who were passing through the Caribbean experienced a hurricane and picked up the word for ⓑit from the people in the area. In English, one of the early uses of *hurricane* was in a play by Shakespeare in 1608.

고난도

20 다음 중 빈칸에 알맞은 말이 윗글의 빈칸 ⓐ에 들어갈 말과 같은 것은? 5점

① Who is the man with _____ Ted is talking?
② I'm wondering _____ Kate will come to the party.
③ I bought a new computer, _____ hasn't arrived yet.
④ It is strange _____ Mom didn't wake me up this morning.
⑤ The new student, _____ is from Brazil, plays soccer very well.

서술형 **5**

21 윗글의 밑줄 친 ⓑit이 가리키는 것을 본문에서 찾아 한 단어로 쓰시오. 4점

→ _____

22 윗글의 주제로 가장 알맞은 것은? 4점

① the Mayan creation myth
② how a hurricane happens
③ the origin of the word *hurricane*
④ the first use of the word *hurricane* in English
⑤ the first contact between Spain and the Mayan civilization

[23~24] 다음 글을 읽고, 물음에 답하시오.

The word *hamburger* originally comes from Hamburg, Germany's second-largest city. *Hamburger* means "people or things from Hamburg" in German.

The origin of the first hamburger is not clear. However, ⓐ햄버거는 미국의 텍사스에 있는 작은 마을에서 발명되었다고 여겨진다, sometime between 1885 and 1904. A cook placed a Hamburg-style steak between two slices of bread, and people started to call such food a hamburger.

서술형 **6**

23 윗글의 밑줄 친 우리말 ⓐ와 의미가 같도록 [보기]의 단어들을 바르게 배열하여 문장을 완성하시오. 5점

[보기]   was, believed, it, the hamburger, is, invented, that

→ _____
in a small town in Texas, USA

24 윗글의 내용을 잘못 이해한 사람은? 4점

① 경민: hamburger라는 단어는 독일의 한 도시의 이름에서 유래되었어.
② 나래: 독일어로 Hamburger는 '독일 출신의 사람이나 사물'을 의미해.
③ 영수: 햄버거가 언제 어디에서 발명되었는지는 확실하지 않아.
④ 세희: 최초의 햄버거는 미국 텍사스의 한 요리사가 만들었다고 여겨져.
⑤ 승준: 빵 두 장 사이에 함부르크 스타일의 스테이크가 들어간 것을 일컬어 햄버거라고 해.

서술형 **7**

25 다음 문장에서 어법상 틀린 곳을 찾아 바르게 고쳐 문장을 다시 쓰시오. 각 5점

(1) My dog, that has long ears, is very smart.

→ _____

(2) That's impossible that we all join the party.

→ _____

01 다음 중 짝지어진 단어의 관계가 [보기]와 <u>다른</u> 것은? 3점

> [보기]   suggest – suggestion

① mix – mixture   ② create – creation
③ originate – original   ④ decide – decision
⑤ introduce – introduction

02 다음 중 단어의 영영풀이가 바르지 <u>않은</u> 것은? 3점

① **produce**: to make
② **clear**: easy to understand
③ **contact**: the act of meeting
④ **century**: one hundred years
⑤ **invent**: to change into something new

03 다음 중 빈칸 ⓐ~ⓔ에 들어갈 말로 알맞지 <u>않은</u> 것은? 3점

> • Wash your hands with this ____ⓐ____.
> • A ____ⓑ____ typically has supernatural beings or events.
> • His ____ⓒ____ will be made into a movie.
> • The people tried to set the ____ⓓ____ free.
> • Did British ____ⓔ____ in India introduce the word *shampoo* to Britain?

① ⓐ: soap   ② ⓑ: myth   ③ ⓒ: play
④ ⓓ: slaves   ⑤ ⓔ: trade

서술형 1

04 다음 문장의 밑줄 친 ⓐ와 ⓑ를 각각 알맞은 형태로 쓰시오. 각 2점

> • The word *tomato* came from the ⓐ<u>Spain</u> word *tomate*.
> • Many English words about law came from ⓑ<u>France</u> words.

ⓐ _____   ⓑ _____

05 다음 대화의 ①~⑤ 중 주어진 문장이 들어갈 위치로 알맞은 것은? 3점

> What does that mean?

> A: Everything looks delicious. (①)
> B: Yes. Would you like some of my spaghetti? (②)
> A: No, thanks. (③) Spaghetti is not my cup of tea.
> B: Not your cup of tea? (④)
> A: It means "I don't like something." (⑤)

①   ②   ③   ④   ⑤

서술형 2

06 다음 대화의 빈칸에 알맞은 말을 괄호 안의 단어를 사용하여 4단어로 쓰시오. 4점

> A: This juice is on me, Suho.
> B: _____? (mean)
> A: It means "I'll pay for the juice."
> B: Oh. Thanks a lot.

07 다음 대화의 밑줄 친 ①~⑤ 중 흐름상 <u>어색한</u> 것은? 4점

> A: ①<u>Look. It's raining cats and dogs.</u>
> B: ②<u>Excuse me</u>, but can you repeat that?
> A: I said, ③<u>"Look at the cats and dogs."</u> ④<u>It means "It's raining a lot."</u>
> B: Oh. Don't worry. ⑤<u>I have an umbrella in my backpack.</u>

①   ②   ③   ④   ⑤

[08~11] 다음 대화를 읽고, 물음에 답하시오.

> A: Thank you for everything, Jiho. I had a great time in Korea.
> B: My pleasure. Please come visit me again, Lucy.
> A: I'd love to, but before I ⓐdo, I'd like to invite you to visit me in London.
> B: Thanks. Anyway, it's too bad that you can't come to my soccer game tomorrow.
> A: I'm sorry that I can't stay longer. ⓑI'll keep my fingers crossed for you.
> B: Excuse me, but _____ⓒ_____?
> A: I said, "I'll keep my fingers crossed for you." It means "I wish you good luck."
> B: Oh. Thanks. Have a nice trip.
> A: Thanks. I'll keep in touch.

서술형 **3**

08 위 대화의 밑줄 친 ⓐdo가 가리키는 내용을 15자 이내의 우리말로 쓰시오. 4점

→ _____

고난도

09 다음 중 위 대화의 밑줄 친 ⓑ와 의미가 같은 것은? 4점

① Break a leg.
② I'm in hot water.
③ We see eye to eye.
④ Let's keep in touch.
⑤ Don't make a long face.

서술형 **4**

10 위 대화의 빈칸 ⓒ에 알맞은 말을 괄호 안의 단어를 사용하여 쓰시오. 5점

→ _____

(can, say, again)

11 위 대화를 읽고 알 수 있는 것은? 3점

① 두 사람의 나이
② Lucy가 하는 운동
③ Lucy가 한국에 머문 기간
④ Lucy가 지호를 초대하고자 한 곳
⑤ 지호가 대화를 끝내고 바로 할 일

12 다음 문장의 빈칸에 들어갈 말로 알맞은 것은? 3점

> I called my aunt, _____ I once lived with.

① that
② whom
③ which
④ when
⑤ where

13 다음 중 밑줄 친 It(it)의 쓰임이 나머지와 다른 하나는? 4점

① Is it true that he quit his job?
② It is said that apples are a perfect fruit.
③ It is a mistake that everyone can make.
④ It's necessary that you should go there first.
⑤ It was not easy for me to answer all the questions.

고난도

14 다음 중 어법상 틀린 문장의 개수는? 4점

> ⓐ I visited a museum that is in London.
> ⓑ I'm eating Japchae, whom Mom made.
> ⓒ It's exciting to play soccer after school.
> ⓓ Jane passed the test, which pleased her parents.
> ⓔ It's clear which Hangeul is a very scientific writing system.

① 1개
② 2개
③ 3개
④ 4개
⑤ 5개

[15~17] 다음 글을 읽고, 물음에 답하시오.

The word *shampoo* comes from the Hindi word *chāmpo*, ⓐwhich means "to press." In India, the word was used for a head massage. British traders in India experienced a bath with a head massage and introduced it to Britain in the 18th century.

The meaning of the word *shampoo* changed a few times after it first entered English around 1762. In the 19th century, *shampoo* got its ⓑpresent meaning of "washing the hair." Shortly after that, the word began to be also used for a special soap for the hair.

서술형5

15 윗글의 밑줄 친 ⓐwhich를 두 단어로 바꿔 쓰시오. 4점

→ _____

16 윗글의 밑줄 친 ⓑpresent와 같은 의미로 쓰인 것은? 3점

① Who will present first prize?
② She thanked me for the present.
③ I got this bag as my birthday present.
④ He is not happy with the present situation.
⑤ Many people were present at the meeting.

신유형

17 윗글의 내용과 일치하는 문장끼리 짝지어진 것은? 4점

ⓐ The word *chāmpo* means "to press" in Hindi.
ⓑ The meaning of the word *shampoo* changed a few times before it first entered English.
ⓒ *Shampoo* started to mean "washing the hair" in the 19th century.
ⓓ Now *shampoo* is also used for a soap for the face.

① ⓐ, ⓑ   ② ⓐ, ⓒ   ③ ⓑ, ⓒ
④ ⓑ, ⓓ   ⑤ ⓒ, ⓓ

[18~20] 다음 글을 읽고, 물음에 답하시오.

The word *robot* comes from the play *R.U.R.*, ⓐthat was written in 1920 by a Czech writer Karel Čapek. In the play, robots are machines ⓑwhich look like humans. (A)They are designed to work for humans and are produced in a factory.

ⓒWhat is interesting that the idea of using the word *robot* didn't come from Karel Čapek ⓓhim. He originally called the machines in his play *labori* from the Latin word for "work." However, his brother suggested *roboti*, which means "slave workers" in Czech. Karel Čapek liked the idea and decided ⓔusing the word *roboti*. In 1938, the play was made into a science fiction show on television in Britain.

18 윗글의 밑줄 친 ⓐ~ⓔ 중 어법상 올바른 것은? 4점

① ⓐ   ② ⓑ   ③ ⓒ   ④ ⓓ   ⑤ ⓔ

19 윗글의 밑줄 친 (A)They가 가리키는 것은? 3점

① plays   ② robots   ③ words
④ humans   ⑤ factories

서술형6 고난도

20 윗글의 내용과 일치하도록 다음 질문에 대한 답을 완성하시오. 5점

Q. Did Karel Čapek think of the word *roboti* first?
→ No. _____
_____, and Karel Čapek accepted his suggestion.

[21~22] 다음 글을 읽고, 물음에 답하시오.

The word *hurricane* comes from the Spanish word *huracán*, _____(A)_____. In the Mayan creation @myth, Huracán is the weather god of wind, storm, and fire, and he is one of the three gods who created humans. However, the first humans ⓑpleased the gods, so Huracán caused a great flood.

The first Spanish ⓒcontact with the Mayan civilization was in 1517. Spanish explorers who were passing through the Caribbean experienced a hurricane and ⓓpicked up the word for it from the people in the area. In English, one of the ⓔearly uses of *hurricane* was in a play by Shakespeare in 1608.

서술형7

21 윗글의 빈칸 (A)에 알맞은 말을 괄호 안의 표현과 관계대명사를 사용하여 쓰시오. **5점**

→ _____

(the name, from, a Mayan god, of, originates)

22 윗글의 밑줄 친 @~ⓔ 중 흐름상 어색한 것은? **4점**

① @   ② ⓑ   ③ ⓒ   ④ ⓓ   ⑤ ⓔ

[23~24] 다음 글을 읽고, 물음에 답하시오.

The word *hamburger* originally comes from Hamburg, Germany's second-largest city. *Hamburger* means "people or things from Hamburg" in German.

The ___@___ of the first hamburger is not clear. However, it is believed that the hamburger was invented in a small town in Texas, USA, sometime between 1885 and 1904. A cook placed a Hamburg-style steak between two slices of bread, and people started to call such food a hamburger.

서술형8 고난도

23 윗글의 빈칸 @에 들어갈 말을 본문에서 사용된 단어를 알맞은 형태로 바꿔 쓰시오. **5점**

→ _____

24 윗글을 다음과 같이 요약할 때, 밑줄 친 ①~⑤ 중 윗글의 내용과 일치하지 <u>않는</u> 것은? **4점**

The ①German word *Hamburger* means "②people or things from Hamburg, ③a city in Germany." Today, the word is used for a food that has ④a Hamburg-style steak between two slices of bread. People believe that the hamburger was invented ⑤by a cook in Hamburg.

①   ②   ③   ④   ⑤

서술형9

25 주어진 문장과 같은 의미가 되도록 괄호 안의 지시대로 문장을 다시 쓰시오. **각 4점**

(1)
We visited the Empire State Building, and it once was the tallest building in the world.

(계속적 용법의 관계대명사 사용)

→ _____

_____

(2)
Some monkeys floss their teeth with human hair, and that is surprising.

(가주어 It 사용)

→ _____

_____

제 **4** 회 고난도로 **내신 적중 모의고사**

01 다음 빈칸에 공통으로 들어갈 말로 알맞은 것은? 2점

- What is your _____ address?
- My aunt sent me a nice birthday _____.

① recent   ② present   ③ creative
④ original   ⑤ traditional

02 다음 빈칸에 들어갈 말이 순서대로 바르게 짝지어진 것은? 3점

- A lot of English words originate _____ Latin.
- These boxes are used _____ storing my old toys.
- This ship will pass _____ the Suez Canal.

① about – of – away
② from – to – around
③ about – for – through
④ from – for – through
⑤ about – to – away

03 다음 대화의 빈칸에 들어갈 말로 알맞은 것은? 3점

A: _____
B: Excuse me, but can you repeat that, please?
A: I said, "I feel under the weather." It means "I don't feel well." I think I have a cold.

① This food is on me.
② It's a piece of cake.
③ It's not my cup of tea.
④ I don't feel well.
⑤ I feel under the weather.

서술형 1

04 다음 글의 각 네모 (A)~(C) 안에서 알맞은 말을 골라 쓰시오. 5점

I'm planning to visit (A) Spain / Spanish this summer with my (B) Italy / Italian friend, Cara. I'm learning (C) Spain / Spanish to communicate with people there.

(A) _____ (B) _____ (C) _____

05 다음 대화의 빈칸 (A)~(C)에 알맞은 말을 [보기]에서 골라 순서대로 바르게 짝지은 것은? 3점

A: Look. It's raining cats and dogs.
B: _____(A)_____
A: I said, "It's raining cats and dogs."
B: _____(B)_____
A: It means "It's raining a lot."
B: Oh. _____(C)_____ I have an umbrella in my backpack.

[보기] ⓐ Don't worry.
ⓑ Pardon me?
ⓒ What is the meaning of that?

① ⓐ – ⓑ – ⓒ   ② ⓑ – ⓐ – ⓒ   ③ ⓑ – ⓒ – ⓐ
④ ⓒ – ⓐ – ⓑ   ⑤ ⓒ – ⓑ – ⓐ

서술형 2 고난도

06 다음 상황 설명을 읽고, Emily가 사서에게 할 말로 알맞은 말을 [조건]에 맞게 쓰시오. 5점

Emily is looking for a science book in the library. She asks the librarian where she can find the book. The librarian tells her where the science section is, but she can't understand well.

[조건] say, please를 사용하여 6단어로 쓸 것

→ _____

[07~09] 다음 대화를 읽고, 물음에 답하시오.

> A: Thank you for everything, Jiho. I had a great time in Korea.
> B: ⓐMy pleasure. Please come visit me again, Lucy.
> A: I'd love to, but before I do, I'd like to invite you to visit me in London.
> B: Thanks. Anyway, it's too bad that you can't come to my soccer game tomorrow.
> A: ⓑI'm sorry that I can't stay longer. I'll keep my fingers crossed for you.
> B: Excuse me, but ⓒcan you cross your fingers?
> A: I said, "I'll keep my fingers crossed for you." (A)그건 '행운을 빌게.'라는 뜻이야.
> B: Oh. Thanks. ⓓHave a nice trip.
> A: Thanks. ⓔI'll keep in touch.

07 위 대화의 밑줄 친 ⓐ~ⓔ 중 흐름상 어색한 것은? **3점**

① ⓐ　　② ⓑ　　③ ⓒ　　④ ⓓ　　⑤ ⓔ

서술형3

08 위 대화의 밑줄 친 우리말 (A)와 의미가 같도록 [조건]에 맞게 쓰시오. **5점**

> [조건] wish, good luck을 사용하여 7단어로 쓸 것

→ _____

서술형4

09 위 대화의 내용과 일치하도록 다음 질문에 대한 답을 완성하시오. **각 3점**

(1) Why does Lucy say sorry to Jiho?
　→ Because she _____.

(2) What does Lucy say to wish Jiho good luck?
　→ She says, "_____."

10 다음 우리말과 의미가 같도록 괄호 안의 단어들을 배열할 때, 4번째로 올 단어로 알맞은 것은? **4점**

> 우리가 유럽을 방문할 것이라니 신난다.
> (we'll, Europe, exciting, is, that, visit, it)

① is　　　② that　　　③ visit
④ Europe　　⑤ exciting

11 다음 빈칸에 들어갈 말이 순서대로 바르게 짝지어진 것은? **3점**

> • My brother broke my computer, _____ upset me.
> • Steve Jobs, _____ was the founder of Apple Inc., is my role model.

① who – which　　② that – who
③ which – that　　④ which – who
⑤ whose – which

12 다음 문장에서 어법상 틀린 부분을 찾아 틀린 이유를 설명하고 바르게 고친 사람은? **4점**

> Last night we watched an action movie, that was really exciting.

① 수호: Last night 앞에 전치사 At을 써야 해.
② 민지: 경험을 나타내므로 watched를 have watched로 고쳐야 해.
③ 지훈: that은 계속적 용법으로 쓸 수 없으므로 which로 고쳐야 해.
④ 수아: really가 exciting을 꾸며 주므로 real로 고쳐야 해.
⑤ 나리: 흥미진진한 감정을 느끼는 것이므로 exciting을 excited로 고쳐야 해.

[13~14] 주어진 문장을 [조건]에 맞게 바꿔 쓰시오. **각 5점**

서술형5

13
> We did our best in the final match.

> [조건] 1. 가주어 It과 important를 사용할 것
>   2. '우리가 결승전에서 최선을 다했다는 것이 중요해.'라는 의미가 되도록 쓸 것

→ _____

서술형6 고난도

14

My uncle is an actor. He lives in New York.

[조건] 1. 관계대명사를 사용하여 두 문장을 연결할 것
2. '나의 삼촌은 뉴욕에 사는데, 영화배우이다.'라는 의미가 되도록 쓸 것

→ _____

서술형7

15 다음 글의 밑줄 친 ⓐ~ⓔ 중 어법상 틀린 부분을 두 개 찾아 바르게 고치시오. 각 3점

I want to visit the Louvre, ⓐwhich ⓑhas about four hundred thousand works of art. There I want to see the *Mona Lisa*, ⓒwho Leonardo da Vinci painted. I also want to visit the Eiffel Tower, ⓓwhich ⓔdesigned by Gustave Eiffel.

(1) ( ) → _____

(2) ( ) → _____

[16~18] 다음 글을 읽고, 물음에 답하시오.

The word ⓐ*shampoo* comes from the Hindi word *chāmpo*, which means "to press." ___ⓑ___ India, the word was used for a head massage. British traders in India experienced a bath with a head massage and (A) produced / introduced it to Britain ___ⓒ___ the 18th century.

The meaning of the word *shampoo* changed a few times (B) before / after it first entered English around 1762. ___ⓓ___ the 19th century, *shampoo* got its present (C) meaning / means of "washing the hair." Shortly after that, the word began to be also used for a special soap for the hair.

서술형8

16 윗글의 밑줄 친 ⓐ*shampoo*의 현재 의미 두 가지를 본문에서 찾아 우리말로 쓰시오. 각 2점

(1) _____

(2) _____

서술형9

17 윗글의 빈칸 ⓑ, ⓒ, ⓓ에 공통으로 들어갈 알맞은 말을 한 단어로 쓰시오. 3점

→ _____

18 윗글 (A)~(C)의 각 네모 안에 주어진 단어 중 문맥상 올바른 것끼리 짝지어진 것은? 3점

	(A)	(B)	(C)
①	produced	before	means
②	produced	after	meaning
③	introduced	before	means
④	introduced	after	meaning
⑤	introduced	before	meaning

[19~21] 다음 글을 읽고, 물음에 답하시오.

The word *robot* comes from the play *R.U.R.*, ⓐ그리고 그 희곡은 1920년에 체코의 작가인 Karel Čapek이 썼다. In the play, robots are machines ___ⓑ___ look like humans. They are designed to work for humans and are produced in a factory.

___ⓒ___ is interesting that the idea of using the word *robot* didn't come from Karel Čapek himself.

(A) Karel Čapek liked the idea and decided to use the word *roboti*.

(B) However, his brother suggested *roboti*, ___ⓓ___ means "slave workers" in Czech.

(C) He originally called the machines in his play *labori* from the Latin word for "work."

In 1938, the play was made into a science fiction show on television in Britain.

서술형 10 고난도

19 윗글의 밑줄 친 우리말 ⓐ를 [조건]에 맞게 영어로 쓰시오. **5점**

> [조건] 1. 관계대명사와 수동태를 사용할 것
> 2. Karel Čapek으로 끝나도록 쓸 것

→ _____

20 윗글의 빈칸 ⓑ, ⓒ, ⓓ에 알맞은 말이 순서대로 바르게 짝 지어진 것은? **3점**

① who – This – that   ② who – It – which
③ that – It – that   ④ that – It – which
⑤ that – This – that

21 윗글의 흐름에 맞게 (A)~(C)를 바르게 배열한 것은? **4점**

① (A) – (B) – (C)   ② (A) – (C) – (B)
③ (B) – (C) – (A)   ④ (C) – (A) – (B)
⑤ (C) – (B) – (A)

[22~23] 다음 글을 읽고, 물음에 답하시오.

The word *hurricane* comes from the Spanish word *huracán*, which ⓐoriginates from the name of a Mayan god. In ⓑthe Mayan creation myth, Huracán is the weather god of wind, storm, and fire, and he is one of the three gods who created humans. However, the first humans ⓒangered the gods, so Huracán caused a great flood.

The first Spanish contact with the Mayan civilization was in 1517. Spanish explorers who ⓓwere passing through the Caribbean experienced a hurricane and ⓔpicked up the word for it from the people in the area. In English, one of the early uses of *hurricane* was in a play by Shakespeare in 1608.

22 윗글의 밑줄 친 ⓐ~ⓔ의 우리말 뜻이 알맞지 <u>않은</u> 것은? **3점**

① ⓐ: ~에서 유래한다   ② ⓑ: 마야의 창조 신화
③ ⓒ: 화나게 했다   ④ ⓓ: ~을 통과하고 있었다
⑤ ⓔ: ~을 태우러 갔다

23 윗글의 내용과 일치하는 것은? **4점**

① Huracán is the god of the sea in the Mayan creation myth.
② Huracán caused a great flood because of Spanish explorers.
③ Spanish explorers introduced the word *hurricane* to England.
④ The English word *hurricane* was first used by Spanish people.
⑤ Shakespeare used the English word *hurricane* in his play in 1608.

[24~25] 다음 글을 읽고, 물음에 답하시오.

(①) The word *hamburger* originally comes from Hamburg, Germany's second-largest city. (②) *Hamburger* means "people or things from Hamburg" in German. (③) However, it (A)<u>believe</u> that the hamburger (B)<u>invent</u> in a small town in Texas, USA, sometime between 1885 and 1904. (④) A cook placed a Hamburg-style steak between two slices of bread, and people started to call such food a hamburger. (⑤)

24 윗글의 ①~⑤ 중 주어진 문장이 들어갈 위치로 알맞은 것은? **3점**

> The origin of the first hamburger is not clear.

①   ②   ③   ④   ⑤

서술형 11

25 윗글의 밑줄 친 동사 (A)와 (B)를 각각 어법상 올바른 형태로 쓰시오. **각 3점**

(A) _____   (B) _____

● 틀린 문항을 표시해 보세요.

〈제1회〉 대표 기출로 내신 적중 모의고사　　총점 _____ / 100

문항	영역	문항	영역	문항	영역
01	p.156(W)	10	p.163(L&T)	19	pp.178~179(R)
02	p.158(W)	11	p.170(G)	20	p.179(R)
03	p.158(W)	12	p.171(G)	21	p.179(R)
04	p.156(W)	13	p.171(G)	22	p.179(R)
05	p.162(L&T)	14	p.178(R)	23	p.179(R)
06	p.162(L&T)	15	p.178(R)	24	p.179(R)
07	p.162(L&T)	16	p.178(R)	25	p.171(G)
08	p.163(L&T)	17	pp.178~179(R)		
09	p.163(L&T)	18	pp.178~179(R)		

〈제2회〉 대표 기출로 내신 적중 모의고사　　총점 _____ / 100

문항	영역	문항	영역	문항	영역
01	p.158(W)	10	p.163(L&T)	19	pp.178~179(R)
02	p.156(W)	11	p.171(G)	20	p.179(R)
03	p.158(W)	12	p.170(G)	21	p.179(R)
04	p.156(W)	13	pp.170~171(G)	22	p.179(R)
05	p.161(L&T)	14	p.178(R)	23	p.179(R)
06	p.162(L&T)	15	p.178(R)	24	p.179(R)
07	p.161(L&T)	16	p.178(R)	25	pp.170~171(G)
08	p.163(L&T)	17	pp.178~179(R)		
09	p.163(L&T)	18	pp.178~179(R)		

〈제3회〉 대표 기출로 내신 적중 모의고사　　총점 _____ / 100

문항	영역	문항	영역	문항	영역
01	p.158(W)	10	p.163(L&T)	19	pp.178~179(R)
02	p.158(W)	11	p.163(L&T)	20	pp.178~179(R)
03	p.156(W)	12	p.170(G)	21	p.179(R)
04	p.158(W)	13	p.171(G)	22	p.179(R)
05	p.162(L&T)	14	pp.170~171(G)	23	p.179(R)
06	p.162(L&T)	15	p.178(R)	24	p.179(R)
07	p.162(L&T)	16	p.178(R)	25	pp.170~171(G)
08	p.163(L&T)	17	p.178(R)		
09	p.163(L&T)	18	pp.178~179(R)		

〈제4회〉 고난도로 내신 적중 모의고사　　총점 _____ / 100

문항	영역	문항	영역	문항	영역
01	p.158(W)	10	p.171(G)	19	pp.178~179(R)
02	p.156(W)	11	pp.170~171(G)	20	pp.178~179(R)
03	p.162(L&T)	12	p.170(G)	21	pp.178~179(R)
04	p.158(W)	13	p.171(G)	22	p.179(R)
05	p.162(L&T)	14	p.170(G)	23	p.179(R)
06	p.161(L&T)	15	p.170(G)	24	p.179(R)
07	p.163(L&T)	16	p.178(R)	25	p.179(R)
08	p.163(L&T)	17	p.178(R)		
09	p.163(L&T)	18	p.178(R)		

● 부족한 영역을 점검하고 어떻게 더 학습할지 계획을 적어 보세요.

제1회 오답 공략
부족한 영역
학습 계획

제2회 오답 공략
부족한 영역
학습 계획

제3회 오답 공략
부족한 영역
학습 계획

제4회 오답 공략
부족한 영역
학습 계획

시험에 더 강해진다!

보카클리어 시리즈

동아출판

하루 25개 40일, 중학 필수 어휘 끝!

중등 시리즈

중학 기본편 | 예비중~중학 1학년
중학 기본+필수 어휘 1000개

중학 실력편 | 중학 2~3학년
중학 핵심 어휘 1000개

중학 완성편 | 중학 3학년~예비고
중학+예비 고등 어휘 1000개

자세한 우리말 풀이로
혼자서도 쉽게!

고교필수·수능 어휘 완벽 마스터!

고등 시리즈

고교필수편 | 고등 1~2학년
고교 필수 어휘 1600개
하루 40개, 40일 완성

수능편 | 고등 2~3학년
수능 핵심 어휘 2000개
하루 40개, 50일 완성

시험에 꼭 나오는
유의어, 반의어, 숙어가 한 눈에!

학습 지원 서비스

휴대용 미니 단어장

어휘 MP3 파일

중등

고등

모바일 어휘 학습 '암기고래' 앱
일반 모드 입장하기 〉 영어 〉 동아출판 〉 보카클리어

안드로이드

iOS

동아출판 영어 교재 가이드

영역	브랜드	초1~2	초3~4	초5~6	중1	중2	중3	고1	고2	고3
문법	[초·중등] 개념서 **그래머 클리어 스타터** **중학 영문법 클리어**									
	[중등] 문법 문제서 **그래머 클라우드 3000제**									
	[중등] 실전 문제서 **빠르게 통하는 영문법** **핵심 1200제**									
	[중등] 서술형 영문법 **서술형에 더 강해지는** **중학 영문법** [고등] 시험 영문법 **시험에 더 강해지는** **고등 영문법**									
	[고등] 개념서 **Supreme 고등 영문법**									
어법	[고등] 기본서 **Supreme 수능 어법** 기본 실전									
쓰기	[중등] 영작 집중 훈련서 **중학 문법+쓰기 클리어**									
기출	[중등] 기출예상문제집 **특급기출 (중간, 기말)** 윤정미, 이병민									

동아출판이 만든 진짜 기출예상문제집

특급기출

동아출판

중간고사

중학 영어 3-1

윤정미

정답 및 해설

Lesson 1
Follow Your Dream

STEP A

A 01 (심장이) 고동치다, 뛰다
02 전공; 전공하다
03 전문적인, (전문) 직업의
04 용기
05 영감을 주다, 고무하다
06 안정된, 안정적인
07 언젠가
08 공학 (기술)
09 두려워하는, 겁내는
10 대담한, 용감한
11 추구하다, 밀고 나가다
12 진심으로, 정말로
13 환경의
14 전문가
15 오염
16 존경하다
17 실현하다; 깨닫다
18 이끌다
19 자원봉사자; 자원봉사를 하다
20 한 번이라도, 지금까지

B 01 recipe
02 train
03 memorable
04 achieve
05 photographer
06 sign
07 quit
08 follow
09 engineer
10 whether
11 wonder
12 hold
13 historian
14 thirsty
15 prefer
16 worm
17 college
18 chance
19 goal
20 animal doctor

C 01 사실은
02 ~을 겪다
03 ~의 경우에
04 ~을 찾다
05 ~ 덕분에
06 ~을 결정하다, 정하다
07 자원봉사를 하다
08 결정하다, 결심하다
09 시행착오
10 건강 상태가 좋다

D 01 decide on
02 think of
03 in one's case
04 not ~ at all
05 go through
06 in fact
07 for a living
08 search for
09 come true
10 trial and error

A 1 realize, 실현하다   2 beat, (심장이) 고동치다, 뛰다
3 goal, 목표   4 major, 전공   5 stable, 안정된, 안정적인
6 lead, 이끌다   7 courage, 용기   8 skill, 기량, 기술
B 1 afraid   2 wonder   3 truly   4 inspire   5 pursue
C 1 decide on   2 came true   3 a living   4 a decision
5 trial and error
D 1 quit   2 stable   3 bold   4 environmental

A |해석| 1 원했던 무언가를 달성하다
2 규칙적인 소리를 내거나 움직이다
3 미래에 달성하고자 소망하는 것
4 대학에서 공부하는 주된 과목
5 큰 변화나 문제없이 동일하게 유지하는
6 앞에서 나아가며 누군가에게 길을 알려 주다
7 위험하거나 어려운 일을 하려는 정신력
8 무언가를 배웠기 때문에 매우 잘할 수 있는 능력

B |해석| 1 많은 아이들이 어둠을 두려워 한다.
2 나는 그들이 나를 돕기 위해 무엇을 할 수 있을지 궁금하다.
3 진심으로 미안해. 너를 화나게 하려던 게 아니었어.
4 우리는 팀에 영감을 줄 수 있는 사람이 필요하다.
5 모두에게 행복을 추구할 권리가 있다.

D |해석| 1 목표 : 목표 = 중단하다 : 그만두다
2 이른 : 늦은 = 불안정한 : 안정적인
3 기회 : 기회 = 용감한 : 대담한
4 직업 : 직업의 = 환경 : 환경의

01 (g)oal   02 ④   03 ③   04 ②   05 ②   06 ③
07 trial and error

01 |해석| 명 미래에 달성하고자 소망하는 것
열심히 노력하지 않으면 목표를 이룰 수 없다.
|해설| '미래에 달성하고자 소망하는 것'에 해당하는 단어는 goal(목표)
이다.

02 |해석| ① 기량, 기술 – 숙련된, 능숙한   ② 아름다움 – 아름나운
③ 직업 – 직업의   ④ 사진 – 사진작가   ⑤ 환경 – 환경의
|해설| ④는 '명사 – 명사(직업)'의 관계이고, 나머지는 모두 '명사 – 형
용사'의 관계이다.

03 |해석| 그는 병원에 있긴 하지만 안정적인 상태이다.
① 대담한 ② 주요한 ④ 기억할 만한 ⑤ 직업의
|해설| 문맥상 '안정적인 상태'라는 뜻이 되도록 stable(안정적인)이 들
어가는 것이 알맞다.

04 |해석| ① 소년은 잃어버린 동전을 찾고 있다.
② 그녀는 작년에 어려운 시기를 겪었다.
③ 나는 그 개들을 돌보기로 결정했다.

④ 그는 자신의 꿈을 이루기 위해 최선을 다했다.

⑤ 비행기 덕분에 전 세계를 여행하기가 쉽다.

|해설| ② go through: ~을 겪다

05 |해석| • 나는 부모님께 드릴 선물을 결정하는 데 어려움을 겪고 있다.

• 사실, 그와 나는 공통점이 많다.

|해설| decide on: ~을 결정하다, 정하다 / in fact: 사실은

06 |해석| ① 그는 계단을 오르기가 너무 무서웠다.

② 대부분의 영웅들은 매우 강하고 용감하다.

③ 한 선생님은 인테리어 디자인 전문가이다.

④ 학교는 다음 주에 축제를 개최할 것이다.

⑤ 나는 수의사로부터 조언을 받았다.

|해설| ③ expert는 '전문가'라는 뜻이고 engineer는 '기술자'라는 뜻이므로 바꿔 쓸 수 없다.

07 |해설| trial and error: 시행착오

Listen and Talk 만점 노트　　pp. 14~15

Q1 스페인 요리책　　Q2 No, she hasn't.　　Q3 ⓐ　　Q4 피아노곡을 듣는 것　　Q5 ⓑ　　Q6 I'm doing volunteer work at the local animal house., I'm also watching a lot of TV shows about animals.　　Q7 ⓑ　　Q8 ⓑ　　Q9 F

Listen and Talk 빈칸 채우기　　pp. 16~17

Listen and Talk A-1 Have, had, before, Have, have, hope

Listen and Talk A-2 Have, ever visited, Have you, been, hope you can travel, want to, interesting

Listen and Talk A-3 You should read, already read, Have you, seen, No, better than, hope you

Listen and Talk A-4 playing, about you, never learned, I hope, have

Listen and Talk C really liked, training, kinds of animals, thought of becoming, want to become, to achieve, volunteer work, else, hope you become

Talk and Play have you ever been, been

Review - 1 before, No, I haven't, Have you, eaten, once

Review - 2 Have you read, I've seen, Have you seen, will

Listen and Talk 대화 순서 배열하기　　pp. 18~19

1 ⓑ - ⓒ - ⓐ - ⓓ　　　　**2** ⓓ - ⓑ - ⓒ - ⓐ

3 ⓒ - ⓑ - ⓔ - ⓐ　　　　**4** ⓕ - ⓓ - ⓔ - ⓑ - ⓐ

5 ⓘ - ⓔ, ⓐ - ⑨, ⓒ - ⓗ - ⓓ　　　**6** ⓑ - ⓐ - ⓒ

7 ⓒ - ⓐ - ⓑ　　　　**8** ⓒ - ⓑ - ⓐ - ⓓ

Listen and Talk 실전 TEST　　pp. 20~21

01 ②　　**02** ⑤　　**03** ④　　**04** (C)-(A)-(D)-(B)　　**05** ④

06 ④　　**07** ②　　**08** ④　　**09** Have you ever thought of becoming　　**10** ⑤

[서술형]

11 you ever tried, Yes, I have　　**12** ⓑ → I've never learned how to play 또는 I haven't learned how to play

13 (1) No, I haven't　(2) Yes, been to　(3) I hope you can

01 |해석| A: 터키 음식을 먹어 본 적이 있니?

B: 응, 먹어 봤어. 나는 케밥을 좋아해.

|해설| 「Have you (ever)+과거분사 ~?」는 '~한 적 있니?'의 의미로 경험 여부를 묻는 표현이다.

02 |해석| A: 이번이 나의 첫 번째 서울 방문이야.

B: 아, 정말? 네가 서울에서 즐거운 시간을 보내길 바라.

① 나를 보러 서울에 와.

② 언제 마지막으로 왔니?

③ 나는 너를 서울에 초대하고 싶어.

④ 나는 네가 언젠가 서울을 방문하길 원해.

|해설| 서울을 처음 방문한 상대방에게 서울에서 즐거운 시간을 보내기를 희망한다고 말하는 표현이 알맞다.

03 |해석| A: 한라산에 가 본 적이 있니?

B: 응, 가 본 적 있어. 나는 지난가을에 그곳으로 하이킹을 갔어.

① 한라산을 좋아하니?

② 지난가을에 어디를 갔니?

③ 전에 하이킹을 가 본 적이 있니?

⑤ 제주도에서 어디를 가 봤었니?

|해설| 경험해 본 적이 있다는 대답(Yes, I have.)과 그곳으로(there) 하이킹을 갔다는 말이 이어지는 것으로 보아 한라산에 가 본 적이 있는지 묻는 질문이 들어가는 것이 알맞다.

04 |해석| (C) 너는 전에 스페인 음식을 먹어 본 적이 있니?

(A) 아니, 없어. 너는 먹어 봤니?

(D) 응, 먹어 봤어. 네가 언젠가 먹어 볼 수 있길 바라. 정말 맛있거든.

(B) 그럴게. 우선은, 이 스페인 요리책을 사야겠어.

05 |해석| A: 달에 관한 이 책을 읽어 봐. 정말 흥미로워.

B: 알아. 나는 그걸 이미 읽었어.

A: 읽었다고? 영화는 어때? 그 책에 관한 영화도 본 적이 있니?

B: 응, 전에 본 적이 있어.(→ 아니, 없어.)

A: 음, 그건 책보다 훨씬 더 좋아. 네가 곧 그 영화를 볼 수 있길 바라.

|해설| 마지막 A의 말에 영화가 책보다 더 좋다면서 곧 영화를 보기를 바란다는 말이 있으므로 ④에는 부정의 응답인 No, I haven't.가 알맞다.

06 |해석| ① A: 영화 'Frozen II'를 보자.

B: 미안하지만, 나는 이미 그 영화를 두 번 봤어.

② A: 나는 열심히 연습했지만, 그 경기에서 졌어.

B: 그 말을 들으니 유감이야. 네가 다음번에는 이기기를 바라.

③ A: 엄마가 감기로 아파서 침대에 누워 계셔.

B: 그거 안됐구나. 빨리 나으시기를 바라.

④ A: Judy, 한국 음식을 먹어 본 적이 있니?

　　B: 아니, 없어. 불고기가 정말 좋았어.

⑤ A: 나는 그 새로운 식당에 가 본 적이 없어. 너는 가 봤니?

　　B: 응. 나는 그곳에 몇 번 가 봤어.

|해설| ④ 한국 음식을 먹어 봤는지 묻는 말에 부정의 응답을 한 후 불고기가 정말 좋았다고 말하는 것은 어색하다.

07 |해석| A: 내가 가장 좋아하는 책은 '찰리와 초콜릿 공장'이야. 그것을 읽어 본 적이 있니, Peter?

　　B: 아니, 그 책을 읽은 적은 없지만 영화를 본 적은 있어. 너는 어때, 유빈아? 영화도 본 적이 있니?

　　A: 응, 있어. 그렇지만 나는 책을 더 좋아해. 언젠가 네가 그것을 읽을 수 있기를 바라.

　　B: 알겠어, 그렇게.

① 영화 ③ Charlie ④ 초콜릿 공장 ⑤ 새로운 영화

|해설| A가 B에게 '그것을 언젠가 읽을 수 있기를 바란다'라고 말했으므로, 빈칸에는 '(찰리와 초콜릿 공장) 책'을 가리키는 표현이 알맞다.

[08~10] |해석|

소년: 개를 훈련하는 것에 관한 당신의 책이 저는 정말 좋았어요.

여자: 고마워요. 개를 좋아해요?

소년: 네, 좋아해요. 저는 모든 종류의 동물을 매우 좋아해요.

여자: 수의사가 되는 것을 생각해 본 적 있어요?

소년: 네, 있어요. 저는 수의사가 정말 되고 싶어요.

여자: 목표를 이루기 위해 무엇을 하고 있나요?

소년: 지역 동물의 집(동물 보호소)에서 자원봉사를 하고 있어요.

여자: 좋군요. 또 무엇을 하고 있나요?

소년: 동물에 관한 TV 프로그램도 많이 보고 있어요.

여자: 정말 잘하고 있어요! 언젠가 좋은 수의사가 되기를 바라요.

소년: 고맙습니다.

08 |해설| 주어진 문장은 '(목표를 이루기 위해) 또 무엇을 하고 있나요?'라는 말로, 동물에 관한 TV 프로그램도 보고 있다는 말 앞에 들어가는 것이 알맞다.

09 |해설| 상대방의 경험 여부를 물어볼 때는 「Have you (ever)+과거분사 ~?」를 사용해서 나타낼 수 있다.

10 |해설| ⑤ 개를 훈련하는 것에 관한 책은 언급했지만, 소년이 개를 훈련해 본 경험이 있는지 여부는 알 수 없다.

11 |해석| A: Amy, 전에 김치를 먹어 본 적이 있니?

　　B: 응. 먹어 본 적 있어. 나는 그것을 정말 좋아해.

|해설| A의 질문이 have로 시작하고 before가 있는 것으로 보아 경험 여부를 묻는 말이 알맞으며, Amy의 대답에서 빈칸 뒤의 말과 그림의 내용으로 보아 긍정의 대답이 알맞다.

12 |해석| A: 나는 이 CD를 살 거야. 피아노곡 듣는 걸 아주 좋아하거든.

　　B: 나도 그래. 나는 피아노 연주도 즐겨 해.

　　A: 정말? 그럼 너는 피아노를 칠 수 있어?

　　B: 응. 너는 어때?

　　A: 음, 나는 피아노 치는 법을 배웠어.(→ 나는 피아노 치는 법을 배운 적이 없어.)

　　B: 그거 재미있어. 네가 배울 기회가 있길 바라.

|해설| 배울 기회가 있기를 바란다는 B의 마지막 말로 보아 ⓑ는 연주하는 법을 배워 본 적이 없다는 부정의 응답이어야 자연스럽다.

13 |해석| Jenny는 작년에 프랑스에 갔다. 그녀는 그곳에서 좋은 시간을 보냈다. 그러나 하준이는 다른 나라에 가 본 적이 전혀 없다. Jenny는 하준이가 언젠가 다른 나라를 여행할 수 있기를 바란다.

Jenny: 너는 다른 나라에 가 본 적이 있니?

하준: 아니, 없어. 너는 가 봤어?

Jenny: 응, 나는 프랑스에 가 봤어. 네가 언젠가 다른 나라를 여행해 볼 수 있길 바라.

|해설| (1)과 (2)에는 경험의 유무를 답하는 말이 알맞고, (3)에는 상대방에게 희망하는 것을 말하는 표현이 알맞다.

G Grammar 핵심 노트 1 QUICK CHECK　　p. 22

1 (1) if (2) she likes (3) came

2 (1) whether(if) Kate will come back

　 (2) whether(if) I should go

　 (3) whether(if) he is famous

---

1 |해석| (1) 너는 그녀가 내일 한가한지 아닌지?

　 (2) 나는 그녀가 그 영화를 좋아하는지 궁금해 하고 있다.

　 (3) Mike는 Jane이 어젯밤 파티에 왔는지 알고 싶어 한다.

2 |해석| (1) 나는 Kate가 제시간에 돌아올지 궁금하다.

　 (2) 나는 병원에 가야 할지 결정을 못하겠다.

　 (3) 나는 그가 유명한지 모른다.

G Grammar 핵심 노트 2 QUICK CHECK　　p. 23

1 (1) some pictures to show (2) to do (3) write with

2 (1) to eat (2) to read (3) a chance to see

---

1 |해석| (1) 너에게 보여 줄 사진이 몇 장 있어.

　 (2) 그는 오늘 해야 할 일이 많다.

　 (3) 너는 쓸 펜이 있니?

2 |해석| (1) 나에게 먹을 것을 줘.

　 (2) 나는 취침 시간에 읽을 책을 샀다.

　 (3) 그는 오로라를 볼 기회가 있었다.

G Grammar 연습 문제 1　　p. 24

A 1 if　2 whether　3 whether

B 1 if you could help　2 whether he will be

　 3 whether(if) Mom is home

C 1 if I answered the question

　 2 whether I really enjoyed the work

　 3 He is not sure whether his son is at school.

D 1 whether he has his passport

　 2 if her cake is ready

　 3 I wasn't(was not) sure whether I could succeed

　 4 You have to decide whether you will buy it.

A |해석| **1** 그는 그녀가 꽃을 좋아하는지 알고 싶어 한다.

2 소녀는 Eric이 자신의 선물을 좋아할지 궁금해 한다.

3 나는 Chris가 회의에 올지 잘 모른다.

|해설| whether와 if는 '~인지 아닌지'라는 뜻을 나타내는 접속사로 쓰여 명사절을 이끈다.

B |해석| **1** Mike는 네가 그를 도와줄 수 있는지 궁금해 하고 있다.

2 그들은 그가 그곳에 있을지 잘 모른다.

3 나는 엄마가 지금 집에 계신지 아빠에게 여쭐 것이다.

|해설| **1, 2** whether(if)가 이끄는 명사절은 「whether(if)+주어+동사」의 어순으로 쓴다.

3 '~인지 아닌지'라는 의미로 ask의 목적어 역할을 하는 명사절을 이끄는 접속사는 whether 또는 if로 써야 한다.

C |해설| whether(if)는 '~인지 아닌지'라는 뜻을 나타내는 접속사로 명사절을 이끌며 「whether(if)+주어+동사」의 어순으로 쓴다.

D |해설| whether(if)는 '~인지 아닌지'라는 뜻을 나타내는 접속사로 명사절을 이끌며 「whether(if)+주어+동사」의 어순으로 쓴다.

G **Grammar 연습 문제 2** p. 25

A **1** to give you **2** to waste **3** delicious to eat

B **1** washing → to wash **2** to talk → to talk to(with)

3 cold something → something cold

4 to sit on it → to sit on

C **1** many things to see **2** nothing special to read

3 to solve the problem **4** to take care of

D **1** There are many friends to help you.

2 I don't have any time to watch TV these days.

3 I need somebody to teach me Chinese.

A |해석| **1** 나는 너에게 줄 돈이 없다.

2 우리는 낭비할 시간이 없다.

3 먹을 만한 맛있는 것을 만들어 보자.

|해설| to부정사(구)가 '~할'의 의미로 명사나 대명사를 뒤에서 수식하도록 쓸 수 있다.

B |해석| **1** 그녀는 설거지할 그릇이 많다.

2 나는 대화할 누군가가 필요하다.

3 여기 차가운 마실 것이 있습니다.

4 나는 앉을 의자가 없다.

|해설| **1** '~할'이라는 의미를 나타내는 형용사적 용법의 to부정사를 사용하는 것이 알맞다.

2, 4 to부정사가 수식하는 명사나 대명사가 전치사의 목적어일 경우에는 to부정사 뒤에 반드시 전치사를 쓴다.

3 -thing, -body, -one으로 끝나는 대명사를 형용사와 to부정사가 함께 수식할 때는 「대명사+형용사+to부정사」의 어순으로 쓴다.

C |해설| 형용사적 용법으로 쓰인 to부정사(구)는 '~할, ~하는'이라는 의미로 명사나 대명사를 뒤에서 수식한다.

D |해설| 형용사가 주로 명사나 대명사를 앞에서 수식하는 것과 달리, 형용사적 용법으로 쓰인 to부정사(구)는 명사나 대명사를 뒤에서 수식한다.

G **Grammar 실전 TEST** pp. 26~29

01 ⑤	02 ④	03 ③	04 ②	05 ③	06 ④	07 ④
08 ③	09 ②	10 ④	11 ⑤	12 ④	13 ②	14 ⑤
15 ④	16 ④	17 ④	18 ③			

[서술형]

19 nothing to eat **20** many toys to play with

21 (1) ⓐ → to enjoy (2) ⓓ → street foods to eat

22 (1) whether(if) there is a flower shop nearby

(2) whether(if) Harris won first prize in the singing contest

(3) whether(if) you like hip-hop music

23 (1) whether(if) Liam can go to the movies (2) to do

---

01 |해석| 나는 Wendy가 내 생일 파티에 올지 궁금하다.

|해설| wonder의 목적어인 명사절을 이끄는 접속사가 필요하며 '~인지 아닌지'라는 의미가 되어야 자연스러우므로 whether가 알맞다.

02 |해설| '읽을'이라는 의미로 a magazine을 뒤에서 수식하는 형용사적 용법의 to부정사 형태가 알맞다.

03 |해석| 나는 네가 시험 결과에 만족하는지 알고 싶다.

|해설| '~인지 아닌지'의 의미로 know의 목적어 역할을 하는 명사절이 되도록 「whether(if)+주어+동사 ~」의 어순으로 쓴다.

be satisfied with: ~에 만족하다

04 |해석| Chloe는 오늘 끝내야 할 일들이 많다.

|해설| '끝내야 할 많은 일'이라는 의미가 되도록 명사구 a lot of work를 형용사적 용법의 to부정사 to finish가 뒤에서 수식하는 어순이 알맞다.

05 |해석| [보기] 그녀는 내가 수학을 잘하는지 물었다.

① 네가 원한다면 내가 쿠키를 좀 가져올게.

② 만약 Jane이 늦는다면 그들은 그녀 없이 갈 것이다.

③ 나는 그가 아직도 내 이름을 기억하는지 궁금하다.

④ 기차가 정시에 도착하면 우리는 6시에 도착할 것이다.

⑤ 만약 네가 내게 진실을 말하지 않는다면 나는 화가 날 것이다.

|해설| [보기]와 ③의 if는 '~인지 아닌지'의 의미로 명사절을 이끄는 접속사이고, 나머지는 '(만약) ~라면'의 의미로 조건을 나타내는 부사절을 이끄는 접속사이다.

06 |해석| [보기] 그녀는 요즘 쉴 시간이 없다.

① Jake는 드라마 동아리에 들어가기로 결정했다.

② 그녀의 직업은 웨딩드레스를 디자인하는 것이다.

③ 당신은 박물관을 방문할 계획인가요?

④ 런던에는 볼 것들이 많이 있다.

⑤ 아침 식사를 하는 것은 여러분의 건강에 좋다.

|해설| [보기]와 ④는 앞의 명사를 수식하는 형용사 역할을 하는 to부정사이다. ①과 ③은 동사의 목적어, ②는 보어, ⑤는 문장의 진주어로 명사 역할을 하는 to부정사이다.

07 |해석| ① 나는 Amy가 왜 울고 있는지 몰랐다.

② 내가 Mac에게 경기에 참여할 수 있는지 물어볼게.

③ 그는 그녀가 꽃을 좋아하는지 알고 싶어 한다.

④ 그들은 경기가 취소될지 궁금해 하고 있다.

⑤ Judy는 자신이 올바른 방향으로 가고 있는지 확신하지 못한다.

| 해설 | ④ '~인지 아닌지'의 의미로 are wondering의 목적어인 명사절을 이끄는 접속사 whether나 if가 되어야 한다.

08 | 해석 | 나는 ＿＿＿＿＿＿＿＿＿＿＿ 모르겠다.
① Amy가 그 영화를 좋아하는지
② 그녀가 오늘 밤에 올 수 있을지
③ 그가 나를 이해하는지
④ 박물관이 월요일마다 개관하는지
⑤ 기차가 이 정거장에 정차하는지
| 해설 | ③ 목적어 역할을 하는 명사절이 되도록 「whether+주어+동사 ~」의 어순이 되어야 한다. (→ whether he understands me)

09 | 해설 | '도와줄 많은 친구들'은 형용사적 용법의 to부정사를 사용하여 「명사구+to부정사」의 형태로 나타낸다.

10 | 해설 | '~인지 아닌지'의 의미로 목적어 역할을 하는 명사절 「whether(if)+주어+동사 ~」가 Sue is wondering 뒤에 오는 것이 알맞다.

11 | 해석 | 저를 도와주실 수 있나요?
⑤ Harry는 여자에게 자신을 도와줄 수 있는지 묻고 있다.
| 해설 | '~인지 아닌지'라는 의미로 명사절을 이끄는 접속사 whether나 if를 사용하여 그림 속 말풍선의 문장을 is asking의 직접목적어로 쓸 수 있다. whether나 if 뒤의 주어는 Harry가 질문하는 대상인 the woman이므로 she를 쓰고, help의 목적어는 Harry에 해당하므로 him을 쓴다.

12 | 해석 | ① 우리는 먹을 것이 없다.
② 나와 대화할 시간이 있나요?
③ 지나는 돌봐야 할 애완동물이 많다.
④ 파리에는 방문할 박물관이 많이 있다.
⑤ 그녀는 그 가방을 살 충분한 돈이 없다.
| 해설 | ④ to부정사가 형용사처럼 쓰여 명사를 수식할 때는 명사 뒤에 온다. (→ There are many museums to visit in Paris.)

13 | 해석 | ① 나는 네가 나를 도와줄 수 있는지 궁금해 하고 있다.
② 내일 날씨가 좋으면 우리는 하이킹을 갈 것이다.
③ 그녀는 아기가 배가 고픈지 확신하지 못한다.
④ 너는 Andrew에게 문제가 있는지 아니?
⑤ 나는 이 근처에 우체국이 있는지 묻고 싶다.
| 해설 | ②의 if는 '(만약) ~라면'의 의미로 조건의 부사절을 이끄는 접속사로 쓰였고, 나머지는 모두 '~인지 아닌지'의 의미로 명사절을 이끄는 접속사로 쓰였다.

14 | 해석 | ① 잠자리에 들 시간이다.
② 나는 쓸 펜이 없다.
③ 너는 마실 것이 필요하니?
④ 그녀는 앉을 벤치를 찾고 있다.
⑤ Rada가 지구에서 걷는 것은 어려웠다.
| 해설 | ⑤는 진주어로 쓰인 명사적 용법의 to부정사이고, 나머지는 모두 앞의 명사나 대명사를 수식하는 형용사적 용법의 to부정사이다.

15 | 해설 | ④ 형용사적 용법의 to부정사는 명사를 뒤에서 수식한다. (a difficult to answer question → a difficult question to answer)

16 | 해석 | Angela는 Steve가 내일 회의에 참석할 것인지 알고 싶어 한다.
| 해설 | '~인지 아닌지'의 의미로 접속사 whether가 이끄는 명사절은 「whether+주어+동사」의 어순으로 쓴다.

17 | 해석 | ① 나는 네가 그것을 좋아하는지 궁금해.
② 나는 그녀에게 그 소식이 사실인지 물어볼 거야.
③ 나는 내가 그 일을 할 수 있을지 잘 모르겠어.
④ 나는 James가 언제 우리와 함께할 수 있는지 몰라.
⑤ 나는 그가 시험에 합격했는지 네게 말해 줄 수 없어.
| 해설 | ④ '언제 ~인지'라는 의미로 의문사가 있는 의문문이 문장의 일부가 될 때는 whether나 if를 쓰지 않고 「의문사+주어+동사」의 어순으로 쓴다. (if when → when)

18 | 해설 | ⓐ 나는 Helen이 한국어를 할 수 있는지 궁금하다.
ⓑ 그녀는 쿠키를 구울 밀가루가 필요하다.
ⓒ 그 뮤지컬을 볼 기회를 놓치지 마라.
ⓓ 나는 프로젝트를 끝낼 충분한 시간이 없었다.
ⓔ 내가 Mason에게 우리와 함께 여행을 갈 것인지 물어볼게.
| 해설 | ⓓ 명사(구)를 뒤에서 수식하는 형용사적 용법의 to부정사 형태가 쓰여야 알맞다. (finish → to finish)
ⓔ '~인지 아닌지'의 의미로 명사절을 이끄는 접속사 whether나 if가 쓰여야 알맞다. (that → whether(if))

19 | 해석 | 냉장고에는 먹을 것이 하나도 없다.
| 해설 | 먹을 것이 없다는 것을 「대명사 nothing+to부정사」의 형태를 사용해 나타낼 수 있다.

20 | 해석 | Jake는 방에 가지고 놀 장난감이 많다.
| 해설 | 문장의 목적어인 many toys를 to부정사(to play)가 뒤에서 수식하는 어순으로 문장을 완성한다. 단, to부정사가 수식하는 명사나 대명사가 전치사의 목적어일 경우에는 to부정사 뒤에 전치사를 써야 하므로 play 뒤에 with를 쓴다.

21 | 해석 | 부산에는 즐길 거리가 많이 있습니다. 우선, 아름다운 해변이 몇 군데 있습니다. 당신은 바다에서 수영하고 해변에서 휴식을 취할 수 있습니다. 뿐만 아니라, 먹을 만한 맛있는 길거리 음식이 많이 있습니다. 와서 마음껏 즐기세요!
| 해설 | ⓐ '~할, ~하는'이라는 의미로 앞의 명사구를 수식하는 형용사적 용법의 to부정사 형태가 쓰여야 알맞다.
ⓓ street foods를 형용사 delicious가 앞에서 수식하고 to부정사인 to eat이 뒤에서 수식하는 어순이 되어야 한다.

22 | 해설 | (1) 「there+be동사」 구문이므로 whether(if) 뒤에 there is ~의 순서로 쓴다.
(2) whether(if) 뒤에 주어 Harris를 쓰고 과거시제이므로 동사는 won으로 쓴다.
(3) whether(if) 뒤에 주어 you를 쓰고 현재시제이므로 동사로 like를 쓴다.

23 | 해석 | Emily: Liam, 내일 나와 함께 영화 보러 갈 수 있니?
Liam: 미안하지만 못 가.
Emily: 왜 못 가니?
Liam: 나는 방을 청소하고, 개를 산책시키고, 과학 숙제를 끝내야 해.
Emily: 알겠어, 그럼. 다음번에 보자.
(1) Emily는 Liam이 내일 그녀와 함께 영화를 보러 갈 수 있는지 알고 싶어 한다.
(2) Liam은 내일 할 일이 많아서 영화를 보러 갈 수 없다.
| 해설 | (1) '~인지 아닌지'의 의미로 know의 목적어 역할을 하는 명사절을 「whether(if)+주어+동사 ~」의 어순으로 쓴다.

(2) Liam은 여러 가지 일을 해야 해서 영화를 보러 갈 수 없다고 했으므로 명사구(many things)를 수식하는 to부정사를 사용해 문장을 완성한다.

Ⓡ Reading 빈칸 채우기 — pp. 32~33

01 everyone   02 photographer   03 I found, realized
04 hope, inspire   05 When, was   06 taking pictures
07 lead to   08 In fact, at all   09 decide on   10 Being,
looked   11 After, got   12 stable, whether   13 went
on vacation   14 to see   15 took, of, dancing lights
16 feel, beating   17 After, entered, took   18 won, to
think   19 taking pictures   20 to learn   21 trial and
error, as   22 a bold decision   23 decided to, for a
living   24 if, could   25 that   26 professional   27 to
find, realize   28 advice   29 follow   30 about what,
what makes   31 In my case   32 Second   33 Pursuing
a dream   34 through   35 be bold   36 courage
37 took a chance   38 truly hope, pursue

Ⓡ Reading 바른 어휘·어법 고르기 — pp. 34~35

01 everyone   02 photographer   03 I found   04 inspire
05 When   06 taking   07 lead to   08 didn't have
09 decide   10 Being   11 got   12 whether   13 on
14 to see   15 many   16 For, beating   17 entered
18 Surprisingly, to think   19 happy   20 learn
21 better   22 one   23 for a living   24 if   25 that
26 professional   27 and   28 Here's   29 First
30 makes   31 my   32 hard   33 is   34 through
35 be   36 decisions   37 afraid   38 pursue

Ⓡ Reading 틀린 문장 고치기 — pp. 36~37

01 ○   02 ○   03 ×, how I found   04 ○   05 ×, loved
06 ×, taking 또는 to take   07 ○   08 ×, didn't have
09 ×, decide on   10 ○   11 ○   12 ×, whether 또는 if
13 ○   14 ×, see   15 ○   16 ×, beating 또는 beat
17 ○   18 ×, to think   19 ×, taking pictures   20 ○
21 ×, as   22 ○   23 ×, decided to take   24 I could
succeed   25 ×, happy   26 ○   27 ○   28 ○   29 ○
30 ×, what   31 ×, In my case   32 ○   33 ×, Pursuing
또는 To pursue   34 ○   35 ○   36 ×, that 또는 which
37 ×, took a chance   38 ×, pursue it

Ⓡ Reading 실전 TEST — pp. 40~43

01 ②   02 ⑤   03 ②   04 ③   05 ②   06 ③   07 ⑤
08 ③   09 ③   10 ③   11 ①   12 ③   13 ④   14 ④
15 ③   16 ②   17 ④

[서술형]
18 ⓓ → There I got a chance to see the Northern Lights.
19 (A) inspire (C) amazing   20 a job at an engineering
company   21 realize(d)   22 (1) I entered a photo
contest with the pictures I took in Iceland.
(2) (Surprisingly,) I won first prize.   (3) It gave me a chance
to think about my life. (I realized that taking pictures
made me happy.)   23 quit his job and decided to take
pictures for a living   24 I wasn't sure if I could succeed
25 ⓓ → Pursuing a dream is not easy.

[01~04] |해석|
여러분, 안녕하세요. 제 이름은 David Parker이고, 저는 사진작가입니다. 오늘 저는 여러분에게 제가 어떻게 꿈을 찾고 그것을 실현했는지 이야기하려고 해요. 제 이야기가 여러분에게 화나게 할(→ 영감을 줄) 수 있기를 바랍니다.
저는 어렸을 때 별을 사랑했어요. 또한 사진 찍는 것도 좋아했죠. 하지만 저는 이것들이 직업으로 이어질 수 있으리라고는 전혀 생각하지 못했어요. 사실 저는 아예 꿈이 없었거든요.
대학에서 전공을 정해야 했을 때, 저는 공학을 선택했어요. 엔지니어가 되는 것이 괜찮아 보였거든요. 대학 졸업 후에 저는 엔지니어링 회사에 취직했어요. 그것은 안정적인 직업이었지만, 저는 제가 그 일을 정말로 즐기는지는 알 수 없었어요.

01 |해설| 문맥상 (A)에는 역접의 의미를 나타내는 However(그러나, 하지만)가 알맞고, (B)에는 시간의 접속사 When(~할 때)이 알맞다.

02 |해설| ⑤ 문맥상 '~인지 아닌지'의 의미로 명사절을 이끄는 접속사 whether나 if로 고쳐야 알맞다.

03 |해설| ⓑ upset은 '화나게 하다'라는 의미로 문맥상 어색하다. 자신의 이야기가 영감을 주기(inspire)를 원한다는 내용이 알맞다.

04 |해설| 어렸을 때 별과 사진 찍기를 좋아했지만 그것이 직업으로 이어질 것이라고는 생각하지 못했으며 심지어 꿈도 없었다고 했으므로 ③은 내용과 일치하지 않는다.

[05~07] |해석|
어느 겨울, 제가 아이슬란드로 휴가를 갔을 때 모든 것이 바뀌었어요. 그곳에서 저는 오로라를 볼 기회가 있었어요. 빛들은 경이로웠고, 저는 하늘에서 춤추는 빛들의 사진을 많이 찍었어요. 수년 만에 처음으로 제 심장이 빠르게 뛰고 있는 것을 느낄 수 있었어요.

05 |해설| I got a chance to see가 되어야 하므로 5번째로 오는 단어는 to이다.

06 |해석| ① 끔찍한 ② 지루한 ④ 짜증스러운 ⑤ 지치게 하는
|해설| 사진을 많이 찍었고 심장이 빠르게 뛰었다는 내용이 이어지는 것으로 보아 빈칸에는 '굉장한, 놀라운'이라는 의미의 amazing이 알맞다.

07 |해석| ① 글쓴이는 누구와 함께 휴가를 갔는가?
② 글쓴이는 아이슬란드에 얼마 동안 머물렀는가?

③ 오로라는 왜 춤추고 있는 것처럼 보였는가?

④ 글쓴이는 오로라 사진을 몇 장 찍었나?

⑤ 글쓴이는 오로라 사진을 찍을 때 기분이 어땠는가?

|해설| 글쓴이가 함께 휴가 간 사람, 아이슬란드에 머문 기간, 오로라가 춤추고 있는 것처럼 보인 이유, 그가 찍은 오로라 사진의 개수는 본문에 언급되지 않았다.

[08~12] |해석|

돌아온 후에 저는 아이슬란드에서 찍은 사진으로 사진 경연 대회에 참가했어요. 놀랍게도 저는 1등 상을 받았고, 이 일은 저에게 제 인생에 대해 생각해 볼 기회를 주었어요. 저는 사진을 찍는 것이 저를 행복하게 한다는 것을 깨달았어요. 갑자기 저는 좋은 사진작가가 되고 싶었고, 그래서 사진 촬영 기술에 대해 더 배우기 시작했어요. 몇 년의 시행착오 끝에 저는 실력이 더 좋아졌고, 사진작가로 시간제 근무를 하기 시작했어요. 그러던 어느 날, 저는 대담한 결심을 했어요. 직장을 그만두고 생계 수단으로 사진을 찍기로 결정했죠. 제가 성공할 수 있을지 확신하지는 못했지만 시도해 보기로 결심했어요. 저는 저를 행복하게 만드는 무언가를 정말로 하고 싶었거든요. 지금, 저는 전문 사진작가이고 행복합니다.

08 |해설| 주어진 문장은 어느날 대담한 결심을 했다는 내용이므로, 직장을 그만두고 생계 수단으로 사진을 찍기로 결정했다는 내용 바로 앞에 오는 것이 적절하다.

09 |해설| ⓐ에는 '~ 후에'의 의미를 나타내는 접속사 After, ⓒ에는 '~ 후에'의 의미를 나타내는 전치사 After가 알맞다.

10 |해석| ① 나는 무언가 다른 것을 하고 싶다.

② 규칙적으로 운동하는 것은 좋은 습관이다.

③ 마실 것 좀 주시겠어요?

④ 내가 가장 좋아하는 것은 만화책을 읽는 것이다.

⑤ Scott은 축구 동아리에 가입하기 위해 매우 열심히 연습했다.

|해설| 본문의 ⓑ와 ③은 명사를 뒤에서 수식하는 형용사적 용법의 to부정사이다. ①은 목적어 역할, ②는 진주어 역할, ④는 보어 역할을 하는 명사적 용법의 to부정사이고, ⑤는 목적을 나타내는 부사적 용법으로 쓰였다.

11 |해설| 명사절을 이끌며 문맥상 '~인지 아닌지'의 의미를 나타내는 접속사 if가 알맞다.

12 |해설| ③ 사진작가로 시간제 근무를 한 것은 회사를 그만두기 전이다.

[13~17] |해석|

그렇다면 여러분은 꿈을 찾고 그 꿈을 실현하고 싶은가요? 여기 여러분을 도와줄 몇 가지 조언이 있습니다.

첫째, 여러분의 마음을 따르세요. 여러분이 무엇을 하는 것을 좋아하는지, 그리고 여러분을 행복하게 하는 것이 무엇인지 생각해 보세요. 제 경우에는, 그것이 별 사진을 찍는 것이었습니다.

둘째, 열심히 노력하세요. 꿈을 추구하는 것은 쉽지 않아요. 저는 열심히 노력해서 사진작가가 되었습니다.

셋째, 대담해지세요. 여러분의 인생을 바꿀 결정을 하기 위해서는 용기가 필요합니다. 저는 두려웠지만 위험을 무릅쓰고 기회를 잡았어요.

저는 여러분이 꿈을 찾고, 꿈을 추구하고, 꿈을 실현할 수 있길 진심으로 바랍니다!

13 |해설| ① 다양한 의사 결정 기술　② 노력의 중요성

③ 사진작가가 되는 방법들　④ 꿈을 찾고 실현하는 방법

⑤ 좋은 별 사진을 찍는 방법

|해설| 이 글은 꿈을 찾고 실현하는 것에 관해 조언하는 글이다.

14 |해설| ④ 꿈을 추구하는 것이 쉽지 않으므로 열심히 노력하라는 조언은 있지만 좀 더 수월한 방법을 찾으라는 조언은 없다.

15 |해석| ① 하지만　② 따라서　④ 예를 들면　⑤ 게다가

|해설| 자신이 좋아하고 자신을 행복하게 하는 것이 무엇인지 생각해 보라고 한 후 빈칸 뒤에 자신의 예를 들고 있으므로 In my case(내 경우에는)가 들어가는 것이 알맞다.

16 |해석| ① 친절한　③ 침착한　④ 영리한　⑤ 주의 깊은

|해설| 이어지는 내용이 자신의 삶을 바꾸는 결심을 하기 위해서는 용기가 필요하다는 내용이므로 빈칸에는 bold(대담한)가 가장 적절하다.

17 |해석| ① 글쓴이의 조언은 무엇에 관한 것인가?

② 글쓴이를 행복하게 했던 것은 무엇인가?

③ 글쓴이의 직업은 무엇인가?

④ 글쓴이는 기회를 잡기 전에 왜 두려워했나?

⑤ 글쓴이에 따르면 인생을 바꿀 수 있는 결정을 내리기 위해 사람들은 무엇이 필요한가?

|해설| ④ 글쓴이가 기회를 잡기 전에 두려워했던 이유에 대한 언급은 없다.

18 |해설| ⓓ a chance를 수식하는 형용사적 용법의 to부정사(to see)를 사용해야 한다.

19 |해설| (A)에는 '영감을 주다, 고무하다'의 의미를 나타내는 inspire가 알맞고, (C)에는 '경이로운, 놀라운'의 의미를 나타내는 amazing이 알맞다.

20 |해설| 밑줄 친 it은 앞 문장의 a job at an engineering company를 가리킨다.

21 |해석| 원했던 무언가를 성취하다

|해설| realize(실현하다)의 영영풀이이다.

22 |해석| A: 아이슬란드에서 돌아온 후에 무엇을 하셨나요?

B: 아이슬란드에서 찍은 사진으로 사진 경연 대회에 참가했습니다.

A: 경연 대회의 결과는 어땠나요?

B: (놀랍게도) 1등 상을 받았습니다.

A: 아, 대단하네요. 그 결과는 당신에게 어떤 영향을 주었나요?

B: 그것은 제 인생에 대해 생각해 볼 기회를 주었습니다.

23 |해설| a bold decision은 바로 다음 문장의 내용인 '직장을 그만두고 생계 수단으로 사진을 찍기로 결심한 것'을 가리킨다.

24 |해설| '확신하지 못했다'는 wasn't sure로 나타내고, 뒤에 「if(~인지 아닌지)＋주어＋동사」의 어순으로 쓴다. 과거시제에 맞춰 could succeed로 쓰는 것에 유의한다.

25 |해설| 열심히 노력하라는 조언과 자신도 고된 노력을 통해 사진작가가 되었다는 말이 이어지는 것으로 보아 ⓓ는 꿈을 추구하는 것이 쉽지 않다는 내용이 되어야 자연스럽다.

 기타 지문 실전 TEST　　p. 45

01 ②　02 ②　03 dream　04 ③　05 ③　06 (1) 디자인 학교에 다니며 패션 디자인 공부　(2) (학교 졸업 후에) 패션 회사 근무　(3) 30살에 자신의 브랜드 시작　(4) 35살에 첫 번째 패션쇼 개최

[01~02] |해석|

한라산에 가 본 적 있나요? 그곳은 한국에서 가장 아름다운 산 중 하나입니다. 지난가을 저는 그곳으로 하이킹을 갔어요. 공기가 아주 맑았죠. 언젠가 여러분이 그곳에 가 보기를 <u>바랍니다</u>.

01 |해석| ① 그것을 해 본 적 있니?

② 아니. 나는 그곳에 가 본 적 없어.

③ 응. 나는 아직 그곳에 가 보지 않았어.

④ 아니. 나는 그곳에 다시 가길 바라.

⑤ 응. 나는 언젠가 그곳에 갈 거야.

|해설| 「Have you ever+과거분사 ~?」는 상대방에게 어떤 경험을 해봤는지 묻는 표현이다.

02 |해설| ⓐ Last fall(지난가을)이라는 과거의 부사구가 있으므로 과거시제 went가 알맞다.

ⓑ 상대방에게 자신이 희망하는 것을 말할 때는 'I hope (that) you (can/will)+동사원형 ~.」으로 표현하므로 hope가 알맞다.

03 |해석| **Steve Jobs:** 당신이 남겨 두는 꿈 하나하나는 더 이상 존재하지 않을 당신 미래의 일부입니다.

Eleanor Roosevelt: 미래는 자신들이 꾸는 꿈의 아름다움을 믿는 사람들의 것입니다.

Walt Disney: 꿈꿀 수 있으면, 당신은 그것을 할 수 있습니다.

→ 세 사람은 꿈의 중요성에 대해 이야기하고 있다.

|해설| 세 사람 모두 꿈에 대해 말하고 있으므로 빈칸에 알맞은 말은 dream(꿈)이다.

[04~06] |해석|

내 꿈은 유명한 패션 디자이너가 되는 것이다. 내 꿈을 실현하기 위해 할 일이 많다. 첫째로, 나는 디자인 학교에 다니며 패션 디자인을 공부할 것이다. 그러고 나서, 졸업을 한 후에 나는 패션 회사에서 일할 것이다. 30살에 나는 나만의 브랜드를 시작할 것이다. 35살에는 나의 첫 번째 패션 쇼를 열 것이다. 나는 <u>내 꿈이 이루어지기</u>를 희망한다.

04 |해석| ① 친구를 사귀는 것은 어렵다.

② 산책하러 공원에 가자.

③ 너는 야구를 할 시간이 있니?

④ 너는 그것을 어떤 색으로 칠하고 싶니?

⑤ 우리는 시험공부를 하기 위해 도서관에 갔다.

|해설| ⓐ는 명사구 many things를 뒤에서 수식하는 형용사적 용법의 to부정사이다. ① 명사적 용법 (진주어), ②, ⑤ 부사적 용법 (목적), ④ 명사적 용법 (목적어)

05 |해석| ① 당신이 당신의 꿈을 실현하기를

② 내가 패션 모델이 되기를

④ 당신이 할 일이 많기를

⑤ 당신이 패션 디자이너가 되기를

|해설| 자신의 꿈을 이루기 위한 계획을 설명하는 글이므로, 희망하는 것을 말하는 표현인 I hope 다음에는 자신의 꿈이 실현될 것을 희망한다는 말이 가장 알맞다. (come true: 실현되다, 이루어지다)

06 |해설| 패션 디자이너가 되기 위한 첫 번째 계획은 디자인 학교 진학과 패션 디자인 공부, 두 번째 계획은 졸업 후 패션 회사 근무, 그런 다음 30살에 자신만의 브랜드를 시작할 것이고 35살에 첫 번째 패션 쇼를 열 것이라고 했다.

W Words 고득점 맞기 — pp. 46~47

01 ①	02 ③	03 ②	04 ④	05 ⑤	06 ①	07 ③
08 photographer		09 ⑤	10 ②		11 trial and error	
12 ④	13 ④	14 ⑤	15 ④			

01 |해석| 무언가를 하는 것에 매우 숙련되어 있거나 특정 주제에 관해 많이 아는 사람

② 역사학자 ③ 엔지니어 ④ 자원봉사자 ⑤ 사진작가

|해설| expert(전문가)에 대한 설명이다.

02 |해석| • 미나의 <u>전공</u>은 영문학이다.

• 그들의 <u>주요</u> 생산품은 커피와 차이다.

① 주된 ② 문화 ③ 전공; 주요한 ④ 주제; 과목 ⑤ 중요한

|해설| 명사로 '전공', 형용사로 '주요한'의 뜻을 모두 갖는 단어는 major이다.

03 |해석| ① 목표 : 목표 = 그만두다 : 중단하다

② 용감한 : 용감한 = 이른 : 늦은

③ 기회 : 기회 = 진심으로, 정말로 : 정말로

④ 기술 : 숙련된 = 환경 : 환경의

⑤ 아름다움 : 아름다운 = 직업 : 직업의

|해설| ② bold와 brave는 유의어 관계이고, early와 late는 반의어 관계이다. (①, ③ 유의어 관계 ④, ⑤ '명사 : 형용사' 관계)

04 |해석| • 그 남자는 생계 수단으로 트럭을 운전한다.

• 사실은, 제 바이올린은 저에게 정말 중요합니다.

|해설| for a living: 생계 수단으로 / in fact: 사실은

05 |해석| ① 나는 무언가 잘못 되었다는 것을 <u>깨달았다</u>.

② 내가 내 실수를 <u>깨달았을</u> 때는 너무 늦었다.

③ 무슨 일이 있었는지 <u>깨닫기</u>에 나는 너무 어렸다.

④ 그녀는 갑자기 사진 속의 남자가 누구인지 <u>깨달았다</u>.

⑤ 그녀는 마침내 전문적인 무용수가 되는 꿈을 <u>실현했다</u>.

|해설| ⑤의 realize는 '실현하다'의 의미로, 나머지는 '깨닫다'의 의미로 쓰였다.

06 |해석| ① 대학에서 당신의 <u>전공</u>은 무엇이었나요?

② 우리는 두 가지 <u>중대한</u> 어려움에 직면해 있다.

③ 그 과학자는 그의 인생에 <u>중요한</u> 영향을 미쳤다.

④ 대기 오염은 <u>주요한</u> 환경 문제 중 하나이다.

⑤ 소금은 많은 건강 문제의 <u>주요한</u> 원인이다.

|해설| ①의 major는 '전공'이라는 의미로 쓰인 명사이고, 나머지는 모두 '주요한, 중대한'이라는 의미로 쓰인 형용사이다.

07 |해석| 전문적인, 직업의: ⑱ 돈을 벌기 위해 특정한 일을 하는

① 재미로 ② 취미로 ④ 다른 이들을 위해 ⑤ 무언가를 바꾸기 위해

|해설| professional은 '전문적인, 직업의'라는 의미이므로 빈칸에는 ③이 알맞다.

08 |해석| 디자인 : 디자이너 = 사진 : <u>사진작가</u>

|해설| design과 designer는 영역과 그 영역에 관련된 직업명의 관계이므로 photograph에 관련된 직업명인 photographer가 알맞다.

09 |해석| ① 나는 전문적인 개 훈련사이다.

② 너에게 좋은 비빔밥 요리법이 있니?

③ 그는 환경 문제에 관심이 있다.

④ 우리는 자원봉사를 하기 위해 요양원을 방문했다.

⑤ 그는 매우 아팠기 때문에 그의 일을 <u>추구하기로(→ 그만두기로)</u> 결심했다.

|해설| ⑤ '너무 아파서'라는 이유가 이어지므로 직장을 그만둔다(quit)는 내용이 되는 것이 의미상 자연스럽다.

10 |해석| ① 당신은 생계 수단으로 무엇을 하나요?

② 나는 어렸을 때 전혀 꿈이 있었다(→ 없었다).

③ 우리는 10분 안에 결정을 내려야 한다.

④ 그녀의 경우, 그녀는 몸이 좋지 않아서 시험에 떨어졌다.

⑤ 많은 노력 끝에 그는 가장 아름다운 드레스를 만들었다.

|해설| ② 문맥상 '어렸을 때 꿈이 전혀 없었다'가 자연스러우므로 didn't have a(any) dream 또는 had no dream이 알맞다. (not ~ at all: 전혀 ~이 아닌)

11 |해설| trial and error: 시행착오

12 |해석| ① 그녀의 심장은 더 빨리 <u>고동치기</u> 시작했다.

누군가가 문을 <u>두드리고</u> 있었다.

② 그는 편지 끝에 <u>서명했다</u>.

하품은 졸음의 <u>징후</u>이다.

③ Min은 어제 축구 경기에서 <u>골</u>을 넣었다.

그녀는 가수가 되겠다는 자신의 <u>목표</u>를 추구했다.

④ 너는 대학에서 <u>전공</u>을 어떻게 정했니?

그녀는 모든 <u>전공</u> 과목들을 이수했다.

⑤ 문이 열려 있게 <u>잡아</u> 주시겠습니까?

우리는 내일 엄마를 위한 생일 파티를 열 거야.

|해설| ④ 두 문장의 major가 모두 '전공'을 뜻하는 명사로 쓰였다.

13 |해석| 내 심장이 <u>뛰는</u> 것이 들리니?

① 무언가를 하는 것을 그만두다

② 무언가 혹은 누군가를 세게 치다

③ 누군가를 이기거나 누군가보다 더 잘하다

④ 규칙적인 소리를 내거나 움직이다

⑤ 누군가에게 무언가를 할 수 있는 욕구나 용기를 주다

|해설| 밑줄 친 beat은 '(심장이) 고동치다, 뛰다'라는 뜻으로 쓰였으므로 ④가 영영풀이로 적절하다. (① quit ②, ③ beat의 다른 의미 ⑤ inspire)

14 |해석| ⓐ 그 새는 벌레를 잡기에 너무 약하다.

ⓑ 우리 가족은 호주를 방문할 <u>기회</u>가 있었다.

ⓒ 너는 게시판의 지시 사항을 <u>따라야</u> 한다.

ⓓ 설탕을 너무 많이 섭취하는 것은 많은 건강상의 문제로 <u>이어질</u> 수 있다.

|해설| ⓐ worm ⓑ chance ⓒ follow ⓓ lead

15 |해석| ⓐ 원했던 무언가를 달성하다

ⓑ 무언가를 성취하기 위해 노력하다

ⓒ 큰 변화나 문제없이 동일하게 유지하는

ⓓ 위험하거나 어려운 일을 하려는 정신력

① 안정된 ② 추구하다 ③ 실현하다 ④ 존경; 존경하다 ⑤ 용기

|해설| ⓐ realize ⓑ pursue ⓒ stable ⓓ courage

01 ④　**02** ②, ⑤　**03** ②, ④　**04** (B)-(A)-(D)-(C)　**05** ③

06 ⑤

[서술형]

07 I hope you can see(watch) the movie soon.

08 hasn't seen(watched) the movie, read the book

09 |모범 답| (1) Have you (ever) done bungee jumping (before)? (2) Yes, I have. (3) I hope you can(will) skydive

10 Have you ever thought of(about) becoming an animal doctor? **11** (1) He is doing volunteer work at the local animal house. (2) He is watching a lot of TV shows about animals. **12** (1) a writer → an animal doctor (2) a good writer → a good animal doctor

01 |해석| A: 너는 한라산에 가 본 적이 있니?

B: 응. 너는 어때?

A: 나는 가 본 적이 없어.

B: 정말 아름다운 산이야. 네가 언젠가 그곳에 가 볼 수 있길 바라.

|해설| 첫 번째 빈칸은 대화의 흐름상 가 본 적이 없음을 나타내는 말이 알맞고, 두 번째 빈칸은 상대방에게 가 볼 수 있길 바란다는 희망을 표현하는 말이 알맞다.

02 |해석| A: 나는 몸이 좋지 않아. 감기에 걸린 것 같아.

B: 안됐구나. <u>네가 곧 낫기를 바라. / 너는 지금 당장 진찰을 받아야 해.</u>

① 내가 조금 쉴 수 있기를 바라.

③ 네가 좋은 의사가 되길 바라.

④ 네가 약을 먹지 말아야 한다고 생각해.

|해설| 상대방이 감기에 걸렸다고 했으므로 곧 낫기를 바란다고 말하거나 당장 진찰을 받아 보라는 조언을 하는 것이 적절하다.

03 |해석| ① A: 산토리니에 가 본 적이 있니?

B: 응, 있어. 그 섬은 매우 아름다웠어.

② A: 나는 뉴욕에 두 번 가 봤어.

B: 아, 나는 네가 언젠가 그곳을 방문할 수 있기를 바라.

③ A: 전에 불고기를 먹어 본 적이 있니?

B: 응, 한 번 먹어 봤어. 맛있었어.

④ A: 지민아, 너는 벌레를 먹어 본 적이 있니?

B: 아니, 안 먹어 봤어. 나는 한 지역 시장에서 벌레를 먹었어.

⑤ A: 나는 인도 카레를 먹어 본 적이 없어.

B: 그것은 정말 맛있어. 네가 언젠가 그것을 먹어 보길 바라.

|해설| ② 뉴욕에 가 봤다는 상대방에게 언젠가 그곳을 방문할 수 있기를 희망한다는 대답은 어색하다.

④ 벌레를 먹어 봤는지 묻는 말에 먹어 본 적이 없다고 답한 후 먹어 본 경험을 말하는 것은 어색하다.

04 |해석| (B) 너는 다른 나라에 가 본 적이 있니?

(A) 아니, 없어. 너는 가 봤니?

(D) 응, 나는 프랑스에 가 봤어. 네가 언젠가 다른 나라를 여행해 볼 수 있길 바라.

(C) 그래, 나는 캐나다에 정말 가 보고 싶어. 봐! 캐나다에 관한 이 책은 아주 흥미로워 보여.

05 |해석| ① 나도 내가 그것을 연주할 수 있기를 바라.

② 나도 전에 그것을 연주해 본 적이 전혀 없어.

③ 네가 배울 기회가 있길 바라.

④ 너는 피아노곡을 더 들어야 해.

⑤ 네가 피아노곡을 즐겨 듣기를 바라.

|해설| 피아노 치는 법을 배운 적이 없다고 말하는 상대방에게 피아노 연주는 재미있다고 말하고 있으므로 배울 기회가 있기를 바란다는 말이 이어지는 것이 자연스럽다.

06 |해석| ① 소라는 대화 후에 무엇을 살 것인가?

② Ken은 무엇을 즐겨 하는가?

③ 누가 피아노를 칠 수 있는가?

④ 소라는 피아노 치는 법을 아는가?

⑤ Ken은 피아노 치는 것을 언제 배웠는가?

|해설| ⑤ Ken이 피아노 치는 것을 언제 배웠는지에 대해서는 대화에 언급되지 않았다.

07 |해설| I hope (that) you ~.는 '나는 네가 ~하기를 바라.'라는 뜻으로 자신이 상대방에게 희망하는 것을 나타내는 표현이다. 이 대화에서는 책만 읽어 본 수호에게 영화가 책보다 훨씬 더 좋다고 말하고 있으므로, 수호에게 영화를 보기를 바란다고 말하는 표현이 들어가는 것이 자연스럽다.

08 |해설| 수호는 달에 관한 책은 읽어 봤지만 그 책에 관한 영화는 본 적이 없다. 반면에 지수는 그 책을 읽어 봤을 뿐만 아니라 영화도 본 적이 있다.

09 |해석| Tony: (전에) 번지 점프를 해 본 적이 있니?

Jane: 아니, 해 본 적 없어. 너는 해 봤니?

Tony: 응, 나는 해 봤어. 그것은 재미있었어.

Jane: 스카이다이빙을 해 본 적 있니?

Tony: 아니, 해 본 적 없어.

Jane: 네가 언젠가 스카이다이빙을 할 수 있기를 바라.

|해설| (1) Jane의 대답으로 보아 번지 점프를 해 본 적이 있는지 묻는 말이 알맞다.

(2) Tony는 번지 점프를 해 본 적이 있으므로 긍정의 대답이 알맞다.

(3) 스카이다이빙을 해 본 적이 없다는 상대방에게 언젠가 스카이다이빙을 해 보기를 바란다는 말을 하는 것이 자연스럽다.

10 |해설| 「Have you (ever)+과거분사 ~?」는 '너는 ~해 본 적이 있니?'라는 뜻으로 경험 여부를 물을 때 사용하는 표현이다.

11 |해설| 위 대화 내용에 따르면, 소년은 수의사가 되기 위해 무엇을 하고 있는가? 두 개의 답을 영어로 쓰시오.

|해설| 소년은 수의사가 되기 위해 지역 동물 보호소에서 자원봉사를 하고 있고, 동물에 관한 TV 프로그램을 많이 보고 있다고 했다.

12 |해설| 소년과 여자는 여자의 책에 관해 이야기하고 있다. 소년은 <u>작가</u> (→ 수의사)가 되고 싶다고 말한다. 여자는 소년이 언젠가 <u>훌륭한 작가</u> (→ 훌륭한 수의사)가 되기를 바란다.

|해설| 소년은 수의사가 되고 싶다고 했고, 여자는 소년에게 좋은 수의사가 되길 바란다는 희망을 표현했다.

G Grammar 고득점 맞기   pp. 52~54

01 ③   **02** ④   **03** ①   **04** ②   **05** ④   **06** ③, ⑤

07 ③   **08** ⑤   **09** ⑤   **10** ③

[서술형]

11 whether(if) there is   **12** a house to live in

13 sit on → to sit on   **14** (1) whether(if) Daniel is interested in Korean culture (2) whether(if) she passed her driving test   **15** (1) many boxes to deliver (2) a lot of homework to do (3) some patients to treat (4) some information to look for   **16** (1) some clothes to wash (2) someone to teach him French   **17** (1) whether(if) she went back to New York (2) whether(if) he is popular in Korea (3) whether(if) I turned off the oven

18 (1) whether(if) global warming is getting worse (2) whether(if) we can slow down global warming (3) whether(if) plastic causes air pollution

01 |해석| 나는 _____ 궁금해.

① Lisa가 나타날지

② 내일 눈이 올지

③ Jessica가 연을 만들 수 있는지

④ 그들이 왜 미나를 '얼음 공주'라고 부르는지

⑤ 세호가 여전히 지나의 반 친구인지

|해설| wonder의 목적어 역할을 하는 명사절로 의문사가 있는 경우에는 「의문사+주어+동사」, '~인지 아닌지'의 의미일 때는 「whether (if)+주어+동사」의 어순으로 나타낸다. (③ → whether(if) Jessica can make a kite)

02 |해설| '~할'의 의미로 명사를 뒤에서 수식하는 형용사적 용법의 to부정사를 사용하여 「명사+to부정사구」의 형태로 문장의 직접목적어를 완성한다.

03 |해설| 문장을 완성하면 I have no time to sleep these days.가 되므로 5번째로 오는 단어는 to이다.

04 |해석| • 그는 내가 그를 좋아하는<u>지</u> 알고 싶어 한다.

• 네가 매일 설거지를 하<u>면</u> 엄마가 용돈을 올려 주실 거야.

|해설| 첫 번째 문장은 '~인지 아닌지'라는 의미로 명사절을 이끄는 접속사 whether 또는 if가 알맞고, 두 번째 문장에는 '(만약) ~라면'이라는 의미의 접속사 if가 알맞으므로 공통으로 들어갈 말은 if이다.

05 |해석| ① 그는 지금 그것을 사야 할지 확신하지 못한다.

② 엄마는 내게 숙제를 했는지 물으셨다.

③ 그녀는 Patrick이 어제 아팠는지 궁금해 한다.

④ 나는 James가 내 전화기를 망가뜨려서 그에게 화가 난다.

⑤ 사람들은 네가 무대에서 춤을 출 것인지 알고 싶어 한다.

|해설| ④에는 이유를 나타내는 접속사 because가 알맞고, 나머지는 모두 명사절을 이끄는 접속사 if가 알맞다.

06 |해석| [보기] 간식으로 먹을 것이 없었다.

① 먹을 것 좀 주겠니?

② 그때 나는 할 일이 너무 많았다.

③ 그는 프랑스어를 배우기 위해 1년 동안 그곳에 머물렀다.

④ 도서관에는 읽을 책들이 많이 있다.

⑤ 그녀는 자신의 사진을 다른 사람들에게 보여 주는 것을 좋아하지 않는다.

|해설| [보기]와 ①, ②, ④는 '~할'이라는 의미로 쓰인 형용사적 용법의 to부정사이다. (③ 부사적 용법 (목적), ⑤ 명사적 용법 (목적어))

07 **|해석|** ⓐ 나는 화성에 물이 있는지 궁금하다.

ⓑ Molly는 내가 그녀를 도울 수 있는지 알고 싶어 한다.

ⓒ 네가 이 버튼을 누르면 문이 열릴 것이다.

ⓓ 그는 네가 그와 콘서트에 가고 싶어 하는지 확신하지 못한다.

ⓔ 그녀는 교복을 입고 있지 않으면 학생처럼 보이지 않을 것이다.

|해설| ⓐ, ⓑ, ⓓ는 '~인지 아닌지'의 의미로 명사절을 이끄는 접속사로 쓰였고, ⓒ, ⓔ는 '(만약) ~라면'의 의미로 조건의 부사절을 이끄는 접속사로 쓰였다.

08 **|해석|** ① 그녀는 대화할 누군가가 필요하다.

② 나는 너에게 말해 줄 재미있는 무언가가 있다.

③ Jason은 그를 도와줄 친구가 몇 명 있다.

④ 엄마는 자르기 좋은 칼을 원하신다.

⑤ 나에게 읽을 잡지를 빌려줄 수 있니?

|해설| ⑤ a magazine은 read의 목적어이므로 전치사가 필요 없다. (→ to read)

09 **|해석|** ⓐ 여기 지켜야 할 몇 가지 규칙이 있다.

ⓑ 너는 그가 올 것인지 아니?

ⓒ 그 도시에는 가 볼 만한 곳이 몇 군데 있다.

ⓓ 친구들에게 먹을 피자를 좀 주렴.

ⓔ 나는 그들이 나의 건강을 걱정했는지 궁금하다.

|해설| ⓓ '먹을 피자'이므로 to eat 뒤의 전치사 with는 필요 없다. (to eat with → to eat)

10 **|해석|** ⓐ 그녀는 내 사촌이 누구인지 모른다.

ⓑ 나는 구멍을 팔 삽을 샀다.

ⓒ Tom은 요즘 운동할 시간이 거의 없다.

ⓓ 선생님은 네게 영어를 할 수 있는지 물을 것이다.

ⓔ 우리는 그녀가 우리의 새로운 수학 선생님인지 궁금해 하고 있다.

ⓕ 그녀는 아이들을 돌봐 줄 좋은 사람을 찾고 있다.

|해설| ⓐ 의미상 if 대신 '누구'를 나타내는 의문사 who가 들어가야 한다.

ⓓ 의미상 that을 '~인지 아닌지'를 나타내는 접속사 whether(if)로 고쳐야 옳다.

ⓕ -one으로 끝나는 대명사를 형용사와 to부정사가 함께 수식할 때는 「-one+형용사+to부정사」의 어순으로 쓴다. (nice someone to take care of → someone nice to take care of)

11 **|해설|** '~인지 (아닌지)'라는 의미로 명사절을 이끄는 접속사 whether 또는 if 뒤에 「there+be동사」가 이어지도록 써야 한다.

12 **|해설|** to부정사가 명사를 뒤에서 수식하여 '~할'의 의미를 나타내도록 쓰며, 명사 a house가 전치사 in의 목적어이므로(live in a house) to부정사 뒤에 전치사 in을 써야 한다.

13 **|해석|** 앉을 의자가 없었다.

|해설| '앉을' 의자가 없었다는 내용이므로 형용사적 용법의 to부정사구가 명사를 뒤에서 수식하는 형태로 써야 알맞다.

14 **|해석|** (1) Daniel은 한국 문화에 관심 있니?

→ 너는 Daniel이 한국 문화에 관심 있는지 아니?

(2) 그녀는 운전면허 시험에 합격했니?

→ 나는 그녀가 운전면허 시험에 합격했는지 궁금해 하고 있다.

|해설| '~인지 아닌지'의 의미를 나타내는 whether나 if를 사용하여 「whether(if)+주어+동사」의 어순으로 각각 know와 am wondering 의 목적어로 쓰이는 명사절을 완성한다. (2)는 주어진 문장이 과거시제 이므로 whether(if)절에 과거시제 passed를 쓰는 점에 유의한다.

15 **|해석|** (1) Ted는 오늘 배달해야 할 상자가 많다.

(2) Jessy는 오늘 해야 할 숙제가 많다.

(3) 이 선생님은 오늘 치료할 환자가 몇 명 있다.

(4) Paul은 오늘 찾아야 할 정보가 좀 있다.

|해설| 형용사적 용법의 to부정사가 명사(구)를 뒤에서 수식하여 '~할' 이라는 의미를 나타내도록 쓴다.

16 **|해석|** (1) 엄마는 빨아야 할 옷이 몇 벌 있다.

(2) Eric은 자신에게 프랑스어를 가르쳐 줄 누군가가 필요하다.

|해설| (1) some clothes와 동사 wash를 사용하여 「명사구+to부정사」의 형태로 '빨아야 할 옷 몇 벌'이라는 의미를 나타낸다.

(2) '프랑스어를 가르쳐 줄 누군가'라는 의미가 되도록 someone과 teach를 사용하여 「대명사+to부정사구」의 형태로 쓴다.

17 **|해석|** [보기] A: 이 빨간 모자는 John을 위한 거야. 그는 빨간색을 좋아하니?

B: 나는 그가 빨간색을 좋아하는지 모르겠어.

(1) A: 나는 최근에 Linda를 본 적이 거의 없어. 그녀는 뉴욕으로 돌아갔니?

B: 그녀가 뉴욕으로 돌아갔는지 나는 잘 모르겠어.

(2) A: 그는 노래를 아주 잘해. 그는 한국에서 인기 있니?

B: 나는 그가 한국에서 인기 있는지 모르겠어.

(3) A: 잠깐만. 너는 오븐을 껐니?

B: 내가 오븐을 껐는지 기억이 나지 않아.

|해설| '~인지 아닌지'라는 의미로 명사절을 이끄는 접속사 whether (if)를 사용하여 「whether(if)+주어+동사」의 어순으로 쓴다.

(1) 명사절이 과거시제이므로 went back으로 쓴다.

(3) whether(if) 뒤의 주어는 A가 질문하는 대상인 you가 B 자신이므로 I로 바꿔 쓰고, 과거시제이므로 turned off로 쓴다.

18 **|해석|** (1) 소민이는 지구 온난화가 더 심해지고 있는지 묻고 있다.

(2) 민호는 지구 온난화를 늦출 수 있는지 궁금해 하고 있다.

(3) 하나는 플라스틱이 대기오염을 유발하는지 알고 싶어 한다.

|해설| 접속사 whether(if)를 사용하여 「whether(if)+주어+동사」의 어순으로 ask, wonder, know의 목적어 역할을 하는 명사절을 완성한다.

R **Reading 고득점 맞기** pp. 57~59

01 ③ **02** ③, ④ **03** ③ **04** ⑤ **05** ③, ④ **06** ②
07 ③ **08** ①, ④ **09** ③ **10** ③ **11** ③

[서술형]

12 (A) decide on, major, engineering (B) Everything changed, on vacation **13** lead to a job, engineer, pictures of, Iceland **14** (1) 자신의 마음을 따르라. (2) 열심히

노력해라. (3) 대담해져라.　**15** (1) dream, realize (2) easy, pursue　**16** (1) Taking pictures of stars (2) courage (to make decisions that can change their lives)

01 |해설| 자신이 어떻게 꿈을 찾고 실현했는지 이야기하겠다고 했으므로, 자신의 이야기가 '영감을 줄(inspire)' 수 있기를 바란다는 내용이 되는 것이 자연스럽다.

02 |해설| ⓐ like는 to부정사나 동명사를 목적어로 취한다. (→ taking 또는 to take)
ⓑ thought의 목적어인 명사절을 이끄는 접속사 that이 알맞다. (→ that)
ⓔ '(목적어)가 ~하는 것을 느끼다'는 「지각동사 feel+목적어+동사원형/-ing」로 나타낸다. (→ beating 또는 beat)

03 |해석| ① 저는 제 꿈을 이루었습니다
② 저는 엔지니어가 되고 싶었습니다
③ 저는 꿈이 전혀 없었습니다
④ 저는 별 사진을 많이 찍었습니다
⑤ 저는 제가 공학을 좋아한다고 생각하지 않았습니다
|해설| 별과 사진 찍는 것을 좋아했지만 그것들이 직업으로 이어질 것이라는 생각을 못했다는 앞의 내용과 엔지니어가 되는 것이 괜찮아 보여서 공학을 전공으로 선택했다는 이어지는 내용으로 보아, 빈칸에 사실은 꿈이 없었다는 내용이 들어가는 것이 가장 적절하다.

04 |해석| ① 그 이야기는 모든 <u>주요</u> 신문에 실렸다.
② 자신감은 리더십의 <u>주요한</u> 자질이다.
③ 교통 체증은 많은 대도시에서 <u>중대한</u> 문제이다.
④ 모든 <u>주요</u> 결정을 내리는 사람은 바로 나의 어머니이다.
⑤ 공학은 가장 인기 있는 대학 <u>전공</u> 중 하나이다.
|해설| 본문의 major와 같이 명사로 '전공'을 의미하는 것은 ⑤이다. 나머지는 모두 '중대한, 주요한'이라는 의미의 형용사로 쓰였다.

05 |해석| 윗글에 따르면, 글쓴이에 대해 사실이 <u>아닌</u> 것은 무엇인가? 두 개 고르시오.
① 그는 어렸을 때 별을 매우 좋아했다.
② 그는 대학에서 공학을 전공했다.
③ 그는 엔지니어로서 자신의 직업을 즐겼다.
④ 그는 아이슬란드로 출장을 갔다.
⑤ 그는 아이슬란드에 갔을 때 오로라를 보았다.
|해설| ③ 글쓴이는 자신이 엔지니어로서의 일을 정말로 즐기는지 알 수 없었다고 했다.
④ 글쓴이는 아이슬란드로 출장이 아닌 휴가를 갔다.

06 |해설| 주어진 문장이 1등 상을 받고 자신의 인생에 대해 생각해 보게 되었다는 내용이므로, 사진 경연 대회에 참가했다는 문장 뒤, 그리고 사진 찍는 것이 자신을 행복하게 한다는 것을 깨달았다는 내용 앞인 ②에 들어가는 것이 자연스럽다.

07 |해석| ① 어떤 것이 성공할 때까지 이런저런 것을 시도하는 것
② 용감하고 두려워하지 않는
③ 무언가를 하기 시작하다
④ 생활비를 벌기 위하여
⑤ 생계를 위한 방법으로 일을 하는
|해설| ⓒ quit은 '그만두다'라는 의미이므로 영영풀이로 to stop doing something(어떤 것을 하는 것을 멈추다)이 알맞다.

08 |해석| ① 모두가 준비되<u>면</u> 우리는 떠날 것이다.
② 나는 그 나무가 여전히 거기에 있<u>는지</u> 알고 싶다.
③ 그녀는 나에게 그 책을 돌려줄 수 있<u>는지</u> 물었다.
④ 당신이 18세 이상이<u>면</u> 이 영화를 볼 수 있다.
⑤ 내가 회의에 참석할 수 있<u>을지</u> 잘 모르겠다.
|해설| 본문과 ②, ③, ⑤의 if는 '~인지 아닌지'라는 뜻으로 명사절을 이끄는 접속사로 쓰였고, ①과 ④는 '(만약) ~라면'이라는 뜻으로 조건의 부사절을 이끄는 접속사로 쓰였다.

09 |해석| ① 글쓴이는 아이슬란드에서 돌아온 후에 무엇을 했는가?
② 글쓴이는 왜 사진 촬영 기술에 대해 더 배우기 시작했는가?
③ 글쓴이는 얼마 동안 사진작가로서 시간제 근무를 했는가?
④ 글쓴이의 대담한 결정은 무엇이었는가?
⑤ 글쓴이는 지금 생계 수단으로 무슨 일을 하는가?
|해설| ③ 글쓴이가 얼마 동안 사진작가로 시간제 근무를 했는지는 언급되지 않았다.

10 |해설| (A) 열심히 노력하라는 조언 뒤에 이어지는 말이므로 '노력'을 나타내는 hard work가 되는 것이 알맞다.
(B) 대담하라는 조언에 이어지는 말이므로 courage(용기)가 알맞다.
(C) 꿈을 찾고, 그것을 추구하고, 실현하는 것에 대한 조언의 글이므로 pursue(추구하다)가 알맞다.

11 |해석| 윗글의 목적은 무엇인가?
① 감사하기 위해　② 정보를 알리기 위해　③ 조언하기 위해
④ 광고하기 위해　⑤ 불평하기 위해
|해설| 꿈을 찾고 실현하는 것에 관한 조언을 하기 위해 쓴 글이다.

12 |해설| (A) '~을 결정하다'는 decide on, '전공'은 major, '공학'은 engineering이다.
(B) '모든 것이 바뀌었다'는 everything changed, '휴가를 갔다'는 went on vacation으로 나타낸다.

13 |해설| 글쓴이는 어렸을 때 자신이 좋아하는 것이 <u>직업으로 이어질 수</u> 있을 것이라고 생각하지 않았다. 대학 졸업 후에 그는 <u>엔지니어로 일했</u>지만 자신이 그 직업을 즐기는지 확신하지 못했다. 그러나 아이슬란드에서 <u>북극광의 사진을 찍을 때</u>, 그는 무엇이 자신의 심장을 빠르게 뛰게 만드는지 깨달았다.

14 |해설| 글쓴이의 세 가지 조언은 follow your heart(자신의 마음을 따라라), work hard(열심히 노력해라), be bold(대담해져라)이다.

15 |해설| (1) 글쓴이는 꿈을 찾고 그것을 실현할 수 있는 방법에 관해 이야기하고 있다.
(2) 글쓴이는 꿈을 <u>추구하는</u> 것은 쉽지 않다고 말한다.

16 |해석| (1) 무엇이 글쓴이를 행복하게 만들었는가?
→ <u>별 사진을 찍는 것</u>이 그를 행복하게 만들었다.
(2) 글쓴이에 따르면 자신의 인생을 바꿀 수 있는 결정을 하기 위해 사람들은 무엇이 필요한가?
→ 그는 사람들이 (자신의 삶을 바꿀 수 있는 결정을 하기 위해) <u>용기</u>가 필요하다고 생각한다.

서술형 100% TEST

01 (1) bold (2) pursue (3) realize (4) courage
02 (1) In my case (2) make a decision (3) for a living
03 (1) have you (ever) eaten tacos (before), I have
(2) have you (ever) slept in a tent (before), I haven't, you
(can) sleep in a tent **04** (1) have you ever visited, I've
been (2) have you tried, I've eaten **05** (1) I hope you feel
better soon. (2) I hope you become a good singer
someday. **06** animal doctor **07** ⓐ → The woman
wrote a book about training dogs. **08** (1) whether(if)
Megan will come to the birthday party (2) whether(if) she
likes Italian food (3) whether(if) you can help me with my
homework **09** (1) book to read (2) cold to drink
10 (1) whether(if) Mom has my wallet (2) whether(if) I can
get a refund for this shirt (3) where the post office is
11 (1) ⓐ → I have no time to take a break. (2) ⓔ → I wonder
if this is the right answer. **12** ⓐ However ⓑ When
ⓒ whether **13** inspire **14** (1) He's a photographer.
(2) It(His major) was engineering. (3) He worked at an
engineering company. **15** (1) ⓔ → beating(beat) (2) feel
은 목적격보어로 동사원형 또는 현재분사를 취하므로 beating
(beat)이 되어야 한다. **16** ⓐ bored → happy ⓒ engineer →
photographer **17** I wasn't sure if I could succeed
18 (1) wanted to become(be) a good photographer (2) quit
his job and decided to take pictures for a living **19** (A) It
was a stable job, but I didn't know whether(if) I really
enjoyed it. (B) There I got a chance to see the Northern
Lights. **20** (1) liked stars and taking pictures (2) took
(many) pictures of the dancing lights(Northern Lights) (in
Iceland)

01 |해석| (1) 대담한, 용감한: 용감하고 두려워하지 않는
(2) 추구하다: 무언가를 성취하기 위해 노력하다
(3) 이루다: 원했던 것을 성취하다
(4) 용기: 위험하거나 어려운 일을 하려는 정신력

02 |해설| (1) in one's case: ~의 경우에
(2) make a decision: 결정하다, 결심하다
(3) for a living: 생계 수단으로

03 |해석| (1) A: 수호야, (전에) 타코를 먹어 본 적 있니?
B: 응, 먹어 봤어.
(2) A: 지나야, (전에) 텐트에서 자 본 적 있니?
B: 아니, 자 본 적 없어.
A: 언젠가 텐트에서 자 보길 바라.
|해설| (1) 상대방의 경험 여부를 「Have you (ever)+과거분사 ~?」로
묻고, 긍정의 대답은 Yes, I have.로 한다.
(2) 경험 여부를 묻는 말에 대한 부정의 대답은 No, I haven't.로 한
다. I hope you (can) ~.는 상대방에게 자신이 희망하는 것을 말하는
표현이다.

04 |해석| (1) A: Lisa, 다른 나라에 가 본 적이 있니?
B: 응, 중국에 가 봤어. 만리장성이 멋졌어.
(2) A: Tony, 전에 잡채를 먹어 본 적이 있니?
B: 응, 한 번 먹어 봤어. 정말 맛있었어.
|해설| 상대방에게 무언가를 경험해 본 적 있는지 물을 때는 「Have
you (ever)+과거분사 ~?」로 말한다. 이에 대한 긍정의 대답은 Yes, I
have.로, 부정의 대답은 No, I haven't.로 한다.

05 |해석| (1) 나는 몸이 안 좋아. 감기에 걸린 것 같아.
→ 네가 곧 낫길 바라.
(2) 나는 정말 가수가 되고 싶어.
→ 네가 언젠가 좋은 가수가 되길 바라.
|해설| (1) 몸이 좋지 않고 감기에 걸린 것 같다는 말을 듣고 I hope
you ~. 로 빨리 낫기를 바란다는 말을 해 줄 수 있다.
(2) 가수가 되고 싶다는 말을 듣고 I hope you ~.로 언젠가 좋은 가수
가 되기를 바란다는 말을 해 줄 수 있다.

06 |해설| ⓐ 수의사가 정말 되고 싶다는 답변이 이어지는 것으로 보아 수
의사가 되는 것을 생각해 본 적이 있냐고 묻는 질문이 알맞다.
ⓑ 대화의 흐름상 좋은 수의사가 되기를 바란다는 내용이 되어야 알맞다.

07 |해석| ⓐ 여자는 수의사(→ 개를 훈련하는 것)에 관한 책을 썼다.
ⓑ 소년은 모든 종류의 동물을 좋아한다.
ⓒ 소년은 수의사가 되고 싶어 한다.
ⓓ 소년은 목표를 달성하기 위해 자원봉사를 하고 있다.
|해설| ⓐ 두 사람은 여자가 쓴 개를 훈련하는 것에 관한 책에 대해 이
야기하며 대화를 시작했다.

08 |해석| [보기] 그녀는 서울로 이사 갈 예정이니?
→ 나는 그녀가 서울로 이사 갈지 알고 싶다.
(1) Megan이 생일 파티에 올까?
→ 나는 Megan이 생일 파티에 올지 잘 모르겠다.
(2) 그녀는 이탈리아 음식을 좋아하니?
→ 나는 그녀가 이탈리아 음식을 좋아하는지 알고 싶다.
(3) 너는 내 숙제를 도와줄 수 있니?
→ 나는 네가 내 숙제를 도와줄 수 있는지 궁금해 하고 있다.
|해설| '~인지 아닌지'라는 뜻으로 명사절을 이끄는 접속사 whether
(if)를 사용해서 「whether (if)+주어+동사」의 어순으로 쓴다.

09 |해석| (1) 나는 지금 너무 심심해. 나는 읽을 책을 원해.
(2) 나는 목이 말라. 나는 차가운 마실 무언가가 필요해.
|해설| (1) '읽을 책'이라는 의미가 되도록 read가 형용사적 용법의 to
부정시 형태로 명시를 뒤에서 수식하는 어순으로 쓴다.
(2) '차가운 마실 무언가'라는 의미가 되도록 형용사적 용법의 to부정사
를 사용하여 나타낸다. -thing으로 끝나는 대명사를 형용사와 to부정
사가 함께 수식할 때는 「-thing+형용사+to부정사」의 어순으로 쓴다.

10 |해석| (1) 나는 엄마가 내 지갑을 가지고 있는지 확신하지 못한다.
(2) 이 셔츠를 환불할 수 있는지 궁금해요.
(3) 너는 우체국이 어디에 있는지 아니?
|해설| (1), (2) 의문사가 없는 의문문이 '~인지 아닌지'의 의미로 명사
절이 될 때는 「whether(if)+주어+동사」의 어순으로 쓴다.
(3) 의문사가 있는 의문문이 명사절의 형태로 문장의 일부로 쓰일 때는
「의문사+주어+동사」의 어순으로 쓴다.

11 |해석| ⓐ 나는 쉴 시간이 없다.

ⓑ 나는 그녀가 스파게티를 좋아하는지 알고 싶다.

ⓒ 그는 읽을 만한 흥미로운 책들을 많이 가지고 있다.

ⓓ 나는 그가 돌아올 것인지 모른다.

ⓔ 나는 이것이 옳은 대답인지 궁금하다.

|해설| ⓓ 명사를 뒤에서 수식하는 형용사적 용법의 to부정사 to take가 쓰여야 알맞다.

ⓔ '~인지 아닌지'의 의미로 접속사 if가 이끄는 명사절은 「if+주어+동사」의 어순으로 쓴다.

12 |해설| ⓐ 사진 찍기를 좋아했지만 그것이 직업으로 이어질 수 있다고 생각하지는 않았다는 내용이 이어지므로, However(그러나, 하지만)가 알맞다.

ⓑ '~할 때'라는 의미로 시간을 나타내는 접속사 When이 알맞다.

ⓒ '~인지 아닌지'라는 의미로 know의 목적어인 명사절을 이끄는 접속사 whether가 알맞다.

13 |해석| 누군가에게 무언가를 할 열망과 용기를 주다

|해설| inspire(고무하다, 영감을 주다)의 영영풀이이다.

14 |해석| (1) David Parker의 직업은 무엇인가요?

(2) 대학에서 David Parker의 전공은 무엇이었나요?

(3) David Parker는 대학을 졸업한 후에 어디에서 근무했나요?

|해설| (1) David Parker는 자신을 소개하면서 사진작가라고 했다.

(2) 대학에서 전공을 정해야 했을 때 공학을 선택했다.

(3) David Parker는 대학을 졸업한 후에 엔지니어링 회사에 취직했다.

15 |해설| 「지각동사 feel+목적어+동사원형/-ing」: (목적어)가 ~하는 것을 느끼다

16 |해설| ⓐ 좋은 사진작가가 되고 싶어서 사진 촬영 기술에 대해 더 배우기 시작했다는 내용이 이어지므로 사진 찍는 것이 자신을 행복하게(happy) 한다는 것을 깨달았다는 내용이 되어야 자연스럽다.

ⓒ 사진작가로 시간제 근무를 하다가 직장을 그만두고 생계 수단으로 사진을 찍기로 결심했다는 내용으로 보아 현재 전문 사진작가(photographer)라는 내용이 되어야 자연스럽다.

17 |해설| '~인지 아닌지'라는 의미로 명사절을 이끄는 접속사 if 다음에 과거시제에 맞춰 could succeed를 쓴다. be sure는 '확신하다'라는 의미이다.

18 |해석| (1) 글쓴이는 왜 사진 촬영 기술에 대해 더 배우기 시작했는가?

→ 그는 좋은 사진작가가 되고 싶었기 때문이다.

(2) 글쓴이의 대담한 결정은 무엇이었나요?

→ 그는 직장을 그만두고 생계 수단으로 사진을 찍기로 결심했다.

19 |해설| (A) '나는 ~인지 알지 못했다'는 접속사 whether 또는 if가 이끄는 명사절을 사용하여 I didn't know whether(if) ~.로 쓴다.

(B) '볼 기회'는 형용사적 용법의 to부정사를 사용하여 a chance to see로 쓴다.

20 |해석| A: David Parker는 어렸을 때 무엇을 좋아했니?

B: 그는 별과 사진 찍는 것을 좋아했어.

A: David Parker는 언제 심장이 빠르게 뛰는 것을 느꼈니?

B: 그는 (아이슬란드에서) 오로라 사진을 (많이) 찍을 때 심장이 빠르게 뛰는 것을 느꼈어.

모의고사

제 1 회   대표 기출로 내신 적중 모의고사   pp. 64~67

01 ②   **02** ④   **03** ③   **04** ⑤   **05** ④   **06** (C)-(A)-(B)-(D)
07 ④   **08** ⑤   **09** ①   **10** ⑤   **11** ⑤   **12** ③
13 ⓐ → whether(if)   **14** ②   **15** dream(s), engineering, engineer   **16** ③   **17** ①   **18** ②   **19** taking pictures
20 some advice to help you   **21** pursue   **22** ③
23 I hope you'll(you) get well soon.   **24** (1) to get (2) to ask   **25** to write with

01 |해석| ① 시도하다 – 시도 ② 고르다 – 골랐다 ③ 조언하다 – 조언 ④ 성공하다 – 성공 ⑤ 결정하다 – 결정

|해설| ②를 제외한 나머지는 모두 '동사 – 명사'의 관계이다. choose의 명사형은 choice이고 chose는 choose의 과거형이다.

02 |해석| 원했던 것을 성취하다

① 이끌다 ② 추구하다 ③ 따르다 ⑤ 결정하다

|해설| realize(실현하다)의 영영풀이이다.

03 |해석| • Sue는 생계 수단으로 옷을 디자인한다.

• 나는 생애 처음으로 사랑에 빠졌다.

|해설| for a living: 생계 수단으로 / for the first time: 처음으로

04 |해석| ① 나는 네가 용기가 필요하다고 생각해.

② 너는 왜 직장을 그만두었니?

③ 이 다리는 안정적여 보이지 않는다.

④ Tony는 직업 축구 선수였다.

⑤ 이 영화는 아이들에게 영감을 주려고 만들어졌다.

|해설| ⑤ inspire는 '영감을 주다, 고무하다'라는 뜻이다.

05 |해석| A: 스페인에 가 본 적 있니?

B: 아니, 없어.

① 점심 먹었니?   ② 어떻게 지냈니?

③ 도움이 필요하니?   ⑤ 너는 어느 나라들을 가 봤니?

|해설| 대답으로 보아 경험 여부를 묻는 말인 ④가 알맞다. ⑤도 경험을 묻는 표현이지만 What으로 물었으므로 Yes나 No로 답할 수 없다.

06 |해석| (C) 너는 피아노를 칠 수 있니?

(A) 응. 너는 어때?

(B) 음, 나는 피아노 치는 법을 배운 적이 없어.

(D) 그거 재미있어. 네가 배울 기회가 있길 바라.

07 |해석| ① A: 우리가 전에 만난 적이 있나요?

B: 아니요, 없어요.

② A: 그 영화를 함께 보자.

B: 미안해. 나는 그것을 이미 봤어.

③ A: 나는 이번 여름에 파리에 갈 거야.

B: 그곳에서 좋은 시간을 보내길 바라.

④ A: 나는 인도 음식을 먹어 본 적이 없어. 너는 먹어 봤니?

B: 아니, 먹어 보지 못했어. 나는 그것을 정말 좋아해.

⑤ A: 너는 이 책을 읽어 봐야 해. 정말 재미있어.

B: 나도 알아. 나는 이미 읽었어.

|해설| ④ 먹어 본 적이 없다고 답한 후에 그것을 정말 좋아한다고 덧붙이는 것은 어색하다.

08 |해석| 언젠가 좋은 수의사가 되기를 바라요.
|해설| 주어진 문장은 상대방에게 희망하는 것을 표현하는 말로, 수의사가 되기 위해 다양한 노력을 하는 소년의 이야기를 듣고 여자가 칭찬하며 덧붙여 말하는 흐름이 자연스러우므로 ⑤가 알맞다.

09 |해설| 소년이 여자가 쓴 책이 좋았다고 했으므로 소년은 독자, 여자는 작가임을 유추할 수 있다.

10 |해석| ① 누가 개를 훈련하는 것에 관한 책을 썼는가?
② 소년은 장래에 무엇이 되고 싶어 하는가?
③ 소년은 자신의 목표를 이루기 위해 무엇을 하고 있는가?
④ 소년은 자원봉사 활동을 어디에서 하고 있는가?
⑤ 소년은 동물에 관한 TV 프로그램을 몇 개 보는가?
|해설| ⑤ 소년이 동물에 관한 TV 프로그램을 몇 개 보는지는 언급되지 않았다.

11 |해설| '~인지 아닌지'라는 뜻을 나타내며 wonder의 목적어 역할을 하는 명사절을 이끄는 접속사 whether가 알맞다.

12 |해석| [보기] 나에게 너와 공유할 좋은 생각이 있다.
① 매일 아침 식사를 하는 것은 어려울 수 있다.
② 민호의 꿈은 영화 감독이 되는 것이다.
③ 내가 부모님께 보낼 편지를 어디에 두었지?
④ 네 새 가방에 이름 쓰는 것을 잊지 마라.
⑤ Sue와 나는 이번 방학에 기타 치는 것을 배울 것이다.
|해설| [보기]와 ③의 to부정사는 앞의 명사를 수식하는 형용사적 용법으로 쓰였다. ① 명사적 용법 (진주어 역할) ② 명사적 용법 (보어 역할) ④, ⑤ 명사적 용법 (목적어 역할)

13 |해석| A: 엄마, 저는 우산을 가져가야 할지 잘 모르겠어요.
B: 가져가야 할 것 같구나. 오늘 비 올 가능성이 60퍼센트라고 들었어.
|해설| ⓐ '~인지 아닌지'라는 의미가 되어야 하므로 접속사 whether(if)가 알맞다.

14 |해석| ① 마침내 ③ 따라서 ④ 예를 들면 ⑤ 게다가
|해설| 좋아하는 것들이 있었지만 그것이 직업으로 연결될 수 있다고 생각하지 못했다는 내용이므로 However(그러나)가 알맞다.

15 |해설| David Parker는 어렸을 때 꿈이 없었다. 그는 공학을 전공했고 대학을 졸업한 후에 엔지니어가 되었다.

16 |해설| 아이슬란드에 갔을 때 모든 것이 바뀌었는데(B), 그곳에서 오로라를 보았고(C), 오로라가 멋졌고 사진을 많이 찍었다(A)는 흐름이 되는 것이 자연스럽다.

17 |해설| ⓐ는 a chance를 수식하는 형용사적 용법의 to부정사이고, 나머지는 모두 목적어 역할을 하는 명사적 용법의 to부정사이다.

18 |해설| trial and error: 시행착오

19 |해설| 글 앞부분의 I realized that taking pictures made me happy.에서 글쓴이를 행복하게 하는 것은 사진을 찍는 것임을 알 수 있다.

20 |해석| 여기 여러분을 도와줄 몇 가지 조언이 있습니다.
|해설| 형용사적 용법으로 쓰인 to부정사구가 명사를 뒤에서 수식하는 형태로 쓴다.

21 |해설| 글쓴이는 꿈을 찾은 후 열심히 노력하며 그것을 추구하라고 조언하고 있으므로 빈칸에는 pursue(추구하다)가 알맞다.

22 |해석| ① 다른 사람들의 조언을 계속 따르라.
② 자신이 할 수 있는 것에 대해 꿈꿔라.
③ 자신의 꿈을 찾아 실현해라.
④ 자신의 인생을 바꿀 결정을 해라.
⑤ 성취하기 쉬운 꿈을 추구해라.
|해설| 마지막 문장 I truly hope ~ and live it!에 글의 주제가 드러나 있다.

23 |해석| A: 나는 몸이 좋지 않아. 감기에 걸린 것 같아.
B: 안됐구나. 나는 네가 곧 낫기를 바라.
|해설| 상대방에게 희망하는 것을 말하는 표현인 「I hope (that) you (can/will)+동사원형 ~.」을 사용한다.

24 |해석| 지난주 토요일에 내 남동생은 하이킹을 갔다가 숲에서 길을 잃었다. 그는 그곳에서 빠져 나갈 길을 찾지 못했다. 도움을 청할 사람이 아무도 없어서 그는 나에게 전화했다.
|해설| 각각 a way와 no one을 수식하는 형용사적 용법의 to부정사로 써야 한다.

25 |해석| A: 여기에 당신의 이름을 써 주세요.
B: 쓸 펜이 없네요. 당신 것을 빌릴 수 있을까요?
A: 물론이죠. 여기 있습니다.
|해설| 빈칸에는 앞의 any pen을 수식하는 to부정사 형태가 오는 것이 알맞으며, to부정사의 수식을 받는 명사가 전치사의 목적어일 경우에는 to부정사 뒤에 반드시 전치사를 쓴다. 펜은 가지고 쓰는 것이므로 수단을 나타내는 전치사 with를 to부정사 뒤에 써야 한다.

제2회 대표 기출로 내신 **적중 모의고사** pp. 68~71

01 ① **02** ② **03** ③ **04** ④ **05** ③ **06** ④ **07** ⑤
08 ④ **09** I hope you become a good animal doctor
10 ② **11** ③ **12** ④ **13** ⑤ **14** whether(if) she still lives in Seoul **15** ⑤ **16** ④ **17** ④ **18** whether(if) I really enjoyed it **19** ③ **20** ② **21** ① **22** (A) a chance to think (B) whether(if) I could succeed **23** to help **24** Taking pictures of stars made the writer happy.
25 (1) Do you have any interesting topic to talk about?
(2) We couldn't find anything fun to do.

01 |해석| [보기] 사진작가, 엔지니어, 건축가
① 직업 ② 예술 ③ 과목 ④ 전공 ⑤ 프로그램
|해설| 모두 직업(job)을 나타내는 단어들이다.

02 |해석| 대학생이 공부하는 주된 과목
① 내 주된 걱정거리는 잠을 너무 많이 자는 것이다.
② 그녀는 내 전공과 같은 전공을 공부했다.
③ 나는 컴퓨터 공학을 전공할 것이다.
④ 스트레스는 우리 사회의 주요 문제이다.
⑤ 부산은 한국의 주요 도시 중 하나이다.

|해설| major는 명사로 '전공', 형용사로 '주요한, 중대한', 동사로 '전공하다'라는 뜻으로 쓰이며, 주어진 설명은 명사 '전공'을 나타낸다.
①, ④, ⑤ 주요한, 중대한 ② 전공 ③ 전공하다

03 |해석| • 나는 둘 다 마음에 든다. 나는 결정을 못 하겠다.
• 내 여동생은 다음 주에 피아노 경연 대회에 나갈 것이다.
|해설| make a decision: 결정을 내리다 / enter a contest: 경연 대회에 나가다

04 |해석| ⓐ 모두가 행복을 추구하려고 애쓴다.
ⓑ 내 심장이 다시 빨리 뛰기 시작했다.
ⓒ 좋은 계획은 좋은 결과로 이어질 수 있다.
ⓓ 그는 자신의 사업을 시작할 만큼 충분히 대담했다.
① 대담한 ② 고동치다 ③ 이끌다 ④ 영감을 주다 ⑤ 추구하다

05 |해석| A: 이 책을 읽어 봐. 정말 재미있어.
B: 알아. 나는 그것을 이미 읽었어.
① 내가 너에게 그것을 빌려줄게.
② 네가 그것을 읽길 바라.
④ 나는 전에 그것에 대해 전혀 들어 본 적이 없어.
⑤ 나는 그게 재미있다고 생각하지 않아.
|해설| A가 흥미로운 책을 읽어 보라고 권하자 I know.라고 대답하는 것으로 보아 자신도 이미 읽었다는 내용이 이어지는 것이 자연스럽다.

06 |해설| 주어진 문장은 책이 더 좋다는 의미로, 영화도 봤다고 답한 후 상대방에게 읽어 보길 바란다고 말하기 전인 ④에 들어가는 것이 자연스럽다.

07 |해설| ⑤ 경험해 보지 못한 상대방에게 언젠가 경험해 보기를 바란다고 말하는 것이 자연스러우므로 I hope you can try ~.가 되어야 알맞다.

08 |해설| 빈칸 뒤에 수의사가 되고 싶다는 말이 이어지므로 긍정의 대답이 알맞다. 경험 여부를 묻는 「Have you (ever)+과거분사 ~?」에 대한 긍정의 대답은 Yes, I have.이다.

09 |해석| 좋은 수의사가 되기를 바라요
|해설| 자신이 상대방에게 희망하는 것을 나타내는 표현을 「I hope you (can/will)+동사원형 ~」의 어순으로 쓴다.

10 |해설| ② I love all kinds of animals.라고 했으나 가장 좋아하는 동물에 대해서는 언급하지 않았다.

11 |해석| A: 내게 중국어를 가르쳐 줄 누군가가 필요해.
B: Lang Lang은 어때? 그는 중국 출신이야.
A: 좋은데. 그 애가 내게 딱 맞을 것 같아.
|해설| somebody를 뒤에서 수식하는 형용사적 용법의 to부정사 형태가 알맞다.

12 |해석| ① 나는 그가 올 것인지 모른다.
② 나는 그 소문이 사실인지 분간할 수 없다.
③ 나는 Ben이 한식을 좋아하는지 궁금하다.
④ 네가 바쁘면 지금 떠나도 된다.
⑤ 우리는 오늘 현장 학습을 갈 수 있을지 잘 모른다.
|해설| ④는 조건의 부사절을 이끄는 접속사이고, 나머지는 모두 '~인지 아닌지'의 의미로 명사절을 이끄는 접속사로 쓰였다.

13 |해석| ① 앉을 의자를 주시겠어요?
② 그는 그녀가 장미를 좋아하는지 알고 싶어 한다.
③ 나는 프로젝트를 끝낼 충분한 시간이 있다.

④ 그가 이번 주말에 한가한지 나는 모른다.
⑤ 너는 그들이 올 수 있을지 아니?
|해설| ⑤ '~인지 아닌지'의 뜻으로 명사절을 이끄는 접속사 if 다음에는 「주어+동사」의 어순으로 쓴다. (will they → they will)

14 |해석| 나는 그녀가 여전히 서울에 사는지 궁금하다.
|해설| 의문사가 없는 의문문을 wonder의 목적어 역할을 하는 명사절로 써야 하므로 「whether(if)+주어+동사 ~」의 어순으로 쓴다. 의문문을 만들기 위해 쓰인 Does를 없애고, 동사 live를 시제와 인칭에 맞게 lives로 쓰는 것에 유의한다.

15 |해석| 하지만 저는 이것들이 직업으로 이어질 수 있으리라고는 전혀 생각하지 못했어요.
|해설| 주어진 문장의 these things는 어렸을 때 자신이 좋아했던 것들(loved stars, liked taking pictures)을 가리키므로 ⑤에 들어가는 것이 자연스럽다.

16 |해석| ① 나는 문제가 있다는 것을 깨달았다.
② 그녀는 자신이 틀렸다는 것을 깨닫기 시작했다.
③ 너는 그것이 얼마나 중요한지 깨닫지 못하겠니?
④ Jim은 새 차를 사는 자신의 꿈을 실현했다.
⑤ 우리는 음악이 너무 시끄럽다는 것을 깨닫지 못했다.
|해설| 본문과 ④의 realize는 '실현하다'라는 의미로 쓰였고, 나머지는 모두 '깨닫다'의 의미로 쓰였다.

17 |해설| 자신의 직업이 사진작가(photographer)라고 소개했으며 ①, ②, ③, ⑤에 대한 언급은 없다.

18 |해설| '내가 정말 그것을 즐겼는지'의 의미가 되도록 명사절을 이끄는 접속사 whether(if)(~인지 아닌지)를 사용하여 「whether(if)+주어+동사」의 어순으로 쓴다. 의문문을 만들기 위해 사용된 Did는 없애고, 동사 enjoy를 시제에 맞춰 과거형으로 쓰는 것에 유의한다.

19 |해설| '볼 기회'라는 의미가 되도록 a chance를 뒤에서 수식하는 형용사적 용법의 to부정사 형태가 알맞다.

20 |해석| ① 그는 공학을 전공했다.
② 그의 직업은 안정적이었고 그의 삶을 변화시켰다.
③ 그는 휴가로 아이슬란드에 가 본 적이 있다.
④ 그는 오로라를 본 적이 있다.
⑤ 그는 아이슬란드에서 오로라 사진을 많이 찍었다.
|해설| ② 글쓴이가 대학을 졸업하고 얻은 직업이 안정적이라고 했지만 그것이 그의 인생을 변화시켰는지는 언급되지 않았다.

21 |해설| ⓐ에는 목적어로 사용된 명사절을 이끄는 접속사 that이, ⓑ에는 선행사 something을 수식하는 관계대명사절을 이끄는 주격 관계대명사 that이 알맞다.

22 |해설| (A) 형용사적 용법의 to부정사(to think)가 명사(a chance)를 뒤에서 수식하는 형태가 되어야 한다.
(B) '~인지 아닌지'의 의미를 나타내는 접속사 whether나 if를 사용하여 「whether(if)+주어+동사」의 형태로 쓴다.

23 |해설| 명사구 some advice를 수식하여 '여러분을 도와줄 몇 가지 조언'의 의미가 되도록 형용사적 용법의 to부정사 형태로 써야 한다.

24 |해석| Q: 무엇이 글쓴이를 행복하게 했는가?
→ 별 사진을 찍는 것이 글쓴이를 행복하게 했다.
|해설| 첫 번째 조언에서 글쓴이를 행복하게 한 것은 별 사진을 찍는 것이었음을 알 수 있다.

25 |해석| [보기] 나는 해결해야 할 문제가 몇 가지 있다.

(1) 너에게 이야기 나눌 만한 재미난 주제가 있니?

(2) 우리는 할 만한 재미난 것을 찾지 못했다.

|해설| (1) 명사구(any interesting topic)를 뒤에서 수식하는 to부정사의 형태인 to talk으로 쓰며, 명사구가 전치사의 목적어이므로 to talk 뒤에 about을 반드시 써야 한다.

(2) -thing으로 끝나는 대명사를 형용사와 to부정사가 함께 수식할 경우에는 「-thing+형용사+to부정사」의 어순으로 쓴다.

제3회 대표 기출로 내신 **적중 모의고사**　pp. 72~75

01 ⑤　**02** ③　**03** ④　**04** ⑤　**05** ③　**06** I hope you'll have a chance to learn.　**07** ④　**08** ⑤　**09** (1) doing volunteer work (2) TV shows about animals　**10** ②　**11** ③　**12** ⑤　**13** ④　**14** ⑤　**15** ①, ⑤　**16** ⓑ → to see　**17** ④　**18** ⑤　**19** for　**20** ④　**21** ④　**22** ②　**23** (1) Have you read (2) Have you seen　**24** many things to do to realize　**25** (1) whether(if) the meeting is going to be held soon (2) whether(if) Sam can attend it(the meeting)

---

01 |해석| ① 대담한: 용감하고 두려워하지 않는

② 그만두다: 어떤 것을 하는 것을 멈추다

③ 실현하다: 원했던 것을 성취하다

④ 안정적인: 큰 변화나 문제없이 같게 유지하는

⑤ 추구하다: 누군가에게 무언가를 할 수 있는 용기를 주다 (×)

|해설| ⑤ pursue는 '추구하다'라는 의미이며 to work hard in order to achieve something(무언가를 성취하기 위해 열심히 하다)이 적절한 영영풀이이다.

02 |해석| • 부주의한 운전은 교통사고의 주요 원인이다.

• 너는 대학에서 전공을 어떻게 선택했니?

① 직업 ② 목표 ④ 생계 ⑤ 전문적인; 직업의

|해설| 형용사로 '주요한', 명사로 '전공'이라는 뜻을 가지는 major가 알맞다.

03 |해석| ① 그는 생계 수단으로 이야기를 쓴다.

② 내 경우에는, 모든 것이 어려워 보였다.

③ 결정을 내리기 전에 신중하게 생각해라.

④ 우리는 시행착오를 통해 그 목표를 성취했다.

⑤ 나는 생애 처음으로 그 나라를 방문했다.

|해설| ④ trial and error는 '시행착오'라는 뜻이다.

04 |해석| A: 전에 불고기를 먹어 본 적 있니?

B: 응. ＿＿＿＿＿＿＿＿＿＿

① 나는 그것을 정말 좋아해.

② 나는 그것을 한 번 먹어 봤어.

③ 그것은 정말 맛있었어.

④ 너도 그것을 먹어 본 적 있니?

⑤ 나는 전에 그것을 먹어 본 적이 전혀 없어.

|해설| 경험 여부를 묻는 말에 Yes.라고 긍정의 대답을 했으므로 경험해 본 적이 없다고 말하는 ⑤는 알맞지 않다.

05 |해설| ③ have gone to는 '~에 가고 없다'라는 뜻이다. have been to나 have visited를 사용해야 알맞다.

06 |해설| 자신이 상대방에게 희망하는 것을 말할 때 「I hope (that) you (will)+동사원형 ~.」으로 나타낸다.

07 |해석| ① 당신의 꿈은 무엇인가요?

② 동물 훈련사를 만나 본 적이 있나요?

③ 의사가 되는 방법을 아시나요?

④ 수의사가 되는 것을 생각해 본 적 있나요?

⑤ 수의사가 되는 것을 얼마 동안 꿈꿔 왔나요?

|해설| 이어지는 대답으로 보아 경험 여부를 묻는 표현이 들어가야 하며, 대화의 흐름상 ④가 알맞다.

08 |해설| I hope (that) you ~.는 상대방에게 자신이 희망하는 것을 나타내는 표현이다.

09 |해석| 자신의 목표를 이루기 위해, 소년은 지역 동물 보호소에서 자원봉사를 하고, 동물에 관한 TV 프로그램을 많이 보고 있다.

|해설| 소년이 자신의 목표를 이루기 위해 하고 있다고 말한 내용이 요약된 문장이다. 대화 속에서 소년은 지역 동물 보호소에서 자원봉사를 하고 있고 동물에 관한 TV 프로그램을 많이 보고 있다고 말하고 있다.

10 |해석| • 나는 그가 오늘 나를 찾아올지 궁금하다.

• 길을 따라 걸어가면 너는 그것을 발견할 것이다.

|해설| 첫 번째 빈칸에는 '~인지 아닌지'라는 의미로 명사절을 이끄는 접속사 if, 두 번째 빈칸에는 '(만약) ~라면'의 의미로 조건의 부사절을 이끄는 if가 알맞다.

11 |해설| 명사(a friend)를 뒤에서 수식하는 형용사적 용법의 to부정사구 형태가 알맞으며, 수식 받는 명사가 전치사의 목적어이므로 to부정사구 뒤에 with도 써야 한다.

12 |해석| ⓐ 나는 뜨거운 마실 것이 필요하다.

ⓑ 소녀는 자신이 너무 일찍 도착했는지 궁금했다.

ⓒ 꿈꿀 수 있으면, 당신은 그것을 할 수 있다.

ⓓ 여가 시간에 읽을 책을 가져와도 된다.

|해설| ⓐ -thing으로 끝나는 대명사를 형용사와 to부정사가 함께 수식할 때는 「-thing+형용사+to부정사」의 어순으로 쓴다. (hot something → something hot)

ⓑ when을 '~ 인지 아닌지'의 의미로 쓰이는 접속사 whether 또는 if로 쓴다.

13 |해석| ① 나는 나를 도와줄 사람이 필요하다.

② 서울에는 볼 것들이 많이 있다.

③ 너는 나와 이야기할 시간이 좀 있니?

④ 그녀는 자신의 패션쇼를 열기로 결심했다.

⑤ 나는 보고서를 끝낼 충분한 시간이 없다.

|해설| ④는 목적어로 쓰인 명사적 용법의 to부정사이고, 나머지는 모두 앞에 있는 명사(구) 또는 대명사를 수식하는 형용사적 용법의 to부정사이다.

14 |해설| Today, I'm going to tell you how I found my dream and realized it.에서 뒤에 이어질 내용이 ⑤임을 알 수 있다.

15 |해설| '~인지 아닌지'의 뜻을 나타내며 know의 목적어인 명사절을 이끄는 접속사 whether 또는 if가 알맞다.

16 |해설| ⓑ 앞의 명사 a chance를 수식하는 형용사적 용법의 to부정사로 써야 한다.

17 |해석| ① 글쓴이는 왜 별을 좋아했는가?

② 글쓴이는 언제 대학에 갔는가?

③ 글쓴이는 누구와 함께 휴가를 보냈는가?

④ 글쓴이는 휴가 중에 아이슬란드에서 무엇을 했는가?

⑤ 글쓴이는 아이슬란드에 얼마 동안 머물렀는가?

|해설| ④ 글쓴이는 휴가로 간 아이슬란드에서 오로라 사진을 찍었다.

18 |해석| ① 직장을 그만둔 것

② 사진작가가 된 것

③ 시간제 근무를 한 것

④ 사진 촬영 기술에 대해 더 배운 것

⑤ 사진 경연 대회에서 1등 상을 받은 것

|해설| 사진 경연 대회에 나가 1등 상을 받게 된 것을 계기로 자신의 인생에 대해 생각해 볼 기회를 갖게 되었다고 했다.

19 |해설| for a living: 생계 수단으로

20 |해설| 글쓴이는 (C) 아이슬란드에서 찍은 사진으로 (D) 사진 경연 대회에 나가서 (B) 1등 상을 받았다고 했다. 그 후 그는 (A) 직장을 그만두고 (E) 전문 사진작가가 되었다.

21 |해설| ⓓ 이어지는 접속사가 상반되는 내용을 연결하는 but이므로 confident(자신감 있는)는 어색하다. (→ afraid, scared, worried 등)

22 |해설| ① 책 쓰기 ② 사진 찍기 ③ 그림 그리기 ④ 정보 주기

⑤ 모든 종류를 알아 내기

|해설| 두 번째 조언에서 열심히 노력해서 사진작가가 되었다고 했으므로 빈칸에는 ②가 알맞다.

23 |해설| 상대방의 경험 여부를 묻는 「Have you+과거분사 ~?」의 표현이 알맞다.

24 |해설| do는 many things를 뒤에서 수식하는 형용사적 용법의 to부정사 형태로 쓰고, realize는 목적을 나타내는 부사적 용법의 to부정사 형태로 쓴다.

25 |해석| Sam: 회의가 곧 열릴 예정이니?

Kate: 응. 너는 참석할 수 있니?

Sam: 물론이지.

(1) Sam은 회의가 곧 열릴 것인지 Kate에게 묻고 있다.

(2) Kate는 Sam이 회의에 참석할 수 있는지 궁금해 하고 있다.

|해설| (1) is asking의 직접목적어에 해당하는 명사절을 「whether (if)+주어+동사」 어순으로 쓴다.

(2) is wondering의 목적어인 명사절을 「whether(if)+주어+동사」 어순으로 쓴다. whether(if) 뒤의 주어는 Kate가 묻는 대상인 you를 Sam으로 바꿔 쓰는 것에 유의한다.

제 4 회 고난도로 내신 적중 모의고사 pp. 76~79

01 major **02** ② **03** (A) ⓑ (B) ⓒ (C) ⓐ **04** ②
05 have you ever visited, have never(not) visited
06 have a chance to learn taekwondo **07** Have you ever thought of becoming an animal doctor? **08** ⓔ → I hope you become a good animal doctor someday. **09** (1) She wrote (a book) about training dogs. (2) He is doing volunteer work at the local animal house and watching a lot of TV shows about animals. **10** ⑤ **11** if
12 Some students are wondering whether the new English teacher comes from Canada. **13** ⓑ because → whether(if) **14** ② **15** ⓔ → to sit on **16** ③ **17** (어렸을 때) 별을 좋아했던 것과 사진 찍는 것을 좋아했던 것 **18** ②
19 a job at an engineering company **20** ④ **21** 사진 경연 대회에서 1등 상을 받은 것 **22** ② **23** (1) He started to learn more about photography. (2) He quit his job and decided to take pictures for a living. **24** ① **25** Here is some advice to help you.

01 |해석| 형 매우 중요한, 진지한, 주된

명 대학생이 공부하는 주된 과목

|해설| major에 대한 영영풀이이다.

02 |해석| ① 그는 생계 수단으로 은행에서 일한다.

② 나는 시행착오 때문에 학교에 늦었다. (×)

③ Amy는 집에 가기 위해 책을 가방 안에 넣었다.

④ 당신은 결정을 내리기 전에 신중히 생각해야 한다.

⑤ 우리는 어제 양로원에서 봉사 활동을 했다.

|해설| ② '시행착오' 때문에 학교에 지각했다는 의미는 어색하다.

03 |해설| (A)에는 이미 그 책을 읽어 봤다는 말(ⓑ), (B)에는 그 책에 관한 영화도 본 적이 있는지 묻는 말(ⓒ), (C)에는 상대방에게 영화를 곧 보길 바란다고 희망을 표현하는 말(ⓐ)이 알맞다.

04 |해석| A: Angela, 뭐 하고 있니?

B: 나는 '노인과 바다'에 대한 독후감을 쓰고 있어. 이 책을 읽어 본 적 있니?

A: 응, 있어. 그 이야기는 정말 감동적이야.

① 너는 그 책이 어떠니?

③ 이 책을 누가 썼는지 아니?

④ 너는 독후감 쓰는 것을 끝냈니?

⑤ 너는 그 책의 이야기에 관심 있니?

|해설| 빈칸 뒤에 이어지는 A의 응답으로 보아 책을 읽어 본 경험이 있는지 묻는 말이 알맞다.

05 |해석| A: Dan, 다른 나라에 가 본 적이 있니?

B: 응, 있어. 너는 어때, 민지야?

A: 나는 다른 나라를 방문해 본 적이 없어.

|해설| 경험 여부를 묻고 답할 때는 「have (ever/never/not)+과거분사」를 써서 말할 수 있다.

06 |해석| 지나의 친구 Mark가 처음으로 한국을 방문했다. 그는 한국 문화에 대해 배우고 싶어 한다. 지나는 Mark가 태권도를 배우는 것이 좋을 것이라고 생각한다.

지나: 나는 네가 태권도를 배울 기회를 갖기를 바라.

|해설| 「I hope you (can/will)+동사원형 ~.」의 형태로 자신이 상대방에게 희망하는 것을 말할 수 있다.

07 |해설| 상대방의 경험 여부를 물을 때는 「Have you (ever)+과거분사 ~?」의 형태로 말할 수 있다. of는 전치사이므로 think of 뒤에 동명사 형태인 becoming을 쓰는 것에 유의한다.

08 |해설| 소년이 수의사가 되는 것이 꿈이라고 했으므로 좋은 수의사가 되기를 바란다는 말이 알맞다.

09 |해설| (1) 여자는 무엇에 관하여 썼는가?

→ 그녀는 개를 훈련하는 것에 관해 (책을) 썼다.

(2) 소년은 자신의 목표를 달성하기 위해 무엇을 하고 있는가?

→ 그는 지역 동물의 집(동물 보호소)에서 자원봉사를 하고 동물에 대한 TV 프로그램을 많이 보고 있다.

|해설| (1) 소년의 첫 번째 말로 보아 여자는 개를 훈련하는 것에 관한 책을 썼음을 알 수 있다.

(2) 소년은 수의사가 되겠다는 목표를 이루기 위해 지역 동물 보호소에서 자원봉사를 하고 있고 동물에 대한 TV 프로그램을 많이 보고 있다고 말하고 있다.

10 |해설| 주어진 단어들을 배열하여 문장을 완성하면 I need somebody to teach me French.이므로 4번째로 올 단어는 to이다.

11 |해석| • 많은 사람들이 그 선수가 결승전에서 이길지 궁금해 하고 있다.

• 내일 비가 오면 우리는 테니스 시합을 취소할 것이다.

|해설| 첫 번째 문장에는 '∼일지 아닐지'의 의미로 명사절을 이끄는 접속사 whether 또는 if가, 두 번째 문장에는 '(만약) ∼라면'의 의미로 조건을 나타내는 부사절을 이끄는 접속사 if가 알맞으므로, 공통으로 알맞은 접속사는 if이다.

12 |해석| • 일부 학생들이 궁금해 하고 있다.

• 새로운 영어 선생님은 캐나다에 출신인가?

|해설| 의문문 형태의 두 번째 문장을 '∼인지 아닌지'의 의미가 되도록 「whether+주어+동사 ∼」의 형태로 써서 are wondering의 목적어 역할을 하는 명사절로 만든다.

13 |해석| 나는 이번주 금요일까지 미술 프로젝트를 끝내야 해. 하지만 내가 그때까지 그것을 끝낼 수 있을지 확신이 없어. 나는 나를 도와줄 누군가가 필요해.

|해설| 문맥상 I'm not sure의 목적어로 '∼인지 아닌지'의 의미를 나타내는 접속사 whether나 if가 이끄는 명사절이 알맞다.

14 |해석| ⓐ 나는 그 식당이 여전히 거기에 있는지 확신하지 못한다.

ⓑ 차가운 음료를 마실래?

ⓒ James는 대화할 친한 친구가 없다.

ⓓ 너는 Jake가 내일 우리와 함께할 것인지 아니?

|해설| ⓑ → Would you like something cold to drink?

ⓓ → Do you know whether Jake will join us tomorrow?

15 |해석| A: Steve, 뭐 하고 있니?

B: 회의 준비를 하고 있어. 하지만 Olivia가 회의에 올지 모르겠어.

A: 난 그녀가 올 거라고 확신해.

B: 그러면 앉을 의자가 하나 더 필요해.

|해설| to부정사가 수식하는 명사나 내명사가 전치사의 목적어일 경우에는 to부정사 뒤에 반드시 전치사를 써야 한다.

16 |해설| ⓒ 글의 흐름상 자신의 이야기가 영감을 줄(inspire) 수 있기를 바란다는 내용이 되는 것이 자연스럽다.

17 |해설| these things는 I loved stars.와 I also liked taking pictures.를 가리킨다.

18 |해설| ② stable은 '안정된, 안정적인'의 의미이다.

19 |해설| 모두 앞 문장에서 언급한 '엔지니어링 회사에서의 일'을 가리킨다.

20 |해설| (A)에는 '∼인지 아닌지'의 의미를 나타내는 접속사 whether, (B)에는 앞의 a chance를 수식하는 형용사적 용법의 to부정사, (C)에

는 지각동사 feel의 목적격 보어로 쓰인 현재분사 형태가 알맞다.

21 |해설| 밑줄 친 this는 사진 경연 대회에서 1등 상을 받은 것을 가리킨다.

22 |해설| ② I wasn't sure if I could succeed가 되어야 하므로 can은 쓰이지 않는다.

23 |해석| (1) 좋은 사진작가가 되기 위해서 글쓴이는 무엇을 하기 시작했는가?

→ 그는 사진 촬영 기술에 대해 더 배우기 시작했다.

(2) 글쓴이의 대담한 결심은 무엇이었는가?

→ 그는 직장을 그만두고 생계 수단으로 사진을 찍기로 결심했다.

|해설| (1) Suddenly, I wanted ∼에 글쓴이가 좋은 사진작가가 되기 위해 사진 촬영 기술에 대해 더 배우기 시작했다는 내용이 있다.

(2) Then ∼ a bold decision. 다음 문장에 글쓴이가 직장을 그만두고 생계 수단으로 사진을 찍기로 결심했다는 내용이 있다.

24 |해설| ① ⓐ: 무언가를 알거나 이해하다

② ⓑ: 무언가에 의하여

③ ⓒ: 용감하고 두려워하지 않는

④ ⓓ: 위험하거나 어려운 것을 하려는 정신력

⑤ ⓔ: 무언가를 성취하기 위해 열심히 일하다

|해설| ⓐ '어떤 것을 알거나 이해하다'는 '깨닫다'의 의미로 쓰인 realize에 대한 설명이다. 본문에서 realize는 '실현하다'의 의미로 쓰였으므로 to achieve something that you wanted가 알맞은 영영풀이이다.

25 |해설| 「Here is+명사(구) ∼.」 구문이므로 Here is 다음에 명사구 some advice를 to부정사구가 뒤에서 수식하는 어순으로 문장을 완성한다.

Lesson 2
Food for the Heart

STEP A

Words 연습 문제 p. 83

A 01 공간; 우주
02 녹이다; 녹다
03 사라지다
04 나누다, 공유하다
05 위로(하다), 위안(하다)
06 다행히, 운 좋게
07 청중
08 양, 수량
09 요리법
10 영수증
11 포함하다; 포함시키다
12 만족시키다, 충족하다
13 최근에
14 국제적인
15 껍질; (껍질을) 벗기다
16 혼합물, 반죽
17 물품, 품목
18 스트레스로 지친
19 (액체를) 붓다, 따르다
20 주문(하다)

B 01 total
02 dish
03 piece
04 differ
05 dessert
06 mushroom
07 popular
08 stomach
09 ready
10 flour
11 taste
12 crisp
13 fix
14 cool
15 clearly
16 else
17 beat
18 save
19 chip
20 recipe

C 01 기분이 나아지다
02 최선을 다하다
03 ~로 가득 차 있다
04 시간에 맞춰
05 (합계가) ~이 되다
06 ~을 잘하다
07 ~을 적다, 기록하다
08 고장 나다

D 01 a cup of
02 come to
03 similar to
04 stressed out
05 do one's best
06 break down
07 be filled with
08 in time

Words Plus 연습 문제 p. 85

A 1 disappear, 사라지다   2 cool, 식다, 차가워지다   3 peel, 껍질   4 international, 국제적인   5 flour, 밀가루   6 comfort, 위안, 위로   7 recipe, 요리법   8 share, 나누

다, 공유하다
B 1 satisfy   2 pour   3 audience   4 beat   5 receipt
C 1 similar to   2 are filled with   3 in time   4 write, down   5 broken down
D 1 fortunately   2 disappear   3 tasty   4 mixture

A |해석| 1 더 이상 보이지 않다
2 열이나 온기를 잃다
3 과일이나 채소의 껍질
4 다른 나라들 사이에 또는 다른 나라들과 관련된
5 빵과 케이크를 만드는 데 사용되는 가루
6 편안해지고 고통이 없는 기분 좋은 느낌
7 음식을 만들기 위한 재료 목록과 지시 사항
8 하나 또는 그 이상의 사람들과 함께 가지거나, 사용하거나 또는 함께 즐기다

B |해석| 1 모든 사람을 만족시키는 것은 불가능하다.
2 앉아 봐, 그러면 내가 너에게 음료를 따라 줄게.
3 청중은 환호하며 소리치고 있었다.
4 오믈렛을 만들기 위해 먼저 달걀을 휘저어야 한다.
5 구매하는 모든 것에 대한 영수증을 반드시 받도록 해라.

D |해석| 1 수리하다 : 수리하다 = 운 좋게 : 운 좋게
2 녹다 : 얼다 = 나타나다 : 사라지다
3 건강 : 건강한 = 맛 : 맛있는
4 다르다 : 다름 = 섞다 : 혼합(물)

Words 실전 TEST p. 86

01 (f)ortunately   02 ⑤   03 ④   04 ②   05 ⑤
06 ②, ⑤   07 feel better

01 |해석| 수리하다 : 수리하다 = 운 좋게 : 운 좋게
|해설| repair와 fix는 '수리하다'라는 뜻으로 유의어 관계이다. luckily 의 유의어는 fortunately(운 좋게)이다.

02 |해석| ① 짠 ② 맛있는 ③ 졸린 ④ 건강한 ⑤ 양, 수량
|해설| ⑤는 명사이고, 나머지는 모두 형용사이다.

03 |해석| 그 레몬 소스는 버터와 레몬의 혼합물이었다.
① 칩 ② 껍질 ③ 후식 ⑤ 위
|해설| 문맥상 '버터와 레몬의 혼합물'이라는 뜻이 되도록 mixture가 들어가는 것이 알맞다.

04 |해석| ① 요리: 특정 종류의 준비된 음식
② 양, 수량: 무언가가 얼마나 좋고 나쁜가
③ 바삭바삭한: 단단하지만 쉽게 부스러지기 쉬운
④ 만족시키다: 원하는 것을 줘서 누군가를 기쁘게 하다
⑤ 요리법: 음식을 만들기 위한 재료 목록과 지시 사항
|해설| ②'무언가가 얼마나 좋고 나쁜가'는 quality(질)의 영영풀이이다.

05 |해석| ① 나는 6시에 여동생을 깨웠다.
② 디저트를 포함해서 계산서는 총 70달러였다.

③ 그녀는 우리를 편안하게 해 주려고 최선을 다했다.

④ 그 사고는 1973년에 일어났던 것과 비슷했다.

⑤ 나는 할 일이 너무 많고 스트레스로 완전히 지쳐 있다.

|해설| ⑤ stressed out: 스트레스로 지친, 스트레스가 쌓인

06 |해석| [보기] 감기에 걸렸을 때 나는 보통 수프 한 그릇을 먹는다.

① 여름에는 차가운 요리가 인기 있다.

② 겨울에는 감기나 독감에 걸리기 쉽다.

③ 안데스 산맥의 고지대는 매우 춥다.

④ 그 행사는 추운 날씨 때문에 취소되었다.

⑤ 그는 밖에서 너무 오랫동안 놀아서 심한 감기에 걸렸다.

|해설| cold는 형용사로 '차가운, 추운'이라는 의미와 명사로 '감기'라는 의미로 모두 쓰일 수 있으며, [보기]와 ②, ⑤는 '감기'라는 의미로 쓰인 경우이다.

07 |해설| '기분이 나아지다'는 feel better로 표현한다.

L&T Listen and Talk 만점 노트   pp. 88~89

Q1 ⓑ   Q2 a piece of chocolate cake   Q3 F   Q4 ⓑ

Q5 12달러   Q6 one(an) orange juice   Q7 No, she won't.

Q8 ⓑ

L&T Listen and Talk 빈칸 채우기   pp. 90~91

Listen and Talk A-1 What, you like, be all, to go

Listen and Talk A-2 ready to order, What kind of, For here

Listen and Talk A-3 like to order, you like anything, for here, to go

Listen and Talk A-4 to order, want, like anything, it be

Listen and Talk C What would you, have, else, will, be all, two bottles of, for here, total comes to

Talk and Play take your order, like to, anything to drink, it for here, to go

Review - 1 Are, ready to order, all, To go, please

Review - 2 order a sandwich, Would you, anything, that be all

---

L&T Listen and Talk 대화 순서 배열하기   pp. 92~93

1 ⓓ - ⓕ - ⓐ, ⓔ - ⓑ   2 ⓕ - ⓑ - ⓓ - ⓐ - ⓒ

3 ⓒ - ⓔ - ⓐ, ⓓ - ⓕ   4 ⓔ - ⓓ - ⓐ - ⓒ, ⓑ

5 ⓔ - ⓕ, ⓓ - ⓖ - ⓑ, ⓐ   6 ⓔ - ⓕ - ⓓ - ⓐ, ⓑ

7 ⓕ - ⓔ - ⓑ, ⓒ - ⓐ   8 ⓓ - ⓑ - ⓐ - ⓒ - ⓕ

L&T Listen and Talk 실전 TEST   pp. 94~95

01 ④   **02** ②   **03** ②   **04** (B)-(A)-(D)-(C)   **05** ③

06 ④   **07** ①   **08** ④   **09** ④

[서술형]

10 (1) Are you ready to order? (2) Would you like anything else?   **11** ⓒ → (Is it(the order)) For here or to go?

12 (1) order(have) a(one) hamburger and a(one) salad

(2) like anything else(to drink) (3) comes to 15 dollars

01 |해석| A: 무엇을 주문하시겠습니까?

B: 오렌지 주스 한 병 주세요.

① 어머니 – 아들 ② 친구 – 친구 ③ 의사 – 환자

④ 점원 – 손님 ⑤ 교사 – 학생

|해설| 오렌지 주스를 주문하는 상황이므로 대화를 나누는 두 사람은 점원과 손님이다.

02 |해석| A: Star House에 오신 것을 환영합니다. 주문하시겠어요?

B: _____

① 햄버거 한 개 주세요.

② 저는 초콜릿 케이크를 더 좋아합니다.

③ 핫도그 한 개 주세요.

④ 샌드위치 하나 주세요.

⑤ 버섯 피자 하나 주시겠어요?

|해설| ② 음식 주문을 받겠다는 말에 초콜릿 케이크를 더 좋아한다고 응답하는 것은 어색하다. 나머지는 모두 음식을 주문하는 말이다.

03 |해석| A: 주문하시겠습니까?

B: 네, 과일 케이크 한 조각 주세요.

A: 더 필요하신 것이 있으세요?

B: 우유 하나 주세요.

① 네, 그럴게요.   ③ 미안하지만, 안 돼요.

④ 저는 그것을 좋아하지 않아요. ⑤ 여기에서 먹을게요.

|해설| 추가로 주문할 것이 있는지 묻는 말에 추가 주문을 하는 ②가 가장 알맞다.

04 |해석| A: 안녕하세요. 무엇을 주문하시겠어요?

(B) 핫도그 하나와 우유 하나 주세요.

(A) 더 필요한 것이 있으세요?

(D) 아니요, 괜찮아요.

(C) 여기에서 드시겠어요, 아니면 가져가시겠어요?

B: 가져갈게요. 고맙습니다.

|해설| 음식 주문을 받겠다는 말에 음식 주문을 하고(B), 더 주문할 것이 있는지 묻는 말(A)에 없다고 답한(D) 후에 포장 여부를 묻고(C) 답하는 순서가 알맞다.

05 |해석| ① A: 무엇을 주문하시겠습니까?

B: 비빔밥을 주문할게요.

② A: 여기에서 드시겠어요, 아니면 가져가시겠어요?

B: 가져갈게요.

③ A: 어떤 종류의 피자를 원하시나요?

B: 피자 하나와 토마토 주스 하나 주세요.

④ A: 주문하시겠습니까?

B: 네, 햄 샌드위치 하나 주세요.

⑤ A: 모두 10달러입니다.
　　B: 네, 여기 있습니다.

│해설│ ③ 어떤 종류의 피자를 주문할 것인지 묻는 말에 피자와 토마토 주스를 주문하겠다고 답하는 것은 어색하다.

06 │해석│ Judy는 패스트푸드점에 있다. 그녀는 햄버거 한 개와 감자튀김을 주문했지만 아직 마실 것을 주문하지 않았다.

① 주문하시겠습니까?

② 물 좀 주시겠어요?

③ 가장 좋아하는 음식이 무엇인가요?

④ 마실 것을 주문하시겠어요?

⑤ 어떤 종류의 햄버거를 원하세요?

│해설│ Judy가 아직 음료를 주문하지 않은 상황에서 점원이 할 말로 가장 알맞은 것은 마실 것을 주문하겠냐고 묻는 ④이다.

[07~09] │해석│

A: Sandwich Place에 오신 것을 환영합니다. 무엇을 주문하시겠어요?

B: 저는 햄버거 한 개를 주시고, 동생은 치킨 샌드위치 한 개를 주세요.

A: 더 필요한 것이 있으세요?

B: 샐러드 한 개 주세요.

A: 알겠습니다, 그러면 그게 전부인가요?

B: 아니요, 물도 두 병 주세요.

A: 여기에서 드시겠어요, 아니면 가져가시겠어요?

B: 여기에서 먹을게요.

A: 모두 12달러입니다.

B: 네. 여기 있습니다.

07 │해석│ ② 무엇을 주문하시겠습니까?

③ 죄송합니다만 지금은 샐러드가 다 떨어졌어요.

④ 모두 합쳐서 얼마인가요?

⑤ 마실 것을 주문하시겠어요?

│해설│ B가 아니라고 답하면서 물 두 병을 추가로 주문하는 것으로 보아, 빈칸에는 지금까지 주문한 것이 전부인지 묻는 말인 ①이 알맞다.

08 │해설│ 음식점 위치에 대한 정보는 대화를 통해 알 수 없다.

09 │해석│ ① 손님은 혼자 식당을 방문했다.

② 손님은 마실 것을 주문하지 않았다.

③ 점원은 물을 무료로 제공할 것이다.

④ 손님은 식당에서 음식을 먹을 것이다.

⑤ 손님은 신용카드로 지불하기를 원한다.

│해설│ 포장 여부를 묻는 말에 식당에서 먹겠다고(It's for here, please.) 답했으므로 ④가 대화의 내용과 일치한다. 두 명이 같이 왔으며(①), 물 두 병을 주문했고(②, ③), 카드로 지불했는지는 알 수 없다(⑤).

10 │해석│ A: 안녕하세요. 주문하시겠어요?

B: 네. 사과 파이 하나와 우유 하나 주세요.

A: 더 필요한 것이 있으세요?

B: 아니요, 괜찮아요.

│해설│ (1) B의 응답이 Yes.이므로 의문사 없이 쓰는 Are you ready to order?가 알맞다.

(2) 추가로 주문할 것이 있는지 물을 때는 Would you like anything else?로 말한다.

11 │해석│ A: 무엇을 주문하시겠어요?

B: 버섯 피자 하나 주세요.

A: 그게 전부인가요?

B: 네.

A: 집에 가시는 건가요? (→ 여기에서 드시겠어요, 아니면 가져가시겠어요?)

B: 가져갈게요. 감사합니다.

│해설│ B의 마지막 말로 보아 ⓒ는 식당에서 먹을 건지 포장해 갈 건지를 묻는 말이 되는 것이 알맞다.

12 │해석│ A: 무엇을 주문하시겠습니까?

B: 햄버거 하나와 샐러드 하나 주세요.

A: 마실 것을 주문하시겠어요? / 더 필요한 것이 있으세요?

B: 네, 오렌지 주스 하나 주세요.

A: 알겠습니다. 그러면 그게 전부인가요?

B: 네.

A: 모두 15달러입니다.

B: 알겠습니다. 여기 있습니다.

│해설│ (1)은 음식을 주문하는 표현, (2)는 추가 주문이나 마실 것을 주문받는 표현, (3)은 총 주문 금액을 말해 주는 표현이 되는 것이 알맞다.

G Grammar 핵심 노트 1 QUICK CHECK　　p. 96

1 (1) wash　(2) me　(3) let

2 (1) play　(2) him set　(3) made/had/let/helped

1 │해석│ (1) 어머니는 내가 손을 씻게 하셨다.

(2) 그는 내가 화초에 물을 주게 시켰다.

(3) Amy는 그를 파티에 가게 하지 않을 것이다.

2 │해석│ (1) 그녀는 아들을 밖에서 놀게 해 줬다.

(2) 나는 그가 식탁을 차리게 했다.

(3) 그는 Jenny가 오늘 밤까지 프로젝트를 끝내게 시켰다(했다/도왔다).

G Grammar 핵심 노트 2 QUICK CHECK　　p. 97

1 (1) so that　(2) could　(3) could

2 (1) so that　(2) fast　(3) can

1 │해석│ (1) Amy는 새 신발을 살 수 있도록 돈을 모으고 있다.

(2) John은 자신의 팀이 이길 수 있도록 최선을 다했다.

(3) 그녀는 멋진 경치를 볼 수 있도록 창문을 열었다.

2 │해석│ (1) 내가 네게 전화할 수 있도록 네 전화번호를 말해 줘.

(2) 네가 늦지 않도록 내가 빨리 운전할게.

(3) 네가 들어올 수 있도록 너에게 열쇠를 줄게.

G Grammar 연습 문제 1　　p. 98

A 1 play　2 repair　3 feel　4 (to) solve

B 1 let　2 make　3 help

C 1 made me quit　2 asked him to open

　　3 have Jane lend　4 let me ride

D 1 Sad movies always make me cry.
2 He helped me (to) move the chairs.
3 My sister doesn't let me use her computer.

A |해석| 1 그는 내가 음악을 틀게 해 줬다.
2 나는 남동생에게 내 프린터를 수리하게 했다.
3 그 소식은 모든 사람에게 흥분을 느끼게 했다.
4 그가 문제를 해결하는 것을 도와주겠니?
|해설| 사역동사 let, have, make는 목적격보어로 동사원형을 쓰고, 준사역동사 help는 목적격보어로 to부정사나 동사원형을 쓴다.

B 1 |해석| (1) 안녕하세요, 여러분에게 제 소개를 하겠습니다.
(2) Tom, 방과 후에 농구를 하자.
|해설| (1) 자신을 소개할 때 쓰는 표현으로, '(목적어)가 ~하게 (허락)하다'라는 의미로 쓰이는 사역동사 let이 알맞다. (2) '~하자.'라고 제안하는 말은 「Let's+동사원형 ~.」으로 쓴다.
2 |해석| (1) 나는 진수에게 내 개를 돌보게 할 것이다.
(2) Joan은 내게 결혼식에 입을 아름다운 드레스를 만들어 줄 것이다.
|해설| (1)에는 '(목적어)가 ~하게 하다'라는 의미로 쓰인 사역동사 make, (2)에는 4형식 문장에 쓰인 수여동사 make가 알맞다.
3 |해석| (1) 그가 무거운 책들을 나르는 것을 도와주는 게 어때?
(2) 내가 네 숙제를 도와주길 바라니?
|해설| (1)에는 '(목적어)가 ~하는 것을 돕다'라는 의미로 5형식 문장에 쓰인 help, (2)에는 '~을 돕다'라는 의미로 쓰인 help가 알맞다.

C |해설| 5형식 문장에서 사역동사 make, have, let은 목적격보어로 동사원형을 쓰고, ask는 to부정사를 목적격보어로 취한다.

D |해설| 5형식 문장에서 사역동사 make와 let은 목적격보어로 동사원형을 쓰고, 준사역동사 help는 to부정사나 동사원형을 쓴다.

G Grammar 연습 문제 2 p. 99

A 1 Mom will wash this dress so that she can wear it.
2 He lowered his voice so that no one could hear him.
3 I'm saving money so that I can travel to Europe.
4 Write down the address so that you won't forget it.

B 1 Wake me up so that I won't be late for school.
2 We practiced hard so that we could win the game.
3 Tim stood on the chair so that he could see well.

C 1 so that you can get there on time
2 so that I can speak English well
3 so that they wouldn't(would not) wake up their baby

D 1 He will take a taxi so that he won't(will not) be late.
2 I have to save money so that I can buy a car.
3 Tom is studying hard so that he can pass the exam.

A |해석| 1 엄마는 이 원피스를 입을 수 있도록 세탁할 것이다.
2 그는 아무도 그의 말을 들을 수 없도록 목소리를 낮추었다.
3 나는 유럽을 여행하기 위해 돈을 모으고 있다.
4 잊지 않도록 주소를 적어 놓아라.

|해설| so that절은 앞 문장에 대한 목적의 의미를 나타낸다.

B |해설| 목적의 의미를 나타내는 접속사 so that 뒤에는 「주어+동사 ~」가 이어진다.

C |해설| so that이 이끄는 절의 동사의 시제에 유의하도록 한다.

D |해석| 1 그는 늦지 않기 위해 택시를 탈 것이다.
2 나는 차를 사기 위해 돈을 모아야 한다.
3 Tom은 시험에 합격하기 위해 열심히 공부하고 있다.
|해설| 목적을 나타내는 to부정사구는 「so that+주어+동사」 구문으로 바꿔 쓸 수 있다. so that절의 주어는 문장의 주어와 같으며, 의미에 따라 조동사 can이나 will을 쓸 수 있다.

G Grammar 실전 TEST pp. 100~103

01 ①	02 ③	03 ③	04 ④	05 ④	06 ③	07 ④
08 ③	09 ①	10 ④	11 ②	12 ⑤	13 ②	14 ④
15 ②	16 ③	17 ③	18 ④			

[서술형]
19 making → (to) make 20 (1) open the window(s) (2) to water the plant(s) (3) had Mark erase the (black) board
21 (1) so that he could send an email (2) so that I can make a salad (3) so that we won't(don't) miss the train
22 (1) I turned off the music so that the baby wouldn't wake up. (2) Go to bed early so that you can get up early in the morning. (3) She will speak clearly so that the audience will understand her. 23 (1) take care of his little brother, wash his sneakers (2) so that she could prepare

01 |해석| Brown 선생님은 학생들이 도서관에서 조용히 하게 했다.
|해설| 「사역동사 make+목적어+동사원형」((목적어)가 ~하게 하다)의 형태가 알맞다.

02 |해석| 선생님은 내가 그 문제를 혼자 풀게 하셨다.
|해설| 목적격보어 자리에 동사원형(solve)이 쓰였으므로 빈칸에는 사역동사 had가 알맞다. 나머지는 모두 목적격보어로 to부정사를 취하는 동사이다.

03 |해설| 뒤에 「주어+동사 ~」가 이어지므로 '~하기 위해'의 의미를 나타내는 접속사 so that이 알맞다.

04 |해석| 그는 내가 그 일을 끝내게 했다/끝내는 것을 도왔다.
|해설| 목적격보어 자리에 동사원형(finish)이 쓰였으므로 빈칸에는 사역동사인 let, make, have나 동사원형과 to부정사를 모두 목적격보어로 취할 수 있는 help가 빈칸에 알맞다. 반면 get은 '(목적어)가 ~하게 하다'라는 의미로 쓰일 경우 목적격보어로 to부정사를 취하는 동사이므로 빈칸에 알맞지 않다.

05 |해석| Angela는 멋진 경치를 즐길 수 있도록 창가에 앉았다.
|해설| so that절은 목적을 나타내는 부사적 용법의 to부정사구로 바꿔 쓸 수 있다.

06 |해석| ① 엄마는 내가 점심을 다 먹게 하셨다.
② Stella는 그 남자에게 자신의 차를 수리하게 했다.
③ 내가 이 상자들을 나르는 것을 도와주겠니?

④ 그는 딸을 집에 일찍 오게 했다.

⑤ 네 전화번호를 내게 알려 줄 수 있니?

|해설| ③ help는 목적격보어로 동사원형이나 to부정사를 쓴다.

(→ (to) carry)

07 |해설| '~하기 위해서'는 접속사 so that을 사용하여 「so that+주어+동사 ~」의 형태로 나타낼 수 있다.

08 |해설| '(목적어)가 ~하게 하다'는 「사역동사 make+목적어+동사원형」의 형태로 나타낸다.

09 |해석| 아빠는 "Brian, 설거지 좀 하렴."이라고 말씀하셨다.

→ 아빠는 Brian이 설거지를 하게 하셨다.

|해설| '(목적어)가 ~하게 하다'라는 의미로 사역동사 have가 사용되었으므로 「have+목적어+동사원형」의 형태가 되어야 한다.

10 |해석| 우리는 첫 기차를 타기 위해 일찍 출발했다.

① 우리는 일찍 출발해서 첫 기차를 탔다.

② 만약 우리가 일찍 출발하면 첫 기차를 탈 수 있다.

③ 우리는 매우 일찍 출발해서 첫 기차를 탈 수 있었다.

④ 우리는 첫 기차를 타기 위해 일찍 출발했다.

⑤ 우리는 일찍 출발했지만, 첫 기차를 탈 수 없었다.

|해설| '~하기 위해서'라는 뜻으로 목적을 나타내는 in order to는 '~하기 위해서, ~하도록'의 의미를 나타내는 접속사 so that을 사용하여 같은 의미를 나타낼 수 있다.

11 |해석| ① 나는 내 개를 앉게 했다.

② 그가 내게 TV를 끄게 했다.

③ Wilson 선생님은 우리가 종이를 재활용하게 하셨다.

④ 나는 그가 그것에 관해 어떤 것도 알게 하지 않을 것이다.

⑤ Liam은 내가 과학 숙제를 하는 것을 도와주었다.

|해설| 사역동사 have, make, let은 목적격보어로 동사원형을 취한다. get이 '(목적어)가 ~하게 하다'라는 뜻으로 쓰일 때는 목적격보어로 to부정사를 쓰고, help는 5형식 문장에서 목적격보어로 동사원형이나 to부정사를 취한다.

① sitting → sit ③ recycling → recycle ④ to know → know

⑤ doing → (to) do

12 |해석| ⓐ 엄마는 내가 침대를 정돈하게 하셨다.

ⓑ 아빠는 내게 차를 세차해 달라고 부탁하셨다.

ⓒ 내 여동생은 내가 그녀의 재킷을 입게 해 줬다.

ⓓ 그는 그 노인이 길을 건너는 것을 도왔다.

ⓔ 그녀는 아들이 잠자리에 들기 전에 이를 닦게 했다.

|해설| ⓔ 사역동사 make가 쓰인 5형식 문장이므로 목적격보어로 동사원형인 brush가 알맞다.

13 |해석| • 엄마는 저녁 식사 후에 내가 개를 산책시키게 하셨다.

• 제가 들을 수 있도록 크게 말해 주세요.

|해설| 첫 번째 문장의 빈칸은 사역동사 make의 목적격보어 자리이므로 동사원형이 알맞고, 두 번째 문장의 빈칸에는 「주어+동사」 앞에서 '~하도록'의 의미를 나타내는 접속사 so that이 알맞다.

14 |해석| 우리 아빠는 내가 밤늦게 혼자 외출하게 해 주지 않으실 것이다.

|해설| 「사역동사 let+목적어(me)+동사원형(go out)」의 형태가 되어야 한다.

15 |해석| ① 학교 버스를 놓치지 않도록 서둘러라.

② 나는 기차를 놓쳤기 때문에 콘서트에 늦었다.

③ 나는 케이크를 만들 수 있도록 밀가루를 사야 한다.

④ 엄마는 우리가 잘 잘 수 있도록 불을 끄셨다.

⑤ Tom은 그 책을 더 잘 이해할 수 있도록 여러 번 읽었다.

|해설| ② 빈칸 뒤에 이어지는 내용이 목적이 아니라 이유를 나타내므로 '~하도록, ~하기 위해'를 의미하는 so that이 들어갈 수 없다.

16 |해석| • 그의 농담은 그들을 웃게 했다.

• 그들은 아들을 야구 선수로 만들었다.

• 할머니는 우리에게 초콜릿 쿠키를 만들어 주셨다.

|해설| 첫 번째 빈칸에는 '(목적어)가 ~하게 했다'라는 의미로 쓰인 사역동사 made가, 두 번째 빈칸에는 '~을 …로 만들었다'라는 의미로 5형식 문장에 쓰인 동사 made가, 세 번째 빈칸에는 '~에게 …을 만들어 주었다'의 의미로 쓰인 수여동사 made가 알맞다.

17 |해석| ① 엄마는 그에게 울타리를 고치게 하셨다.

② 나는 Jane에게 거실을 청소하게 했다.

③ 그녀는 아들에게 저녁을 준비하게 했다.

④ 그녀는 아이들이 일찍 잠자리에 들게 했다.

⑤ 선생님은 학생들에게 퀴즈를 풀게 했다.

|해설| ③ 목적격보어로 to부정사(to prepare)가 쓰였으므로 사역동사 had는 들어갈 수 없다.

18 |해석| ⓐ Hanks 씨는 Jack에게 의자를 페인트칠하게 했다.

ⓑ 그는 우리가 수업 시간에 자는 것을 허용하지 않았다.

ⓒ 엄마는 매일 내가 아침을 먹도록 하신다.

ⓓ 나의 삼촌은 건축학을 공부하기 위해 이탈리아로 갔다.

ⓔ 나는 새 컴퓨터를 살 수 있도록 돈을 모으고 있다.

|해설| ⓐ to paint → paint ⓓ so that to study → so that he could study 또는 to study

19 |해석| 누가 내가 초콜릿 케이크 만드는 것을 도와줄래?

|해설| help는 동사원형이나 to부정사를 목적격보어로 취한다.

20 |해석| (1) 김 선생님은 Judy에게 창문을 열게 하셨다.

(2) 김 선생님은 Mia에게 화분에 물을 주라고 부탁하셨다.

(3) 김 선생님은 Mark에게 칠판을 지우게 하셨다.

|해설| (1), (3) 「사역동사+목적어+목적격보어(동사원형)」의 형태로 쓴다.

(2) ask는 목적격보어로 to부정사를 쓴다.

21 |해설| 「so that+주어+동사 ~」의 형태를 사용하여 '~하기 위해, ~하도록'이라는 의미로 문장을 완성한다.

22 |해석| [보기] 그는 오디션에 참가할 수 있도록 춤을 열심히 연습했다.

(1) 나는 아기가 깨지 않도록 음악을 껐다.

(2) 아침에 일찍 일어날 수 있게 일찍 잠자리에 들어라.

(3) 청중이 그녀의 말을 이해하도록 그녀는 분명하게 말할 것이다.

|해설| 「so that+주어+동사 ~」의 형태로 '~하도록, ~하기 위해'의 의미를 나타낸다.

23 |해석| A: Jake, 주말은 어땠어?

B: 정말 바빴어. 부모님이 출근하셔서 나는 남동생을 돌봐야 했어. 부모님은 나에게 운동화도 세탁하라고 하셨어. 넌 어때, Amy?

A: 음, 나는 수학 시험을 준비하기 위해 주말 내내 집에 있었어.

(1) 지난 주말에 Jake의 부모님은 Jake에게 남동생을 돌보고 운동화를 세탁하게 했다.

(2) Amy는 수학 시험을 준비하기 위해 주말 내내 집에 있었다.

| 해설 | (1)「사역동사 had+목적어+동사원형」의 형태로 문장을 완성한다.
(2)「so that+주어+동사 ~」(~하기 위해, ~하도록)의 형태로 문장을
완성한다.

® Reading 빈칸 채우기   pp. 106~107

01 you feel, stressed out   **02** make   **03** not only, but also   **04** differ   **05** what, enjoy   **06** chicken soup   **07** when, cold   **08** When, caught   **09** made me, bowl, so that   **10** warmed, to feel   **11** tasty   **12** catch a cold   **13** made with, similar to   **14** the most   **15** stressed out, bought me, bag   **16** suddenly disappeared   **17** crisp, made me   **18** every time   **19** good again   **20** the   **21** looks like   **22** as   **23** makes, for me   **24** right out of   **25** filled with   **26** especially, a cup of   **27** or, think of   **28** share, so that   **29** will become   **30** Recipe   **31** cup of, peel, teaspoon   **32** Melt, cool   **33** in, beat   **34** flour to   **35** to, mixture   **36** Pour, into   **37** for, to

---

® Reading 바른 어휘·어법 고르기   pp. 108~109

01 stressed out   **02** think   **03** not only   **04** differ   **05** our international readers   **06** comfort food   **07** when   **08** caught   **09** me a bowl of chicken soup   **10** better   **11** tasty   **12** when   **13** are made with   **14** most   **15** me   **16** disappeared   **17** eating, feel   **18** stressed out   **19** good   **20** many   **21** looks like   **22** as   **23** for   **24** best   **25** with   **26** a cup of   **27** see, smell   **28** share, that   **29** become   **30** Recipe   **31** cup of flour   **32** cool   **33** in   **34** mix   **35** to   **36** Pour   **37** for

---

® Reading 틀린 문장 고치기   pp. 110~111

01 ○   **02** ×, think of   **03** ×, but also   **04** ○   **05** ×, what comfort foods our international readers enjoy   **06** ○   **07** ○   **08** ×, When   **09** ×, made me a bowl of chicken soup 또는 made a bowl of chicken soup for me   **10** ×, warmed   **11** ○   **12** ×, catch a cold   **13** ×, are made with   **14** ○   **15** ×, bad   **16** ×, disappeared   **17** ×, sound of eating   **18** ○   **19** ○   **20** ○   **21** ×, looks like   **22** ○   **23** ×, for me   **24** ○   **25** ×, is filled with   **26** ×, a cup of   **27** ○   **28** ×, so that   **29** ○   **30** ○   **31** ×, teaspoon of   **32** ×, cool   **33** ○   **34** ×, to the bowl   **35** ○   **36** ○   **37** ×, 10 to 15

® Reading 실전 TEST   pp. 114~117

01 ⑤   **02** ①   **03** ⑤   **04** ③   **05** ③   **06** comfort   **07** ②   **08** ③   **09** ②   **10** ②   **11** ③   **12** ⑤   **13** ④   **14** ②   **15** ③   **16** ①   **17** ①   **18** (D)-(B)-(A)-(C)

[서술형]

19 ⓐ satisfies ⓑ differ   **20** | 모범 답 | (1) It(Her comfort food) is chicken soup. (2) They eat chicken soup (when they have a cold). (3) The (hot) soup warmed her body, and she slowly started to feel better. **21** ⓓ → share **22** (1) looks like a sea shell (2) when it comes right out of the oven (3) me think of my grandmother

---

[01~03] | 해석 |

comfort food는 여러분이 슬프거나 화가 나거나 스트레스를 받을 때 기분을 좋게 해 주는 음식이다. 그것은 또한 여러분이 과거의 행복한 순간들을 떠올리게 할 수도 있다. 그것은 <u>위뿐만 아니라 마음도</u> 충족해 준다. comfort food는 전 세계적으로 다양하다. 세계 여러 나라의 우리 독자들은 어떤 comfort food를 즐기는지 알아보자.

01 | 해설 | 첫 문장에서 슬프고 화가 나거나 스트레스를 받을 때 기분을 좋게 해 주는 음식이라고 설명하였다.

02 | 해설 | 사역동사 make의 목적격보어로 동사원형인 think가 알맞다.

03 | 해설 | ① 눈 - 정신 ② 입 - 코 ③ 발 - 손가락 ④ 혀 - 두뇌
| 해설 | 문맥상 '위뿐만 아니라 마음도 충족시켜 준다'의 의미가 가장 알맞다.

[04~06] | 해석 |

미국에 사는 Jessica

나의 comfort food는 치킨 수프야. 미국에서는 사람들이 감기에 걸렸을 때 이 수프를 먹어. 어린아이였을 때 나는 매우 심한 감기에 걸렸어. <u>아버지는 내가 나을 수 있도록 치킨 수프 한 그릇을 만들어 주셨지.</u> 그 뜨거운 수프가 내 몸을 따뜻하게 해 주었고, 나는 서서히 몸이 나아지기 시작했어. 그 수프는 맛도 아주 좋았어. 지금도 나는 감기에 걸릴 때 치킨 수프를 먹어.

04 | 해설 | ③ 뒤의 The hot soup이 주어진 문장의 a bowl of chicken soup를 가리키므로 주어진 문장은 ③에 들어가는 것이 알맞다.

05 | 해설 | ① 치킨 수프는 Jessica의 comfort food이다.
② 미국인들은 감기에 걸리면 치킨 수프를 먹는다.
③ Jessica는 특히 추울 때 치킨 수프를 즐긴다.
④ Jessica는 어렸을 때 매우 심한 감기에 걸렸다.
⑤ Jessica는 감기에 걸리면 치킨 수프를 먹는다.
| 해설 | Jessica가 감기에 걸렸을 때 치킨 수프를 먹는다는 내용의 글로, 특히 추운 날에 즐겨 먹는다는 언급은 없다.

06 | 해설 | <u>이것</u>은 편안해지고 고통이 없는 기분 좋은 느낌을 의미한다.
| 해설 | comfort(위안)를 설명하는 말이다.

[07~10] | 해석 |

브라질에 사는 Maria

브라질에는 감자와 비슷한 채소인 카사바로 만든 요리가 많아. 나는 카사바 칩을 가장 좋아해. 언젠가 내가 학교에서 안 좋은 일이 있어서 스트레스를 받았을 때, 내 가장 친한 친구가 나에게 카사바 칩 한 봉지를 사 줬어. 그 칩을 먹기 시작했을 때 내 스트레스가 갑자기 사라졌어. 칩을 먹을 때의 바

삭하는 소리는 내 기분이 더 좋아지게 만들었어. 지금도 나는 스트레스를 받을 때마다 카사바 칩을 먹어. 그러면 기분이 다시 좋아져!

07 |해설| ⓑ have a bad day는 '안 좋은 일이 있다'라는 의미이다.

08 |해설| (A) be made with: ~(재료)로 만들어지다
　　(B) similar to: ~와 비슷한

09 |해설| '(목적어)가 ~하게 하다'는 「사역동사 make＋목적어＋동사원형」의 형태로 나타낼 수 있다.

10 |해석| ① Maria가 가장 좋아하는 카사바 요리는 무엇인가?
　　② Maria는 왜 학교에서 스트레스를 받았는가?
　　③ Maria가 어느 날 스트레스를 받았을 때 그녀의 가장 친한 친구는 무엇을 했는가?
　　④ Maria는 스트레스를 받으면 무엇을 하는가?
　　⑤ Maria는 카사바 칩을 먹을 때 기분이 어떤가?
　　|해설| ② Maria가 학교에서 스트레스를 받은 이유는 언급되지 않았다.

[11~15] |해석|
프랑스에 사는 Simon
나는 comfort food가 많아. 하지만 마들렌을 가장 좋아해. 마들렌은 조개껍데기처럼 생긴 작은 케이크야. 프랑스 사람들은 오후 간식으로 마들렌을 즐겨 먹어. 우리 할머니는 내가 할머니 댁에 갈 때 항상 마들렌을 만들어 주셔. 마들렌은 오븐에서 막 나올 때 가장 맛있어. 그러면 부엌은 달콤한 냄새로 가득 차. 나는 특히 차 한 잔과 함께 할머니의 오렌지 마들렌을 먹는 것을 좋아해. (나는 보통 하루에 차를 세 잔 마셔.) 나는 마들렌을 보거나 냄새를 맡을 때마다 우리 할머니가 생각나.
너희들도 오렌지 마들렌을 만들 수 있도록 우리 할머니의 특별한 요리법을 공유할게. 아마 마들렌이 너희에게도 comfort food가 될 거야!

11 |해석| ① 이 셔츠는 어떠니?
　　② 마실 것 좀 드시겠어요?
　　③ 이 치약은 사과 같은 맛이 난다.
　　④ 많은 아이들이 거품 놀이를 좋아한다.
　　⑤ 나는 점심으로 햄버거 먹는 것을 좋아하지 않는다.
　　|해설| ⓐ와 ③은 '~와 같은, ~처럼'의 의미를 나타내는 전치사로 쓰였다. 나머지는 모두 동사로 쓰여 '좋아하다'의 의미를 나타낸다.

12 |해설| ⑤ 할머니가 만들어 주신 마들렌에 관한 글이므로 자신이 보통 하루에 차를 세 잔 마신다는 내용은 흐름상 어색하다.

13 |해설| 글의 흐름상 '~하기 위해, ~하도록'의 의미를 나타내는 접속사 so that이 알맞다.

14 |해설| 마들렌은 조개껍데기처럼 생긴(looks like a sea shell) 작은 케이크라고 언급되어 있다.

15 |해설| ③ 마들렌은 오븐에서 갓 구워져 나왔을 때 가장 맛있다고 했다.

[16~18] |해석|
할머니의 특별한 요리법: 오렌지 마들렌
필요한 재료: 밀가루 1컵, 설탕 2/3컵, 달걀 2개, 오렌지 껍질 조금, 버터 1/4컵, 소금 1/8 티스푼
1. 버터를 녹여서 <u>식히세요</u>.
2. 달걀, 설탕, 소금을 그릇에 넣고 휘저으세요.
3. 그 그릇에 밀가루를 넣고 <u>섞으세요</u>.
4. 반죽에 버터와 오렌지 껍질을 넣고 <u>섞으세요</u>.
5. 반죽을 마들렌 팬에 부으세요.
6. 오븐에서 10~15분 동안 구우세요.

16 |해설| '그것이 식게 하라'라는 의미이므로 「사역동사 let＋목적어＋동사원형」의 형태가 되어야 한다. / cool: 식다

17 |해석| ② 자르다 ③ 껍질을 벗기다 ④ 잘게 썰다 ⑤ 붓다
　　|해설| 각 빈칸에 해당하는 지시 사항을 따른 결과물을 다음 단계에서 the mixture로 표현하는 것으로 보아, '섞다'에 해당하는 mix가 공통으로 들어가는 것이 알맞다.

18 |해설| 본문의 1~4의 요리 순서에 따라 그림을 배열한다.

19 |해설| ⓐ에는 '충족하다'라는 의미의 satisfy의 3인칭 단수 현재형(satisfies)이 알맞고, ⓑ에는 '다르다'라는 의미의 differ가 알맞다.

20 |해설| (1) Jessica의 comfort food는 무엇인가?
　　→ 치킨 수프이다.
　　(2) 미국 사람들은 감기에 걸렸을 때 무엇을 먹는가?
　　→ (그들은 감기에 걸렸을 때,) 치킨 수프를 먹는다.
　　(3) Jessica가 아버지가 만들어 주신 치킨 수프를 먹었을 때 무슨 일이 생겼는가?
　　→ (뜨거운) 수프가 그녀의 몸을 따뜻하게 해 주었고, 그녀는 서서히 몸이 나아지기 시작했다.

21 |해설| ⓓ 「사역동사 let＋목적어(me)＋동사원형(share)」의 형태가 되어야 알맞다.

22 |해석| 미나: 마들렌은 어떻게 생겼니?
Simon: 조개껍데기처럼 생겼어.
미나: 마들렌은 언제 가장 맛있니?
Simon: 오븐에서 막 나올 때 가장 맛있어.
미나: 마들렌은 너에게 누구를 떠올리게 하니?
Simon: 그것은 항상 내가 할머니를 떠올리게 해.

M 기타 지문 **실전 TEST**　　p. 119

01 ③, ④　　**02** ⑤　　**03** ④　　**04** ⑤　　**05** makes me feel good　　**06** ④

[01~02] |해석|
나는 이탈리아 음식을 좋아해서 Taste of Italy에 가고 싶어. 그 식당에서 나는 감자 피자를 주문하고 싶어. 음료는 오렌지 주스를 주문하고 싶어.

01 |해설| '~을 주문하고 싶다'는 I'd like to order(have) ~. 또는 I want to order(have) ~.로 나타낼 수 있다.

02 |해석| ① 오렌지 주스 하나 주시겠어요?
　　② 먹을 것이 있나요?
　　③ 여기에서 드시겠어요, 아니면 가져가시겠어요?
　　④ 어떤 종류의 피자를 드시겠어요?
　　⑤ 음료는 무엇으로 주문하시겠습니까?
　　|해설| ⓑ는 음료를 주문하는 말이므로, 음료로 무엇을 주문할지 묻는 질문인 ⑤가 알맞다.

03 |해석| • Taco: 이것은 옥수수로 만든 껍질로 싼 일종의 샌드위치이다.
　　• Suppli: 이것은 안에 치즈가 들어 있는 튀긴 주먹밥이다.
　　• Satay: 이 꼬치 음식은 보통 닭고기로 만든다.
　　|해설| ⓐ be made from: (화학적 변화) ~로 만들어지다
　　ⓑ be made with: (재료) ~로 만들어지다

04 |해석| 오늘 비가 많이 와서 우리는 하루 종일 집에 있어야 했다. 누나가 점심 식사로 떡볶이를 요리했다. 그것은 매웠지만 맛있었다. 점심 식사 후에 나는 매우 피곤하고 졸려서 하이킹을 갔다.
|해설| ⓔ 비가 많이 와서 하루 종일 집에 있었고 점심을 먹은 후 피곤하고 졸렸다고 했으므로, 등산을 갔다는 내용은 흐름상 어색하다.

[05~06] |해석|
나의 Comfort Food
나의 comfort food는 초콜릿이다. 나는 기분이 좋지 않을 때 보통 그것을 먹는다. 최근에 나는 시험을 잘 보지 못해서 스트레스를 받았다. 나는 가게에 가서 초콜릿을 샀다. 달콤한 초콜릿을 먹고 난 후 나는 기분이 나아졌다. 초콜릿을 먹는 것은 나를 기분 좋게 한다.

05 |해설| '(목적어)가 ~하게 하다'는 「사역동사 make+목적어+동사원형」으로 나타낸다.

06 |해석| ① 글쓴이의 comfort food는 무엇인가?
② 글쓴이는 기분이 안 좋을 때 무엇을 먹는가?
③ 글쓴이는 최근에 왜 스트레스를 받았는가?
④ 글쓴이는 comfort food를 사는 데 얼마를 썼는가?
⑤ 글쓴이는 언제 기분이 나아졌는가?
|해설| ④ 글쓴이가 comfort food를 사는 데 얼마를 썼는지는 언급되지 않았다.

STEP B

W Words 고득점 맞기
pp. 120~121

01 (1) bowl (2) filled (3) stressed out   **02** ④   **03** crisp
04 ②   **05** (1) repair (2) lately   **06** ④   **07** ③   **08** melt
09 ③   **10** shared   **11** ③   **12** ⑤   **13** ②   **14** ⑤
15 ①

01 |해석| (1) 그는 나에게 감자 수프 한 그릇을 만들어 주었다.
(2) 방은 장미 향기로 가득 차 있었다.
(3) John은 숙제가 너무 많아서 스트레스를 받았다.
|해설| (1) 수프의 양을 나타내는 적절한 단위는 bowl(그릇)이다. loaf는 '덩어리'라는 뜻이다.
(2) be filled with: ~로 가득 차 있다 (= be full of)
(3) 너무 많은 숙제 때문이라고 했으므로 stressed out(스트레스가 쌓인)이 알맞다. satisfied는 '만족하는'이라는 뜻이다.

02 |해석| • 빵과 케이크를 만드는 데 사용되는 가루
• 측정하거나 셀 수 있는 양
① 칩 – 품목 ② 붓다, 따르다 – 덩어리 ③ 층; 바닥 – 질
④ 밀가루 – 양, 수량 ⑤ 혼합물 – 합계
|해설| 각각 flour(밀가루)와 quantity(양, 수량)에 대한 설명이다.

03 |해설| '바삭한'이라는 의미의 단어가 들어가야 하므로 crisp가 알맞다.

04 |해석| • 그 소식은 내 심장을 빠르게 뛰게 했다.

• 축구 경기에서 한국이 일본을 이겼다.
• Fred는 오믈렛을 만들기 위해 달걀을 휘저었다.
① 이겼다 ③ 뒤섞었다 ④ 씻었다 ⑤ 패배했다
|해설| '(심장이) 뛰다; 이기다; 휘젓다'의 뜻을 모두 갖는 동사인 beat가 알맞다.

05 |해석| (1) 형은 내가 내 자전거를 고치는 것을 도와주었다.
(2) 너는 최근에 공상 과학 영화를 본 적이 있니?
|해설| (1) fix: 수리하다 (= repair) (2) recently: 최근에 (= lately)

06 |해석| ① 매일 아침 우리 개가 우리 가족을 깨운다.
② 너는 전화번호를 적어야 한다.
③ 인터뷰 시간에 맞춰 도착하는 것은 중요하다.
④ 그 노래는 내가 우울할 때 기분이 나아지게 한다.
⑤ 그는 차가 고장 나서 버스를 타고 출근해야 했다.
|해설| ④ feel better: 기분이 나아지다, 몸이 낫다

07 |해석| • 그 장치는 농구공과 비슷해 보였다.
• 세금을 포함해서 계산서는 총 200달러이다.
• 나는 수학 시험을 잘 못 봐서 걱정했다.
|해설| similar to: ~와 비슷한, come to: (합계가) ~이 되다, do well on: ~을 잘하다

08 |해석| 나타나다 : 사라지다 = 얼다 : 녹다
|해설| appear와 disappear는 반의어 관계이므로 freeze의 반의어인 melt(녹다)가 알맞다.

09 |해석| ① 비 오는 – 다정한 – 만족시키다
② 만족시키다 – 졸린 – 짠
③ 다정한 – 맛있는 – 졸린
④ 맛있는 – 무거운 – 이미
⑤ 이미 – 건강한 – 어려움
|해설| ③ friendly, tasty, sleepy는 모두 명사에 -ly나 -y를 붙여 형용사가 된 단어들이다.

10 |해석| (동) 한 명 또는 그 이상의 사람들과 함께 갖거나 사용하거나 즐기다
호두 파이를 자른 후, 우리는 조각들을 동일하게 나누었다.
|해설| share(나누다, 공유하다)의 영영풀이이다.

11 |해석| ① James는 우유를 유리잔에 따랐다.
② 다행히도 그녀는 마지막 버스를 탔다.
③ 어머니는 사막으로(→ 디저트로) 키위 주스를 만드셨다.
④ 이 감자 칩들은 더 이상 바삭하지 않다.
⑤ 과식은 위에 좋지 않다.
|해설| ③ 문맥상 '후식'이라는 뜻의 dessert가 알맞다. desert는 '사막'이라는 뜻이다.

12 |해석| 국제적인: 다른 나라들 사이에 또는 다른 나라들과 관련된
① 직업들 ② 사람들 ③ 도시들 ④ 의견들
|해설| international은 '국제적인'이라는 뜻이므로 빈칸에는 ⑤가 알맞다.

13 |해석| ⓐ 불고기는 인기 있는 한국 요리이다.
ⓑ Kate가 접시를 떨어뜨렸고 그것은 깨졌다.
ⓒ 접시에 케이크 한 조각이 있다.
ⓓ 나는 이 요리를 먹어 본 적이 없다. 그것은 맛있어 보인다.
ⓔ 부엌 싱크대는 더러운 접시로 가득 찼다.
|해설| ⓐ와 ⓓ는 '요리', 나머지는 '접시'의 의미로 쓰였다.

14 |해석| <u>영수증</u>이 있으면 환불받을 수 있다.
① 두 가지 또는 그 이상의 다른 것들의 조합
② 상품에 고정되어 가격을 나타내는 한 장의 종이
③ 굽거나 튀긴 얇고 바삭바삭한 음식 조각
④ 음식을 만들기 위한 재료 목록과 지시 사항
⑤ 무언가에 돈을 지불했다는 것을 보여 주는 한 장의 종이
|해설| receipt(영수증)의 영영풀이로 ⑤가 알맞다. ①은 mixture(혼합물), ②는 price tag(가격표), ③은 chip(칩), ④는 recipe(요리법)의 영영풀이이다.

15 |해석| ⓐ 계산서는 세금을 <u>포함</u>해야 한다.
ⓑ 레몬 <u>껍질</u>은 더러운 셔츠를 하얗게 만들 수 있다.
ⓒ 그가 갑자기 <u>사라져서</u> 나는 그와 대화할 수 없었다.
ⓓ <u>청중</u>은 그 공연에 매우 즐거워했다.
|해설| ⓐ에는 include(포함하다), ⓑ에는 peel(껍질), ⓒ에는 disappear(사라지다), ⓓ에는 audience(청중)가 들어간다. differ는 '다르다'라는 뜻이다.

L·T Listen and Talk 고득점 맞기   pp. 124~125

01 ②, ③   **02** (B)-(C)-(D)-(A)   **03** ③   **04** ①, ③   **05** ⑤
06 ②

[서술형]

07 |모범 답| (1) Are you ready to order? (2) May(Can) I take your order?   **08** |모범 답| (1) (I'd like/I want) A(One) hot dog and a(one) milk, please. (2) To go, please. (3) comes to 8 dollars   **09** Would you like anything else?
10 |모범 답| (1) She will eat her food at the restaurant (Sandwich Place). (2) She paid 12 dollars (in total).
11 (1) biscuit → salad (2) cokes → bottles of water

01 |해석| A: 안녕하세요. _____
B: 달걀 샌드위치 두 개를 주문하고 싶어요.
A: 마실 것을 주문하시겠어요?
B: 네. 핫초코 하나 주세요.
① 주문하시겠습니까?
② 음식은 어땠습니까?
③ 점심으로 무엇을 먹었습니까?
④ 무엇을 드시겠습니까?
⑤ 무엇을 주문하시겠습니까?
|해설| 이어지는 말에서 음식을 주문하는 것으로 보아 빈칸에는 주문을 받는 말이 알맞다.

02 |해석| A: Dessert World에 오신 것을 환영합니다. 주문하시겠어요?
(B) 네. 도넛 두 개 주세요.
(C) 마실 것을 주문하시겠어요?
(D) 네, 오렌지 주스 하나 주세요.
(A) 여기에서 드시겠어요, 아니면 가져가시겠어요?
B: 여기에서 먹을게요.
|해설| 주문을 받겠다는 말에 음식을 주문하고(B), 음료를 주문할 것인

지 묻는 말(C)에 음료를 주문한(D) 뒤 포장 여부를 묻고(A) 답하는 순서가 알맞다.

03 |해석| A: 안녕하세요. 주문하시겠어요?
B: 네. 케이크 한 조각 주세요.
A: 어떤 종류의 음료를 드시겠어요?(→ 어떤 종류의 케이크를 드시겠어요?)
B: 초콜릿 케이크로 주세요.
A: 여기에서 드시겠어요, 아니면 가져가시겠어요?
B: 가져갈게요. 고맙습니다.
|해설| ③ 앞에서 케이크를 주문하고 뒤에서 케이크의 종류를 말하고 있으므로 음료의 종류를 묻는 것은 어색하다.

04 |해석| ① A: 그게 전부인가요?
B: 여기에서 먹을게요. 감사합니다.
② A: 모두 합쳐 얼마입니까?
B: 모두 22달러입니다.
③ A: 주문하시겠어요?
B: 신용 카드로 결제할게요.
④ A: 마실 것을 주문하시겠어요?
B: 네, 커피 한 잔 주세요.
⑤ A: 주문하시겠어요?
B: 네. 햄버거 하나와 콜라 하나를 주세요.
|해설| ① 주문한 것이 전부인지 묻는 말에 주문한 곳에서 먹겠다고 답하는 것은 어색하다.
③ 주문 받는 말에 신용 카드로 지불하겠다고 답하는 것은 어색하다.

05 |해석| ① 무엇을 도와 드릴까요?
② 그것을 어떻게 해 드릴까요?
③ 주문하시겠어요?
④ 어느 음료를 제일 좋아하나요?
⑤ 더 필요한 것이 있으신가요?
|해설| 밑줄 친 문장은 마실 것을 원하는지 묻는 말로, 앞에서 만둣국을 주문한 상황에서 추가로 주문을 받는 말이다. 따라서 다른 주문할 것이 더 있는지 묻는 표현인 ⑤로 바꿔 쓸 수 있다.

06 |해석| 식당에 온 손님과 식당 직원 사이의 대화이며, 손님은 만둣국과 물 두 병을 주문하였고 주문한 음식을 포장해 가겠다고 했다.

07 |해설| 뒤에 음식을 주문하는 말이 나오는 것으로 보아, 빈칸에는 점원이 주문을 받을 때 사용하는 표현이 들어가야 한다. Yes로 답했으므로 의문사 없이 묻는 표현인 Are you ready to order?나 May(Can) I take your order?가 적절하다.

08 |해석| A: 안녕하세요. 무엇을 주문하시겠어요?
B: <u>핫도그 한 개와 우유 하나 주세요.</u>
A: 더 필요하신 것이 있으세요?
B: 아니요, 괜찮아요.
A: 여기에서 드시겠어요, 아니면 가져가시겠어요?
B: <u>가져갈게요.</u>
A: <u>모두 8달러입니다.</u>
B: 네. 여기 있습니다.
|해설| (1) 음식을 주문할 때는 I'd like ~.나 I want ~., 「음식명, please.」 등과 같이 말한다. 뒤에서 추가로 주문할 것이 없다고 했으므로 주문서에 있는 모든 음식, 즉 one(a) hot dog와 one(a) milk가 모두 들어

가야 한다.

(2) 주문한 음식을 포장해 갈 때 (It's) To go, please. 등으로 말한다.

(3) 주문한 것에 대한 총 금액은 The total comes to ~.와 같이 말한다.

09 |해석| 주어진 단어들을 사용하여 빈칸을 채워 대화를 완성하시오.

|해설| 빈칸 앞에서 음식을 주문하고 뒤에서 추가 주문을 하고 있으므로 더 주문할 것이 있는지 묻는 말(Would you like anything else?)이 들어가는 것이 알맞다.

10 |해석| 위의 대화 내용에 따라, 질문에 완전한 영어 문장으로 답하시오.

(1) 소미는 어디에서 음식을 먹을 것인가?

(2) 소미는 총 얼마를 지불했는가?

|해설| (1) 소미는 식당에서 음식을 먹겠다고(It's for here, please.) 했다.

(2) 주문 금액이 총 12달러라는 말에 여기 있다고 말하며 값을 지불했다.

11 |해석| 소미는 햄버거 하나, 치킨 샌드위치 하나, 그리고 비스킷(→ 샐러드) 하나를 주문했다. 그리고 그녀는 마실 콜라 2개(→ 물 2병)도 주문했다.

|해설| 소미가 주문한 음식은 비스킷이 아니라 샐러드이고, 음료로는 콜라 2개가 아니라 물 2병을 주문했다.

Ⓖ Grammar 고득점 맞기
pp. 126~128

01 ⑤ **02** ④ **03** ② **04** ③ **05** ⑤ **06** ②, ⑤
07 ①, ③ **08** ⑤ **09** ③ **10** ⑤ **11** ④ **12** ④
13 ④ **14** ③

[서술형]

15 (1) Lisa wash vegetables and fruit (2) Jenny peel potatoes and onions (3) Mike to mix flour with milk

16 (1) I opened the window so that I could breathe in the fresh air. (2) I stayed out all night so that I could watch shooting stars. (3) She gave me her number so that I could call her. **17** (1) return the book by Friday (2) go camping with his friends tomorrow, him clean his room

18 (1) exercise every day so that he can stay healthy (2) take a swimming class so that she can swim well (3) save money so that she can buy her own computer

01 |해석| 그들은 그가 손해에 대한 대가를 치르게 _____.

①, ②, ③ 했다 ④ 도왔다 ⑤ 원했나

|해설| 목적격보어 자리에 동사원형인 pay가 쓰였으므로 빈칸에는 사역동사 또는 준사역동사 help가 들어갈 수 있다. want는 목적격보어로 to부정사를 취하므로 빈칸에 알맞지 않다.

02 |해석| ①, ②, ③, ⑤ 나는 경주에서 이기기 위해 열심히 연습했다.

④ 나는 매우 열심히 연습해서 경주에서 이길 수 있었다.

|해설| ①, ②, ③, ⑤는 열심히 연습한 목적을 나타내고, ④는 열심히 연습해서 얻은 결과를 나타내는 문장이다.

03 |해석| 빈칸에 들어갈 단어가 바르게 짝지어진 것은?

• 그들은 Anne이 거리에서 노래를 부르게 해 주었다.

• 엄마는 내가 엄마의 어깨를 마사지하게 하셨다.

• Kelly는 Tom에게 자신의 사진을 찍게 했다.

|해설| 첫 번째 문장의 let과 세 번째 문장의 had는 사역동사이므로 둘 다 목적격보어 자리에 동사원형을 쓴다. 두 번째 문장의 got은 준사역동사로 목적격보어에 to부정사를 쓴다.

04 |해석| ① 나는 남동생에게 내 새 모자를 쓰게 해 주었다.

② 엄마는 우리가 개들을 돌보게 하셨다.

③ 그는 버스를 놓치지 않도록 빠르게 달렸다.

④ 피노키오의 거짓말은 그의 코가 점점 더 길어지게 만들었다.

⑤ 제가 당신의 목소리를 들을 수 있도록 더 크게 말해 주세요.

|해설| ① wears → wear ② we → us ④ getting → get ⑤ because → so that

05 |해석| Amy는 여동생을 깨우지 않으려고 조용히 걸었다.

|해설| '깨우지 않도록'이라는 의미로 쓰인 to부정사구를 so that절로 바꿔 쓸 수 있다. 이때, so that절의 시제는 주절의 시제와 일치해야 하므로 won't wake up이 아닌 wouldn't wake up을 사용해야 함에 유의한다.

06 |해석| ① 나는 Daniel에게 화분을 옮겨 달라고 부탁했다.

② 아이들은 풍선이 공중으로 올라가는 것을 보았다.

③ 그들은 모두 내가 반장이 되도록 도와 주었다.

④ 그녀는 아들에게 식사 전에 손을 씻게 했다.

⑤ 감독은 선수들을 운동장에서 뛰게 했다.

|해설| 지각동사 watch는 목적격보어로 동사원형이나 현재분사를, 사역동사 make는 목적격보어로 동사원형을 취하므로 빈칸에 to를 쓸 수 없다.

07 |해석| '~하기 위해'라는 목적의 의미를 나타내는 부사적 용법의 to부정사 또는 접속사 so that을 사용할 수 있다.

08 |해석| Tom은 나에게 "너는 내 자전거를 타도 돼."라고 말했다.

|해설| Tom let me ride his bike.가 되어야 알맞다.

09 |해석| '~하도록'은 접속사 so that을 사용하여 「so that+주어+동사 ~」의 형태로 나타낼 수 있다.

10 |해석| [보기] 그는 내가 축제에 참가하게 했다.

① 그 드레스는 나를 더 나아 보이게 했다.

② 그것은 사람들이 가게에 더 오래 머물게 했다.

③ 무엇이 네가 이 일에 자원하게 했니?

④ 그녀의 성공은 부모님을 행복하게 했다.

⑤ 그는 아이들에게 정원에 그네를 만들어 주었다.

|해설| [보기]와 ①~④의 made는 5형식 문장에서 사역동사로 쓰였고, ⑤의 made는 4형식 문장에서 수여동사로 쓰였다.

11 |해석| ① 셀카를 찍을 수 있도록 셀카 봉을 가지고 오렴.

② 그녀는 그가 숙제를 끝낼 수 있도록 도와주었다.

③ Tom은 해외여행을 할 수 있도록 여권을 신청했다.

④ 나는 시험을 잘 볼 수 있을지 확신하지 못했다.

⑤ 그들은 미세먼지가 들어오지 않도록 창문을 닫았다.

|해설| ④의 빈칸에는 '~인지 아닌지'라는 의미로 명사절을 이끄는 접속사 whether나 if가 알맞고, 나머지는 모두 목적의 의미를 나타내는 접속사 so that이 알맞다.

12 |해석| 밑줄 친 부분이 어법상 틀린 것은?

① 엄마는 나에게 휴지통을 비우게 하셨다.

② 그 음료는 네가 깨어 있게 도와줄 것이다.

③ 그들은 우리에게 종이와 플라스틱을 재활용하게 했다.

④ 여동생은 내가 그녀의 새 티셔츠를 입게 해 줬다.

⑤ 의사는 그녀가 낫도록 최선을 다했다.

|해설| ④ 사역동사 let은 목적격보어로 동사원형을 취한다. (→ wear)

13 |해석| ⓐ 그 음악은 나를 슬프게 했다.

ⓑ 나는 그가 나를 볼 수 있도록 손을 흔들었다.

ⓒ 내 비밀 요리법을 너와 공유할게.

ⓓ 그녀는 제빵을 배우기 위해 프랑스에 갔다.

ⓔ 나는 샐러드가 상하지 않도록 냉장고에 보관할 것이다.

|해설| ⓒ 「사역동사 let+목적어+동사원형」의 형태로 쓴다. (to share → share)

ⓓ 주절이 과거시제이므로 목적을 나타내는 so that절도 과거시제로 써야한다. (can → could)

14 |해석| ⓐ 제시간에 도착할 수 있도록 일찍 출발해라.

ⓑ 아빠는 내가 그의 차를 운전할 수 있도록 열쇠를 주셨다.

ⓒ 할아버지는 나에게 정원에 있는 채소에 물을 주게 시키셨다.

ⓓ 그 식당은 사람들이 애완동물을 데려오는 것을 허용하지 않았다.

|해설| ⓐ that 이하가 주절의 목적을 나타내므로 접속사 so that을 사용해야 한다. (that → so that)

ⓒ 사역동사 have는 목적격보어로 동사원형을 취한다. (to water → water)

15 |해석| [보기] 주방장은 Paul에게 냄비와 접시를 준비하게 했다.

(1) 주방장은 Lisa에게 채소와 과일을 씻게 했다.

(2) 주방장은 Jenny에게 감자와 양파의 껍질을 벗기게 했다.

(3) 주방장은 Mike에게 밀가루와 우유를 섞으라고 말했다.

|해설| [보기]와 같이 5형식 문장을 완성한다. 사역동사 have와 make는 목적격보어 자리에 동사원형을 쓰고, tell은 to부정사를 쓴다.

16 |해석| (1) 나는 신선한 공기를 들이마시기 위해 창문을 열었다.

(2) 나는 별똥별을 보기 위해 밤새도록 밖에 있었다.

(3) 그녀는 내가 그녀에게 전화할 수 있도록 나에게 전화번호를 주었다.

|해설| so that은 '~하도록, ~하기 위해'라는 목적의 의미를 나타내는 접속사이다. 따라서 〈B〉의 내용이 〈A〉의 목적이 되도록 연결한다.

17 |해석| (1) 준수: 미나야, 그 책을 금요일까지 반납하는 것을 잊지 마.

미나: 알겠어, 그렇게.

→ 준수는 미나에게 금요일까지 책을 반납하게 했다.

(2) Jack: 엄마, 내일 친구들이랑 캠핑 가도 돼요?

엄마: 그래, 그러렴. 하지만 먼저 네 방을 청소해야 해.

→ Jack의 엄마는 Jack이 내일 친구들과 캠핑을 가게 해 줬지만, 먼저 그가 자신의 방을 청소하게 했다.

|해설| 각 문장에 사역동사 have, let, make가 쓰였으므로 「사역동사+목적어+동사원형」 형태의 5형식 문장으로 완성한다.

18 |해석| (1) 아빠는 건강을 유지하기 위해 매일 운동을 할 것이다.

(2) 엄마는 수영을 잘할 수 있도록 수영 수업을 들을 것이다.

(3) 예나는 자신의 컴퓨터를 살 수 있도록 돈을 모을 것이다.

|해설| so that절이 목적을 나타내도록 「주어+동사 ~ so that+주어+can ~.」 형태로 문장을 완성한다.

Reading 고득점 맞기 pp. 131~133

01 ② **02** ⑤ **03** ①, ③ **04** ② **05** ④, ⑤ **06** ②, ⑤
07 ④ **08** ④ **09** ③ **10** ④ **11** ③

[서술형]

12 as well as **13** ⓑ → They taste best when they come right out of the oven. **14** comfort food, a sea shell, tea, his grandmother **15** Melt, Put, beat, Pour, Bake

01 |해설| ⓐ 「사역동사 make+목적어+동사원형」((목적어)가 ~하게 만들다)의 형태가 되어야 한다.

ⓑ 뒤에 목적어와 목적격보어로 동사원형이 이어지는 것으로 보아 사역동사 make가 알맞다. get은 목적격보어로 to부정사를 취한다.

02 |해석| ① comfort food가 무엇인가

② 다양한 건강에 좋은 음식

③ comfort food의 기원

④ 한국인이 가장 좋아하는 comfort food

⑤ 세계의 다양한 comfort food

|해설| 마지막 부분에서 comfort food가 전 세계적으로 다양하며, 세계의 독자들이 어떤 comfort food를 즐기는지 알아보자고 했으므로, ⑤의 내용이 이어지는 것이 가장 알맞다.

03 |해석| ① 그는 가족에게 특별한 식사를 만들어 주었다.

② 어머니는 나에게 개를 산책시키게 하셨다.

③ Sally는 어머니에게 전통 의상을 만들어 드렸다.

④ 파란색 벽은 방을 더 커 보이게 했다.

⑤ 발명품들은 우리의 삶을 더 편안하게 만들었다.

|해설| ⓐ와 ①, ③의 made는 4형식 문장에 쓰인 수여동사이고, ②, ④, ⑤의 made는 목적어와 목적격보어를 갖는 5형식 문장에 쓰인 동사이다.

04 |해설| (A) '내가 나을 수 있도록 치킨 수프 한 그릇을 만들어 주셨다'라는 의미가 되는 것이 자연스러우므로 well(건강한)이 알맞다.

(B) '뜨거운 수프가 몸을 따뜻하게 해 주었다'라는 의미가 되는 것이 자연스러우므로 warmed(따뜻하게 해 주었다)가 알맞다.

(C) 몸을 낫게 해 주었고 또한(also) 맛도 좋았다는 의미가 되는 것이 자연스러우므로 tasty(맛있는)가 알맞다.

05 |해석| 윗글에 따르면 사실이 아닌 것은? 2개 고르시오.

① Jessica의 comfort food는 치킨 수프이다.

② 미국인들은 감기에 걸리면 치킨 수프를 먹는다.

③ Jessica는 어린 시절에 심한 감기에 걸렸다.

④ Jessica의 어머니는 Jessica가 아팠을 때 치킨 수프를 만들어 주셨다.

⑤ Jessica는 치킨 수프를 먹곤 했지만, 이제 더 이상 먹지 않는다.

|해설| ④ Jessica가 감기에 심하게 걸렸을 때 치킨 수프를 만들어 준 사람은 아버지이다.

⑤ 마지막 문장에서 Jessica는 지금도 감기에 걸리면 치킨 수프를 먹는다고 했다.

06 |해설| ⓑ 「수여동사(bought)+직접목적어(a bag of cassava chips)+for+간접목적어(me)」의 형태가 되어야 한다.

ⓔ 사역동사 made의 목적격보어 자리이므로 동사원형으로 써야 한다.

07 |해석| ① 특정 종류의 준비된 음식

② 단단하지만 쉽게 부스러지기 쉬운

③ 정확하게 같진 않아도 거의 똑같아 보이거나 똑같은

④ 편안하고 고통이 없는 기분 좋은 느낌

⑤ 굽거나 튀긴 얇고 바삭바삭한 음식 조각

|해설| ①은 dish(요리, 음식), ②는 crisp(바삭바삭한), ③은 similar (비슷한), ⑤는 chip(칩)에 대한 영영풀이이다. ④는 comfort(위안)에 대한 영영풀이로, 본문에 없는 단어이다.

08 |해석| 윗글의 빈칸 (A)에 알맞은 것은?

① 나는 스트레스를 더 많이 받았다

② 나는 더 우울해졌다

③ 나는 직접 그것들을 만들고 싶었다

④ 내 스트레스가 갑자기 사라졌다

⑤ 나는 갑자기 내 친구가 기억났다

|해설| 뒤에 지금도 스트레스를 받을 때 카사바 칩을 먹으면 기분이 다시 좋아진다는 내용이 이어지는 것으로 보아, 카사바 칩을 먹기 시작하자 '내 스트레스가 갑자기 사라졌다'는 내용이 되는 것이 자연스럽다.

09 |해석| 그것들은 오븐에서 막 나올 때 가장 맛있어.

|해설| 주어진 문장의 They는 madeleines를 가리키며 오븐에서 막 꺼냈을 때 맛있다는 내용이므로, 뒤이어 '그러면 부엌은 달콤한 냄새로 가득 찬다'라는 문장이 이어지는 ③에 위치하는 것이 자연스럽다.

10 |해설| ⓓ Every time은 '~할 때마다'라는 뜻의 접속사로, Whenever 와 바꿔 쓸 수 있다. However는 '아무리 ~해도; 그러나'라는 뜻이다.

11 |해석| 윗글로 보아 대답할 수 없는 질문은?

① Simon이 가장 좋아하는 comfort food는 무엇인가?

② 마들렌은 어떻게 생겼는가?

③ 프랑스 사람들은 왜 마들렌을 즐기는가?

④ Simon은 마들렌을 무엇과 함께 즐기는가?

⑤ 마들렌은 Simon에게 누구를 생각나게 하는가?

|해설| ③ 프랑스 사람들이 마들렌을 즐겨 먹는 이유에 대해서는 언급되지 않았다.

12 |해설| not only A but also B: A뿐만 아니라 B도 (= B as well as A)

13 |해석| ⓐ 마들렌은 어떤 맛이 나는가?

ⓑ Simon에 따르면 마들렌은 언제 가장 맛있는가?

ⓒ 마들렌은 무엇으로 만드는가?

|해설| Simon은 마들렌이 오븐에서 막 나올 때 가장 맛있다고 했으나, 구체적인 맛이나 재료에 대해서는 언급된 바가 없다.

14 |해석| Simon이 가장 좋아하는 comfort food는 마들렌이다. 마들렌은 조개껍데기처럼 생겼다. 그는 할머니의 오렌지 마들렌을 차와 함께 먹는 것을 즐긴다. 마들렌은 Simon에게 그의 할머니를 생각나게 한다.

15 |해석| 1. 버터를 녹여서(melt) 식힌다.

2. 달걀, 설탕, 소금을 그릇에 넣고(put) 휘젓는다(beat).

3. 그 그릇에 밀가루를 넣고 섞는다.

4. 반죽에 버터와 오렌지 껍질을 넣고 섞는다.

5. 반죽을 마들렌 팬에 붓는다(pour).

6. 오븐에서 10~15분 동안 굽는다(bake).

---

01 (1) peel (2) recipe (3) melt (4) satisfy   **02** (1) is filled (2) similar to (3) stressed out (4) not only, but also **03** (1) snow (2) tasty (3) healthy (4) sleepy   **04** (1) like to order(have) (2) order(have) two hot dogs, a(one) salad (3) anything to drink (4) It's for here   **05** (1) Are you ready to order? (2) (It's) To go, please. **06** |모범 답| (1) (We'd like to order / We'll have) A cream pasta and a potato pizza, please. (2) (We'd like to order / We'll have) One orange juice and a coke, please. (3) (It's) For here, please.   **07** comes to 12   **08** (1) She ordered one (chicken) sandwich. (2) Yes, she will.   **09** (1) walked slowly so that everyone could follow him (2) studied hard so that he could pass the test   **10** (1) ⓑ to think → think (2) 사역동사 make는 목적격보어로 동사원형을 취하므로 think를 써야 한다.   **11** (1) Beth clean her room (2) Beth play computer games for an hour (after she cleaned her room)   **12** made me a bowl of chicken soup so that I could get well   **13** (1) chicken soup (2) catches(has) a cold   **14** my best friend bought a bag of cassava chips for me   **15** ⓑ → When Maria was stressed out one day, her best friend gave(bought) her a bag of cassava chips. **16** (C)-(B)-(A)   **17** ⓐ share ⓑ eating(to eat)   **18** makes him, his grandmother, smells   **19** ⓐ Melt the butter ⓑ Add the flour ⓒ Pour the mixture   **20** for ten(10) to fifteen(15) minutes

01 |해석| (1) 껍질: 과일이나 채소의 표면

(2) 요리법: 음식을 만들기 위한 재료 목록과 지시 사항

(3) 녹이다: 고체 물질을 액체로 바꾸다

(4) 만족시키다: 원하는 것을 줘서 누군가를 기쁘게 하다

02 |해설| (1) be filled with: ~로 가득 차 있다

(2) similar to: ~와 비슷한

(3) stressed out: 스트레스가 쌓인

(4) not only A but also B: A뿐만 아니라 B도

03 |해석| 오늘은 눈이 많이 와서 우리는 하루 종일 집에 있어야 했다. 누나는 점심으로 비빔밥을 요리했다. 그것은 맛있을 뿐만 아니라 건강에도 좋았다. 점심을 먹은 후, 나는 매우 피곤하고 졸렸다.

|해설| (1) lots of가 수식하는 명사가 알맞다.

(2), (3), (4) 보어 역할을 하는 형용사가 알맞다.

04 |해석| A: 안녕하세요. 무엇을 주문하시겠어요?

B: 핫도그 두 개와 샐러드 하나 주세요.

A: 마실 것을 주문하시겠어요?

B: 네, 콜라 하나 주세요.

A: 여기에서 드시겠어요, 아니면 가져가시겠어요?

B: 여기에서 먹을게요. 감사합니다.

|해설| 음식과 음료를 차례대로 주문하고 포장 여부를 묻고 답하는 대화로 완성한다. 음식 주문을 받는 말은 What would you like to order(have)?로 할 수 있고, 마실 것을 주문할 것인지 물을 때는 Would you like anything to drink?로 말한다.

05 |해석| A: 안녕하세요. 주문하시겠습니까?

B: 네. 샌드위치 하나 주세요.

A: 어떤 종류의 샌드위치를 원하십니까?

B: 달걀 샌드위치로 주세요.

A: 여기에서 드시겠어요, 아니면 가져가시겠어요?

B: 가져갈게요. 감사합니다.

|해설| (1) Are you ready to order?: 주문하시겠습니까?

(2) 포장해서 가져가겠다는 말은 To go, please.로 한다.

06 |해석| 어제는 내 생일이어서 가족과 함께 새로운 이탈리아 식당에 갔다. 식당에서 우리는 크림 파스타 하나와 감자 피자 하나를 주문했다. 음료는 오렌지 주스 하나와 콜라 하나를 주문했다. 음식은 매우 맛있었고, 우리는 그곳에서 즐거운 생일 파티를 했다.

A: 주문하시겠습니까?

B: 네. <u>크림 파스타 하나와 감자 피자 하나 주세요.</u>

A: 다른 것도 주문하시겠어요?

B: 네. <u>오렌지 주스 하나와 콜라 하나 주세요.</u>

A: 여기에서 드시겠어요, 아니면 가져가시겠어요?

B: <u>여기에서 먹을게요.</u>

07 |해석| 모두 12달러입니다.

|해설| 총액을 알려 주는 표현은 The total comes to ~.이고, 대화의 내용에 맞는 총금액은 12달러이다.

08 |해석| (1) 소녀는 샌드위치를 몇 개 주문했는가?

(2) 소녀는 식당에서 음식을 먹을 것인가?

|해설| (1) 소녀는 샌드위치를 한 개 주문했다.

(2) 소녀는 식당에서 먹겠다고 했다.

09 |해석| (1) 관광 안내원은 <u>모두가 그를 따라갈 수 있도록</u> 천천히 걸었다.

(2) Tom은 <u>시험에 합격하기 위해</u> 열심히 공부했다.

|해설| 접속사 so that을 사용하여 「so that+주어+동사 ~」 형태로 '~하도록, ~하기 위해서'라는 목적의 의미를 나타낸다.

10 |해설| 「사역동사 make+목적어+동사원형」: (목적어)가 ~하게 하다

11 |해석| 아빠: Beth, 개를 산책시켜 주렴.

엄마: Beth, 방 청소하는 것을 잊지 마. 그러고 나서 한 시간 동안 컴퓨터 게임을 해도 돼.

Beth: 알겠어요, 엄마, 아빠.

[보기] 아빠는 Beth가 개를 산책시키게 하셨다.

(1) 엄마는 <u>Beth에게 방을 청소하게</u> 하셨다.

(2) 엄마는 <u>Beth가 (방을 청소한 후에) 한 시간 동안 컴퓨터 게임을 하게</u> 해 주셨다.

|해설| 「사역동사 make/have/let+목적어+동사원형」((목적어)가 ~하게 하다/허락하다)의 형태로 쓴다.

12 |해설| 「접속사 so that+주어+동사 ~」의 형태로 '~하도록'을 나타내고, '~에게 …을 만들어 주었다'는 「수여동사 made+간접목적어(me)+직접목적어(a bowl of chicken soup)」의 형태로 나타낸다.

13 |해설| Jessica의 comfort food는 <u>치킨 수프</u>이다. 그녀는 감기에 걸릴 때 그것을 먹는다.

14 |해설| 수여동사 buy가 사용된 4형식 문장을 3형식 문장으로 바꿀 때 간접목적어 앞에 전치사 for를 쓴다.

15 |해설| ⓐ 브라질에서 카사바는 다양한 음식에 사용된다.

ⓑ 어느 날 Maria가 스트레스를 받았을 때, <u>그녀는 가장 친한 친구에게 카사바 칩 한 봉지를 주었다</u>(→ 가장 친한 친구가 그녀에게 카사바 칩 한 봉지를 사 주었다).

ⓒ Maria는 스트레스를 받을 때마다 카사바 칩을 먹는다.

|해설| ⓑ Maria가 학교에서 안 좋은 일이 있어서 스트레스를 받았을 때 가장 친한 친구가 그녀에게 카사바 칩 한 봉지를 사 주었다.

16 |해설| 마들렌이 어떤 음식인지에 대한 설명(C)이 먼저 오고, Simon의 할머니가 만들어 주시는 오렌지 마들렌에 관한 내용(B)이 이어진 후, 할머니의 마들렌 요리법을 공유하겠다는 내용(A)이 이어지는 흐름이 자연스럽다.

17 |해설| ⓐ 사역동사 let은 목적격보어로 동사원형을 취한다.

ⓑ like는 to부정사와 동명사를 모두 목적어로 취하는 동사이다.

18 |해석| Simon이 할머니 댁에 가면 할머니는 늘 마들렌을 <u>그에게 만들어 주신다</u>. 그래서 Simon은 마들렌을 보거나 냄새를 맡을 때마다 <u>자신의 할머니</u>가 생각난다.

19 |해설| ❶ 버터를 녹여서 식히세요.

❸ 그 그릇에 밀가루를 넣고 섞으세요.

❺ 마들렌 팬에 반죽을 부으세요.

20 |해설| '~ 동안'은 전치사 for를 사용하여 나타내고, 시간의 범위를 나타내는 '~까지'를 표현할 때는 전치사 to를 사용한다.

모의고사

01 ②   **02** ③   **03** sleepy, sleep   **04** ⑤   **05** ⑤

06 ④   **07** ③   **08** ④   **09** I would like to order two bottles of water.   **10** ②   **11** ①   **12** ④   **13** ②

14 that makes you feel good   **15** ②   **16** ④

17 Jessica의 아버지가 만들어 주신 치킨 수프   **18** ④   **19** ⑤

20 ⓓ → feel   **21** ④   **22** like   **23** ①   **24** recipe

25 (1) no one could read it   (2) so that I could remember it

(3) I opened the door so that

01 |해석| [보기] 행복 – 행복한

① 다르다 – 다른   ② 건강 – 건강한   ③ 최근의 – 최근에

④ 갑작스러운 – 갑자기   ⑤ 섞다 – 혼합(물)

|해설| [보기]와 ②는 '명사 – 형용사' 관계이다.

① 동사 – 형용사   ③, ④ 형용사 – 부사   ⑤ 동사 – 명사

02 |해석| 편안한 상태의 기분 좋은 느낌

① 껍질   ② 심장; 마음   ③ 위안, 위로   ④ 조리법   ⑤ 순간

|해설| ③ comfort(위안, 위로)에 대한 영영풀이이다.

03 |해석| 나는 어젯밤에 잠을 많이 잤음에도 불구하고 여전히 졸리다.

|해설| 첫 번째 빈칸에는 주격보어 역할을 하는 형용사 sleepy가, 두 번째 빈칸에는 a lot of의 수식을 받는 명사 sleep이 알맞다.

04 |해석| ① 그의 의견은 내 의견과 <u>비슷하다</u>.

② 나는 <u>바삭바삭한</u> 쿠키를 먹는 것을 언제나 좋아한다.

③ 그녀는 말 없이 <u>사라졌다.</u>
④ 시험 결과는 그를 만족시키지 못했다.
⑤ 바나나를 먹기 전에는 껍데기를(→ 껍질을) 제거해야 한다.

|해설| ⑤ 바나나의 껍질은 peel로 나타낸다. shell은 '(단단한) 껍데기'라는 뜻이다.

05 |해석| A: 안녕하세요. 주문하시겠어요?
B: <u>네. 케이크 한 조각을 주문하고 싶어요.</u>
A: 어떤 종류의 케이크를 드시겠어요?
B: 초콜릿 케이크로 주세요.
① 가져갈게요.
② 아니요 괜찮아요.
③ 초콜릿 케이크 주세요.
④ 물 한 병 주세요.

|해설| 빈칸 뒤에 케이크의 종류를 묻는 내용이 이어지는 것으로 보아, 빈칸에는 케이크를 주문하는 말이 알맞다.

06 |해석| A: 안녕하세요. 무엇을 주문하시겠어요?
(C) 샌드위치 하나 주세요.
(D) 마실 것을 주문하시겠어요?
(B) 네, 우유 하나 주세요.
(A) 그게 전부인가요?
B: 네. 고맙습니다.

|해설| 주문을 받는 말에 음식 주문(C)을 하고, 이어 음료 주문을 묻는 말(D)에 원하는 음료를 주문(B)한 뒤, 주문한 것이 전부인지 묻고(A) 답하는 흐름이 되는 것이 자연스럽다.

07 |해석| A: _____
B: 네, 감자 피자 하나 주세요.
①, ② 주문을 하시겠어요?   ③ 지금 주문을 해도 될까요?
④ 지금 주문하시겠어요?   ⑤ 더 필요하신 것 있으세요?

|해설| B의 대답으로 보아 빈칸에는 주문을 받는 표현이 알맞다. ③은 손님이 주문을 해도 되는지 묻는 표현이다.

08 |해설| 손님인 B는 햄버거 1개, 치킨 샌드위치 1개, 샐러드 1개, 물 2병을 주문했다.

09 |해설| 물은 셀 수 없는 명사이므로 단위를 나타내는 bottle을 복수형으로 써서 two bottles of water로 나타낸다.

10 |해설| 매장 내에서 먹는 것은 for here라고 표현한다.

11 |해석| 아빠는 나에게 방을 치우게 <u>하셨다.</u>
|해설| 목적격보어 자리에 동사원형(clean)이 쓰였으므로 빈칸에는 사역동사가 알맞다. get은 to부정사를 목적격보어로 취하고, 동사 tell, want, ask는 모두 to부정사를 목적격보어로 취한다.

12 |해석| 나는 그들이 내 말을 듣게 하려고 큰 소리로 말했다.
① 내가 너무 큰 소리로 말해서 그들은 내 말을 들을 수 없었다.
② 나는 그들이 내 말을 들을 수 있게 할 때까지 큰 소리로 말했다.
③ 내가 큰 소리로 말했음에도 불구하고 그들은 내 말을 들을 수 없었다.
④ 나는 그들이 내 말을 듣게 할 수 있도록 큰 소리로 말했다.
⑤ 나는 그들이 내 말을 들을 수 있었기 때문에 큰 소리로 말했다.

|해설| 목적을 나타내는 to부정사구는 '~하도록, ~하기 위해'를 의미하는 접속사 so that을 사용하여 바꿔 쓸 수 있다.

13 |해석| ① 그 책은 Jenny를 울게 했다.
② 아빠는 내가 밤에 외출하는 것을 허락하지 않으신다.
③ 나는 우리 팀이 이길 수 있도록 최선을 다했다.
④ 엄마는 저녁 식사 후에 내가 설거지를 하게 하신다.
⑤ 그는 더 건강해지기 위해 매일 조깅을 하기 시작했다.

|해설| ② 사역동사 let은 목적격보어로 동사원형을 쓴다. (going → go)

14 |해설| 빈칸에는 '여러분을 기분 좋게 하는'의 의미로 food를 수식하는 관계대명사절이 이어지는 것이 알맞다. 주격 관계대명사 that 뒤에 「사역동사 make+목적어+동사원형」의 어순으로 쓴다.

15 |해석| ① 행복해지는 방법
② comfort food란 무엇인가?
③ 과거의 행복한 순간들
④ 위를 만족시키는 음식들
⑤ 세상에서 가장 인기 있는 comfort food

|해설| comfort food가 무엇이고, 어떤 역할을 하는지 설명하는 글이므로 제목으로 ②가 가장 알맞다.

16 |해설| 빈칸 뒤의 문장이 앞 문장에 대한 목적을 나타내므로 '~하도록, ~하기 위해'의 뜻을 나타내는 접속사 so that이 알맞다. in order to도 목적을 나타내지만 to 다음에는 동사원형이 온다.

17 |해설| It은 Jessica가 심한 감기에 걸렸을 때 Jessica의 아버지가 만들어 주신 치킨 수프를 가리킨다.

18 |해석| ① Jessica의 comfort food는 무엇인가?
② 미국인들은 언제 치킨 수프를 먹는가?
③ 누가 Jessica에게 치킨 수프를 만들어 주었는가?
④ 치킨 수프는 어떻게 만드는가?
⑤ Jessica는 언제 치킨 수프를 먹는가?

|해설| ④ 치킨 수프를 만드는 방법은 언급되어 있지 않다.

19 |해석| ① 신난 ② 나은 ③ 만족하는 ④ 편안한 ⑤ 스트레스가 쌓인
|해설| 어느날 학교에서 스트레스를 받았을(stressed out) 때 카사바 칩을 먹고 스트레스가 사라졌고, 그것이 comfort food가 되어서 지금도 스트레스를 받을(stressed out) 때 카사바 칩을 먹는다는 내용이 되는 것이 자연스럽다.

20 |해설| ⓓ 사역동사 make는 목적격보어로 동사원형을 취한다.

21 |해설| (A) the 뒤에 much의 최상급인 most가 오는 것이 알맞다.
(B) 수여동사 make가 3형식 문장에 쓰이면 간접목적어 앞에 전치사 for를 쓴다.
(C) '~하기 위해'라는 의미의 접속사 so that이 되도록 so가 알맞다.

22 |해설| ⓐ에는 '~처럼 보이다'라는 의미를 나타내기 위해 명사 앞에 쓰인 전치사 like, ⓗ에는 '~을 좋아하다'의 의미를 나타내는 동사 like가 들어가는 것이 알맞다.

23 |해설| ⓐ에는 그릇에 넣은 재료들을 '(휘저어) 섞다'라는 의미의 beat가 알맞다.

24 |해석| 음식을 만드는 데 필요한 재료 목록과 지시 사항
|해설| '요리법'을 의미하는 recipe가 알맞다.

25 |해석| (1) 나는 <u>아무도 읽을 수 없도록</u> 그 편지를 숨겼다.
(2) 나는 <u>그의 이름을 기억하기 위해</u> 손에 그의 이름을 적었다.
(3) <u>나는</u> 내 개가 안으로 들어올 수 있도록 <u>문을</u> 열었다.
|해설| 목적의 의미를 나타내는 접속사 so that을 사용하여 문장을 완성한다.

01 ⑤   **02** ⑤   **03** not only, but also   **04** ④   **05** ①
06 Would you like(Do you want)   **07** (A) What would you like to order? (B) Would you like anything else? (C) OK, then will that be all?   **08** ⑤   **09** ③   **10** let them watch TV   **11** ④   **12** ②   **13** (1) feel (2) let (3) had (4) fix   **14** ④   **15** think   **16** ④   **17** ④   **18** bought → made   **19** ①   **20** ③   **21** a bag of cassava chips   **22** ④   **23** (A) my grandmother (B) madeleines   **24** ②   **25** (1) butter, eggs, sugar, salt, flour, and orange peel (2) 10 to 15 minutes

01 |해석| • 나는 스트레스를 받으면 낮잠을 잔다.
• 그것들을 뜨거운 오븐에서 꺼낼 때 조심해라.
|해설| stressed out: 스트레스가 쌓인 / take ~ out of ...: …에서 ~을 꺼내다

02 |해석| ① 식다: 열이나 온기를 잃다
② 사라지다: 더 이상 보이지 않다
③ 껍질: 과일이나 채소의 표면
④ 만족시키다: 원하는 것을 줘서 누군가를 기쁘게 하다
⑤ 국제적인: 학교(→ 나라) 사이에 또는 관련된
|해설| ⑤ international의 영영풀이는 between or involving different countries가 알맞다.

03 |해석| 그의 노래는 아름다울 뿐만 아니라 인기도 있다.
|해설| not only A but also B는 'A뿐만 아니라 B도'의 뜻이다. (= B as well as A)

04 |해석| A: Burger House에 오신 것을 환영합니다. 무엇을 주문하시 겠어요?
B: 치킨 버거 하나 주세요.
① 여기에서 드시겠어요?
② 전부 얼마인가요?
③ 이곳을 처음 방문하시나요?
⑤ 마실 것이 있나요?
|해설| B의 대답으로 보아 빈칸에는 음식 주문을 받는 표현이 알맞다.

05 |해석| ① A: 그게 전부인가요?
B: 아니요, 괜찮습니다.
② A: 여기에서 드시겠어요, 아니면 가져가시겠어요?
B: 여기에서 먹을게요.
③ A: 주문하시겠어요?
B: 네. 버섯 피자 하나 주세요.
④ A: 마실 것을 주문하시겠어요?
B: 오렌지 주스 하나 주세요.
⑤ A: 어떤 종류의 수프를 드시겠어요?
B: 양파 수프로 주세요.
|해설| ① 주문한 것이 전부인지 묻는 질문에 사양하는 말로 답하는 것은 어색하다.

06 |해석| A: 안녕하세요. 주문하시겠어요?
B: 네, 김치 김밥 주세요.
A: 더 필요하신 것이 있으세요?

B: 아니요, 괜찮아요.
|해설| 음식 주문을 받을 때 사용하는 표현인 Would you like나 Do you want를 사용하는 것이 알맞다.

07 |해석| • 알겠습니다. 그러면 그게 전부인가요?
• 무엇을 주문하시겠어요?
• 더 필요한 것이 있으세요?
|해설| (A)에는 주문을 받는 표현이, (B)에는 추가 주문을 받는 표현이, (C)에는 주문을 다 했는지 묻는 표현이 각각 알맞다.

08 |해설| ⑤ 주문한 음식의 총 가격은 알 수 있지만 개별 음식의 가격은 알 수 없다.

09 |해석| ① 그녀는 두 사람 것을 주문했다.
② 그녀는 세 가지 종류의 음식을 주문했다.
③ 그녀는 마실 것을 주문하지 않았다.
④ 그녀는 식당에서 음식을 먹을 예정이다.
⑤ 그녀는 12 달러를 지불했다.
|해설| ③ I'd like to order two bottles of water.라고 했으므로 마실 것으로 물을 주문했음을 알 수 있다.

10 |해석| 그들이 TV를 너무 많이 보게 하지 마세요!
|해설| 사역동사 let은 목적격보어로 동사원형을 취한다.

11 |해석| 나는 그곳에 제시간에 도착하기 위해 빨리 걸었다.
|해설| 목적의 의미를 나타내는 to부정사구는 「so that+주어+동사 ~」 형태로 나타낼 수 있다.

12 |해석| ① 그는 내가 다시 웃을 수 있게 했다.
② Jessy는 나에게 멋진 가방을 만들어 주었다.
③ 그의 슬픈 이야기는 나를 울게 했다.
④ 누가 네게 설거지를 하게 했니?
⑤ 엄마는 나에게 숙제를 먼저 하게 하셨다.
|해설| ②의 made는 '~에게 …을 만들어 주었다'라는 의미의 수여동 사이고, 나머지는 모두 사역동사로 쓰여 '(목적어)가 ~하게 했다'의 의미를 나타낸다.

13 |해석| 어제 내 자전거가 고장 나서 나는 자전거를 탈 수 없었다. 그것은 나를 슬프게 했다. 다행히도 내 남동생이 내가 그의 자전거를 타게 해 주었다. 내가 남동생의 자전거를 타고 있는 동안, 엄마는 아빠에게 내 자전거를 고치게 하셨다.
|해설| 사역동사 make, let, have는 목적격보어로 동사원형을 쓴다. let은 허락을 해 주는 의미, have는 시키는 의미로 쓰인다.

14 |해석| ① 그것은 마음만 만족시킬 수 있다.
② 그것은 사람들을 스트레스 받게 한다.
③ 그것은 사람들이 다치는 것을 막아 준다.
④ 그것은 사람들에게 과거의 행복한 순간들을 생각나게 한다.
⑤ 전 세계의 모든 사람들이 같은 comfort food를 즐긴다.
|해설| ④ comfort food는 과거의 행복한 순간들을 생각나게 한다고 했다. / remind A of B: A에게 B를 생각나게 하다

15 |해설| 사역동사 make는 목적격보어로 동사원형을 취한다.

16 |해설| not only ~ but also ...는 '~뿐만 아니라 …도'의 뜻이다.

17 |해석| 그 뜨거운 수프가 내 몸을 따뜻하게 해 주었고, 나는 서서히 몸이 나아지기 시작했어.
|해설| 주어진 문장은 Jessica가 아버지가 만들어 주신 치킨 수프를 먹고 나서 치킨 수프가 준 효과를 설명한 것으로, also가 쓰여 '맛도 있

었다.'라고 표현하는 문장 앞인 ④에 들어가는 것이 자연스럽다.

18 |해석| A: Jessica, 너는 감기에 걸리면 무엇을 먹니?

B: 치킨 수프를 먹는데, 그게 내 comfort food야. 아버지가 내가 심한 감기에 걸렸을 때 치킨 수프 한 그릇을 <u>사 주셨는데</u>(→ 만들어 주셨는데) 그것은 정말 맛있었어.

|해설| Jessica는 자신의 comfort food인 치킨 수프를 소개하며 어릴 적에 심한 감기에 걸렸을 때 아버지가 치킨 수프를 만들어 주셨다고 했다.

19 |해설| 빈칸 뒤에 이어지는 내용이 many dishes를 수식하는 내용이므로 선행사 many dishes를 수식하는 관계대명사절을 이끄는 주격 관계대명사 that이나 which가 알맞다.

20 |해설| ⓒ Maria의 comfort food가 카사바 칩이라고 하였으므로 학교에서 스트레스 받았을 때 친구가 사 준 카사바 칩을 먹기 시작하자 스트레스가 '나타난' 것이 아니라 '사라졌다(disappeared)'고 하는 것이 자연스럽다.

21 |해설| '한 봉지의'를 의미하는 a bag of를 단위로 써서 나타낸다.

22 |해설| be filled with는 '~으로 가득 차 있다'의 의미이다.

23 |해설| her는 글쓴이의 할머니를, They는 마들렌을 가리킨다.

24 |해석| ① 습관 ② 요리법 ③ 약 ④ 재료 ⑤ 순간

|해설| 오렌지 마들렌을 만드는 요리 방법에 대한 글이므로 '할머니의 특별한 <u>요리법</u>'이 되는 것이 알맞다.

25 |해석| (1) 오렌지 마들렌을 만들기 위해 어떤 재료들이 필요한가?

→ 버터, 계란, 설탕, 소금, 밀가루 그리고 오렌지 껍질이 필요하다.

(2) 마들렌을 굽는 데 얼마나 걸리는가?

→ 10~15분 걸린다.

|해설| (1) 요리법에 사용된 재료를 나열하도록 한다.

(2) 오븐에서 10~15분 동안 굽는 것이 마지막 단계이다.

| 제 **3** 회 | 대표 기출로 **내신 적중 모의고사** | pp. 146~149 |

01 ⑤ **02** ① **03** ① **04** ③ **05** ⑤ **06** Would you like anything to drink **07** ⑤ **08** ② **09** at home → there 또는 at the restaurant **10** ④ **11** ② **12** so that I **13** ④ **14** ⓐ that ⓑ when **15** ③ **16** ⑤ **17** catch a cold, eat chicken soup **18** ④ **19** ④ **20** ③ **21** to share → share **22** (1) comfort food (2) an afternoon snack (3) a cup of tea (4) his grandmother **23** ① **24** ② **25** (1) had me feed the dog (2) had me close the window

01 |해석| ① 소금 – 짠 ② 운 – 행운의 ③ 건강 – 건강한

④ 친구 – 친근한 ⑤ 슬픈 – 슬프게

|해설| ⑤는 '형용사 – 부사'의 관계이고, 나머지는 모두 '명사 – (명사에 -y나 -ly를 붙인) 형용사'의 관계이다

02 |해석| ① 곧 <u>주문</u>을 받겠습니다.

내 <u>주문</u>을 좀 해 주겠니?

---

② 외출하기에 너무 <u>추웠다</u>.

너는 <u>감기</u>에 자주 걸리니?

③ 나는 내 심장이 <u>뛰는</u> 것을 느꼈다.

너는 먼저 달걀을 <u>휘저어야</u> 한다.

④ 나 대신 <u>접시</u>들을 닦아 줄래?

여기 있는 많은 <u>요리</u>들은 달걀로 만들어졌다.

⑤ 네 머리가 오늘 매우 <u>멋져</u> 보인다.

오븐에서 쿠키를 꺼내서 <u>식혀라</u>.

|해설| ①의 order는 모두 '주문'이라는 의미로 명사로 쓰였다.

② cold: 추운; 감기 ③ beat: (심장이) 뛰다; (휘저어) 섞다

④ dish: 접시; 요리 ⑤ cool: 멋진; 식히다

03 |해석| ① 나는 네가 곧 회복하기를 바라.

② 우리는 너와 모든 것을 공유할 수 있다.

③ 그의 책은 흥미로운 이야기들로 가득 차 있다.

④ 그 문제에 대해 스트레스 받지 마라.

⑤ 나는 그뿐만 아니라 그의 가족도 저녁 식사에 초대했다.

|해설| ① get well은 '회복하다'라는 뜻이다.

04 |해석| A: <u>주문하시겠어요?</u>

B: 네, 핫도그 하나 주세요.

① 그게 전부인가요? ② 주문하셨나요?

④ 마실 것을 주문하시겠어요? ⑤ 맛있는 것이 있나요?

|해설| Would you like to order?와 May I take your order?는 음식 주문을 받을 때 쓰는 표현이다.

05 |해석| 나는 Taste of Italy에 가고 싶다. 그 식당에서 감자 피자 하나를 먹을 것이다.

A: Taste of Italy에 오신 것을 환영합니다. 무엇을 주문하시겠어요?

B: <u>감자 피자 하나 주세요.</u>

A: 여기에서 드시겠어요, 아니면 가져가시겠어요?

B: 여기에서 먹을게요.

① 감자 피자 하나 주세요. – 가져갈게요.

② 감자 피자를 먹었어요. – 가져갈게요.

③ 감자 피자를 만들게요. – 여기에서 먹을게요.

④ 감자 피자는 어때요? – 상관없어요.

|해설| ⓐ 음식을 주문할 때는 I'll have ~.나 I'd like(I want) ~.로 말한다.

ⓑ 식당에서 먹을 것이라고 했으므로 For here, please.가 알맞다.

06 |해석| A: 주문하시겠어요?

B: 네, 도넛 2개 주세요.

A: <u>마실 것을 주문하시겠어요?</u>

B: 네, 콜라 하나 주세요.

|해설| Would you like anything to drink?는 음료를 주문 받을 때 사용하는 표현이다.

07 |해석| ① 학교 ② 도서관 ③ 극장 ④ 동물 병원 ⑤ 식당

|해설| 음식을 주문하는 대화이므로, 대화가 일어나고 있는 장소는 식당이 알맞다.

08 |해설| ②에는 추가 주문을 받는 질문이 알맞다. (→ Would you like anything else?)

09 |해석| 소녀는 Sandwich Place에서 햄버거 하나, 치킨 샌드위치 하나, 샐러드 하나, 물 두 병을 주문한다. 그녀는 <u>집에서</u>(→ 식당에서) 음식을 먹을 것이다.

09 |해설| It's for here, please.라고 말한 것으로 보아 식당에서 먹을 것임을 알 수 있다.

10 |해석| 나는 내일 학교에 늦지 않도록 자명종을 맞췄다.
|해설| 빈칸 뒤에 이어지는 내용이 빈칸 앞 문장에 대한 목적을 나타내므로 '~하도록, ~하기 위해'라는 의미의 접속사 so that이 알맞다.

11 |해석| 그는 아들이 시험 공부를 더 하는 것을 보았다/하게 했다/하는 것을 도왔다.
|해설| ② get이 준사역동사로 쓰이면 목적격보어로 to부정사를 취한다.

12 |해석| 나는 건강을 유지하기 위해 매일 아침을 먹는다.
|해설| to stay healthy는 목적을 나타내는 부사적 용법의 to부정사구로, 목적의 의미를 나타내는 접속사 so that을 사용하여 「so that+주어+동사 ~」 형태로 바꿔 쓸 수 있다.

13 |해석| ⓐ 그를 지금 집에 보내 줘.
ⓑ 우리는 그 아이가 집에 가는 길을 찾게 도와주었다.
ⓒ 한 선생님은 우리에게 영어로 수필을 쓰라고 말씀하셨다.
ⓓ 모두가 잘 잘 수 있도록 불을 꺼라.
|해설| ⓐ 사역동사 let은 목적격보어로 동사원형을 취한다. (going → go)
ⓒ 5형식 문장에서 tell은 목적격보어로 to부정사를 취한다. (write → to write)

14 |해석| • 그녀가 자신의 나라로 돌아갔다는 것이 사실인가요?
• 이 집들이 언제 지어졌는지 아시나요?
|해설| ⓐ 본문에는 주격 관계대명사 that이나 which가 알맞고, 아래 문장에는 진주어로 쓰인 명사절을 이끄는 접속사 that이 알맞다.
ⓑ 본문에는 '~할 때'를 나타내는 접속사 when이 알맞고, 아래 문장에는 의문사 when이 알맞다.

15 |해설| ③ comfort food를 설명하는 글에서 '음식을 빨리 먹는 것은 건강에 좋지 않다'는 내용은 글의 흐름과 관계가 없다.

16 |해설| ⓔ 주격보어로서 부사 very의 수식을 받는 형용사 tasty가 되어야 한다.

17 |해석| 지금도 나는 감기에 걸릴 때 치킨 수프를 먹는다.
|해설| 치킨 수프가 자신의 comfort food가 된 배경을 소개하는 내용에 이어지는 문장이므로 지금도 감기에 걸릴 때 치킨 수프를 먹는다는 내용이 되는 것이 알맞다.

18 |해석| ① 배고플 때 ② 가족이 그리울 때
③ 열심히 공부해야 해서 ④ 스트레스를 받을 때마다
⑤ 가장 친한 친구가 생각날 때마다
|해설| 카사바 칩을 먹고 나서 스트레스가 갑자기 사라졌다는 내용에 이어지는 말로, 지금도 '스트레스를 받을 때마다' 카사바 칩을 먹는다는 내용이 되어야 알맞다.

19 |해석| ① 카사바는 다양한 브라질 요리에 사용된다.
② 카사바는 감자와 비슷하다.
③ Maria는 카사바 칩을 매우 좋아한다.
④ Maria는 가장 친한 친구를 떠올리기 위해 카사바 칩을 먹는다.
⑤ 카사바 칩을 먹을 때 나는 소리는 Maria의 기분을 좋게 해 준다.
|해설| Maria는 가장 친한 친구가 사 준 카사바 칩을 먹고 기분이 좋아진 경험으로 인해 지금도 스트레스를 받을 때 카사바 칩을 먹는다는 내용의 글이다. 가장 친한 친구를 떠올리려고 카사바 칩을 먹는다는 ④는 글의 내용과 일치하지 않는다.

20 |해석| 그러면 부엌은 달콤한 냄새로 가득 차.
|해설| 주어진 문장은 오븐에서 구운 마들렌을 꺼냈을 때를 언급한 문장 뒤인 ③에 들어가는 것이 자연스럽다.

21 |해설| 사역동사 let은 목적격보어로 동사원형을 취한다.

22 |해석| 마들렌은 Simon이 가장 좋아하는 comfort food이다. 프랑스 사람들은 그것을 오후 간식으로 즐겨 먹는다. Simon은 특히 차 한 잔과 함께 할머니의 오렌지 마들렌을 먹는 것을 좋아한다. 마들렌은 그에게 할머니를 떠올리게 한다.

23 |해설| ⓐ, ⓑ add A to B: B에 A를 더하다 ⓓ A to B: A에서 B

24 |해설| 5번 단계의 반죽(the mixture)에는 1~4번 단계에 사용된 재료(버터, 달걀, 설탕, 소금, 밀가루, 오렌지 껍질)가 들어가 있다.

25 |해석| 우리 부모님은 어제 여행을 가셨다. 그들은 나에게 해야 할 일들의 목록을 남기셨다. 그들은 나에게 개 먹이를 주게 하셨다. 또한 내가 감기에 걸리지 않도록 창문을 닫게 하셨다.
|해설| '(목적어)가 ~하게 했다'라는 문장이 되도록 「사역동사 had+목적어+동사원형」의 형태로 완성한다.

제 4 회 고난도로 내신 **적중** 모의고사 pp. 150~153

01 ② **02** ④ **03** ②, ③ **04** order **05** ④
06 I would like (to order(have)) a cheeseburger and a coke(, please). **07** (1) What would you like to order (2) Would you like anything (3) one(a) milk, please
08 ⓑ → Would you like anything else? **09** Is it for here or to go? **10** ③ **11** so **12** ② **13** They went out so that they could enjoy the nice weather. **14** ⓒ → Dad doesn't let me play online games. **15** ①, ⑤ **16** (1) ⓔ → prepare (2) 사역동사 made의 목적격보어로 동사원형이 알맞다.
17 food that makes you feel good **18** (s)tomach **19** ⑤
20 ④ **21** ⓓ → feel **22** She got it when she had a bad day at school (and felt stressed out). **23** ④ **24** ④
25 (1) Add the flour to the bowl (2) Add the butter and orange peel to the mixture (3) Pour the mixture into the madeleine pan. (4) Bake in the oven for 10 to 15 minutes.

---

01 |해석| 짠 음식은 당신의 건강에 좋지 않으니 너무 자주 먹지 마라.
|해설| 첫 번째 빈칸에는 명사 foods를 수식하는 형용사 salty가, 두 번째 빈칸에는 전치사(for)의 목적어로 쓰인 명사 health가 알맞다.

02 |해석| ① 네 새 가방은 내 가방과 비슷하다.
② 바구니는 오렌지로 가득 차 있었다.
③ 나는 스트레스 받을 때 초콜릿을 먹는다.
④ Angela는 똑똑할 뿐만 아니라 친절하다.
⑤ 너희 할머니가 빨리 회복되시기를 바라.
|해설| ④ 'A뿐만 아니라 B도'의 의미를 나타낼 때는 not only A but also B의 형태로 쓴다.

03 |해석| A: 안녕하세요. 주문하시겠어요?
B: 네. 핫도그 한 개와 콜라 하나 주세요.

① 지금 주문해도 될까요?　　　④ 음료는 무엇으로 하시겠어요?
⑤ 제 주문을 받아 주시겠어요?
|해설| B가 음식을 주문하는 것으로 보아 주문을 받는 말이 들어가는 것이 알맞다.

04 |해설| 빈칸에는 '주문하다', '주문'의 의미를 나타내는 order가 공통으로 알맞다.

05 |해석| A: 안녕하세요. 무엇을 주문하시겠어요?
B: 케이크 한 조각 주세요.
A: 어떤 종류의 케이크를 드시겠어요?
B: 초콜릿 케이크로 주세요.
① 케이크는 어땠나요?
② 초콜릿 케이크를 더 좋아하세요?
③ 케이크를 여기에서 드시겠어요?
⑤ 디저트를 더 드시겠어요?
|해설| B의 응답으로 보아 어떤 종류의 케이크를 먹을지 묻는 말이 알맞다.

06 |해석| Mark는 패스트푸드점에 있다. 그는 치즈버거 하나와 콜라 하나를 주문할 것이다.
|해설| 주문할 때 사용하는 여러 가지 표현 중 I would like (to order (have)) ~.를 사용하여 말할 수 있다.

07 |해석| A: 안녕하세요. 무엇을 주문하시겠어요?
B: 샌드위치 하나 주세요.
A: 마실 것을 주문하시겠어요?
B: 네, 우유 하나 주세요.
|해설| (1) 음식 주문을 받는 표현인 What would you like to order? 가 알맞다.
(2) 음료 주문을 받는 표현인 Would you like anything to drink? 가 되어야 한다.
(3) 「음식명, please.」로 음식을 주문하는 말을 할 수 있다.

08 |해설| ⓑ 이어지는 응답으로 보아 음료를 주문할 것인지 묻는 말이 아니라 추가로 주문할 것이 있는지 묻는 말이 알맞다.

09 |해설| 포장 여부를 묻는 말은 Is it(the order) for here or to go?로 한다.

10 |해설| ③ fried chicken은 주문하지 않았다.

11 |해설| Lisa swims every day so that she can stay healthy.가 되어야 하므로 다섯 번째로 오는 단어는 so이다.

12 |해석| 과학 선생님은 내가 그 질문에 답하게 하셨다.
|해설| 목적격보어로 동사원형(answer)이 쓰였으므로 빈칸에는 사역동사 let, made, had가 알맞다. get, want, allow는 목적격보어로 to부정사를 취한다.

13 |해석| 그들은 좋은 날씨를 즐기러 밖으로 나갔다.
|해설| 목적을 나타내는 부사적 용법의 to부정사구는 「접속사 so that+주어+동사 ~」의 형태로 바꿔 쓸 수 있다.

14 |해석| 나의 부모님은 내가 열심히 공부하길 원하신다. 엄마는 내가 매일 공부를 복습하게 하신다. 아빠는 내가 온라인 게임을 하게 해 주시지 않는다. 나는 더 많은 자유 시간을 갖고 싶다!
|해설| ⓒ 사역동사 let은 목적격보어로 동사원형을 취하므로 to play가 아니라 play로 써야 한다.

15 |해설| ②, ③ 사역동사 make와 have의 목적격보어는 동사원형이 되어야 한다. (② to go → go, ③ done → do)
④ '~하기 위해'라는 뜻의 목적을 나타내는 접속사 so that이 쓰인 문장이 되어야 한다. (so early that → early so that)

16 |해석| A: 안녕, Mark. 쇼핑하러 가자.
B: 미안하지만, 그럴 수 없어.
A: 왜 안 되니?
B: 엄마는 내가 외출하게 해 주시지 않을 거야. 엄마는 내가 방을 청소하고 내일 있을 시험을 준비하게 하셨어.
|해설| 사역동사 made의 목적격보어로 clean과 prepare가 and로 연결된 문장이다. 사역동사의 목적격보어는 동사원형으로 써야 한다.

17 |해설| 선행사 food 뒤에 주격 관계대명사 that을 쓰고 「사역동사 make+목적어+동사원형」의 형태로 관계대명사절을 완성한다.

18 |해석| 음식이 소화되는 신체 기관
|해설| stomach(위)의 영영풀이이다.

19 |해설| '(C) 어렸을 때 심한 감기에 걸린 상황 – (A) 아버지가 치킨 수프를 만들어 줌 – (B) 수프를 먹고 나아짐'의 순서가 자연스럽다.

20 |해석| ① 그녀는 영국 출신이다.
② 그녀는 자신의 아버지가 가장 좋아하는 음식에 대해 이야기하고 있다.
③ 그녀는 어렸을 때 아버지에게 치킨 수프를 만들어 드렸다.
④ 그녀는 감기에 걸렸을 때 아버지의 치킨 수프를 좋아했다.
⑤ 그녀는 기분이 무척 좋을 때 치킨 수프를 먹는다.
|해설| Jessica는 어린 시절 감기에 걸렸을 때 아버지가 만들어 주신 치킨 수프를 먹고 몸이 나아졌는데, 그 수프는 맛도 있었다고 했다.

21 |해설| 사역동사 make의 목적격보어로 동사원형이 와야 한다.

22 |해석| 윗글에 따르면 Maria는 언제 가장 친한 친구로부터 카사바 칩 한 봉지를 받았는가? 영어로 답하시오.
→ 그녀는 학교에서 좋지 않은 일이 있었을 때 (스트레스를 받았을 때) 그것을 받았다.
|해설| Maria가 학교에서 안 좋은 일이 있어 스트레스가 쌓였을 때 Maria의 가장 친한 친구가 카사바 칩 한 봉지를 사 주었다.

23 |해설| ④ Simon의 경우 할머니의 오렌지 마들렌을 차와 함께 먹는 것을 특히 좋아한다고 했으나 일반적으로 마들렌을 반드시 차와 함께 먹어야 하는지는 언급되어 있지 않다.

24 |해설| ⓐ look like: ~처럼 생기다
ⓑ be filled with: ~로 가득 차 있다
ⓒ with: ~와 함께
ⓓ think of: ~을 생각하다, 떠올리다
ⓔ share *A* with *B*: A를 B와 공유하다

25 |해석| 할머니의 특별한 요리법: 오렌지 마들렌
❶ 버터를 녹여서 식히세요.
❷ 달걀, 설탕, 소금을 그릇에 넣고 휘저으세요.
❸ 그 그릇에 밀가루를 넣고 섞으세요.
❹ 반죽에 버터와 오렌지 껍질을 넣고 섞으세요.
❺ 반죽을 마들렌 팬에 부으세요.
❻ 오븐에서 10~15분 동안 구우세요.

Lesson 3
Stories of English Words and Expressions

STEP A

W Words 연습 문제　　　　p. 157

A 01 제안하다
02 세기, 100년
03 화나게 하다
04 두다, 놓다
05 원래, 본래
06 국적
07 공상 과학 소설
08 홍수
09 약
10 노예
11 야기하다, 초래하다
12 소개하다
13 생산하다
14 문명
15 기원, 근원
16 탐험가
17 창의적인, 창조적인
18 발명하다
19 무역상, 상인
20 접촉, 연락

B 01 cross
02 experience
03 chef
04 tunnel
05 myth
06 pleasure
07 present
08 hurricane
09 slice
10 traditional
11 create
12 expression
13 play
14 press
15 massage
16 soap
17 area
18 mean
19 inventor
20 creation

C 01 (위험하니까) 조심해라
02 (정보를) 듣게(알게) 되다, 익히다
03 ~에서 유래하다, 비롯되다
04 연락하다, 연락하고 지내다
05 놀리다, 농담하다
06 ~을 통과하다, 지나가다
07 ~값을 지불하다
08 B의 이름을 따서 A라고 부르다
09 곤경에 빠져 있다
10 비가 억수같이 쏟아지다

D 01 originate from
02 keep in touch
03 be in hot water
04 pass through
05 rain cats and dogs
06 call A after B
07 pick up
08 pull one's leg
09 pay for
10 watch out

W Words Plus 연습 문제　　　　p. 159

A 1 origin, 기원, 근원　2 anger, 화나게 하다　3 present, 현재의　4 century, 세기, 100년　5 trader, 무역상, 상인　6 place, 두다, 놓다　7 hurricane, 허리케인　8 flood, 홍수

B 1 Press　2 caused　3 produce　4 suggested　5 originally

C 1 called after　2 originated(came) from　3 Watch out　4 kept in touch　5 picked up

D 1 originate from　2 creation　3 French　4 pleasure　5 expression

A |해석| 1 무언가의 시작
2 누군가를 화나게 하다
3 현재 일어나거나 존재하는
4 백 년의 기간
5 물건을 사고 파는 사람
6 특정 지점이나 위치에 놓다
7 극도로 맹렬한 바람 또는 폭풍
8 보통은 마른 땅을 뒤덮는 많은 양의 물

B |해석| 1 기계를 작동시키기 위해 버튼을 눌러라.
2 그들은 무엇이 화재를 야기했는지 알아내려고 노력했다.
3 그 공장은 하루에 천 대의 자동차를 생산할 수 있다.
4 나는 우리가 만나야 한다고 제안했고, 그들은 동의했다.
5 그 로봇은 원래 계단을 오르내리도록 설계되었다.

D |해석| 1 놓다 : 놓다 = ~에서 비롯되다 : ~에서 유래하다
2 생산하다 : 생산 = 창조하다 : 창조
3 독일 : 독일(인)의 = 프랑스 : 프랑스(인)의
4 소개하다 : 소개 = 기쁘게 하다 : 기쁨
5 제안하다 : 제안 = 표현하다 : 표현

W Words 실전 TEST　　　　p. 160

01 ②　02 ②　03 ④　04 ④　05 ②　06 originate (come) from　07 ⑤

01 |해석| [보기] 발명하다 – 발명(품)
① 기원 – 원래의　② 창조하다 – 창조　③ 독일 – 독일(인)의
④ 국가의 – 국적　⑤ 전통 – 전통적인
|해설| [보기]와 ②는 '동사 – 명사'의 관계이다. ①, ⑤는 '명사 – 형용사', ③은 '명사(국가명) – 형용사(국적)', ④는 '형용사 – 명사'의 관계이다.

02 |해석| 의사소통을 하거나 만나는 행위
① 노예　③ 약　④ 표현　⑤ 국적
|해설| contact(접촉, 연락)에 대한 영영풀이이다.

03 |해석| 내 여동생은 지갑을 잃어버려서 곤경에 처해 있었다.
① 조금 쉬었다
② 목욕을 했다

③ 도움을 좀 받았다

④ 곤경에 처해 있었다

⑤ 더 이상 동의할 수 없었다(전적으로 동의했다)

|해설| be in hot water는 '곤경에 빠져 있다'라는 뜻으로, be in trouble과 바꿔 쓸 수 있다.

04 |해석| ① 당신은 표 값으로 얼마를 지불했나요?

② 일부 여행자들은 사막을 통과해 지나간다.

③ 그녀는 오빠에게서 축구 기술을 익혔다.

④ 그들은 첫째 딸을 그녀의 할머니의 이름을 따서 불렀다.

⑤ 마지막 계단을 조심해! 그것은 다른 것들보다 훨씬 더 높아.

|해설| ④ call A after B는 'B의 이름을 따서 A라고 부르다'라는 뜻이다.

05 |해석| [보기] 나는 우리의 현재 상황이 나아지길 바란다.

① 지금 선물을 열어 봐도 될까요?

② Tom은 자신의 현재 직업에 만족하지 않는다.

③ 그녀는 생일 선물에 대해 나에게 고마워했다.

④ 그들은 모든 수상자들에게 상을 수여할 것이다.

⑤ 부모님에게서 받아 본 선물 중에서 가장 좋은 것은 무엇이니?

|해설| [보기]와 ②는 '현재의'라는 의미의 형용사로 쓰였다. ①, ③, ⑤는 '선물'이라는 의미의 명사, ④는 '수여하다'라는 의미의 동사로 쓰였다.

06 |해설| '~에서 유래하다'는 originate from이나 come from으로 표현한다.

07 |해석| ① 햄 한 조각 더 드시겠습니까?

② 그는 학교 연극에서 작은 역할을 맡았다.

③ 그 책은 단어의 기원을 설명한다.

④ Jessica는 차 한 잔을 탁자 위에 놓았다.

⑤ 무역상들은 18세기에 그 단어를 영국에 생산했다(→ 소개했다).

|해설| ⑤ 문맥상 '소개했다'라는 의미인 introduced가 쓰이는 것이 자연스럽다.

L&T Listen and Talk 만점 노트 pp. 162~163

Q1 '비가 많이 내린다'라는 뜻이다. **Q2** ⓐ **Q3** ⓑ **Q4** ⓑ

Q5 ⓑ **Q6** ⓒ **Q7** T

L&T Listen and Talk 빈칸 채우기 pp. 164~165

Listen and Talk A-1 raining, that mean, It means

Listen and Talk A-2 is on me, Can you say, means

Listen and Talk A-3 Would you like, No, thanks, What does

Listen and Talk A-4 under the weather, can you please, I said, don't you buy, over there

Listen and Talk C My pleasure, like to invite, too bad that, fingers crossed, can you please say, good luck, keep in touch

Talk and Play cats and dogs, please say that again, What does that

---

Review - 1 keep, crossed for, sorry, say that again, wish you

Review - 2 under the weather, What does that mean, have a cold

---

L&T Listen and Talk 대화 순서 배열하기 pp. 166~167

1 ⓒ - ⓑ - ⓐ - ⓓ   **2** ⓔ - ⓓ - ⓐ, ⓑ

3 ⓑ, ⓔ - ⓒ - ⓐ   **4** ⓑ - ⓓ - ⓐ - ⓒ - ⓔ

5 ⓑ, ⓗ, ⓕ - ⓐ, ⓖ   **6** ⓑ - ⓓ - ⓒ - ⓐ - ⓔ

7 ⓐ - ⓒ - ⓑ   **8** ⓔ - ⓑ, ⓐ - ⓓ, ⓖ

L&T Listen and Talk 실전 TEST pp. 168~169

01 ④   **02** ⑤   **03** ④   **04** ⑤   **05** (D)-(E)-(B)-(A)-(C)

06 ②   **07** ③   **08** ④   **09** means   **10** ③

[서술형]

11 that again, said, means   **12** What does that mean?

13 ⓑ → |모범 답| Excuse me, but can you say that again?

01 |해석| A: 얼굴을 길쭉하게 만들지 마.

B: _____

A: "얼굴을 길쭉하게 만들지 마."라고 말했어.

①, ②, ③ 뭐라고 말했니?

④ 확실하니?

⑤ 다시 한번 말해 줄래?

|해설| 빈칸 뒤에 A가 자신이 했던 말을 반복하고 있으므로 '다시 한번 말해 줄래?'라는 의미로 반복 설명을 요청하는 표현이 알맞다.

02 |해석| A: 나는 내일 테니스 시합이 있어.

B: 다리를 부러뜨려.

A: 그게 무슨 뜻이니?

B: 그것은 '행운을 빌어.'라는 뜻이야.

① 그런 의도는 아니었어.

② 무슨 일이 있었니?

③ 어쩌다 다리를 다쳤니?

④ 그 말을 듣게 되어 정말 유감이야.

|해설| 빈칸 뒤에 B가 앞에서 자신이 한 말의 의미를 설명하고 있으므로 '그게 무슨 뜻이니?'라고 의미를 묻는 표현이 알맞다.

03 |해석| A: 모든 게 맛있어 보여.

B: 그래. 내 스파게티 좀 먹을래?

A: 아니, 괜찮아. 스파게티는 내 차 한 잔이 아니야.

B: 네 차 한 잔이 아니라고? 그게 무슨 뜻이야?

A: '나는 무언가를 좋아하지 않아.'라는 뜻이야.

B: 아, 알겠어. 넌 스파게티를 좋아하지 않는구나.

① 난 배고프지 않아.

② 나는 컵을 찾을 수 없어.

③ 나는 차 한 잔을 원해.

⑤ 네가 어느 쪽을 좋아하든 난 상관없어.

|해설| 이어지는 B의 말로 보아 not my cup of tea는 무언가를 좋아하지 않는다는 의미임을 알 수 있다.

04 |해석| A: 시청으로 가려면 몇 번 버스를 타야 하니?

B: 117번이나 212번 버스를 타야 해.

A: 다시 한번 말해 줄래?

B: 117번이나 212번 버스를 타.

① 나와 함께 가 주겠니?　② 질문 하나 해도 될까?

③ 나를 좀 도와주겠니?　④ 나에게 길을 알려 줄래?

|해설| 상대방의 말을 잘 알아듣지 못했을 때 반복 설명을 요청하는 표현이므로 ⑤로 바꿔 말할 수 있다.

05 |해석| (D) 수호야, 이 주스는 내게 있어.

(E) 뭐라고? 다시 한번 말해 줄래?

(B) "이 주스는 내게 있어."라고 말했어. 그건 '내가 주스를 살게.'라는 뜻이야.

(A) 아. 정말 고마워.

(C) 천만에.

|해설| 주스를 사 주겠다는 표현(D)을 이해하지 못해서 다시 말해 달라고 요청(E)하자 반복해서 말한 후 의미를 설명하고(B), 주스를 사 줘서 고맙다(A)는 말과 그에 대한 응답(C)으로 이어지는 흐름이 자연스럽다.

[06~07] |해석|

소녀: 나는 날씨 아래에 있는 기분이야.

소년: 미안하지만, 다시 한번 말해 줄래?

소녀: "날씨가 어때?"(→ "나는 날씨 아래에 있는 기분이야.")라고 말했어. 그것은 '나는 몸이 좋지 않아.'라는 뜻이야. 나 감기에 걸린 것 같아.

소년: 아. 비행기에 타기 전에 약을 좀 사지 그래? 저쪽에 있는 가게에서 약을 살 수 있어.

소녀: 그래야겠어.

06 |해설| ② 상대방이 다시 말해 달라고 요청하는 말에 대한 답이므로 자신이 한 말(I feel under the weather.)을 다시 한번 반복해서 말하는 것이 자연스럽다.

07 |해설| 몸이 좋지 않다고 말하는 소녀에게 약을 좀 살 것(Why don't you buy some medicine ~?)을 권유했다.

[08~10] |해석|

A: 지호야, 모든 게 고마웠어. 한국에서 정말 좋은 시간을 보냈어.

B: 천만에. 다음에 다시 방문해 줘, Lucy.

A: 그러고 싶지만, 그 전에 네가 런던에 있는 나를 방문하도록 초대하고 싶어.

B: 고마워. 그런데, 내일 내 축구 경기에 네가 올 수 없어서 정말 안타깝다.

A: 나도 더 오래 머무를 수 없어서 유감이야. 너를 위해 내 손가락을 교차할게.

B: 너는 어떻게 손가락을 교차시킬 수 있니?(→ 미안하지만, 다시 한번 말해 줄래?)

A: "너를 위해 내 손가락을 교차할게."라고 말했어. 그건 '행운을 빌게.'라는 뜻이야.

B: 아. 고마워. 즐거운 여행이 되길 바라.

A: 고마워. 연락할게.

08 |해설| ⓐ 뒤에서 A가 앞에서 한 말을 반복하고 있으므로 반복 설명을 요청하는 표현이 들어가야 한다. (→ Excuse me, but can you please say that again?)

09 |해설| 'I'll keep my fingers crossed for you.'에 대한 의미를 설명하고 있고 주어가 It이므로 빈칸에는 '의미하다'라는 뜻의 동사인 mean의 3인칭 단수형이 알맞다.

10 |해석| ① Lucy는 한국에 있는 지호를 방문했다.

② Lucy는 런던에 산다.

③ 지호는 내년에 런던을 방문할 것이다.

④ 지호는 내일 축구 경기가 있다.

⑤ Lucy는 지호의 축구 경기를 보러 갈 수 없다.

|해설| ③ Lucy가 지호를 런던으로 초대했지만 지호가 내년에 런던에 갈지 여부는 대화에 나와 있지 않다.

11 |해설| A: 그 상자를 좀 들어 주겠니?

B: 그래. 그건 케이크 한 조각이야.

A: 다시 한번 말해 줄래?

B: 나는 "그건 케이크 한 조각이야."라고 말했어. 그것은 '이것은 쉬워.'라는 뜻이야.

|해설| A의 질문에 B가 자신이 했던 말을 반복한 것으로 보아, A는 반복 설명을 요청하는 말을 한 것임을 알 수 있다. B는 자신이 한 말을 반복하므로 I said, ~.를 사용하고, 그 말의 의미를 It means ~.로 설명하고 있다.

12 |해설| A: 얼굴을 길쭉하게 만들지 마.

B: 그게 무슨 뜻이야?

A: 그것은 '슬퍼하지 마.'라는 뜻이야.

|해설| 상대방이 한 말의 의미가 무엇인지 물을 때 What does that mean?, What do you mean by that?, What is the meaning of that? 등으로 표현한다.

13 |해설| A: 나는 정말 배가 불러. 나는 돼지같이 먹었어.

B: 실례지만, 그게 무슨 뜻이야?(→ 실례지만, 다시 한번 말해 줄래?)

A: "나는 돼지같이 먹었어."라고 말했어.

B: 그게 무슨 뜻이야?

A: '과식했어.'라는 뜻이야.

B: 아, 그렇구나.

|해설| ⓑ 뒤에서 A가 자신이 앞에서 한 말을 반복하고 있으므로 ⓑ는 '다시 한번 말해 줄래?'라는 의미로 반복 설명을 요청하는 말이 되어야 알맞다.

G Grammar 핵심 노트 1 QUICK CHECK　　p. 170

1 (1) which (2) who (3) whom

2 (1) which (2) who (3) which

1 |해석| (1) 나는 그녀에게 스카프를 사 주었는데, 그것은 줄무늬가 있다.

(2) 내 친구 Jim은 공부를 열심히 했는데, 시험에 합격했다.

(3) Susan은 귀여운 아기인데, 내가 그녀를 돌보고 있다.

2 |해석| (1) Tom은 내게 책을 한 권 빌려 주었는데, 그것은 지구에 관한 것이다.

(2) 그 여자는 옆집에 사는데, 변호사이다.

(3) 나는 '마지막 잎새'를 읽고 싶은데, 그것은 O. Henry가 썼다.

1 (1) that　(2) It　(3) I could attend

2 (1) that　(2) that you keep　(3) It is surprising

1 |해석| (1) 그가 나에게 거짓말을 했다는 것은 이상하다.

(2) Mike는 수영을 좋아하지 않는 것이 확실하다.

(3) 내가 제시간에 회의에 참석할 수 있는 것은 불가능했다.

2 |해석| (1) 우리가 함께 경기를 볼 수 있다는 것은 신나는 일이다.

(2) 치아를 깨끗하게 유지하는 것은 중요하다.

(3) 그가 피아노 경연 대회에서 우승한 것은 놀랍다.

G Grammar 연습 문제 1　　　　p. 172

A **1** which　**2** who　**3** who(m)　**4** which

B **1** He bought a new car, which was very expensive.

2 This is Linda, who(m) I told you about last week.

3 That woman, who is from London, will teach us English.

4 Charlie became a teacher, which surprised his friends.

C **1** which likes sweets too much

2 who owns many companies

3 which served great food

4 which made me feel great

D **1** My dad made a chair, which broke the next day.

2 I want to visit the Louvre, which is in Paris.

3 I borrowed the book from Amy, who has read it many times.

A |해석| **1** Tom은 떡볶이를 무척 좋아하는데, 그것은 그의 comfort food이다.

2 도서관에서 나는 두 소녀를 만났는데, 그들은 Eric의 쌍둥이 자매이다.

3 Jim은 Claire와 결혼했는데, 그의 부모님이 그녀를 정말 좋아한다.

4 Laura는 매우 아프다고 말했는데, 그것은 사실이 아니었다.

|해설| 계속적 용법의 관계대명사는 선행사에 대한 부가 정보를 제공하는 관계대명사절을 이끌며, 선행사가 사람일 때는 who(m), 사물·동물이거나 앞 문장 전체일 때는 which를 쓴다.

B |해석| **1** 그는 새 차를 샀는데, 그것은 매우 비쌌다.

2 이 분이 Linda인데, 내가 지난주에 너에게 그녀에 대해 말했다.

3 저 여자분은 런던 출신인데, 우리에게 영어를 가르칠 것이다.

4 Charlie는 교사가 되었는데, 그것은 친구들을 놀라게 했다.

|해설| 뒤 문장이 부가적인 설명을 덧붙이는 대상을 선행사로 하여, 선행사의 종류에 따라 계속적 용법의 관계대명사 who(m)나 which를 사용하여 콤마(,)와 함께 관계대명사절을 쓴다.

C |해석| **1** 나는 개를 한 마리 키우는데, 그 개는 단 것을 너무 좋아한다.

2 Clinton 씨는 많은 회사를 운영하는데, 매우 부유하다.

3 우리는 새로운 식당에 갔는데, 그곳은 훌륭한 음식을 제공했다.

4 선생님이 나를 칭찬해 주셨고, 그것은 내 기분을 매우 좋게 했다.

|해설| 관계대명사 that은 계속적 용법으로 사용하지 않으며, 앞 문장 전체를 선행사로 받아 추가 정보를 덧붙이는 경우에는 관계대명사 which를 사용한다.

D |해설| 선행사에 대한 추가 정보를 제공하는 관계대명사절을 이끄는 계속적 용법의 관계대명사는 앞에 콤마(,)와 함께 쓰이며, 선행사가 사람일 때는 who(m), 사물/동물일 때는 which를 쓴다.

G Grammar 연습 문제 2　　　　p. 173

A **1** that　**2** It　**3** that　**4** that　**5** that

B **1** Is it true that he is over ninety?

2 It is amazing that she became a comedian.

3 It is strange that Susan doesn't remember me.

C **1** It is true that octopuses are very smart.

2 It is a good idea that we can recycle it.

3 It is important that you have a dream.

D **1** It is clear that he has lost all the money.

2 It is a problem that you are always late.

3 It is not true that she never eats(has) meat.

4 It is interesting that some animals can use tools.

A |해석| **1** 시간이 돈이라는 것은 사실이다.

2 네 아기가 배고픈 것이 확실하다.

3 그가 마침내 담배를 끊은 것은 좋은 일이다.

4 우리가 콘서트 표를 얻은 것은 행운이다.

5 네가 쇼핑에 돈을 다 쓴 것은 놀랍다.

|해설| 접속사 that이 이끄는 명사절이 문장의 주어로 쓰인 경우, that절을 문장 뒤로 보내고 주어 자리에 가주어 it을 사용하여 나타낼 수 있다.

B |해석| **1** 그가 90세가 넘은 것이 사실인가요?

2 그녀가 코미디언이 된 것은 놀랍다.

3 Susan이 나를 기억하지 못하는 것은 이상하다.

|해설| 두 문장을 합쳤을 때 주어에 해당하는 that절을 문장의 뒤로 보내고 주어 자리에 가주어 it을 쓴다.

C |해설| 문장의 주어를 접속사 that이 이끄는 명사절 형태로 쓰며, 진주어인 that절은 문장의 뒤로 보내고 주어 자리에 가주어 it을 써서 문장을 완성한다.

D |해설| 주어로 쓰이는 that절을 문장의 뒤로 보내고 주어 자리에 가주어 it을 써서 나타낼 수 있다.

G Grammar 실전 TEST　　　　pp. 174~177

01 ④	02 ②	03 ②	04 ②	05 ①	06 ④	07 ③
08 ⑤	09 ③	10 ③	11 ②	12 ④	13 ③	14 ①
15 ③						

[서술형]

16 which　**17** it amazing that　**18** ⓐ which　ⓑ that

19 which my dad made, tastes really good **20** (1) which my mom baked (2) who is studying photography in Rome (3) who invented the light bulb (4) which is a traditional Korean food **21** (1) It is strange that we haven't heard from James. (2) It is surprising that Roy and Neil are twins. (3) It is(was) interesting that Anthony joined the dancing club. **22** (1) who is class president (2) which is near my house (3) which was painted by Vincent van Gogh (4) which Gustave Eiffel designed **23** (1) ⓒ → It is strange that my laptop doesn't work. (2) ⓓ → Dad gave me a book, which I lost right away.

01 |해석| 우리는 한 호텔에 묵었는데, 그곳은 경치가 놀라웠다.
|해설| 선행사 a hotel에 대해 부연 설명을 하기 위해 콤마(,) 뒤에 쓰이는 계속적 용법의 주격 관계대명사가 필요하므로 which가 알맞다.

02 |해석| White 선생님이 다른 학교로 가신다는 것은 충격적이다.
|해설| 주어인 that절을 뒤로 보내고 주어 자리에 가주어 It을 쓴 문장이므로 빈칸에는 명사절을 이끄는 접속사 that이 알맞다.

03 |해설| two sons에 대해 부연 설명을 하고 있으므로 계속적 용법의 주격 관계대명사 who와 be동사의 복수형 are가 알맞다.

04 |해설| 문장의 진주어인 that절을 문장의 뒤로 보내고 주어 자리에 가주어 It을 쓴다.

05 |해석| 할머니가 나에게 새 재킷을 사 주셨는데, 그것은 나에게 너무 작았다.
|해설| 계속적 용법으로 사용된 관계대명사는 「접속사+대명사」로 바꿔 쓸 수 있다. 앞 문장과 역접의 내용이 이어지므로 접속사 but을 사용하고, 대명사는 a new jacket을 대신하는 it으로 쓴다.

06 |해석| • Mark를 내가 어제 만났는데, 그는 친절하고 잘생겼다.
• 엄마가 가장 좋아하는 꽃병을 내가 깨뜨렸는데, 그것이 엄마를 속상하게 했다.
|해설| 첫 번째 문장의 빈칸에는 선행사 Mark에 대한 부연 설명을 하는 관계대명사절을 이끄는 계속적 용법의 목적격 관계대명사 who(m)가 알맞고, 두 번째 문장의 빈칸에는 앞 문장 전체에 대한 추가 정보를 제공할 때 쓰이는 계속적 용법의 관계대명사 which가 알맞다.

07 |해설| 새로 산 시계(a new watch)에 대한 부연 설명을 하는 내용이므로 계속적 용법의 관계대명사 which를 콤마(,)와 함께 사용하는 것이 알맞다.

08 |해설| that절이 주어인 문장(That Grace hasn't arrived yet is strange.)은 that절을 문장의 뒤로 보내고 주어 자리에 가주어 It을 써서 나타낼 수 있다.

09 |해석| ① 나는 우리 할머니를 사랑하는데, 할머니는 아흔이 넘으셨다.
② 너는 테니스를 치고 있는 소년을 아니?
③ 우리는 그 사원을 방문했는데, 그것은 1500년에 지어졌다.
④ Angela가 입고 있는 티셔츠는 매우 비싸다.
⑤ Jake는 또 학교에 늦었고, 그것은 선생님을 화나게 했다.
|해설| ③ 관계대명사 that은 계속적 용법으로 쓸 수 없다. (→ which)

10 |해석| 나의 이모 Linda는 파리에 산다. 그녀는 유명한 요리사이다.
→ 나의 이모 Linda는 유명한 요리사인데, 파리에 산다.
|해설| 두 번째 문장이 첫 번째 문장의 주어 My aunt Linda에 대한 부연 설명이므로, 계속적 용법의 주격 관계대명사 who를 콤마(,)와 함께 사용하여 한 문장으로 연결할 수 있다.

11 |해석| ① 좋은 친구를 사귀는 것은 쉽지 않다.
② 바람이 너무 불어서 우리는 밖에서 놀 수 없었다.
③ 우리는 다른 사람들의 의견을 존중할 필요가 있다.
④ 지민이가 시험에서 만점을 받은 것은 놀라운 일이 아니다.
⑤ 어떤 원숭이들은 사람의 머리카락으로 치실질한다는 것은 흥미롭다.
|해설| ②는 날씨를 나타낼 때 사용하는 비인칭 주어 It이고, 나머지는 모두 진주어인 to부정사구나 that절을 대신하는 가주어 It이다.

12 |해석| [보기] 우리가 내일까지 그 프로젝트를 끝내는 것은 불가능하다.
① 그것은 내가 너에게 말했던 스카프야.
② 저것이 네가 최근에 산 모자니?
③ 이것들은 내가 어젯밤에 만든 쿠키들이다.
④ Justin이 다음 달에 돌아온다는 것이 사실이니?
⑤ '모나리자'는 레오나르도 다빈치가 그린 그림이다.
|해설| [보기]와 ④의 that은 문장의 진주어로 쓰인 명사절을 이끄는 접속사이다. ①, ③은 목적격 관계대명사, ②는 대명사, ⑤는 주격 관계대명사이다.

13 |해석| Jake는 어젯밤에 늦게 집에 돌아왔고, 그것은 그의 부모님을 걱정스럽게 했다.
|해설| 앞 문장의 내용 전체에 대한 부연 설명을 할 경우, 관계대명사 which를 계속적 용법으로 사용한다. 관계대명사 that은 계속적 용법으로 쓰이지 않는다.

14 |해석| ① Mark가 자전거를 훔쳤다는 것은 사실이 아니다.
② 이 가방은 할머니가 만드셨는데, 매우 유용하다.
③ 우리는 과학 공원에 갔는데, 그것은 시내에 있다.
④ Henry가 5개 언어를 할 수 있다는 것은 놀라운 일이다.
⑤ 나는 알버트 슈바이처를 존경하는데, 그는 노벨 평화상을 받았다.
|해설| ② This bag, which my grandma ~.
③ that → which ④ which → that ⑤ whom → who

15 |해석| ⓐ Parker 선생님은 Christina의 엄마인데, 내 영어 선생님이다.
ⓑ 우리가 함께 파리를 방문할 것이라니 신난다.
ⓒ 우리가 계속 규칙적으로 운동하는 것은 중요하다.
ⓓ Steve는 시험을 통과했고, 그것은 그의 부모님을 기쁘게 했다.
|해설| ⓒ 진주어인 명사절을 이끄는 접속사 that이 쓰여야 한다.
(which → that)
ⓓ 앞 문장 전체에 대한 추가 정보를 제공할 때 쓰이는 계속적 용법의 관계대명사 which가 쓰여야 한다. (that → which)

16 |해석| Jake는 춤 경연 대회에서 1등을 했다. 그것은 우리를 놀라게 했다.
→ Jake는 춤 경연 대회에서 1등을 했고, 그것은 우리를 놀라게 했다.
|해설| 두 번째 문장의 That이 앞 문장 전체를 가리키므로, 앞 문장 전체에 대한 부연 설명을 할 때 사용하는 계속적 용법의 관계대명사 which를 사용하여 한 문장으로 바꿔 쓸 수 있다.

17 |해석| 우리는 이번 주 토요일에 TV에 출연할 거야. 놀랍지 않아?
→ 우리가 이번 주 토요일에 TV에 출연할 것이라는 게 놀랍지 않아?
|해설| 두 번째 문장의 that이 앞 문장 전체를 가리키므로, 앞 문장을 접속사 that이 이끄는 명사절로 바꿔 주어로 쓸 수 있다. that절이 주어인 경우, 주어 자리에 가주어 it을 쓰고 진주어인 that절은 문장의 뒤로 보낸다.

18 |해설| 오늘 나는 세종대왕에 관한 책을 읽었는데, 그는 한글을 만들었는데, 그것은 세계에서 가장 과학적인 문자 체계 중 하나이다. 그가 매우 창의적이었다는 것은 사실이다.

|해설| ⓐ 콤마(,) 뒤에 쓰여 선행사 Hangeul을 보충 설명하는 관계대명사절을 이끄는 주격 관계대명사 which가 알맞다.

ⓑ 진주어인 명사절을 이끄는 접속사 that이 알맞다.

19 |해설| 피자를 부연 설명하는 내용(우리 아빠가 만드셨다)을 계속적 용법의 관계대명사절로 쓴다.

20 |해석| (1) 이 쿠키들은 엄마가 구우셨는데, 맛있다.

(2) 나는 삼촌 댁을 방문했는데, 그는 로마에서 사진을 공부하고 있다.

(3) 이 책은 Edison에 관한 것인데, 그는 전구를 발명했다.

(4) 이것은 비빔밥인데, 한국의 전통 음식이다.

|해설| 계속적 용법의 관계대명사를 사용하여 선행사를 보충 설명하는 관계대명사절을 완성한다. 선행사가 사람이면 who, 사물이면 which를 쓴다.

21 |해석| [보기] Romeo가 Juliet을 사랑하는 것은 사실이다.

(1) 우리가 James에게서 소식을 듣지 못한 것은 이상하다.

(2) Roy와 Neil이 쌍둥이라는 것은 놀랍다.

(3) Anthony가 춤 동아리에 가입한 것은 흥미롭다(흥미로웠다).

|해설| 진주어인 that절을 문장의 뒤로 보내고 주어 자리에 가주어 It을 쓴다.

22 |해설| 선행사를 부연 설명하는 관계대명사절을 계속적 용법의 관계대명사를 사용하여 완성한다. 선행사가 사람이면 who(m), 사물이면 which를 쓴다.

23 |해석| ⓐ Peter가 꽃병을 깨뜨린 것이 분명하다.

ⓑ Ted는 내 옆집에 사는데, 매우 친절하다.

ⓒ 내 노트북이 작동하지 않는 것이 이상하다.

ⓓ 아빠가 내게 책을 주셨는데, 나는 그것을 바로 잃어버렸다.

ⓔ Mike는 고국으로 돌아갔고, 그것은 나를 슬프게 했다.

|해설| ⓒ 진주어인 that절을 문장의 뒤로 보내고 주어 자리에 가주어 It을 쓰는 것이 알맞다.

ⓓ 콤마(,) 뒤에 이어지는 관계대명사절이 a book을 부연 설명하므로 계속적 용법으로 쓰이는 관계대명사 which를 사용해야 한다.

Ⓡ Reading 빈칸 채우기   pp. 180~181

01 has, borrowed, from   **02** Here are   **03** comes from, which   **04** used for   **05** introduced, to, in the   **06** after, entered, around   **07** present meaning of   **08** Shortly, be, used for   **09** play, which was written   **10** look like   **11** are designed, are produced   **12** It, that, using, himself   **13** originally called   **14** which means, in   **15** decided to   **16** was made into   **17** which originates from   **18** creation, one of the, created   **19** angered, caused   **20** contact with, civilization   **21** passing through, picked up   **22** one of the   **23** from, second-largest   **24** from, in German   **25** origin of   **26** it, that, sometime between, and   **27** two slices of, such

Ⓡ Reading 바른 어휘·어법 고르기   pp. 182~183

01 borrowed   **02** are   **03** which   **04** for   **05** introduced   **06** meaning   **07** washing   **08** Shortly after, for   **09** was written, by   **10** look like   **11** are produced   **12** using, himself   **13** originally   **14** However, which   **15** to use   **16** was made   **17** from   **18** one of   **19** angered   **20** contact, was   **21** through   **22** uses, was   **23** from   **24** in   **25** clear   **26** was invented   **27** such food a hamburger

Ⓡ Reading 틀린 문장 고치기   pp. 184~185

01 ×, from   **02** ○   **03** ×, comes from   **04** ×, was used for   **05** ×, introduced it to   **06** ○   **07** ○   **08** ×, hair   **09** ×, which was written   **10** ○   **11** ×, are designed   **12** ○   **13** ○   **14** ×, in Czech   **15** ×, decided to use   **16** ○   **17** ×, which   **18** ○   **19** ×, so   **20** ○   **21** ×, picked up   **22** ×, one of the   **23** ×, Germany's   **24** ○   **25** ○   **26** ×, it is believed that   **27** ○

Ⓡ Reading 실전 TEST   pp. 188~191

01 ④   **02** ④   **03** ③   **04** ⑤   **05** ③   **06** ②   **07** ⑤   **08** ④   **09** ⑤   **10** ③   **11** ⑤   **12** ③   **13** ④   **14** ⑤   **15** origin   **16** ④

[서술형]

17 (1) washing the hair (2) a special soap for the hair   **18** ⓒ → The meaning of the word *shampoo* changed a few times after it first entered English.   **19** which originates from the name of a Mayan god   **20** ⓔ → was   **21** (1) comes from the Spanish word *huracán* (2) caused a great flood   **22** 빵 두 조각 사이에 함부르크 스타일의 스테이크를 넣은 음식   **23** It is interesting that the idea of using the word *robot* didn't come from Karel Čapek himself.   **24** (1) Latin, work (2) Czech, slave workers

[01~03] |해석|

shampoo라는 단어는 힌디어 단어인 chāmpo에서 왔는데, 그것은 '누르다'라는 의미이다. 인도에서 그 단어는 머리 마사지를 가리키는 데 쓰였다. 인도에 있던 영국 무역상들이 머리 마사지를 곁들인 목욕을 경험하고, 18세기에 그것을 영국에 소개했다. shampoo라는 단어의 의미는 그 단어가 1762년쯤 영어에 처음 들어온 이후 몇 번 바뀌었다. 19세기에 shampoo는 '머리 감기'라는 현재의 의미를 갖게 되었다. 그 후 얼마 지나지 않아, 그 단어는 머리에 사용하는 특별한 비누를 가리키는 데에도 쓰이기 시작했다.

01 |해설| '～에 사용되다'라는 의미의 be used for가 되도록 전치사 for가 들어가는 것이 알맞다.

02 |해설| (A) 영국 무역상들이 머리 마사지를 곁들인 목욕을 경험하고 영국에 그것을 '소개했다(introduced)'는 내용이 자연스럽다.
(B) 19세기에 '머리 감기'라는 현재의 '의미(meaning)'를 갖게 되었다는 내용이 자연스럽다.

03 |해석| ① 머리를 마사지하는 방법
② 인도: 교역의 중심지
④ 머리 마사지의 다양한 효능
⑤ 영국과 인도의 관계
|해설| 'shampoo라는 단어의 유래'에 관한 글이다.

[04~08] |해석|
robot이라는 단어는 희곡 'R.U.R.'에서 왔는데, 그 희곡은 1920년에 체코의 작가 Karel Čapek이 썼다. 그 희곡에서 로봇은 인간처럼 생긴 기계이다. 그것은 인간을 위해 일하도록 설계되고, 공장에서 생산된다.
robot이라는 단어를 <u>사용하려는</u> 생각이 Karel Čapek 자신에게서 나온 게 아니었다는 것은 흥미롭다. 그는 원래 자신의 희곡에 등장하는 그 기계들을 '일'을 의미하는 라틴어 단어에서 온 labori라고 불렀다. 하지만 그의 형이 roboti를 제안했는데, <u>그것은 체코어로 '노예 근로자들'을 의미한다.</u> Karel Čapek은 그 아이디어가 마음에 들어 roboti라는 단어를 사용하기로 결정했다. 1938년에 그 희곡은 영국 TV에서 공상 과학물로 만들어졌다.

04 |해석| ① 그것은 확실히 내 잘못이 아니다.
② 그때는 매우 어두웠다.
③ 그것은 내가 받아 본 중 최고의 선물이다.
④ 이번 주말에는 눈이 많이 올 것이다.
⑤ 네가 아직도 그녀를 기다리고 있는 것이 이상하다.
|해설| (A)와 ⑤는 가주어로 쓰였다. ①, ③은 '그것'이라는 의미의 대명사, ②와 ④는 각각 명암과 날씨를 나타낼 때 사용하는 비인칭 주어이다.

05 |해설| ⓐ 전치사(of)의 목적어로 동사가 올 때는 동명사 형태로 쓴다.
ⓒ decide는 to부정사를 목적어로 취하는 동사이다.

06 |해석| ① 마침내 ③ 그러므로 ④ 게다가 ⑤ 예를 들어
|해설| 원래 지었던 이름과 다른 이름을 제안했다는 내용이 이어지므로 '하지만'의 의미를 나타내는 연결어 However가 알맞다.

07 |해설| 선행사 roboti에 대한 부연 설명을 하는 말이므로 콤마(,) 뒤에 계속적 용법의 주격 관계대명사 which를 사용하여 나타내며, 선행사가 3인칭 단수이므로 관계대명사절의 동사는 means를 쓴다.

08 |해설| ④ robot이라는 단어는 Karel Čapek의 형이 제안한 아이디어에서 나왔다.

[09~11] |해석|
hurricane이라는 단어는 스페인어 단어인 huracán에서 왔는데, 그것은 마야 신의 이름에서 유래한다. 마야의 창조 신화에서 Huracán은 바람, 폭풍우, 그리고 불을 다스리는 날씨의 신이며, 그는 인간을 창조한 세 명의 신들 중 한 명이다. 하지만 최초의 인간들이 그 신들을 화나게 했고, 그래서 Huracán은 거대한 홍수를 일으켰다.
스페인이 마야 문명과 처음 했던 접촉은 1517년이었다. 카리브제도를 통과해 지나가던 스페인 탐험가들이 허리케인을 겪었고, 그 지역 사람들로부터 그것을 가리키는 단어를 창조하게(→ 익히게) 되었다. 영어에서는 hurricane이 초기에 사용된 예 중 하나가 1608년에 셰익스피어가 쓴 희곡에서다.

09 |해설| ⓔ 뒤에 '그 지역의 사람들로부터'라는 말이 이어지는 것으로 보아 created는 어색하다. 허리케인을 경험하고 그 지역 사람들로부터 그 단어를 익혔다(picked up)는 내용이 되는 것이 자연스럽다.

10 |해설| (A) 선행사가 사물이고 빈칸 앞에 콤마(,)가 있으므로 계속적 용법의 주격 관계대명사 which가 알맞다.
(B) 선행사 Spanish explorers를 수식하는 관계대명사절을 이끄는 주격 관계대명사 who가 알맞다.

11 |해석| ① 허리케인이라는 단어는 어떤 스페인어 단어에서 유래하는가?
② 마야 창조 신화에서 Huracán은 누구인가?
③ 마야 문명과 한 스페인의 첫 번째 접촉은 언제인가?
④ 스페인 탐험가들은 카리브제도를 지날 때 무엇을 경험했는가?
⑤ 영어에서 누가 허리케인이라는 단어를 처음 사용했는가?
|해설| ⑤ 영어에서 초기에 hurricane이 사용된 예 중 하나로 1608년 셰익스피어의 희곡을 언급하고는 있지만, 최초로 사용한 사람이 누구인지에 대한 언급은 없다.

[12~16] |해석|
hamburger라는 단어는 원래 독일에서 두 번째로 큰 도시인 함부르크에서 왔다. Hamburger는 독일어로 '함부르크 출신의 사람 또는 사물'을 의미한다.
(B) 최초의 햄버거의 기원은 분명하지 않다. (C) 하지만 햄버거는 1885년에서 1904년 <u>사이의</u> 언젠가 미국의 텍사스에 있는 작은 마을에서 발명되었다고 여겨진다. (A) 한 요리사가 빵 두 조각 <u>사이에</u> 함부르크 스타일의 스테이크를 넣었고, 사람들은 그런 음식을 햄버거라고 부르기 시작했다.

12 |해설| 최초의 햄버거의 기원이 불분명하다는 내용(B) 뒤에 그러나 햄버거가 발명되었다고 여겨지는 장소와 시간이 있다는 내용(C)이 이어지고, 그에 대한 자세한 설명(A)이 이어지는 것이 자연스럽다.

13 |해설| ⓐ '빵 두 조각 사이에'라는 의미가 되도록 전치사 between이 알맞다.
ⓒ between *A* and *B*: A와 B 사이에

14 |해석| ① Olivia는 <u>깨끗한</u> 피부를 가지고 있다.
② 그 호수의 물은 매우 <u>맑았다.</u>
③ 당분간 <u>맑은</u> 날씨가 계속될 것이다.
④ 너는 책상에 있는 모든 서류를 <u>치워야</u> 한다.
⑤ Mark가 잘못한 것이 없다는 것은 <u>분명하다.</u>
|해설| ⓑ와 ⑤의 clear는 '분명한'의 의미로 쓰였다. ①, ②는 '맑은, 깨끗한', ③은 '날씨가 맑은', ④는 '치우다'의 의미로 쓰였다.

15 |해석| 무언가의 시작, 원인, 또는 근원
|해설| origin(기원, 근원)의 영영풀이이다.

16 |해석| ① 함부르크는 독일에서 두 번째로 큰 도시이다.
② Hamburger는 함부르크 출신의 사람 또는 사물을 의미한다.
③ 최초의 햄버거의 기원은 분명하지 않다.
⑤ 두 개의 빵 조각 사이에 함부르크 스타일의 스테이크를 끼워 넣은 것을 햄버거라고 부르기 시작했다.

17 |해설| shampoo라는 단어의 현재 의미는 '머리 감기'와 '머리에 사용하는 특별한 비누'이다.

18 |해석| ⓐ shampoo라는 단어는 '누르다'를 의미하는 힌디어 단어에서 유래한다.
ⓑ shampoo라는 단어는 18세기에 처음으로 영어에 들어왔다.
ⓒ shampoo라는 단어의 의미는 처음 영어에 들어온 후에 전혀 바뀌

지 않았다.

|해설| ⓒ shampoo라는 단어는 영어에 처음 들어온 이후로 의미가 여러 번 바뀌었다.

19 |해설| huracán에 대한 부연 설명을 하는 계속적 용법의 관계대명사 절을 콤마(,) 뒤에 주격 관계대명사 which를 사용하여 쓴다.

20 |해설| 「one of the+복수명사」는 단수 취급하므로 was가 되어야 한다.

21 |해석| (1) hurricane은 어떤 스페인어 단어에서 왔는가?
→ 그것은 스페인어 단어 huracán에서 왔다.
(2) Huracán은 최초의 인간들이 신들을 화나게 했을 때 무엇을 하였는가?
→ 그는 거대한 홍수를 일으켰다.

22 |해설| A cook placed a Hamburg-style steak between two slices of bread에 해당하는 음식을 가리킨다.

23 |해설| 주어인 접속사 that이 이끄는 명사절을 형용사 interesting 뒤로 보내고 빈 주어 자리에 가주어 It을 써서 「It is interesting that ~.」의 형태가 되도록 쓴다.

24 |해석| (1) labori: '일'을 의미하는 라틴어
(2) roboti: '노예 근로자들'을 의미하는 체코어

Ⓜ 기타 지문 실전 TEST   p. 193

01 ④   **02** 나는 몸이 좋지 않아.   **03** ③   **04** ⑤   **05** 음식을 먹는 동안에도 카드 게임을 할 수 있도록 빵 사이에 고기를 끼워서 먹는 것   **06** which, between two slices

[01~02] |해석|
'I feel under the weather.'라는 표현이 무슨 뜻인지 아니? '나는 몸이 좋지 않아.'라는 뜻이야. 아플 때 이 표현을 말할 수 있어.

01 |해석| ① 말하다 ② 가다 ③ 만들다 ⑤ 따르다
|해설| I feel under the weather.라는 표현의 의미를 묻고 답하는 문장이므로 means(의미하다)가 알맞다.

02 |해설| 여기에서 well은 '건강한, 건강이 좋은'이라는 뜻으로 쓰였으므로 '나는 몸이 좋지 않아.'가 알맞다.

[03~04] |해석|
1. 법에 관한 많은 영어 단어들이 프랑스어에서 유래되었다. 그 예로는 judge(판사)와 justice(정의) 같은 단어들이 있다.
2. 이탈리아어에서 유래된 음악과 관련된 영어 단어들이 많다. 예를 들어, piano(피아노)와 violin(바이올린)은 이탈리아어에서 유래되었다.
3. 채소를 나타내는 많은 영어 단어들이 스페인어에서 유래되었다. 예를 들어, tomato(토마토)는 스페인어 tomate에서 유래되었고, potato(감자)는 patata에서 유래되었다.

03 |해설| ⓐ 이어지는 예시인 judge(판사), justice(정의)로 보아 law(법)가 알맞다.
ⓑ piano, violin으로 보아 music(음악)이 알맞다.
ⓒ tomato, potato로 보아 vegetables(채소)가 알맞다.

04 |해설| ⑤ tomato가 스페인어 tomate에서 유래되었다.

[05~06] |해석|
Sandwich라는 단어의 유래
sandwich라는 단어는 John Montagu로부터 유래되었는데, 그는 Sandwich 백작 4세였다. 그는 먹는 동안에도 카드 게임을 할 수 있었기 때문에 빵 두 조각 사이에 고기를 끼워서 먹는 것을 즐겼다. 사람들은 그것을 좋은 생각이라고 여겼고, 그의 이름을 따서 그런 음식을 샌드위치라고 부르기 시작했다.

05 |해설| 카드 게임을 하던 샌드위치 백작이 빵 두 조각 사이에 고기를 끼워서 먹는 것을 즐겼고, 사람들이 그것을 좋은 생각이라고 여겼다고 했으므로 it은 이러한 앞 문장의 내용을 가리킨다.

06 |해석| 샌드위치는 Sandwich 백작 4세의 이름을 따서 이름 지어졌는데, 그것은 두 조각의 빵 사이에 고기를 넣은 음식이다.

STEP B

Ⓦ Words 고득점 맞기   pp. 194~195

01 ②   **02** ④   **03** ①   **04** ①   **05** ①   **06** picked up
07 (o)rigin   **08** ⑤   **09** ③, ⑤   **10** ④   **11** ④   **12** ③
13 ④   **14** ②   **15** ②

01 |해석| 다음 설명에 해당하는 단어로 알맞은 것은?
완전히 새로운 것을 생각해 내거나 창조하다
① 누르다 ③ 유래하다 ④ 제안하다 ⑤ 소개하다
|해설| invent(발명하다)에 대한 설명이다.

02 |해석| ① 여행하다 : 여행자 = 발명하다 : 발명가
② 기쁘게 하다 : 기쁨 = 결정하다 : 결정
③ 프랑스 : 프랑스의 = 독일 : 독일의
④ 동의하다 : 동의 = 창조하다 : 창의적인
⑤ 아름다움 : 아름다운 = 전통 : 전통의
|해설| ④ agree와 agreement는 '동사 – 명사'의 관계이고, create와 creative는 '동사 – 형용사'의 관계이다.

03 |해석| • 부모님은 우리가 밖에서 놀게 해 주셨다.
• '로미오와 줄리엣'은 내가 가장 좋아하는 희곡인데, 셰익스피어가 썼다.
|해설| 동사로 '놀다'라는 의미와 명사로 '희곡'이라는 의미를 모두 나타내는 play가 알맞다.

04 |해석| ① 이탈리아인 – 한국인 – 스페인
② 발명가 – 무역상 – 창작자
③ 창조하다 – 제안하다 – 생산하다
④ 과학의 – 전통적인 – 원래의
⑤ 표현 – 정의 – 문명
|해설| ① Italian, Korean은 국적을 나타내는 단어이고, Spain(스페인)은 국가명을 나타내는 단어이다.

05 |해석| 파스타가 중국에서 유래했다는 게 사실이니?
② ~을 찾았다   ③ ~을 통과했다
④ ~에 참여했다   ⑤ ~에서 도망쳤다
|해설| originate from: ~에서 유래하다 (= come from)

06 |해설| pick up: (정보를) 듣게(알게) 되다, 익히다

07 |해석| 몡 어떤 것의 시작

robot이라는 단어의 기원은 아직 명확하지 않다.

|해설| origin(기원, 근원)에 대한 설명이다.

08 |해석| • 조심해! 차가 오고 있어!

• 너는 노트북 값으로 얼마를 지불했니?

• 네가 떠나 있는 동안에도 연락하며 지내자.

|해설| watch out: (위험하니까) 조심해라 / pay for: ~값을 지불하다 / keep in touch: 연락하고 지내다

09 |해석| [보기] 나에게는 그녀의 현주소가 없다.

① 그들은 우승자에게 메달을 수여했다.

② 이 콘서트 표는 네게 줄 선물이다.

③ Jimmy는 자신의 현재 직업에 만족한다.

④ 이것은 내가 언니에게 주려고 산 선물이다.

⑤ 그 집의 현재 주인은 Baker 씨이다.

|해설| [보기]와 ③, ⑤의 present는 '현재의'라는 의미의 형용사로 쓰였다. (① 수여하다 ②, ④ 선물)

10 |해석| ① 그는 내 샌드위치에 토마토 한 조각을 넣었다.

② 우리 반 친구들은 나를 '걸어다니는 사전'이라고 부른다.

③ 빛과 공기는 창문을 쉽게 통과하여 지나간다.

④ 다음 주 언제 점심을 같이 먹자.

⑤ 우리는 누군가에게 행운을 빌어 줄 때 손가락을 교차한다.

|해설| ④ 이 문장에서 sometime은 '(미래의) 언젠가'를 의미한다.

11 |해석| ⓐ 누군가를 화나게 하다

ⓑ 지금 일어나거나 존재하는

ⓒ 머리를 감는 데 쓰이는 액체 비누

ⓓ 누군가에게 무언가를 해야 한다고 생각하는 것을 말하다

|해설| ⓐ anger(화나게 하다) ⓑ present(현재의)

ⓒ shampoo(샴푸) ⓓ suggest(제안하다)

12 |해석| 주어진 단어를 올바르게 사용한 사람을 고르시오. / 전통적인

① Mike: 전통적인 태양은 그림자를 만들 수 있다. (×)

② Jane: K-pop은 전 세계적으로 전통적이다. (×)

③ Tom: 한옥은 한국의 전통 가옥이다.

④ 미나: Nicole은 다른 사람들에게 전통적이지 않다. (×)

⑤ 지호: 그 노래는 요즘 한국에서 전통적이다. (×)

|해설| traditional은 '전통적인'이라는 뜻이므로 ③이 올바르게 사용되었다.

13 |해석| ① Jason은 우리에게 자신을 소개했다.

② 그는 일생 동안 많은 예술 작품들을 제작했다.

③ 나는 언젠가 가족과 함께 낚시를 하러 가고 싶다.

④ 사전에서 'recycling'의 접촉을(→ 정의를) 찾으시오.

⑤ 20세기 동안, 그것은 유럽 전역에서 인기를 끌었다.

|해설| ④는 contact를 definition(정의)으로 바꿔야 문맥상 자연스럽다.

14 |해석| 탁자 위에 종이 두 장과 가위를 올려놓으시오.

① 만들거나 제조하다

② 특정 지점이나 위치에 놓다

③ 어떤 것이 사실이거나 가능하다고 생각하다

④ 사람이 사는 집이나 아파트

⑤ 무언가가 있는 곳, 또는 어떤 일이 일어나는 곳

|해설| 주어진 문장의 문맥상 빈칸에는 '두다, 놓다'라는 뜻을 갖는 동사 place가 들어가는 것이 적절하다.

15 |해석| ⓐ 나는 감기로 약을 좀 먹을 것이다.

ⓑ 나는 네가 좀 쉴 것을 제안한다.

ⓒ 문을 열려면 이 버튼을 눌러야 한다.

ⓓ 어깨가 아파. 어깨를 좀 마사지해 주겠니?

① 누르다 ② 야기하다 ③ 제안하다 ④ 마사지하다 ⑤ 약

L·T Listen and Talk 고득점 맞기　　pp. 198~199

01 ⑤　**02** ③　**03** ④　**04** ④, ⑤　**05** ②

06 (B)-(D)-(E)-(A)-(C)

[서술형]

07 This juice is on me.　**08** Amy(She) will pay for the juice.　**09** (1) Can you say that again? (2) What does that mean?　**10** I wish you good luck., (good) luck

11 |모범 답| could(can) you repeat that　**12** (1) She invites him(Jiho) to London (to visit her). (2) (Because) She can't go to his soccer game (tomorrow).

---

01 |해설| ⑤ 비가 많이 오고 있다는 말에 걱정하지 말라고 한 후 우산을 가져오지 않았다고 말하는 것은 어색하다.

02 |해석| 밑줄 친 문장을 대신할 수 없는 것은?

A: 우리는 눈에서 눈으로 봐.

B: 다시 한번 말해 줄래?

A: "우리는 눈에서 눈으로 봐."라고 말했어.

B: 그게 무슨 뜻이야?

A: '너와 내 의견이 같다.'라는 뜻이야.

①, ② 뭐라고 했니?

③ 그 말을 들어서 유감이야.

④ 다시 한번 말해 줄래?

⑤ 뭐라고 했니? 네 말을 듣지 못했어.

|해설| Can you please say that again?은 '다시 한번 말해 줄래?'라는 뜻으로 반복 설명을 요청하는 표현이다.

03 |해석| 그게 무슨 뜻이야?

|해설| Not your cup of tea?라고 되물으며 의미를 묻고 그 의미를 알려 주는 흐름이 되는 것이 자연스러우므로 ④에 들어가는 것이 알맞다.

04 |해석| ① 소녀는 차를 좋아하는가?

② 소년이 가장 좋아하는 음식은 무엇인가?

③ 소년은 무엇을 마시고 싶어 하는가?

④ 소년은 소녀의 스파게티를 먹고 싶어 하는가?

⑤ '누군가의 차 한 잔이 아닌'은 무슨 뜻인가?

|해설| ④ 소년은 소녀가 권한 스파게티를 사양했다.

⑤ It means "I don't like something."을 통해 not one's cup of tea가 의미하는 것을 알 수 있다.

05 |해석| 자연스러운 대화가 아닌 것은?

① A: 얼굴을 길쭉하게 만들지 마.

　B: 뭐라고 했니? 다시 한번 말해 줄래?

② A: 다리를 부러뜨려? 그게 무슨 뜻이야?

　B: 나는 "다리를 부러뜨려."라고 말했어.

③ A: 다시 한번 말씀해 주시겠습니까?

　B: 네. 한 블록 곧장 가서 오른쪽으로 도세요.

④ A: 뭐라고 했니? 네 말을 못 들었어.

　B: "우리는 돼지 같이 먹었어."라고 말했어. 그것은 '우리는 과식했어.'라는 뜻이야.

⑤ A: 나는 뜨거운 물속에 있어.

　B: 다시 한번 말해 줄래?

　A: "나는 뜨거운 물속에 있어."라고 말했어.

| 해설 | ② 앞서 말한 표현의 의미를 묻는 말에 의미를 설명하지 않고 자신이 했던 말을 반복해서 말하는 것은 어색하다.

06 | 해석 | A: 나는 날씨 아래에 있는 기분이야.

　B: 미안하지만, 다시 한번 말해 줄래?

　(B) "나는 날씨 아래에 있는 기분이야."라고 말했어.

　(D) 그게 무슨 뜻이야?

　(E) '나는 몸이 좋지 않아.'라는 뜻이야. 나 감기에 걸린 것 같아.

　(A) 아. 약을 좀 사는 게 어때? 저쪽에 있는 가게에서 약을 살 수 있어.

　(C) 그래, 그럴게.

07 | 해설 | 반복 설명을 요청하는 말에 자신이 한 말을 다시 말하는 부분이므로 This juice is on me.가 알맞다.

08 | 해설 | Amy가 주스값을 지불하겠다고(I'll pay for the juice.) 하였고 수호는 그에 대해 고마워했다.

09 | 해설 | (1) 앞에서 한 말을 뒤에서 반복하고 있으므로 반복 설명을 요청하는 표현이 알맞다.

　(2) 앞에서 한 말의 의미를 뒤에서 설명하고 있으므로 설명을 요청하는 표현이 알맞다.

10 | 해설 | "너를 위해 내 손가락을 교차할게."라는 표현은 '너의 행운을 빌게.'라는 뜻이다. 누군가에게 행운을 빌어 줄 때 이것을 말할 수 있다.

11 | 해설 | Can you say that again?은 '다시 한번 말해 줄래?'라는 뜻으로 상대방에게 반복 설명을 요청하는 표현이다. Could you repeat that? 등과 바꿔 쓸 수 있다.

12 | 해석 | (1) Lucy는 지호를 어디로 초대하는가?

　(2) Lucy는 왜 지호에게 안타깝다는 말을 하는가?

　| 해설 | (1) Lucy는 지호를 자신이 있는 런던으로 초대했다.

　(2) Lucy는 지금 한국을 떠나서 내일 지호의 축구 경기를 볼 수 없기 때문에 안타까워 한다.

G Grammar 고득점 맞기　　pp. 200~202

01 ⑤　**02** ②　**03** ①, ②　**04** ②　**05** ④　**06** ⑤
07 ②　**08** ④　**09** ②

[서술형]

10 who is my favorite painter　**11** which used to be full of people　**12** It is, that　**13** ⓔ → that　**14** (1) which upset her boss　(2) who lives in Paris　(3) which disappointed his mom a lot　**15** (1) It was stupid that I believed Jessica.　(2) It is not true that the dog can draw

---

a picture.　(3) It is important that we learn history at school.　**16** ⓐ → The word *sandwich* comes from John Montagu, who was the 4th Earl of Sandwich.

17 | 모범 답 | (1) It is surprising that koalas sleep about 20 hours a day.　(2) It is amazing that dolphins have names for each other.　(3) It is funny that some monkeys make snowballs for fun.

---

01 | 해석 | • 나는 Daniel을 봤는데, 그는 기타를 연주하고 있었다.

　• Nick이 파티에 나타났고, 그것은 모두를 기쁘게 했다.

　• 이것은 한복인데, 한복은 한국의 전통 의상이다.

　| 해설 | 세 문장 모두 빈칸 앞에 콤마(,)가 있고 뒤에 이어지는 내용이 빈칸 앞의 명사(선행사)나 문장 전체에 대한 부연 설명을 하므로 계속적 용법의 주격 관계대명사가 들어가는 것이 알맞다. 선행사가 사람일 때는 who, 사물이거나 문장 전체일 때는 which를 사용하며, 관계대명사 that은 계속적 용법으로 사용하지 않는다.

02 | 해석 | 빈칸에 공통으로 알맞은 것은?

　• 그 섬이 곧 사라질 것이라니 놀랍다.

　• 참여자는 행사에 참여하는 사람이다.

　| 해설 | 첫 번째 빈칸에는 문장의 진주어인 명사절을 이끄는 접속사 that이 알맞고, 두 번째 빈칸에는 선행사 a person을 수식하는 관계대명사절을 이끄는 주격 관계대명사 who나 that이 알맞으므로 공통으로 들어갈 말은 that이다.

03 | 해석 | [보기] Ron은 이탈리아에서 왔는데, 수의사이다.

　① 우리는 그 남자가 누구인지 알아냈다.

　② Rapunzel은 누가 진실을 말하고 있는지 몰랐다.

　③ Lisa는 여동생을 돌보고 있는데, 여동생은 5살이다.

　④ Son 씨는 한국 축구 선수인데, 지금 영국에 있다.

　⑤ 삼촌은 컴퓨터 회사에서 일하시는데, 내가 컴퓨터 고치는 것을 도와주셨다.

　| 해설 | [보기]와 ③, ④, ⑤는 계속적 용법으로 쓰인 관계대명사, ①, ②는 간접의문문에 쓰인 의문사이다.

04 | 해설 | 명사절 that we need a larger house(우리가 더 큰 집이 필요하다는 것)를 주어로 하는 문장으로, 접속사 that이 이끄는 명사절이 주어일 경우 주어 자리에 가주어 It을 쓰고 진주어인 that절은 문장의 뒤로 이동한다.

05 | 해석 | ① 패스트푸드가 건강에 좋지 않다는 것은 사실이다.

　② 당신이 읽는 모든 것을 믿지 마라.

　③ Paul이 David에게 빌려준 것은 바로 약간의 돈이었다.

　④ 나에게 매우 좋은 생각이 있었는데, 그것은 벽에 그림을 그리는 것이었다.

　⑤ 많은 사람들이 모르는 몇 가지 중요한 사실들이 있다.

　| 해설 | ④ 앞에 콤마(,)가 있고 선행사가 an excellent idea이므로 계속적 용법의 관계대명사 which가 들어가야 한다. 관계대명사 that은 계속적 용법으로 쓰지 않는다. ①은 접속사로, ②와 ⑤는 목적격 관계대명사로, ③은 강조구문에 쓰인 that이 들어갈 수 있다.

06 | 해석 | 그 노인은 유명한 배우다. 너는 그를 어제 보았다.

　⑤ 그 노인은 네가 어제 보았는데, 유명한 배우이다.

　| 해설 | 두 번째 문장이 첫 번째 문장의 주어인 The old man을 보충

설명하므로 계속적 용법의 목적격 관계대명사 whom을 콤마(,)와 함께 사용하여 문장을 연결할 수 있다.

07 |해석| 밑줄 친 It이 나머지와 다른 쓰임을 가진 것은?
① 여기에서 자전거를 타는 것은 위험하다.
② 날씨가 너무 추워서 우리는 외출하지 않았다.
③ 결과가 나쁘지 않다는 것이 중요하다.
④ 지구가 태양 주위를 돈다는 것은 사실이다.
⑤ 아침 식사를 하는 학생들이 학교에서 더 잘한다는 것은 놀라운 일이다.
|해설| ②는 비인칭 주어 It이고, 나머지는 모두 가주어 It이다.

08 |해석| ⓐ Nancy가 1등 상을 탔는데, 그것은 모두를 놀라게 했다.
ⓑ 그녀는 사진작가인데, 주로 별 사진을 찍는다.
ⓒ 나는 이웃에게 화가 났는데, 그 이웃은 어젯밤에 노래를 큰 소리로 불렀다.
ⓓ Jason은 템즈강을 따라 걷는 것을 좋아하는데, 그 강은 런던을 가로질러 흐른다.
|해설| ⓐ, ⓓ에는 선행사가 문장 전체이거나 사물일 때 쓰는 계속적 용법의 관계대명사 which가 알맞고, ⓑ, ⓒ에는 선행사가 사람일 때 쓰는 who가 알맞다.

09 |해석| ⓐ 아빠는 새 차를 사셨는데, 그 차에는 좌석이 5개 있다.
ⓑ 내가 학교를 떠나야 한다는 것은 나를 슬프게 한다.
ⓒ 그 뮤지컬은 내가 어제 봤는데, 끔찍했다.
ⓓ 그가 편의점에서 도둑을 잡았다는 것이 사실이니?
ⓔ 그 영화가 최우수 작품상을 받은 것은 이상하지 않다.
|해설| ⓒ 관계대명사 that은 계속적 용법으로 쓰이지 않는다. (that → which)
ⓔ which 이하가 완전한 절을 이루고 있고 주어 자리에 가주어 It이 있으므로 명사절을 이끄는 접속사 that이 와야 한다. (which → that)

10 |해석| '해바라기'는 van Gogh가 그렸다. 그는 내가 가장 좋아하는 화가이다.
→ '해바라기'는 van Gogh가 그렸는데, 그는 내가 가장 좋아하는 화가이다.
|해설| 두 번째 문장이 앞 문장의 van Gogh를 부연 설명하는 내용이므로 계속적 용법의 관계대명사 who를 사용하여 문장을 완성한다.

11 |해석| 그 공원은 지금 비어 있다. 그곳은 사람들로 가득 차 있곤 했다.
→ 그 공원은 사람들로 가득 차 있곤 했는데, 지금은 비어 있다.
|해설| 앞에 콤마(,)가 있고 선행사 The park를 부연 설명하는 내용이므로 계속적 용법의 관계대명사 which로 연결한다.

12 |해설| 주어에 해당하는 명사절이 문장의 뒤에 있으므로 「It(가주어) ~ that절(진주어)」 구문으로 완성한다.

13 |해석| 오늘 나는 세종대왕에 관한 책을 읽었는데, 세종대왕은 한글을 만들었다. 한글은 세계에서 가장 과학적인 문자 체계 중 하나이다. 그가 매우 창의적이었다는 것은 사실이다.
|해설| ⓔ It은 가주어이고 이어지는 명사절이 진주어이므로 명사절을 이끄는 접속사 that이 쓰여야 한다.

14 |해석| (1) 그녀는 회의에 늦었고, 그것은 상사를 화나게 했다.
(2) 소포는 이모에게서 온 것인데, 그녀는 파리에 산다.
(3) 그는 수학 시험을 잘 보지 못했고, 그것은 그의 엄마를 많이 실망시켰다.

|해설| (1), (3) 앞 문장 전체에 대한 부연 설명을 하는 관계대명사절을 이끄는 계속적 용법의 관계대명사 which를 사용하여 쓴다.
(2) my aunt를 선행사로 하는 계속적 용법의 관계대명사 who로 연결한다.

15 |해설| 가주어로 It을 쓰고 진주어인 that절을 문장의 뒤로 보내 「It is (was) ~ that+주어+동사 …」의 형태로 쓴다.

16 |해석| sandwich라는 단어는 John Montagu로부터 유래되었는데, 그는 Sandwich 백작 4세였다. 그는 먹는 동안에도 카드 게임을 할 수 있었기 때문에 빵 두 조각 사이에 고기를 끼워서 먹는 것을 즐겼다. 사람들은 그것을 좋은 생각이라고 여겼고, 그의 이름을 따서 그런 음식을 샌드위치라고 부르기 시작했다.
|해설| 사람인 선행사 John Montagu에 대한 부연 설명을 하는 관계대명사절이 이어지므로 계속적 용법의 주격 관계대명사 who가 알맞다. that은 계속적 용법으로 쓰이지 않는다.

17 |해석| 동물에 관한 재미있는 사실들
[예시] 소는 가장 친한 친구가 있다.
(1) 코알라는 하루에 약 20시간을 잔다.
(2) 돌고래는 서로에게 이름이 있다.
(3) 어떤 원숭이들은 재미로 눈 뭉치를 만든다.
|해설| 명사절을 이끄는 접속사 that을 사용하여 진주어인 that절을 문장의 뒤로 보내고 주어 자리에는 가주어 It을 쓴다.

R Reading 고득점 맞기 pp. 205~207

01 ③, ④ **02** ②, ⑤ **03** ④ **04** ⑤ **05** ③ **06** ②
07 ③ **08** contact **09** ①, ④ **10** ② **11** ③

[서술형]
12 It is, that, himself **13** (1) ⓑ → At first, Karel Čapek called the machines in his play *labori*. (2) ⓒ → *Roboti* means "slave workers" in Czech. **14** Origin, *Hurricane*
15 |모범 답| (1) It comes(originates) from the name of a Mayan god. (2) (It was because) The first humans angered the gods. (3) It was used (in a play) by Shakespeare(him) in 1608.

---

01 |해석| ① 누르다 ② 머리 마사지 ③ 머리 감기
④ 머리에 사용하는 특별한 비누
⑤ 머리 마사지를 곁들인 목욕을 하는 것
|해설| shampoo라는 단어의 현재 의미는 '머리 감기'와 '머리에 사용하는 특별한 비누'이다.

02 |해석| 윗글에 따르면, shampoo라는 단어에 대해 사실이 아닌 것은? 두 개를 고르시오.
① 그것은 힌디어 단어인 chāmpo에서 유래되었다.
② 영국 무역상들이 그것을 인도에 소개했다.
③ 그것은 18세기에 영어에 들어왔다.
④ 그것은 19세기에 '머리를 감는 것'이라는 의미를 얻었다.
⑤ 그것의 의미는 영어에 처음 들어온 후에 변하지 않았다.
|해설| ② 인도에 있던 영국 무역상들이 머리 마사지를 곁들인 목욕을 영국에 소개했다.

⑤ shampoo라는 단어는 영어에 처음 들어온 이후 의미가 여러 번 바뀌었다.

03 |해설| ⓐ, ⓒ 앞에 콤마(,)가 있고 부연 설명을 하는 대상이 각각 the play R.U.R., roboti이므로 계속적 용법의 관계대명사 which가 알맞다. 관계대명사 that은 계속적 용법으로 쓰이지 않는다.
ⓑ 선행사 machines를 수식하는 관계대명사절을 이끄는 주격 관계대명사 which 또는 that이 알맞다.

04 |해석| 밑줄 친 (A)the idea는 무엇을 의미하는가?
|해설| 앞 문장에서 Karel Čapek의 형이 희곡 'R.U.R.'에 나오는 기계들을 roboti라고 부르자고 제안한 아이디어를 가리킨다.

05 |해석| ① 희곡 'R.U.R.'에서 로봇은 무엇을 하는가?
② 희곡 'R.U.R.'의 로봇은 어떻게 생겼는가?
③ Karel Čapek의 형의 직업은 무엇이었나?
④ 체코어로 roboti는 무슨 의미인가?
⑤ 희곡 'R.U.R.'은 TV에서 무엇으로 만들어졌는가?
|해설| ③ Karel Čapek의 형의 직업에 대해서는 언급되지 않았다.

06 |해설| 주어진 문장이 However(그러나)로 시작하면서 최초의 인간들이 그 신들을 화나게 해서 Huracán이 홍수를 일으켰다는 내용이므로, Huracán이 인간을 창조한 신들 중 한 명이라는 내용 뒤인 ②에 들어가는 것이 자연스럽다.

07 |해설| (A) 앞에 콤마(,)가 있으므로 계속적 용법으로 쓰인 관계대명사 which가 알맞다.
(B) 「one of the+복수명사」: ~ 중 하나
(C) 선행사(Spanish explorers)가 사람이므로 who가 알맞다.
(D) 「one of the+복수명사」는 단수 취급한다.

08 |해석| 의사소통을 하거나 만나는 행위
|해설| contact(접촉, 연락)의 영영풀이이다.

09 |해석| ① hurricane이라는 단어의 기원은 huracán이라는 단어에서 왔다.
② Huracán은 마야 신들에 의해 창조된 인간이다.
③ Huracán은 마야 신들을 화나게 했다.
④ 스페인 탐험가들은 1517년에 마야 문명과 처음 접촉했다.
⑤ 셰익스피어는 그의 희곡에서 hurricane이라는 단어를 전혀 사용하지 않았다.
|해설| ② Huracán은 인간을 창조한 신 중 한 명이다.
③ 최초의 인간들이 신들을 화나게 했다.
⑤ 셰익스피어는 1608년에 자신의 희곡에서 hurricane이라는 단어를 사용했다.

10 |해설| ⓐ '독일에서 두 번째로 큰 도시'라는 뜻이 되어야 하므로 Germany(독일)가 알맞다.
ⓑ '독일어로'라는 뜻이 되어야 하므로 in German이 알맞다.

11 |해설| 가주어 it과 진주어인 명사절을 이끄는 접속사 that을 사용하여 it is believed that the hamburger was invented로 써야 하므로 네 번째로 올 단어는 that이다.

12 |해석| robot이라는 단어를 사용하려는 생각이 Karel Čapek 자신에게서 나온 게 아니었다는 것은 흥미롭다.
|해설| 주어인 that절을 문장의 뒤로 보내고 주어 자리에 가주어 It을 쓴 문장으로 완성한다. Karel Čapek 뒤에는 강조의 의미로 쓰이는 재귀대명사 himself가 알맞다.

13 |해석| ⓐ 희곡 'R.U.R.'의 로봇들은 인간을 위해 일하는 기계들이다.
ⓑ 처음에 Karel Čapek은 자신의 희곡에 나오는 기계들을 roboti(→ labori)라고 불렀다.
ⓒ roboti는 체코어로 '일(→ 노예 근로자들)'을 의미한다.
ⓓ 희곡 'R.U.R.'은 영국에서 TV 프로그램으로 만들어졌다.
|해설| ⓑ roboti를 제안한 사람은 Karel Čapek의 형이고, Karel Čapek은 원래 자신의 희곡 속 기계들을 labori라고 불렀다.
ⓒ roboti는 체코어로 '노예 근로자들'을 의미한다.

14 |해석| 조건에 맞게 윗글의 제목을 완성하시오.
단어 hurricane의 유래
|해설| hurricane이라는 단어의 유래에 관한 글이다. 본문에서 동사로 쓰인 originate(유래하다)를 명사형 origin(기원, 유래)으로 바꿔 쓴다.

15 |해설| (1) 스페인어 단어인 huracán은 무엇에서 유래하는가?
→ 마야 신의 이름에서 유래한다.
(2) Huracán은 왜 큰 홍수를 일으켰는가?
→ 최초의 인간들이 신들을 화나게 했기 때문이다.
(3) hurricane이라는 단어는 셰익스피어에 의해 언제 사용되었는가?
→ 1608년에 사용되었다.

서술형 100% Test
pp. 208~211

01 (1) century (2) trader (3) play (4) contact
02 (1) originates(comes) from (2) pick up (3) pass through 03 (1) factory (2) meaning (3) Slave (4) civilization 04 |모범 답| (1) Can you say that again? / Pardon me? (2) Excuse me? / Could(Can) you repeat that, please? 05 (1) please say that again / say that again, please (2) call 06 (1) What does that mean (2) agree 07 go to your soccer game, keep my fingers crossed, in touch 08 ⓓ → Lucy is wishing Jiho good luck. 09 (1) It is(was) true that he won first prize in the speech contest. (2) It is exciting that we are going to the ski camp together. (3) It is(was) surprising that she spent all of her money on clothes. (4) It is amazing that the little boy can play the guitar so well. 10 (1) My aunt, who is a movie star, is very famous all around the world. (2) I saw a documentary film, which was about the environment. (3) They are staying at a hotel, which has a nice view. (4) My best friend is Ryan, who is the leader of the school's soccer team. 11 (1) that → which (2) which → that 12 and it 13 ⓐ to ⓑ In ⓒ for 14 (1) Hindi, *chāmpo* (2) ⓐ washing the hair ⓑ a special soap for the hair 15 ⓐ is believed ⓑ was invented 16 Hamburg-style steak between two slices, Hamburg, which, Germany 17 (A) he is one of the three gods who (that) created humans (B) Spanish explorers who(that) were passing through the Caribbean experienced a hurricane 18 (1) Spanish → Mayan (2) the other two gods → the first humans (3) picked up → used

(1) ⓒ → are designed (2) 주어 They는 앞 문장에 나온 robots를 가리키는데, robots는 '설계되는' 것이므로 수동태로 써야 한다.   **20** (1) Karel Čapek → Karel Čapek's brother (2) a documentary film → a science fiction show (on television)

01 |해석| (1) 세기: 100년의 기간

(2) <u>무역상, 상인</u>: 물건을 사고파는 사람

(3) <u>희곡</u>: 배우들이 극장에서 공연하는 이야기

(4) <u>접촉, 연락</u>: 의사소통을 하거나 만나는 행위

02 |해설| (1) originate(come) from: ~로부터 유래하다, ~에서 비롯되다

(2) pick up: (어떤 정보를) 듣게(알게) 되다, 익히게 되다

(3) pass through: ~을 지나가다, 통과하다

03 |해석| (1) 나의 할아버지는 장난감을 생산하는 공장에서 일하신다.

(2) 우리는 사전에서 그 단어의 <u>의미</u>를 찾아 보았다.

(3) 노예들은 18세기에 미국에서 함부로 대우받았다.

(4) 로마인들은 서양 <u>문명</u>사에서 매우 중요했다.

04 |해설| 상대방이 한 말을 잘 듣지 못했거나 이해하지 못했을 때 다시 말해 달라고 요청하는 표현이다.

05 |해석| A: 계속 연락할게.

B: 다시 한번 말해 줄래?

A: 나는 "계속 연락할게."라고 말했어. 그것은 '내가 <u>전화하거나</u> 편지를 쓰겠다.'는 뜻이야.

|해설| A가 자신이 했던 말을 반복하고 있으므로 (1)에는 다시 말해 달라는 표현이 알맞고, (2)에는 keep in touch의 의미를 설명하는 단어인 call이 알맞다.

06 |해석| A: 우리는 눈에서 눈으로 봐.

B: <u>뭐라고 했니? 그게 무슨 의미니?</u>

A: '우리는 서로 <u>동의해</u>.'라는 뜻이야.

|해설| A가 It means ~라는 표현으로 말하고 있으므로 (1)에는 무슨 뜻인지 묻는 말이 알맞고, (2)에는 see eye to eye의 의미를 설명하는 단어인 agree가 알맞다.

07 |해석| **지호**: 즐거운 여행하렴, Lucy.

Lucy: 고마워, 지호야. 이곳에서 정말 좋은 시간을 보냈어. 내일 네 <u>축구 경기에 가지</u> 못해서 안타까워. <u>행운을 빌게. 연락할게!</u>

08 |해석| ⓐ Lucy는 한국에서 즐거운 시간을 보냈다.

ⓑ Lucy는 런던에 있는 자신을 방문하도록 지호를 초대하고 싶어 한다.

ⓒ 지호는 내일 축구 경기가 있다.

ⓓ 지호는 Lucy에게(→ Lucy는 지호에게) 행운을 빌어주고 있다.

|해설| ⓓ I'll keep my fingers crossed for you.라고 행운을 비는 말을 한 사람은 Lucy이다.

09 |해석| (1) 그가 말하기 대회에서 일등을 한 것은 사실이(었)다.

(2) 우리가 스키 캠프를 함께 갈 것이라니 신난다.

(3) 그녀가 돈을 모두 옷에 썼다는 것은 놀랍다(놀라웠다).

(4) 그 어린 소년이 기타를 그렇게 잘 칠 수 있다는 것이 놀랍다.

|해설| It is(was) 뒤에 괄호 안의 형용사를 쓰고 접속사 that 뒤에 주어진 문장을 연결하여 문장을 완성한다.

10 |해석| (1) 나의 고모는 영화배우인데, 전 세계적으로 매우 유명하다.

(2) 나는 다큐멘터리 영화를 하나 봤는데, 그것은 환경에 관한 것이었다.

(3) 그들은 호텔에 묵고 있는데, 그곳은 전망이 좋다.

(4) 내 가장 친한 친구는 Ryan인데, 그는 학교 축구팀의 리더이다.

|해설| 선행사가 사람인 경우 who, 사물인 경우 which를 사용하여 문장을 연결한다.

11 |해석| 오늘 나는 Antonio Gaudi에 관한 책을 읽었다. 그는 구엘 공원을 지었는데, 그곳은 스페인에서 가장 유명한 관광 명소 중 하나이다. 그가 매우 창의적이었던 것은 사실이다.

|해설| (1) 관계대명사 that은 계속적 용법으로 쓰이지 않는다. 선행사가 사물이므로 which가 알맞다.

(2) 진주어인 명사절이 문장 뒤로 가고 가주어 It이 쓰인 「It is+형용사+that ~」 형태의 문장이 되어야 한다.

12 |해석| shampoo라는 단어는 힌디어 단어인 chāmpo에서 유래하고, 그것은 '누르다'라는 의미이다.

|해설| 계속적 용법의 관계대명사는 「접속사+대명사」로 바꿔 쓸 수 있다. 앞뒤가 이어지는 내용이므로 접속사 and를 사용한다.

13 |해설| ⓐ introduce *A* to *B*: A를 B에게 소개하다

ⓑ in the+서수+century: ~세기에

ⓒ be used for: ~에 쓰이다

14 |해석| **단어 shampoo**

(1) 기원: 힌디어 단어인 chāmpo

(2) 영어에서의 현재 의미: ⓐ 머리 감기

　　　　　　　　　　　　ⓑ 머리에 사용하는 특별한 비누

|해설| shampoo라는 단어는 '누르다'를 의미하는 힌디어 chāmpo에서 유래하며, 현재는 '머리 감기'와 '머리에 사용하는 특별한 비누'라는 의미를 갖는다.

15 |해설| ⓐ 진주어인 that절이 문장의 뒤로 가고 주어 자리에 가주어 It이 쓰인 문장으로, '~라고 여겨진다'는 It is believed that ~.으로 나타낸다.

ⓑ 햄버거가 '발명되었다'는 과거형 수동태로 나타낸다.

16 |해석| 햄버거는 <u>두 조각의 빵 사이에 함부르크 스타일의 스테이크가 있는</u> 음식이다. hamburger라는 단어는 <u>함부르크</u>에서 유래되었는데, <u>그것은 독일에서 두 번째로 큰 도시이다.</u>

17 |해설| (A) '~ 중 하나'는 「one of the+복수명사」로 나타내고, who(that)가 이끄는 관계대명사절이 선행사인 the three gods를 뒤에서 수식하는 형태로 쓴다.

(B) 주어이면서 선행사인 Spanish explorers를 수식하는 주격 관계대명사절인 who(that) were passing through the Caribbean을 쓰고 이어서 동사와 목적어인 experienced a hurricane을 쓴다.

18 |해석| (1) hurricane이라는 단어는 <u>스페인의(→ 마야의)</u> 신 이름에서 유래한다.

(2) Huracán은 <u>다른 두 신들(→ 최초의 인간들)</u> 때문에 큰 홍수를 일으켰다.

(3) 셰익스피어는 1608년에 hurricane이라는 단어를 <u>익혔다(→ 사용했다)</u>.

20 |해석| robot이라는 단어는 희곡 'R.U.R.'에서 왔다. 그 희곡에서 로봇은 인간과 비슷하게 생겼고 인간을 위해 일하는 기계이다. Karel Čapek (→ Karel Čapek의 형)이 그 기계에 roboti라는 단어를 사용하는 것을 처음 생각했으며, 그것은 체코어로 '노예 노동자들'이라는 뜻이다. 'R.U.R.'은 1938년에 <u>다큐멘터리 영화(→ (TV에서) 공상 과학물)</u>로 만들어졌다.

01 ② 02 ② 03 ④ 04 ① 05 ② 06 ②
07 (C)-(A)-(D)-(B) 08 ⑤ 09 ④ 10 ④ 11 ④
12 ⑤ 13 is important that we achieved our goal
14 ④ 15 ① 16 ④ 17 that 18 ③ 19 (1) Karel
Čapek (2) Latin (3) work 20 ④ 21 ④ 22 flood
23 which is 24 call such food a hamburger 25 (1) It is
certain that they can't be here in time. (2) It is amazing
that they still keep in touch with each other.

01 |해석| ① 무역하다 – 무역상 ② 요리하다 – 요리 기구
③ 일하다 – 노동자 ④ 발명하다 – 발명가 ⑤ 탐험하다 – 탐험가
|해설| ②를 제외한 나머지는 모두 동사와 관련된 직업을 나타내는 명사
의 관계이다. 동사 cook(요리하다)과 관련된 직업을 나타내는 단어는
cook(요리사)으로, 동사와 형태가 같다.

02 |해석| 어떤 것의 시작
① 신 ③ 신화 ④ 현재(의) ⑤ 문명
|해설| origin(기원, 유래)에 대한 영영풀이이다.

03 |해석| ① Kate의 남편은 이탈리아인이다.
② 그 소년은 영국식 악센트를 가졌다.
③ 중국 사람들은 빨간색을 좋아한다.
④ 그의 축구팀 감독은 독일인(→ 독일) 출신이다.
⑤ 내 스페인 친구들이 내년에 나를 방문할 것이다.
|해설| ④ '독일'은 Germany이고 German은 '독일(어/인)의'라는 뜻
을 나타낸다.

04 |해석| A: 그 정보는 어디서 알게 되었니?
B: 이 책에서.
②, ⑤ ~에서 유래하다 ③ ~처럼 보이다
④ ~을 지나가다, 통과하다
|해설| 문맥상 '(정보를) 듣게[알게] 되다, 익히게 되다'라는 뜻을 나타내
는 pick up이 알맞다.

05 |해석| ① 우리가 무엇을 해야 할까?
② 그게 무슨 뜻이니?
③ 너는 고양이와 개를 기르니?
④ 고양이와 개들은 어디에 있니?
⑤ 너는 그것의 의미를 어떻게 아니?
|해설| 빈칸 다음에 자신이 앞에서 한 말의 뜻을 알려 주고 있으므로 빈
칸에는 의미를 묻는 말이 오는 것이 자연스럽다.

06 |해석| ① 나는 기분이 좋아. ② 나는 몸이 좋지 않아. ③ 지금은 비가
오고 있지 않아. ④ 날씨가 아주 좋아. ⑤ 나는 중요한 약속이 있어.
|해설| 자신이 감기에 걸린 것 같다는 말이 이어지므로, 빈칸에는 '몸이
좋지 않다'라는 의미를 나타내는 말이 알맞다.

07 |해석| (C) 수호야, 이 주스는 내게 있어.
(A) 뭐라고? 다시 한번 말해 줄래?
(D) "이 주스는 내게 있어."라고 말했어. 그건 '내가 주스를 살게.'라는

뜻이야.
(B) 아. 정말 고마워.

08 |해설| ⓔ keep in touch는 '연락하고 지내다'라는 뜻이다. (→ 연락할
게.)

09 |해설| 이어서 A가 자신이 한 말을 반복해 말해 주었으므로 빈칸에는
반복 설명을 요청하는 표현이 알맞다. ④는 이유를 묻는 표현이다.

10 |해석| ① 지호는 한국을 막 떠나려던 참이다.
② Lucy는 런던을 방문하고 싶어 한다.
③ Lucy는 내일 지호가 축구하는 것을 볼 것이다.
④ Lucy는 지호의 행운을 빌어 준다.
⑤ Lucy는 한국으로 여행을 갈 것이다.
|해설| Lucy가 지호에게 I'll keep my fingers crossed for you.라
고 하며 행운을 빌어 주고 있다.

11 |해석| 나는 멋진 재킷을 샀다. 그것은 주머니가 많다.
→ 나는 멋진 재킷을 샀는데, 그것은 주머니가 많다.
|해설| 선행사에 대한 추가적인 정보를 줄 때는 콤마(,) 뒤에 계속적 용법
의 관계대명사를 사용한다. 선행사가 사물(a nice jacket)이므로 주격
관계대명사 which를 쓴다. that은 계속적 용법으로 쓰이지 않는다.

12 |해석| [보기] 그가 많이 먹지 않는 것이 이상하다.
① 그 문제는 그렇게 어렵지 않았다.
② 너는 저 사람이 누군지 아니?
③ 이것은 모든 사람이 필요로 하는 것이다.
④ 이것은 내 남동생이 만든 로봇이다.
⑤ 네 개가 노래를 부를 수 있다는 것은 믿을 수 없다.
|해설| [보기]와 ⑤의 that은 진주어인 명사절을 이끄는 접속사이다.
① 부사(그렇게) ② 지시 형용사 ③, ④ 목적격 관계대명사

13 |해석| 우리가 목표를 달성했다는 것이 중요하다.
|해설| 접속사 that이 이끄는 명사절이 문장의 주어로 쓰이면 that절을
문장 뒤로 보내고 주어 자리에 가주어 It을 쓴 형태로 나타낼 수 있다.

14 |해설| chāmpo에 대한 부연 설명을 하는 관계대명사절을 이끄는 계속
적 용법의 주격 관계대명사 which가 알맞다. that은 계속적 용법으로
쓰이지 않는다.

15 |해설| 시간의 순서에 따라 shampoo라는 단어가 1762년에 영어에
들어온 이후로 의미가 여러 번 바뀌었다는 내용(B) 다음에 19세기에
현재의 의미를 갖게 되었다는 내용(A), 그리고 그 직후에 또 다른 의미
로 사용되기 시작했다(also used for)는 내용(C)이 차례로 이어지는
것이 자연스럽다.

16 |해설| ④ shampoo라는 단어는 1762년경인 18세기에 영어로 처음
들어왔고 19세기에 현재의 의미를 갖게 되었다고 했다.

17 |해설| ⓐ에는 선행사 machines를 수식하는 관계대명사절을 이끄는
주격 관계대명사 which나 that이, ⓑ에는 진주어인 명사절을 이끄는
접속사 that이 알맞으므로 공통으로 알맞은 말은 that이다.

18 |해석| 하지만 그의 형이 roboti를 제안했는데, 그것은 체코어로 '노예
근로자들'을 의미한다.
|해설| ③ 뒤에 나오는 the idea가 주어진 문장의 내용을 가리키므로
주어진 문장은 ③에 들어가는 것이 자연스럽다.

19 |해설| labori는 Karel Čapek이 원래 자신의 연극에서 robot을 부른
이름이며 라틴어로 work(일)를 의미한다.

20 |해설| (A) originate from: ~에서 유래하다

(B) pass through: ~을 통과하다

(C) pick up: (정보를) 듣게(알게) 되다, 익히다

21 |해석| ① 그는 스페인 출신이다.

② 그의 이름은 hurricane이라는 단어의 이름을 따서 지어졌다.

③ 그는 물, 흙, 불을 다스리는 신이다.

④ 그는 인간 창조자 중 한 명이다.

⑤ 그는 최초의 인간들을 화나게 했다.

|해설| he is one of the three gods who created humans에서 ④가 일치하는 내용임을 알 수 있다.

22 |해석| 대체로 마른 지역을 뒤덮는 많은 양의 물

|해설| flood(홍수)에 대한 영영풀이이다.

23 |해석| hamburger라는 단어는 함부르크에서 유래하는데, 그곳은 독일에서 두 번째로 큰 도시이다.

|해설| '독일의 두 번째로 큰 도시'라는 내용은 함부르크(Hamburg)를 부연 설명하는 동격이므로, Hamburg 뒤에 계속적 용법의 주격 관계대명사 which와 be동사를 사용한 관계대명사절로 나타낼 수 있다.

24 |해설| '~을 …라고 부르다'는 「call+목적어+목적격보어」 형태의 5형식 문장으로 쓰며, call의 목적격보어로는 명사(구)가 온다.

25 |해석| (1) 그들이 제시간에 올 수 없는 것은 확실하다.

(2) 그들이 여전히 서로 연락하며 지내는 것은 놀랍다.

|해설| 가주어 It이 주어 자리에 오고, 진주어인 접속사 that이 이끄는 명사절은 문장 뒤로 가는 「It is+형용사+that ~」의 형태로 바꿔 쓴다.

제 2 회 대표 기출로 내신 **적중** 모의고사   pp. 216~219

01 ③   02 ⑤   03 ⑤   04 ④   05 ④   06 ②   07 ③
08 I'll keep my fingers crossed for you.   09 ③   10 ③
11 ①   12 ②   13 ④   14 ②   15 ③   16 just once →
a few times   17 which   18 ②   19 (A) robot이라는 단어를 사용하는 것 (B) Karel Čapek의 형이 roboti를 제안한 것
20 ③   21 hurricane   22 ③   23 it is believed that the hamburger was invented   24 ②   25 (1) My dog, which has long ears, is very smart. (2) It's impossible that we all join the party.

01 |해석| ① 중국 – 중국(인)의   ② 러시아 – 러시아(인)의

④ 캐나다 – 캐나다(인)의   ⑤ 스페인 – 스페인(인)의

|해설| ①, ②, ④, ⑤는 '국가명 – 국적'의 관계이다. ③ '이탈리아(인)의'은 Italian이다.

02 |해석| A: Dave, 어디 있니?

B: 대문을 통과해서 왼쪽으로 돌아. 그러면, 나를 볼 수 있어.

|해설| '~을 통과하다, 지나가다'라는 의미의 표현은 pass through이다.

03 |해석| • 너는 네 현재 직업에 만족하니?

• 그녀에게 결혼 선물로 어떤 것이 좋을까?

---

① 비누   ② 접촉, 연락   ③ 세기   ④ 의미

|해설| 형용사로 '현재의'라는 의미와 명사로 '선물'의 의미를 모두 갖는 단어는 present이다.

04 |해석| ① 그는 유명한 차 무역상이었다.

② 홍수 때문에 우리는 집을 잃었다.

③ 도움이 필요하면 이 버튼을 눌러라.

④ 나는 다른 아이디어를 제안하고 싶다.

⑤ 나는 옛 친구들과 별로 연락을 하지 않는다.

|해설| ④ suggest는 '제안하다'라는 뜻이다.

05 |해석| A: 다리를 부러뜨려.

B: 다시 한번 말해 줄래?

A: 나는 "다리를 부러뜨려."라고 말했어.

①, ② 뭐라고?   ③ 뭐라고 말했니?

④ 내 말이 무슨 뜻인지 아니?   ⑤ 다시 한번 말해 줄래?

|해설| Can you say that again?은 상대방이 한 말을 잘 듣지 못했거나 이해하지 못했을 때 다시 말해 달라고 요청하는 표현으로, I'm sorry?, Pardon me?, What did you say?, Can you repeat that? 등과 바꿔 쓸 수 있다.

06 |해석| A: '나는 날씨 아래에 있는 기분이야'라는 표현이 무슨 뜻인지 아니?

B: 아니. 그 의미를 말해 줄래?

A: 그것은 '나는 몸이 좋지 않아.'라는 뜻이야. 너는 아플 때 이 표현을 말할 수 있어.

① 건강한 ③ 행복한 ④ 놀란 ⑤ 흥분한

|해설| I feel under the weather.의 의미가 '몸이 좋지 않다'라는 의미라고 했으므로 빈칸에는 sick(아픈)이 알맞다.

07 |해석| ① A: 이 차는 내가 살게.

B: 고마워.

② A: 난 곤경에 처해 있어.

B: 무슨 일이야?

③ A: 나는 돼지 같이 먹었어.

B: 나도 배고파. 점심 먹자.

④ A: 비가 많이 내리고 있어.

B: 걱정하지 마. 나는 우산을 가지고 있어.

⑤ A: 그 시험은 식은 죽 먹기였던 것 같아.

B: 정말? 나에게는 쉽지 않았어.

|해설| ③ pig out은 '과식하다'라는 의미이므로 자신도 배가 고프다며 점심을 먹자는 응답은 어색하다.

08 |해설| 빈칸 뒤에 이어지는 대화에서 B가 앞서 한 말을 다시 한번 말해 달라고 요청하자 A가 I said, "I'll keep my fingers crossed for you."라고 말했으므로, 빈칸에 알맞은 말은 I'll keep my fingers crossed for you.이다.

09 |해석| 그건 '행운을 빌게.'라는 뜻이야.

|해설| 주어진 문장은 앞에서 한 말의 의미를 설명하는 말이므로, 반복 설명을 요청한 상대방에게 자신이 한 말을 반복한 후 뜻을 설명해 주는 흐름이 자연스럽다.

10 |해설| ③은 대화에 언급되지 않았다.

11 |해석| 그들이 지난주에 결혼한 것은 사실이다.

|해설| 첫 번째 빈칸에는 가주어 It이, 두 번째 빈칸에는 진주어인 명사절을 이끄는 접속사 that이 알맞다.

12 |해석| ① 우리는 불고기를 먹었는데, 그것은 내가 가장 좋아하는 음식이다.

② Tom은 유명한 화가인데, 나의 가장 친한 친구이다.

③ 나는 버스를 놓쳤고, 그것 때문에 학교에 또 늦었다.

④ 영화 '겨울 왕국'은 내가 어제 봤는데, 매우 재미있다.

⑤ Linda는 루브르 박물관을 방문하고 싶어 하는데, 그곳에는 약 40만 점의 예술 작품이 있다.

|해설| 모두 선행사나 문장 전체에 대한 부연 설명을 하는 계속적 용법의 관계대명사절을 이끄는 계속적 용법의 관계대명사가 들어간다. 선행사가 사람인 ②는 who가 알맞고, 나머지는 모두 which가 알맞다.

13 |해석| ① 그들이 경기에서 진 것은 사실이다.

② 그 커피는 내가 만들었는데, 너무 진하다.

③ 우리가 오늘 그 일을 끝마치는 것은 불가능하다.

④ 강 선생님은 내가 정말 존경하는데, 수의사이다.

⑤ 그가 아직도 내 이름을 기억하다니 놀랍지 않니?

|해설| ① 가주어 It 뒤에 be동사 is나 was가 있어야 한다. (It true → It is(was) true)

② that은 계속적 용법의 관계대명사로 쓸 수 없다. (that → which)

③, ⑤ 진주어로 쓰인 명사절을 이끄는 접속사 that을 써야 한다. (which → that)

14 |해설| ⑥ the word(그 단어)는 '사용되는' 것이고 과거시제이므로 수동태인 was used로 써야 알맞다.

15 |해설| (A) '영국의'라는 뜻으로 trader를 수식하는 형용사 British가 알맞다.

(B) '영국'을 의미하는 명사 Britain이 알맞다.

16 |해설| shampoo라는 단어는 18세기에 처음 영어에 들어왔고, 그것의 의미가 한 번만(→ 몇 번) 바뀌었다. 요즘 그것은 '머리 감기' 뿐만 아니라 '머리에 쓰는 특별한 비누'도 의미한다.

17 |해설| 둘 다 앞에 콤마(,)가 있고 관계대명사절을 이끌고 있으므로 사물을 선행사로 하는 계속적 용법의 주격 관계대명사 which가 공통으로 알맞다.

18 |해설| Karel Čapek은 형이 제안한 아이디어가 마음에 들어서 사용하기로 했다고 했으므로 빈칸에는 형이 제안한 단어인 roboti가 알맞다.

19 |해설| (A) 바로 뒤에 이어지는 using the word robot을 가리킨다.

(B) 앞 문장의 his brother suggested roboti를 가리킨다.

20 |해석| ① Ted가 대화하고 있는 남자는 누구니?

② 나는 Kate가 파티에 올지 궁금해 하고 있다.

③ 나는 새 컴퓨터를 샀는데, 그것은 아직 도착하지 않았다.

④ 엄마가 오늘 아침에 나를 깨우지 않은 것이 이상하다.

⑤ 새로운 학생은 브라질에서 왔는데, 축구를 매우 잘한다.

|해설| ⓐ와 ③의 빈칸에는 계속적 용법의 관계대명사 which가 들어가는 것이 알맞다. ①에는 목적격 관계대명사 whom, ②에는 '~인지 아닌지'의 의미로 명사절을 이끄는 접속사 whether나 if, ④에는 진주어인 명사절을 이끄는 접속사 that, ⑤에는 계속적 용법의 주격 관계대명사 who가 알맞다.

21 |해설| 밑줄 친 it은 카리브제도를 통과해 지나가던 스페인 탐험가들이 겪은 앞 문장의 a hurricane을 가리킨다.

22 |해석| ① 마야 창조 신화

② 허리케인은 어떻게 발생하는가

③ hurricane이라는 단어의 기원

④ 영어에서 hurricane이라는 단어의 첫 사용

⑤ 스페인과 마야 문명의 최초의 접촉

|해설| ③ hurricane이라는 단어의 기원에 관한 글이다.

23 |해설| 접속사 that이 이끄는 진주어인 명사절은 문장의 뒤로 보내고 주어 자리에 가주어 it을 쓴다. It is believed that ~.은 '~라고 여겨진다'를 나타낸다.

24 |해설| ② 독일어로 Hamburger는 '함부르크(Hamburg) 출신의 사람이나 사물'을 의미한다.

25 |해석| (1) 내 개는 귀가 긴데, 매우 영리하다.

(2) 우리 모두가 그 파티에 참석하는 것은 불가능하다.

|해설| (1) 관계대명사 that은 계속적 용법으로 쓰이지 않는다. 선행사가 동물이므로 which를 사용한다.

(2) 진주어인 명사절이 문장의 뒤로 가고 주어 자리에 가주어 It이 쓰여야 한다.

| 제**3**회 | 대표 기출로 내신 **적중** 모의고사 | pp. 220~223 |

01 ③ **02** ⑤ **03** ⑤ **04** ⓐ Spanish ⓑ French
05 ④ **06** What does that mean / What do you mean
07 ③ **08** Lucy가 지호를 다시 방문하는 것 **09** ① **10** can you (please) say that again **11** ④ **12** ② **13** ③
14 ② **15** and it **16** ④ **17** ② **18** ② **19** ②
20 His brother suggested roboti(, which means "slave workers" in Czech) **21** which originates from the name of a Mayan god **22** ② **23** origin **24** ⑤ **25** (1) We visited the Empire State Building, which once was the tallest building in the world. (2) It is surprising that some monkeys floss their teeth with human hair.

01 |해석| [보기] 제안하다 – 제안 ① 섞다 – 혼합(물) ② 창조하다 – 창조 ③ 유래하다 – 원래의 ④ 결정하다 – 결정 ⑤ 소개하다 – 소개

|해설| ③은 '동사 – 형용사'의 관계이고, [보기]와 나머지는 모두 '동사 – 명사'의 관계이다.

02 |해석| ① 생산하다: 만들다

② 분명한, 명백한: 이해하기 쉬운

③ 접촉: 만나는 행위

④ 세기: 100년

⑤ 발명하다: 새로운 것으로 바뀌다

|해설| ⑤ invent는 '발명하다'라는 뜻으로 to create something new가 영영풀이로 알맞다.

03 |해석| • 이 비누로 손을 씻어라.

• 신화에는 일반적으로 초자연적인 존재나 사건이 있다.

• 그의 희곡은 영화로 만들어질 것이다.

• 그 사람들은 노예들을 해방시키려고 노력했다.

• 인도의 영국 무역(→ 무역상들)이 영국에 shampoo라는 단어를 소개했는가?

l해설l ⓔ '영국 무역상들'이라는 의미가 되어야 하므로 traders가 알맞다.

04 l해석l • tomato라는 단어는 tomate라는 <u>스페인(→ 스페인어)</u> 단어에서 유래했다.
• 법에 관한 많은 영어 단어들이 <u>프랑스(→ 프랑스어)</u> 단어에서 유래했다.
l해설l ⓐ '스페인어의'를 뜻하는 Spanish가 알맞다.
ⓑ '프랑스어의'라는 뜻의 형용사 French가 알맞다.

05 l해설l 주어진 문장은 상대방이 한 말의 의미를 묻는 말이므로, 의미를 설명해 주는 말 앞인 ④에 들어가는 것이 알맞다.

06 l해설l 앞에서 한 말의 의미를 뒤에서 설명해 주고 있으므로, 상대방이 한 말의 의미를 묻는 표현이 들어가야 한다.

07 l해설l ③ B가 can you repeat that?이라고 하며 A가 앞에서 한 말을 반복해서 말해 달라고 요청했으므로, I said, "It's raining cats and dogs."라고 말해야 자연스럽다.

08 l해설l 앞서 지호가 한 말에서 come visit me again을 가리킨다.

09 l해석l ② 나는 곤경에 처해 있어.
③ 우리는 의견이 일치해.
④ 연락하고 지내자.
⑤ 슬퍼하지 마.
l해설l ① 밑줄 친 표현과 Break a leg.는 '행운을 빌게.'라는 뜻이다.

10 l해설l 상대방의 말을 잘 듣지 못했거나 이해하지 못했을 때 '다시 한번 말해 줄래?'라고 요청하는 말인 can you (please) say that again? 이 들어가는 것이 알맞다.

11 l해설l Lucy가 I'd like to invite you to visit me in London.이라고 말했으므로, 자신이 살고 있는 런던으로 지호를 초대하고자 함을 알 수 있다.

12 l해석l 나는 이모에게 전화를 걸었는데, 나는 한때 그녀와 같이 살았다.
l해설l 콤마(,) 뒤는 선행사인 my aunt에 대한 추가적인 정보를 제공하는 관계대명사절이며, 빈칸에는 계속적 용법으로 쓰인 목적격 관계대명사 who나 whom이 알맞다.

13 l해석l ① 그가 직장을 그만두었다는 것은 사실이니?
② 사과는 완벽한 과일이라고 한다.
③ 그것은 누구나 할 수 있는 실수다.
④ 네가 먼저 거기에 가야 할 필요가 있다.
⑤ 내가 그 모든 질문에 대답하는 것은 쉽지 않았다.
l해설l ③은 대명사로 쓰였고, 나머지는 모두 진주어가 뒤로 가고 주어 자리에 쓰인 가주어로 쓰였다.

14 l해석l ⓐ 나는 런던에 있는 한 박물관을 방문했다.
ⓑ 나는 잡채를 먹고 있는데, 이것은 엄마가 만드셨다.
ⓒ 방과 후에 축구를 하는 것은 신난다.
ⓓ Jane은 시험에 합격했는데, 그것은 부모님을 기쁘게 했다.
ⓔ 한글이 매우 과학적인 문자 체계라는 것은 분명하다.
l해설l ⓑ 선행사가 사물이므로 계속적 용법의 목적격 관계대명사 which를 써야 한다. (whom → which)
ⓔ 진주어 역할을 하는 명사절을 이끄는 접속사 that이 알맞다. (which → that)

15 l해설l 계속적 용법의 관계대명사는 「접속사+대명사」로 바꿔 쓸 수 있으며, 선행사가 chāmpo이므로 대명사 it을 사용한다.

16 l해석l ① 누가 1등 상을 수여할 것인가?
② 그녀는 그 선물에 대해 나에게 고마워했다.
③ 나는 이 가방을 내 생일 선물로 받았다.
④ 그는 현재의 상황이 마음에 들지 않는다.
⑤ 많은 사람들이 회의에 참석했다.
l해설l ⓑ와 ④는 '현재의'라는 의미를 나타내는 형용사로 쓰였다.
① 수여하다(동사) ②, ③ 선물(명사) ⑤ 참석한(형용사)

17 l해설l ⓐ chāmpo라는 단어는 힌디어로 '누르다'를 의미한다.
ⓑ shampoo라는 단어의 의미는 처음 영어에 <u>들어가기 전(→ 들어온 이후)</u> 몇 번 바뀌었다.
ⓒ shampoo는 19세기에 '머리 감기'를 의미하기 시작했다.
ⓓ 이제 shampoo는 <u>얼굴(→ 머리)</u>에 사용하는 비누로도 사용된다.
l해설l ⓑ before → after ⓓ face → hair

18 l해설l ⓐ 계속적 용법의 관계대명사로 which가 알맞다.
ⓒ 진주어인 that절이 뒤에 있으므로 주어 자리에 가주어 It이 쓰여야 한다.
ⓓ Karel Čapek 자신을 나타내는 재귀대명사 himself가 알맞다.
ⓔ decide는 to부정사를 목적어로 취하는 동사이므로 to use로 써야 한다.

19 l해설l ① 희곡들 ② 로봇들 ③ 단어들 ④ 인간들 ⑤ 공장들
l해설l 바로 앞 문장의 robots를 가리킨다.

20 l해석l Q. Karel Čapek이 roboti라는 단어를 처음 생각해냈는가?
→ 아니다. 그의 형이 roboti를 제안했는데, (그것은 체코어로 '노예 근로자들'을 뜻하고,) Karel Čapek이 그의 제안을 받아들였다.

21 l해설l 앞에 콤마가 있으므로 huracán에 대한 부가적인 정보를 제공하는 계속적 용법의 관계대명사절이 들어가는 것이 알맞다. 따라서 사물을 선행사로 하는 계속적 용법의 주격 관계대명사 which를 추가하여 문장을 완성한다.

22 l해설l ⓑ 결과적으로 Huracán이 홍수를 일으켰다는 내용이 이어지는 것으로 보아 '기쁘게 했다'라는 의미의 pleased를 '화나게 했다'라는 뜻의 angered로 바꿔야 자연스럽다.

23 l해설l hamburger라는 단어의 기원에 대한 내용이므로, 빈칸에는 originally의 명사형인 origin(기원, 유래)이 알맞다.

24 l해석l 독일어 단어인 Hamburger는 '독일의 도시, 함부르크에서 온 사람이나 물건'을 의미한다. 오늘날, 이 단어는 빵 두 조각 사이에 함부르크 스타일의 스테이크를 넣은 음식에 사용된다. 사람들은 햄버거가 <u>함부르크(→ 미국 텍사스)</u>의 한 요리사에 의해 발명되었다고 여긴다.
l해설l ⑤ 햄버거는 미국 텍사스의 한 요리사가 발명했다고 여겨진다.

25 l해석l (1) 우리는 Empire State Building을 방문했는데, 그것은 한때 세계에서 가장 높은 건물이었다.
(2) 어떤 원숭이들은 사람의 머리카락으로 치실질을 하는데, 그것은 놀라운 일이다.
l해설l (1) 계속적 용법의 관계대명사 which를 콤마(,)와 함께 사용하여 the Empire State Building에 대한 추가적인 정보를 제공하는 관계대명사절을 쓴다.
(2) 진주어인 that절이 문장의 뒤로 가고 주어 자리에 가주어 It이 사용된 형태로 쓴다.

01 ②   **02** ④   **03** ⑤   **04** (A) Spain (B) Italian (C) Spanish
05 ③   **06** Can you please say that again? / Can you say that again, please?   **07** ③   **08** It means "I wish you good luck."   **09** (1) can't go to his soccer game (tomorrow) (2) I'll keep my fingers crossed for you   **10** ②   **11** ④
12 ③   **13** It is important that we did our best in the final match.   **14** My uncle, who lives in New York, is an actor.
15 (1) ⓒ → which (2) ⓔ → was designed   **16** (1) 머리 감기 (2) 머리에 쓰는 특별한 비누   **17** In(in)   **18** ④   **19** which was written in 1920 by a Czech writer Karel Čapek
20 ④   **21** ⑤   **22** ⑤   **23** ⑤   **24** ③   **25** (A) is believed (B) was invented

01 |해석| • 당신의 현재 주소가 어떻게 되나요?
• 이모가 나에게 멋진 생일 선물을 보내 주셨다.
① 최근의 ③ 창의적인 ④ 원래의 ⑤ 전통적인
|해설| 첫 번째 빈칸에는 '현재의'라는 의미의 형용사 present, 두 번째 빈칸에는 '선물'이라는 의미의 명사 present가 공통으로 알맞다.

02 |해석| • 많은 영어 단어들이 라틴어에서 유래한다.
• 이 상자들은 내 오래된 장난감들을 보관하는 것으로 사용된다.
• 이 배는 수에즈 운하를 통과할 것이다.
|해설| originate from: ~에서 유래하다 / be used for: ~로 사용되다 / pass through: ~을 지나가다, 통과하다

03 |해석| ① 이 음식은 내가 살게.
② 그건 식은 죽 먹기야.
③ 나는 그것을 좋아하지 않아.
④ 나는 몸이 좋지 않아.
⑤ 나는 날씨 아래에 있어. (나는 몸이 좋지 않아.)
|해설| 반복 설명을 요청하는 말에 I feel under the weather.라고 반복하여 말한 것으로 보아 ⑤가 알맞다.

04 |해석| 나는 이번 여름에 이탈리아인 친구 Cara와 스페인을 방문할 계획이다. 나는 그곳 사람들과 의사소통을 하기 위해 스페인어를 배우고 있다.
|해설| (A) 방문하는 장소가 되어야 하므로 나라명인 Spain이 알맞다.
(B) '이탈리아인 친구'라는 의미가 되어야 하므로 형용사 Italian이 알맞다.
(C) '스페인어를 배운다'는 의미가 되어야 하므로 스페인어를 뜻하는 Spanish가 알맞다.

05 |해설| (A) 뒤에서 앞의 말을 반복하고 있으므로 '뭐라고 했니?'라고 반복 설명을 요청하는 ⓑ가 알맞다.
(B) 뒤에서 앞에 한 말의 의미를 설명하고 있으므로 의미를 묻는 ⓒ가 알맞다.
(C) 이어서 우산이 있다고 말하고 있으므로 걱정하지 말라는 말인 ⓐ가 알맞다.

06 |해석| Emily는 도서관에서 과학책을 찾고 있다. 그녀는 그 책을 어디서 찾을 수 있는지 사서에게 묻는다. 사서는 그녀에게 과학책 코너가 어디에 있는지 말해 주지만, 그녀는 잘 알아듣지 못한다.
|해설| 상대방의 말을 알아듣지 못한 상황이므로 '다시 말씀해 주시겠어요?'라고 반복 설명을 요청하는 말을 하는 것이 적절하다.

07 |해석| ⓒ 너는 손가락을 교차시킬 수 있니?
|해설| ⓒ 다음에 이어지는 응답에서 A는 앞에서 한 말을 똑같이 반복하고 있으므로, '다시 한번 말해 주겠니?'에 해당하는 표현이 알맞다.

08 |해설| '그건 ~라는 뜻이야.'라는 의미는 It means ~.로 나타내고, '행운을 빌게.'라는 표현은 I wish you good luck.이라고 쓴다.

09 |해석| (1) Lucy는 왜 지호에게 안타깝다고 말하는가?
→ 그녀가 (내일) 그의 축구 경기에 가지 못하기 때문이다.
(2) Lucy는 지호의 행운을 빌기 위해 뭐라고 말하는가?
→ 그녀는 "너를 위해 내 손가락을 교차할게."라고 말한다.

10 |해설| 주어진 단어들로 문장을 완성하면 It is exciting that we'll visit Europe.이다.

11 |해석| • 남동생이 내 컴퓨터를 고장 냈는데, 그것이 나를 속상하게 했다.
• Steve Jobs는 Apple 주식회사의 설립자인데, 그는 나의 롤모델이다.
|해설| 첫 번째 빈칸에는 앞 문장 전체에 대한 부연 설명을 하는 관계대명사절을 이끄는 주격 관계대명사 which가 알맞다. 두 번째 빈칸에는 선행사 Steve Jobs에 대한 부연 설명을 하는 관계대명사절을 이끄는 계속적 용법의 주격 관계대명사 who가 알맞다.

12 |해석| 우리는 어젯밤에 액션 영화를 봤는데, 그것은 정말 흥미진진했다.
|해설| ③ that 앞에 콤마(,)가 있으므로 계속적 용법의 관계대명사를 사용해야 한다. that은 계속적 용법으로 쓸 수 없으므로 선행사 an action movie에 맞는 관계대명사 which로 고쳐야 한다.

13 |해석| 우리는 결승전에서 최선을 다했다.
|해설| 주어진 문장이 주어가 되는 문장으로, 접속사 that을 사용하여 명사절로 만든 후 문장의 뒤로 보내고 주어 자리에 가주어 It을 사용하여 나타낼 수 있다.

14 |해석| 나의 삼촌은 영화배우이다. 그는 뉴욕에 살고 있다.
|해설| 두 번째 문장이 첫 번째 문장의 My uncle에 대한 부연 설명을 하는 계속적 용법의 관계대명사절이 되도록 쓴다. 선행사가 사람이고, 계속적 용법이므로 주격 관계대명사 who를 콤마(,)와 함께 쓴다.

15 |해석| 나는 루브르 박물관을 방문하고 싶은데, 그곳에는 약 40만 점의 예술 작품이 있다. 그곳에서 나는 '모나리자'를 보고 싶은데, 그것은 레오나르도 다빈치가 그렸다. 나는 또한 에펠탑도 가보고 싶은데, 그것은 Gustave Eiffel이 디자인했다.
|해설| ⓒ 선행사가 작품명인 '모나리자'이므로 계속적 용법의 관계대명사 which가 쓰여야 한다.
ⓔ 선행사인 the Eiffel Tower는 Gustave Eiffel에 의해 '디자인된' 것이므로 수동태로 써야 한다.

16 |해설| shampoo는 19세기에 'washing the hair'라는 현재의 의미를 갖게 되었고, 그 후 'a special soap for the hair'를 나타내는 데에도 쓰이기 시작했다.

17 |해설| ⓑ '~에서'라는 의미로 넓은 장소 앞에 쓰이는 전치사 In이 알맞다.
ⓒ, ⓓ '~세기에'는 「in the+서수+century」로 표현한다.

18 |해설| (A) 경험한 것을 영국에 '소개했다(introduced)'라는 의미가 문맥상 자연스럽다.
(B) 이어지는 문장이 1762년 이후에 새로운 의미를 가지게 되었다는 내용이므로 접속사 after(~ 후에)가 알맞다.
(C) 형용사 present의 수식을 받는 명사 meaning(의미)이 알맞다.

19 |해설| the play R.U.R.을 부연 설명하는 내용이므로 콤마(,) 뒤에 계

속적 용법의 관계대명사 which를 쓰고, 「be동사+과거분사+by+행위자」의 형태로 수동태 문장을 완성한다.

20 |해설| ⓑ 선행사 machines를 수식하는 관계대명사절을 이끄는 주격 관계대명사 that이나 which가 알맞다.
ⓒ 진주어 that절을 뒤로 보내고 주어 자리에 사용하는 가주어 It이 알맞다.
ⓓ roboti를 보충 설명하는 관계대명사절을 이끄는 계속적 용법의 관계대명사 which가 알맞다.

21 |해설| robot이라는 단어를 사용하기로 한 것이 Karel Čapek의 생각이 아니었다는 문장 뒤에 이어지는 내용이므로, 먼저 Karel Čapek이 원래 생각했던 단어에 대한 내용(C) 다음에 However(하지만)로 시작하는 그의 형이 제안한 roboti라는 단어에 관한 내용(B), 그리고 그 제안이 마음에 들어 roboti라는 단어를 사용하게 되었다는 내용(A)이 이어지는 것이 자연스럽다.

22 |해설| ⑤ pick up: (정보를) 듣게(알게) 되다, 익히다

23 |해석| ① Huracán은 마야 창조 신화에 나오는 바다의 신이다.
② Huracán은 스페인 탐험가들 때문에 큰 홍수를 일으켰다.
③ 스페인 탐험가들은 hurricane이라는 단어를 영국에 소개했다.
④ 영어 단어 hurricane은 스페인 사람들에 의해 처음 사용되었다.
⑤ 셰익스피어는 1608년 자신의 희곡에서 hurricane이라는 영어 단어를 사용했다.
|해설| ① Huracán은 날씨의 신이다.
② Huracán은 신들을 화나게 한 최초의 인간들 때문에 홍수를 일으켰다.
③, ④ 본문을 통해 알 수 없는 내용이다.

24 |해석| 최초의 햄버거의 기원은 분명하지 않다.
|해설| 주어진 문장은 햄버거의 기원이 분명하지 않다는 내용이므로 However로 시작하면서 햄버거의 유래로 알려진 내용이 소개되는 문장 앞인 ③에 들어가는 것이 자연스럽다.

25 |해설| (A) it은 가주어이고 that절이 진주어이며 that절의 내용이 '여겨지는' 것이므로 수동태로 써야 한다.
(B) 햄버거가 과거에 '발명된' 것이므로 과거형 수동태로 써야 한다.

특급기출

기출예상문제집
중학 영어 **3-1** 중간고사 윤정미

정답 및 해설